贵州省区域一流建设培育学科（教育学）项目（201785）成果
铜仁学院地方本科院校转型发展研究创新团队项目（201613）成果

大学的坚守与变革

侯长林　著

DAXUE DE
JIANSHOU YU BIANGE

WUHAN UNIVERSITY PRESS
武汉大学出版社

图书在版编目(CIP)数据

大学的坚守与变革/侯长林著.—武汉：武汉大学出版社，2020.1(2022.4 重印)
ISBN 978-7-307-21376-0

Ⅰ.大… Ⅱ.侯… Ⅲ.高校管理—研究—中国 Ⅳ.G647

中国版本图书馆 CIP 数据核字(2019)第 290747 号

责任编辑:聂勇军　　责任校对:李孟潇　　整体设计:马　佳

出版发行：**武汉大学出版社**　(430072　武昌　珞珈山)
(电子邮箱：cbs22@whu.edu.cn　网址：www.wdp.com.cn)
印刷:武汉邮科印务有限公司
开本:720×1000　1/16　印张:23.75　字数:424 千字　插页:2
版次:2020 年 1 月第 1 版　2022 年 4 月第 2 次印刷
ISBN 978-7-307-21376-0　定价:66.00 元

应用转型，引导地方普通本科高校走出象牙塔，更加贴近经济社会发展的实际，更加关注火热的现实生活，有利于增强大学对外部环境的适应性。这无疑是大学发展很好的选择。但是，大学发展又不能只顾外部环境，不能只考虑怎么适应外部经济社会发展的需求而不考虑大学的内在逻辑，不考虑大学自身的运行规律。赫钦斯当年所批评的美国高等教育过度依赖外部环境，以致出现高等教育领域产生对金钱的追逐和崇拜等现象，会不会在中国重演？我们要应用转型，但是我们也要维护大学的尊严，要鼓励大学对永恒价值的追求。在应用转型的过程中，大学的根本一旦丢失、漂移了，大学的内在逻辑力量自然就削弱了，甚至大学也就不再是大学了。因此，我们一方面要积极推动应用转型，坚持应用转型的信心和决心不能动摇；但另一方面，我们又要保持清醒的头脑，不能急躁冒进，要坚守大学根本，属于大学根本的决不能抛弃。这才是应用转型的辩证法，也才是高等教育哲学的精髓所在！

——侯长林

自　　序

我们身处伟大的变革时代，社会在急剧转型，经济在快速提升，教育发展一派欣欣向荣。高等教育历来是改革的重点，进行变革难度很大，但是近十几年来所进行的两大改革已经或正在引发我国高等教育的历史性革命。这两大改革，一是 2006 年开始实施的国家示范性高等职业院校建设计划，二是 2014 年开始推动的地方本科院校应用转型。我有幸在这两大高等教育历史性变革的进程中，先后成为铜仁职业技术学院和铜仁学院的校长，既是亲历者也是见证者。

我不敢自称是改革家，不过，不管是在铜仁职业技术学院担任校长，还是在铜仁学院担任校长，我都与同志们一起对学校的发展进行了总体设计和规划，并按照规划逐步推进，需要建立新制度或对传统的制度进行变革的，我从来不含糊。我在铜仁职业技术学院的十年，由于所面对的是一所新学校的建设与发展，主要进行的是新制度的建立，没有多少传统的拖累和羁绊，只要是有利于学校发展的理念和想法，广大教职工容易理解和接受，加上那时我年轻气盛，推进学校发展的力度相应较大，所以，铜仁职业技术学院的发展也相应较快。正因为如此，铜仁职业技术学院在短短十年中能够由五所中专（中职）学校组建发展成为国家骨干示范高职院校，基本实现了在我国高等职业教育轰轰烈烈的历史变革中我的办职业大学的理想。虽然那十年，如烟如雾，已经渐行渐远，但每每想起我内心平静的湖泊还是要泛起涟漪，因为“我们每一个参与其中的人，虽然都只是这场轰轰烈烈的发展进程中的一滴水，但都不是平凡的一滴，都能在阳光下折射出时代的光辉”。① 从 2013 年 5 月我来到铜仁学院，转眼间，已六年有余。在这六年多的时间里，铜仁学院一直奔走在应用转型的道路之中，我作为校长，从不敢有丝毫懈怠。铜仁学院要应用转型，要在正在进行的这场高等教育的历史变革之中争得一席之地，就必须心无旁骛，沿着已经制定的“小而精”发展战略，不断加强内涵建设，提升办学水平。要

---

① 侯长林．走向大学深处［M］．湘潭：湘潭大学出版社，2016：226.

加强内涵建设，提升办学水平，就需要在坚守大学根本的前提下，不断进行改革与创新。任何组织的变革都是在尊重传统基础上的变革。大学之所以是大学，其对大学根本及其传统守护的特征更为明显，否则，博洛尼亚大学、巴黎大学、牛津大学、剑桥大学等不会以其古老和独有的传统而至今仍傲然于世，成为世界高等教育天空中永远璀璨的明灯。因此，在推进铜仁学院的变革中，我不断地提醒大家，也不断地提醒自己，既要大胆改革，又要坚守传统，只有处理好改革创新与坚守传统的关系，才能把铜仁学院建设好。我最近几年先后出版的《走向大学深处》和《我眼中的大学实践逻辑》两书，及已经发表的几十篇论文及系列理论文章，就是对坚守大学根本及其传统与不断进行改革创新的记录和由此引发的思考。

为此，我围绕“大学的坚守与变革”，选择了 50 篇自己独著或以第一作者在《教育研究》《高等教育研究》《中国高教研究》《中国高等教育》《教育发展研究》《高教发展与评估》《贵州社会科学》等学术期刊，以及在《人民日报》《光明日报》《中国教育报》《中国青年报》等报纸上公开发表过的文章，编辑成册，以求教于参与和关心高等教育改革的专家学者和朋友们。

这里选编的文章篇幅长短不一，报纸理论文章相对较短，期刊论文相对较长，最长的有 1.5 万多字。但是文章最难写的不是长篇论文，而是短篇文章，不说谋篇布局，就是每一个词和字，包括标点符号，都要仔细琢磨，精心安排，哪像长篇文章写作时那么酣畅淋漓，但是要想把一个理论或学术问题说清楚，没有一定的篇幅也是不行的，所以，最近几年，我除给报纸写一些短篇理论文章外，写的学术研究论文篇幅都较长，有点如张楚廷教授所说的“坏了的水龙头”——哗哗地流，关也关不住。当然，学术论文还得按照学术论文的规范和要求办，不能如随笔类文章那样随意。

我在这里还想说的是，所选文章都保持了发表时的原样，没有修改。之所以这么做，是为了对历史的尊重。

侯长林

2019 年 8 月 9 日

目　　录

大学坚守

应用转型应坚守大学根本

当前，普通高校尤其是新建普通本科高校纷纷朝应用型方向转型发展，这符合我国高等教育发展的大趋势。但也存在不少问题，比较明显的是：有的由师专升格的新建本科院校不顾原有师范教育基础和传统，把师范类专业全部撤销，重新开办与经济社会紧密相连的应用技术专业；有的停办和应用技术关系不大的人文艺术类专业；有的淡化学科，不讲科学研究。

笔者所在的铜仁学院在推进应用转型的过程中，也遇到过类似的问题。通过讨论，大家认为这些问题不是小事，关乎大学的根本。既然是大学的根本，就不能随便丢弃。丢弃了大学的根本，就丢弃了大学本身。应用转型，只是办学类型的改变，而不是对大学本身的抛弃。因此，在转型中，要做到守正创新。

对原有与经济社会发展不相适应的专业进行改造甚至停办都是可以而且应该的，但是作为由师专升格的本科院校，完全另起炉灶，放弃过去师范教育的积累和积淀，那该给学校造成多大伤害。传统是什么，是大学存在与发展的根啊！

人文艺术，不仅仅是综合性大学不可缺少的，就连世界上许多一流的理工科大学也有人文社科类专业，比如美国麻省理工学院就非常重视发展人文学科，设有人文和社会科学学院，产生了一大批人文学科学术大师，并在许多领域形成了具有世界影响的学科群。加州理工学院也一直对人文学科情有独钟，规定其所有进入该校学习的学生均需在艺术史、音乐、历史、语言文学、哲学以及科学史等学科专业范围内修满必修的核心人文课程。

德国著名学者雅斯贝尔斯说，大学是“知识的宇宙”“学科的宇宙”。学科被淡化了，怎么构建知识的宇宙和学科的宇宙？当然，应用转型的高校不能沿着研究型大学学科建设的路子走，而应该主要建设应用学科和进行应用性科学研究。但是作为一所大学，要有海纳百川的气度和品格，即便是以建设应用学科和进行应用性科学研究为主，也要给基础学科和基础研究留下一扇窗。大学不论是以什么学科为主，科学研究总是要做的，否则就称不上大学。洪堡认为，大学“立身之根本在于探究深邃博大之学术，并使之用于精神和道德的教育”。中国学者也认为：“大学的根本使命就在于理论发现，如果这一使命丧失了，大学也就不成为大学了。”

至于何谓大学的根本？可以有不同的理解和认识。但在应用转型的过程中一定要追问其大学的根本是什么，并且坚守大学的根本。比如铜仁学院就认为中文、数学、外语三个师范类专业是优势和传统，也是其本校的根本，不能丢弃。

应用转型，使新建本科高校与社会经济发展的关系更加紧密，大学对外部环境的适应性增强了，这无疑是好事。但是，在应用转型过程中，不能只顾外部环境，而不考虑大学的内在逻辑。大学的根本一旦丢失、漂移了，大学的内在逻辑力量自然就削弱了，甚至大学也就不再是大学了。因此，我们既要应用转型，又要坚守大学根本。

（本文原载《人民日报》2017 年 3 月 30 日；录入《中国高等教育》2017 年第 8 期“论点摘编”。）

应用转型是在坚守大学根本前提下的转型

自从2014年2月26日李克强总理在国务院常务会议上提出引导一批普通本科高校向应用技术型高校转型以来，合肥学院、黄淮学院、铜仁学院等一大批本科高校都在积极地探索，并已取得一定的成效，积累了一定的经验。但是，在应用转型的过程中也出现了不少问题，比如“有的由师专升格的新建本科院校不顾原有师范教育基础和传统，把师范类专业全部撤销，重新开办与经济社会紧密相连的应用技术专业；有的停办和应用技术关系不大的人文艺术类专业；有的淡化学科，不讲科学研究”① 等。这些问题不是应用转型过程中一般的技术或细枝末节问题，已经涉及大学的根本。笔者在这里提到和后面所讨论到的“大学”，均是指本科及本科以上的高校，涉及大学根本的问题如果处理不好，将会使有的大学在应用转型的过程中“捡了芝麻丢了西瓜”。因此，我们对这些问题决不能熟视无睹，应认真反思。

一、应用转型只是大学类型的转变而非对大学本身的抛弃

当前，有的应用转型的高校之所以出现了有损大学根本的问题，笔者以为，并非哪一所高校的管理者有意为之，而是对“应用转型”的理解出现了偏差，才导致在应用转型的过程中不自觉地对大学的根本造成了伤害。因此，解读“应用转型”极为必要。

（一）国家政策层面“应用转型”的解读

近年来，国家层面有四个文件提到了应用转型：一是2014年5月2日国务院颁布的《关于加快发展现代职业教育的决定》，做出了引导一批普通本科高等学校向应用技术类型高等学校转型的战略选择；二是2014年6月16日国务院六部委联合制定的《现代职业教育体系建设规划（2014—2020年）》，提出支持定位于服务行业和地方经济社会发展的本科高等学校向应用技术类型

① 侯长林．应用转型应坚守大学根本［N］．人民日报，2017-03-30.

高校转型发展的策略，并指出“应用技术类型高等学校是高等教育体系的重要组成部分，与其他普通本科学校具有平等地位”；三是2015年10月21日教育部、国家发展改革委和财政部联合发布的《关于引导部分地方普通本科高校向应用型转变的指导意见》，对引导部分地方普通本科高校向应用型转型发展做出了全面部署，并提出按照试点一批、带动一片的要求，确定一批试点高校率先探索应用型高校发展模式的基本思路及类型定位；四是2017年12月19日国务院印发的《关于深化产教融合的若干意见》，做出了开展高水平应用型本科高校建设试点等工作安排，关注到了应用型本科及应用型人才培养体系的完善。这四个文件提到的应用型高校指向非常明确，都是指大学的一种类型——应用型，其中《关于引导部分地方普通本科高校向应用型转变的指导意见》还对转型发展的目标内涵作了具体阐释，《关于深化产教融合的若干意见》对高水平应用型本科高校建设提出了要紧密围绕产业需求制定和完善以应用型人才为主的培养体系等具体要求。由上述内容可以看出，应用转型是在宏观层面的国家发展战略部署的背景下，基于大学分类管理体系，在类型定位上对地方本科院校发展目标作出的规定性要求，最终转向应用型大学。

（二）专家话语中“应用转型”的解读

目前关于应用转型的讨论，尽管表述各不相同，但其含义是一致的，那就是类型的转变。中国人民大学教授刘振天认为，转型问题说到底就是地方本科院校发展的重新定位。刘振天在这里虽然没有直接说“重新定位”就是其办学类型的重新定位，但是他在阐释高校办学自主权时说得很清楚：地方本科院校转型发展，是指向什么类型去发展，即高校转型是“从传统的学术型、学科型转向应用型、技术型、职业型或技能型。”① 中国教育学会会长钟秉林等认为，“就转型发展的目标而言，是发展成为应用型高校或应用技术类型高校”，② 并进一步指出，“应用型高校或应用技术类型高校是一种新的学校类型的统称”。③ 中山大学原校长黄达人还对本科应用转型的内涵进行过专门的解读：“‘应用型’最重要的内涵是让我们培养的学生更加符合社会的需要，

① 刘振天．地方本科院校转型发展与高等教育认识论及方法论诉求［J］．中国高教研究，2014（6）．

② 钟秉林，王新凤．我国地方普通本科院校转型发展若干热点问题辨析［J］．教育研究，2016（4）．

③ 钟秉林，王新凤．我国地方普通本科院校转型发展若干热点问题辨析［J］．教育研究，2016（4）．

让我们的学校更好地具备服务地方、服务行业和产业的能力，落脚点是办社会满意的教育。"① 综合专家的观点，其结论是：应用转型之"型"，是大学本科高校中的一种新的类型，因此，应用转型是办学类型的转变。

（三）学理视角下"应用转型"的解读

何为"应用"，词源学上解读为"适应需求，以供使用"。② 所谓"转型"，则是指事物的结构形态和运转模型的转变，主要体现在其结构、形态等方面的变化。③ 地方普通本科高校的应用转型也同样如此，即普通本科高校应用转型可以理解为大学类型的转变，向应用型方向发展，以适应社会需求，涉及大学发展方向、结构要素、组织形态等内容。简而言之，即为大学类型指向应用型。2011 年，联合国教科文组织新颁发的国际教育标准分类法，将高等教育划分为 5、6、7、8 四级，应用型高校属于 6 级。德国把大学划分为传统综合性大学和应用型大学两大类型。我国关于大学类型的传统划分是：研究型大学、教学研究型大学、教学型大学。2017 年 1 月 25 日教育部出台的《关于"十三五"时期高等学校设置工作的意见》已经将我国的高等教育明确划分为研究型、应用型和职业技能型三大类型。

另外，从某种层面来说，大学的转型是客观存在的，不能对应用转型持有任何偏见与误解，正如伯顿·克拉克（Burton R. Clark）所指出的："大学的转型已经提到了现代大学的议事日程的顶端。"④ 我国的高等教育发展到今天，部分地方本科院校转型成为应用型大学，既是为了更好地满足社会政治、经济发展的需要，也是高校自身对于应用型大学理想的追求。应用转型不是简单层面的大学类型转变，而是更深层面的大学理想到现实的实践过程。这就意味着，应用转型不仅仅需要按照社会发展规律办学，以此服务社会，提高学生就业率，更需要按照高等教育的内在发展规律办学，尊重大学本身，遵循大学根本，实现大学自身的内涵发展。

（四）现实层面中"应用转型"的解读

地方本科院校怎么向应用型方向转变？目前国家层面已经通过政策引导、

① 黄达人．准确理解本科应用转型的内涵［N］．中国青年报，2014-06-16（11）．

② 邹晓平．高等教育中的"应用型"概念辨析［J］．现代教育论坛，2015（4）．

③ 王凤玉，单中惠．试论美国师范教育的转型［J］．教育研究，2006（1）．

④ ［美］伯顿·克拉克．建立创业型大学——组织上转型的途径［M］．王承绪，译．北京：人民教育出版社，2007：3．

资金拨款等方式加以推动，但在实现应用型大学转型的过程中仍然面临着诸多现实困境。其一，高校多为新建地方本科院校，原有基础薄弱（人力、物力、财力等），在转型之前本身就存在很多问题尚待解决：如何改变在高等教育体系中的弱势地位、如何提升本科人才培养质量，等等。其二，高校的应用转型实践时间较短，多在2015年国家颁布《关于引导部分地方普通本科高校向应用型转变的指导意见》政策后成为转型试点单位，尚处于探索阶段，在理论层面没有形成完整的思想体系，在实践过程中亦没有形成成熟的转型经验与模式，高校的各项转型举措面临很多未知的因素（对应用转型内涵理解，对大学原有办学基础的做法，对外与地方企业、政府之间的关系沟通等）。在这样的现实背景中，转型措施的制定、推进与落实可谓困难重重，所以需要认真并充分考虑到大学所处的场域系统（高校所处位置、拥有的资本体系和惯习体系等），① 正确处理大学“遗传”与“环境”的关系。正如彼得·德鲁克在《非营利组织管理》一书中提及的：“每个组织并非是万能的。如果行动与组织的价值观背道而驰，就会一事无成。”② 应用转型首先需要明晰并判断各项转型举措是否损害了大学本身，这是先决条件，应用转型从来不是对大学本身的抛弃，而是在现有基础上根据社会环境要求对大学的创新完善，南辕北辙式的大学转型是不可取的。

总之，从国家政策、专家、学理、现实层面解读应用转型，可以看出，地方本科院校面临着从原有传统办学形态（教学研究型、教学型等）向新的办学形态（应用型）的转变，涉及高校内外系统的改革。所谓的应用转型就是以大学根本为基础，通过不断改革实现新旧理念、制度、组织形态的更迭，进而逐步实现应用型大学建设理想的实践过程。换而言之，应用转型是依托大学根本之上的大学类型转变。

二、应用转型不能丢了大学根本

何为大学根本？作为大学系统中最为重要的部分，不同的学者对大学根本有着不同的理解，从大学三大职能发展历史来看，培养人才是大学的根本；③

---

① 侯长林，陈昌芸．论教学服务型大学的实践逻辑［J］．高校教育管理，2018（5）．

② ［美］彼得·德鲁克．非营利组织管理［M］．吴振阳，译．北京：机械工业出版社，2007：6．

③ 潘懋元．从“回归大学的根本”谈起［J］．清华大学教育研究，2015（4）．

从教育教学层面来看，实践育人则是大学的根本。① 这就告诉我们：一方面，大学是极为复杂的，关于大学根本的相关研究尚处于丰富完善阶段；另一方面也说明大学根本绝非单一要素。大学本身的复杂性决定着大学根本应该是一个由多种要素构成的多维体系。对于应用转型的地方本科院校而言，笔者以为大学传统、人文艺术教育、学科建设和开放办学这四大要素共同构成了这类大学的根本体系，其中大学传统是根本的底线，人文艺术教育是根本的核心，学科建设是根本的动力，开放办学是根本的出路。大学应用转型如果抛弃了这些要素就等于抛弃了大学本身，就不再是原先的大学。

（一）根本的底线：大学传统

如何理解“传统”二字，正如美国社会学家爱德华·希尔斯在《论传统》一书中所论述的：“传统就像一株植物，只要在一个地方栽培了一小段时间，其根枝便会不断蔓延……传统可能是不可避免的，但它们并不一直是非常强大的。”② 对于大学来说，传统可以解释为永久存在的事物，包括对“教学方法、校舍和建筑风格、头衔和学位礼服的理解，以及教师和学生的地位结构”③ 等，这些东西都是不可避免的亦是不可或缺的。翻阅大学的发展历史，意大利的博洛尼亚大学、法国的巴黎大学、英国的牛津大学和剑桥大学就像一坛坛千年老酒，完全是由历史传统塑造而成，抛弃了历史传统就等于抛弃了它们的价值和存在。比如，牛津大学图书馆的古朴典雅、学袍穿着的讲究、校园人行道边的长椅以及餐厅就餐等，都体现出无处不在的传统影响和氛围。地方普通本科高校亦不例外，不管是老牌的还是新建的本科院校，都在其发展过程中有着一定的历史积淀，形成了一定的传统，必须正视并正确对待这些既有的大学传统。

那么大学传统在大学中处于什么样的位置？“只有当大学的传统在实际上被遵循，大学才能运行，而且，只有那些吸收了这些传统并在其中安然自如的人才能做到这一点。”④ 由此可见，大学传统弥足珍贵、独一无二。它紧密联

---

① 冯晓云．实践育人是大学的根本［J］．实验室研究与探索，2013（1）．

② ［美］爱德华·希尔斯．论传统［M］．傅铿，吕乐，译．上海：上海人民出版社，2009：338．

③ ［美］克拉克·克尔．高等教育不能回避历史——21 世纪的问题［M］．王承绪，译．杭州：浙江教育出版社，2001：47-48．

④ ［美］爱德华·希尔斯．论传统［M］．傅铿，吕乐，译．上海：上海人民出版社，2009：197．

系着大学的过去、现在及未来，深切反映着大学的过往种种，在大学这个复杂的系统中，传统犹如生物体的基因，① 不可剥离、不可重建，它从根本层面影响着大学的发展，这是高校应用转型的一条根本的底线。一旦超出界限，大学就可能变得面目全非，须知应用转型的目的不是破坏重构，而是更好地推动大学的创新发展。也就是说，大学在向着应用型方向转变的过程中，新旧制度可以更迭并不断重构，但大学传统却只能继承，并通过扬弃加以发扬。所以只有遵循大学传统这条底线，才能推动大学整个系统的有机运行，才能朝着应用型方向发展。简而言之，大学传统处于大学根本体系中的底线地位，地方高校改革创新无须全盘否定大学过去的历史和现实状况，应用转型亦不要公然违背大学传统。

如何对待大学传统？问题的关键是要处理好变革与传统的关系。纵观西方大学几百年改革发展的历程可明显发现："正确认识、处理大学的传统与变革及其相互关系，是大学保持生命力的关键所在。"② 传统与变革的互动是大学改革的永恒主题。我国地方普通本科院校的应用转型不能只考虑变革而置传统于不顾，甚至完全否定传统，那就更不对了，要学习西方大学处理变革与传统关系的成功经验，为应用转型划定坚守传统的边界，哪些是必须坚守的传统，哪些是可以改革的内容，不同的学校情况不一样，每一所学校都要进行认真研究，做出明确规定，并且当"改革进行火热时，适时提醒改革不要'越界'"。③ 一旦越界就会对学校传统造成伤害，从而影响学校的健康发展。应用转型要对原有专业进行调整，取消一些与经济社会发展尤其是产业发展不相适应的专业，是应该的，专业不转型，学校的应用转型就会落空，"但是作为由师专升格的本科院校，完全另起炉灶，放弃过去师范教育的积累和积淀，那该给学校造成多大伤害。传统是什么，是大学存在与发展的根啊"！④

（二）根本的核心：人文艺术教育

《国家中长期教育改革和发展规划纲要（2010—2020 年）》指出，"牢固确立人才培养在高校工作中的中心地位"，"把促进人的全面发展、适应社会

① 王建华．大学的常识、传统与想象［J］．高等教育研究，2011（5）．

② 贺国庆，何振海．传统与变革的冲突与融合——西方大学改革二百年［J］．高等教育研究，2013（4）．

③ 高路，林琳．变革中坚守传统——英国大学发达经验借鉴［J］．高等农业教育，2015（11）．

④ 侯长林．应用转型应坚守大学根本［N］．人民日报，2017-03-30．

需要作为衡量教育质量的根本标准”，由此可以看出，人才培养处于大学的核心位置，大学教育的根本目的在于培养全人（全面发展、适应社会需求），这也就意味着大学作为培养人才的场所，必然需要考量应该给予学生什么样的教育才能培养全面发展的人才，转型试点的地方本科院校也不例外，需要思考如何培养理想的应用型人才的问题。首先，何为理想的应用型人才？这一类型的人才应该是整全的人，而不应该是只懂技术技能的半人，既有一技之长，又能“精神成人”（具备创造、批判、怀疑、独立思想与能力的主体）。① 哈佛大学校长尼尔·陆登庭 1998 年 3 月在北京大学发表演讲时说：“最好的教育不但帮助我们在职业上获得成功，还使我们成为更善于思考、更有好奇心和洞察力、更完满和充实的人。”② 其次，大学要落实上述人才培养目标需要开展哪些教育？按照大学教育内容划分，高校不仅需要重视专业教育，强调应用技术技能的培训，帮助学生具备谋生的技能以适应社会需求，这是毋庸置疑的；但同时也需要注重人文艺术教育，强调学生的全面发展，帮助其在精神层面有所收获，这是人之成人并持续发展的根本所在。1931 年爱因斯坦曾在对加利福尼亚理工学院的学生演讲时说：“你们想使你们一生的工作有益于人类，那么，你们只懂得应用科学本身是不够的。关心人的本身，应当始终成为一切技术上奋斗的主要目标。”③ 反观当下，联系现实，由大学生精神人格缺乏导致的惨案等（如复旦大学毒杀室友案），这些都已经充分论证了精神成人的重要性。总之，不管是最初的大学抑或现代大学（如研究型大学、创业型大学、应用型大学），返璞归真，大学教育最本真的意义在于“引导大学生完成精神成人，即要使学生的灵魂健全，具有完整的人格”。④ 教育归根结底就是“永无止境的精神追求”，⑤ 从这个意义上来讲，以“精神成人”为中心的人文艺术教育就是大学教育的根本的核心。因为人文艺术教育的“核心价值在于引导学生热爱生命、关注个人、关注社会，求真、求善、求美”。⑥ 为了培养全人，麻省理工学院的所有本科生除了专业学习外还必须修满 8 门人文、艺术和社科

---

① 张笑涛．大学生“精神成人”：为何与何为［J］．现代教育管理，2011（9）．

② 沈致隆．哈佛大学和 MIT 的人文艺术教育及其哲学思想［J］．高等教育研究，1999（2）．

③ 许良英，赵中立，张宣三．爱因斯坦文集（第三卷）［M］．北京：商务印书馆，1979：73.

④ 李宗贤．略论大学生的“精神成人”［J］．现代大学教育，2008（6）．

⑤ ［德］卡尔·雅斯贝尔斯．什么是教育［M］．邹进，译．北京：三联书店，1991：40.

⑥ 冯军．我国理工科院校人文教育的误区［J］．高等工程教育研究，2005（5）．

课程，完成32个学分，才能申请毕业。① 加州理工学院非常注重人文艺术教育，规定所有本科学生均需修满必修的核心人文课程（哲学、历史、音乐、艺术史、语言文学以及科学史等）。

除此之外，人文艺术教育之于大学均衡发展的重要意义，决定了需要把人文艺术教育放置于根本的核心的位置。诚如被誉为“血清之父”的李政道先生所说：“大学教育中如何实现科学与人文、科技与艺术的融合……已经成为各国教育学研究中不可缺少的一部分。”② 文科与理科、艺术与科学之间本身就有着密切的联系，且由于大学教育的独特性（如教育的对象是人），人文艺术教育是其根本的核心所在。1996年10月25日，美国麻省理工学院校长查尔斯·维斯特发表了题为《科学教育和艺术教育并重》的著名演讲，深入而精辟地阐述了艺术与科学之间的密切联系，得出了科学教育离不开艺术教育、艺术教育极为重要的结论。麻省理工学院享誉中外，亦离不开人文艺术学科（专门建有人文和社会科学学院）对大学整体发展的支持。反观现实，转型试点的地方本科院校需要构建完善的应用学科体系，而应用学科发展的活力在于学科的交叉与相互渗透，这些都离不开人文艺术教育的支撑。如果一所大学只有理工农医等应用学科，其学科相互交叉与渗透的面就相对较窄，涉及的领域跨度不大，但如果有人文艺术学科的参与，就能够促进文、理、工科有关学科专业相互交叉渗透，有利于开展跨学科研究，尤其有利于推动文科和理工科之间的交叉、渗透、融合，从而产生新的具有文理兼容性质的学科生长点，以此推动高校应用转型。这些都充分论证了人文艺术教育的重要地位。

综上，不管是从应用型人才培养还是地方高校长远发展来看，一所高水平的应用型大学的不断形成与发展是离不开人文艺术教育的。

（三）根本的动力：学科建设

任何事物的发展都需要内部根本的动力和外部辅助性动力的支持，③ 大学亦不例外，这就需要追问来自大学自身内部的根本动力是什么？

从大学内涵来看，德国教育家雅斯贝尔斯说：大学是由学者们组成的学术

---

① 沈致隆．哈佛大学和MIT的人文艺术教育及其哲学思想［J］．高等教育研究，1999（2）．

② 顾秉林．促进人文、艺术、科学教育的融合 追求真、善、美的统一［J］．清华大学教育研究，2002（4）．

③ 张艳红，董慧．学术力：大学生存与发展的核心动力［J］．河北师范大学学报（教育科学版），2015（2）．

共同体，是知识的汇聚之所，是“知识的宇宙”，① 而学科就是知识的体系。美国高等教育理论家伯顿·克拉克对学科曾作过这样的描述：“当我们把目光投向高等教育的‘生产车间’时，我们所看到的是一群群研究一门门知识的专业学者。这种一门门的知识称作‘学科’，而组织正是围绕这些学科建立起来的。”② 也就是说，构成大学这个知识工厂的学科组织就是知识生产的车间。没有知识生产的车间哪来知识工厂？“学科被淡化了，怎么构建知识的宇宙和学科的宇宙？”③ 由上述可以看出，学科是大学极为重要的构成要素，是大学组织产生、改革、转型的内在依托，支撑着大学整个知识生产系统的运行。此外，国家颁布的《高等教育法》，明文规定了本科教育需要教会“学生比较系统地掌握本学科、专业必需的基础理论、基本知识”。应用转型不管怎么转，其转型的主体仍然是大学，仍然需要开展各项本科教育活动。既然转型的主体仍然是大学，就不能丢了学科，丢了学科就等于抛弃了大学；不说丢了学科，就是淡化学科也会动摇大学的根本，阻碍大学的转型发展。在高校应用转型过程中，没有动力支持的高校应用转型是无法从真正意义上实现大学的类型转变的，亦无法支撑大学的长远发展。因此，从这一层面而言，学科是大学发展的内部根本力量，大学教师基于知识形态的学科（如课程）可以传授知识，培养人才；立足组织形态的学科（教研室、研究基地等）可以实现个体专业发展，开展知识创新；置身于活动形态的学科（比如各项学术活动），可以去参与社会服务，进行知识应用。正是得益于学科，大学教师才能在知识传授、创新及应用过程中得以成长，进而提升大学人才培养、科学研究、社会服务的质量。也就是说，学科建设是推动并引领大学应用转型发展的根本的动力，教师一流，学科一流，大学也会一流。

从大学职能来看，高校有人才培养、科学研究和服务社会三大基本职能，而这些职能的发挥有赖于学科的发展，即学科是大学职能实现的内在的根本推动力。首先，应用转型的高校不论是以什么学科为主，科学研究是必须要做的，科学研究不仅与学科紧密相连，同时也是学科建设的重要内容。在德国教育家威廉·冯·洪堡看来，科学研究职能就是大学的根本所在，因为大学

---

① ［德］卡尔·雅斯贝尔斯．大学之理念［M］．邱立波，译．上海：上海人民出版社，2007：12.

② ［美］伯顿·克拉克．高等教育新论——多学科的研究［M］．王承绪，等，译．杭州：浙江教育出版社，2001：107.

③ 侯长林．应用转型应坚守大学根本［N］．人民日报，2017-03-30.

“立身之根本在于探究深邃博大之学术，并使之用于精神和道德的教育”。① 我国教育家蔡元培也认为：“大学者，研究高深学问者也。”② 罗家伦在就任清华大学校长时所发表的《学术独立与新清华》的演讲中明确提出：“研究是大学的灵魂。”③ 蔡元培、罗家伦在这里强调的也是科学研究之于大学的重要性问题。我国当代学者樊华强也认为：“大学的根本使命就在于理论发现，如果这一使命丧失了，大学也就不成为大学了。”④ 缺少了大学学科的支撑，很难实现大学科学研究职能的发挥。

虽然应用型本科高校社会服务职能处于统摄地位，⑤ 但并不意味着这些高校在应用转型中不需要学科，而是要在学科建设中做到转变思路，把学科建设的重点放在应用学科上。所谓应用学科就是“研究基础学科所产生知识的应用，由能够直接指导生产服务一线工作，提高人类生活水平、生存质量所需要的知识、经验、方法、策略形成的系统的理论体系”。⑥ 可以看出，社会服务职能的发挥有赖于应用学科体系的构建、完善，以此作为动力，助力大学走向社会，实现办学类型向应用型方向转变。

当然也需要注意，应用学科的发展离不开基础学科的支撑，需要基础学科知识的交叉融合，比如计算机科学就是数学、逻辑学、统计学、物理学等基础学科交叉融合的产物，没有这些基础学科的交叉融合就没有计算机科学这门应用学科。同时，作为一所大学，还要有海纳百川的气度和品格，就是以建设应用学科为主，在给应用学科开一扇门的同时，也要给基础学科留下一定的发展空间，要给基础学科留一扇窗。

（四）根本的出路：开放办学

从系统论角度看，一切实际系统，从原子到社会，原则上都可以看做开放

---

① 陈洪捷．德国古典大学观及其对中国的影响（修订版）［M］．北京：北京大学出版社，2006：199．

② 高平叔．蔡元培教育论集［M］．长沙：湖南教育出版社，1987：152．

③ 罗家伦先生文存编辑委员会．罗家伦先生文存（第5册）［M］．台北：近代“中国”出版社，1988：21．

④ 燕良轼，刘宇文．张楚廷教育思想研究［M］．长沙：湖南大学出版社，2009：135．

⑤ 侯长林．应用型本科高校社会服务的理性审视［J］．职教论坛，2018（6）．

⑥ 罗静．对现代职业教育体系中应用学科生态位的探讨［J］．铜仁学院学报，2017（5）．

系统，“开放”维系着整个系统的能量交换、协调互动等。地方院校，一方面是构成社会系统的重要元素，另一方面大学本身也形成了一个富有大学特点的系统。对内，各要素（大学传统、学科、教师、学生等）只有秉承开放态势，才能实现彼此之间的资源共享，优化要素组合；对外，大学只有与外部社会进行持续不断的人力、信息的交换，才能保证大学系统与社会系统的协同共进。由此可知，开放与否，从根本上决定了地方院校（作为开放系统）的“生死存亡”，通过开放办学这条根本路径，能够维系大学系统的顺利运行，即开放办学是地方高校系统发展的根本出路。在一定意义上，大学是否以开放姿态处理大学内部各要素并融入社会，成为评价并判断高校能否生存、转型发展的根本所在。

纵观高校发展历程，以开放办学为根本出路，进而取得大学转型成功的例子不胜枚举。20 世纪 80 年代，面对外部环境急剧变化（如国家财政拨款数额减少；政府支持大学学术与商业活动合作的各项政策的出台等），美国的研究型大学以开放态度积极改革大学体系，包括校内一系列的组织体系、价值观体系、目标期望等，以此来应对社会环境变化，如成立研究中心、开展创业教育回应教育需求、加强国际合作、建立教育联合体等，最终实现了大学类型向创业型的转变。① 斯坦福大学和麻省理工学院带来硅谷传奇、128 公路带兴盛等，有力地佐证着大学开放办学带来的重大成效，在实现自身转型发展的同时也带动了社会经济的发展。

当前，地方院校所处的外部社会环境正在发生巨大的变化（如社会经济结构转型升级、各项引导地方本科院校应用转型政策的出台、高等教育国际化程度不断提高等），这些都要求大学进行多主体（地方政府、地方企业等）、多维度（国际教育、本土教育等）、多层次（校政合作、校企合作和国际合作等）的开放办学，学习并借鉴先进的大学转型的办学经验，以此促进高校能够适应并引领社会发展。同时，应用转型试点高校多为新建地方本科院校，自身办学基础薄弱，学科建设水平不高，培养学生质量良莠不齐，只有通过开放办学，才能打破大学本身内部各要素、各部门之间的壁垒，实现彼此的交流互通，进而优化盘活内部资源，增强学校实力。

国务院办公厅《关于深化产教融合的若干意见》明确指出，要推动一批

---

① 孙丽娜．“资源依赖”理论视角下的美国创业型大学发展模式研究［D］．东北师范大学，2016：72-104.

中外院校和企业结对联合培养国际化应用型人才，就是立足于服务区域经济社会发展的应用型人才也要具有开阔的眼光和国际化的视野。这些文件更佐证了开放办学是大学的根本出路。封闭办学不可能培养出具有一定的国际化知识或经验的应用型人才。高校重视并加强国际教育不失为开放办学的具体路径，因为应用转型高校的责任和使命就是要服务并引领地方经济社会发展，当然也包括服务并引领地方国际化的发展。

综上所述，在地方高校应用转型背景下，在大学根本体系中，以大学传统为根本的底线，人文艺术教育为根本的核心，学科建设为根本的动力，开放办学为根本的出路，四者是不可或缺的，如图 1 所示。

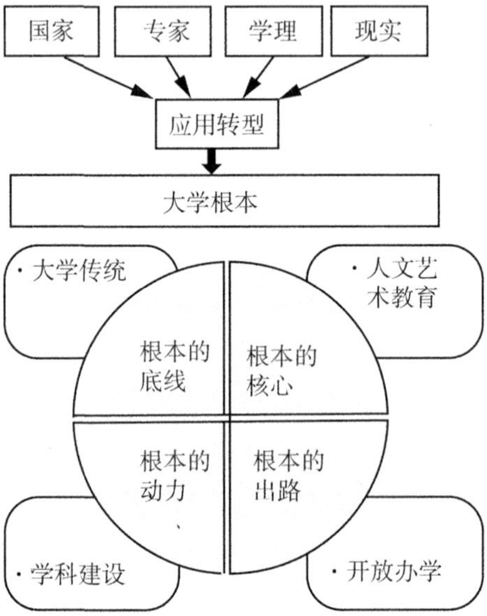

图 1　应用转型与大学根本的内容示意图

三、处理好坚守大学根本与推动应用转型的关系

正如曼海姆所言："重建一个正在变迁的社会很像替换正处于运动的火车的轮子，而不像在新的基础上重建一所房子。"① 当下处于转型期的地方本科

① ［德］卡尔·曼海姆．重建时代的人与社会：现代社会结构的研究［M］．张旅平，译．北京：生活·读书·新知三联书店，2002：9.

院校也同样如此，既要坚守大学根本，也要实现大学类型的转变和构建，这就要求处理好应用转型与坚守大学根本的关系。

（一）要把握好坚守大学根本的度

应用转型不能动摇大学根本，但如果一味强调对大学根本的坚守，又会使应用转型的推动者缩手缩脚，不敢大刀阔斧地进行改革创新。这就要把握好坚守大学根本的度。那么，怎样才能把握好坚守大学根本的度呢？笔者以为主要应该做好三个方面的工作。首先，对坚守大学根本这一问题要有正确的认识。应用转型涉及学校的方方面面，需要全校上下的共同努力，需要社会各方面的大力支持。对大学根本的坚守是在应用转型过程中提出的新问题，是发展中的问题，出现这样的问题并不可怕，只要我们保持清醒的头脑，对大学根本有正确的价值判断和基本的认识就行。其次，对大学根本的坚守要讲究策略。不同的学校情况不一样，其方法策略上要有差异。如果学校应用转型步伐过大过猛，已经伤害到了大学根本，那就不能含糊，必须旗帜鲜明大讲特讲大学根本并及时纠正；如果应用转型才刚刚起步，就没有必要在学校大肆渲染，坚守大学根本的氛围浓厚了会成为应用转型的阻力。因为应用转型会涉及学校很多人的切身利益，有可能要触动某些人的“奶酪”，这就不能排除有的人会借坚守大学根本说事。最后，要划清坚守大学根本与应用转型的边界。学校进行应用转型需要摸清家底。摸清家底的目的之一就是要把应用转型将要涉及的属于大学根本的东西抽取出来，像摆放家什一样，将不能动的放在一边或打上标记。比较难以分辨的是学校积累的传统。每所学校由于其特殊的发展历程，其所形成的传统不一样，有的甚至鱼龙混杂，要分清哪些是涉及大学根本的传统，哪些不是，比较困难。这就需要学校组织相关专家进行讨论，逐一进行明确。基于此，笔者曾经撰文呼吁应用转型“既不能观望、徘徊，也不能‘一哄而上’，应理智做好转型发展文章”。①

（二）要做好人文艺术学科专业的发展定位

应用转型院校建设人文艺术类学科专业不能按照传统的“纯”文科的模式办文科，要尽可能与应用转型发展的方向一致。要做到这一点需要在两个方面努力：一是要将人文艺术类学科专业的发展方向调整到服务区域经济社会发展上来。应用转型不仅仅是朝应用技术大学的方向转型，还包括向教学服务型

---

① 侯长林．高校转型不能一哄而上［N］．人民日报，2014-08-08.

大学、创新创业型大学等方向的转型。我国应用转型的初期对应用转型有比较狭隘的理解，认为应用转型就只是向应用技术大学转型，“其实，‘应用技术大学’和‘应用型大学’不能画等号”。① 应用型大学是一个比较宽泛的概念，是相对于研究型大学而言的以培养本科层次应用型人才为主的新型大学。如果将应用转型只定位在朝应用技术大学方向发展，人文艺术类学科专业由于技术缺乏，应用转型发展的难度确实很大，但是将人文艺术类学科专业的发展方向调整到服务区域经济社会发展上来是完全可以而且是应该的。其实，只要能够服务区域经济社会发展就是应用转型。比如，地方高校通过开展区域智库研究、经济研究、文化研究等为地方服务，不是应用转型是什么？二是应当“选择那些与自然科学、技术科学、工程科学等相邻近的文科专业，作为自己的对象”。② 比如，朝技术类应用转型的院校办哲学专业就不能把主要精力放在研究哲学原理上，而应该把发展科学哲学、技术哲学等分支学科作为重点。总之，应用技术类院校举办文科专业，应该彰显应用技术类院校的特色。

（三）要调节好应用转型的生态位

应用转型只是办学类型的转变，不是把本科办成高职专科。在应用转型的过程中，有的本科高校提出应用转型应该向高职专科学习，这本无可厚非。高职专科近几十年的发展，尤其是国家示范性高职院校建设计划启动以后，高职专科教育确实取得了不少成绩，有的经验弥足珍贵，不仅值得在高职专科教育界推广，也值得应用转型的本科院校学习和借鉴，如高职专科教育的产教融合、校企合作等。但是，向高职专科教育学习，不能简单地照抄照搬高职专科教育的发展模式。比如，高职专科教育只谈专业不提学科，应用转型的高校也跟着这样做就不对了。但是应用转型也不能忽视专业建设。应用转型高校既要倾力打造一流应用学科，也要倾力打造一流应用专业，并且要坚持应用学科和应用专业一体化发展的思路，这样才能更好地发挥学科专业相互支撑的作用。怎么才能做到既向高职专科教育学习，又能够避免在应用转型的过程中不降低自己的办学层次？那就要找准应用本科办学的生态位，确定其占据的空间及其所具有的功能和能够发挥的作用。

---

① 侯长林．应用型大学不等于应用技术大学［N］．人民日报，2015-08-13.

② 冯向东，邹珊刚，曹安利，等．理工科院校办文科的指导思想［J］．高等教育研究，1986（7）.

四、结语

应用转型，引导地方普通本科高校走出象牙塔，更加贴近经济社会发展的实际，更加关注火热的现实生活，有利于增强大学对外部环境的适应性。这无疑是大学发展很好的选择。但是，大学发展又不能只顾外部环境，不能只考虑怎么适应外部经济社会发展的需求而不考虑大学的内在逻辑，不考虑大学自身的运行规律。赫钦斯当年所批评的美国高等教育过度依赖外部环境，以致出现高等教育领域产生对金钱的追逐和崇拜等现象，会不会在中国重演？我们要应用转型，但是我们也要维护大学的尊严，要鼓励大学对永恒价值的追求。在应用转型的过程中，“大学的根本一旦丢失、漂移了，大学的内在逻辑力量自然就削弱了，甚至大学也就不再是大学了”。① 因此，我们一方面要积极地推动应用转型，坚持应用转型的信心和决心不能动摇；但另一方面，我们又要保持清醒的头脑，不能急躁冒进，要坚守大学根本，属于大学根本的决不能抛弃。这才是应用转型的辩证法，也才是高等教育哲学的精髓所在！

（本文与陈昌芸合著，原载《教育发展研究》2018 年第 17 期。）

① 侯长林．应用转型应坚守大学根本［N］．人民日报，2017-03-30.

论大学之灵性

大学是技术研发的源头，是知识和智慧的汇聚之所，也是灵性的共同体。

一、大学是充满灵性的有机体

在西方，人们对“灵性”的认识有一个逐步深化的过程。“灵性”(Spirituality)一词，源于拉丁语 Spiritus，其意为“呼吸”。公元 5 世纪，基督教中的“灵性”是用来指上帝包括神灵对人类生活的影响。12 世纪，灵性则代表人的心理功能，是指一种无形的精神性的东西。20 世纪末和 21 世纪初，灵性在心理学、医学、社会学、教育学等领域受到普遍关注。西方学者普遍“把灵性描述成与万物和谐、与上帝合一、永恒的此刻、空虚和自我消亡的意义”,① 或者把灵性界定在“个体与超自然神圣力量关系的经验和人格层面”② 等。在我国古汉语中，也有“灵性”一词的使用，其含义主要是指精神、精气，人所具有的聪明才智以及对事物的感受和理解的能力等。在现代汉语中，对灵性有两种解释：一是指聪明，二是指动物在驯化后具有的智能。

（一）灵性是大学创造的源泉动力

大学是充满灵性的有机体，没有灵性的大学，培养不出有灵性的学生。灵性有广义与狭义之分。广义的灵性，包括人和经过驯养、训练的动物所具有的技能、知识和智慧，甚至还包括自然生态和人文环境所具有的灵气；狭义的灵性，主要指人的心灵层面中居于高端的、具有超越性且能够创新技能和知识，能够产生智慧的存在、状态或力量，而不是技能、知识和智慧本身。可见，灵性包括三方面涵义：第一，灵性是人的心灵层面的存在、状态或力量，属于精

---

① 郝敬习．精神性：心理学研究的新主题［J］．山东理工大学学报，2009（2）.

② Hill P. C., Pargament K. I., Hood R. W., et al. *Conceptualizingreligion and spirituality: Points of commonality, points of departure* [J]. Journal for the Theory of Social Behavior, 2000 (1).

神层面的东西；第二，灵性是居于高端且具有超越性的存在、状态或力量；第三，灵性是能够创新技能和知识，能够产生智慧的存在、状态或力量。“在风格之上，在知识之上，还存在某种东西，一种模糊的东西，就好像主宰希腊众神的命运一样。”① 这个神秘的模糊的“力”就是灵性。大学的灵性，即大学内在具有的能够创新技能和知识，产生智慧的存在、状态或力量。

（二）灵性是大学存在的有机基础

灵性乃生命之灵性。怀特海认为，世界是一个有机体，大自然是活的，只有赋予大自然以生成、目的、乐趣、享受、创造等生命内涵，它才有价值和意义。教育的过程就是一个创造的过程，是一个灵动的充满了历险、享受和自由的生命过程。② 阿什比指出，大学是文化上传宗接代的机构，“每一所大学都是独立的有机体，各按其内在规律去吸收营养和发育成长”。③ 大学的发展是按照生态化的规律进行的，就像动植物一样不断进化发展，“是遗传与环境的产物”。④ 有人对世界上各种组织的“寿命”研究后发现，“寿命”最长的组织是宗教和大学。比如，意大利的博洛尼利亚大学、法国的巴黎大学、英国的牛津大学和剑桥大学等，几百年依然年轻，并且还在发展壮大，可谓常青树和不老松。大学教师一代代更新，学生一代代成长，大学长久不衰，独特的生命机制是其保障。使一所大学能够生存和发展的最根本的东西就是生命机制，“大学发展的任何阶段的任何要素都不可能发挥如此重要的作用”，⑤ 大学之灵性的存在，就有生命机制的基础和前提。

（三）大学是灵性智慧的丰满场域

在人类社会群体中，由于知识水平等存在的差异，其拥有灵性和灵性拓展的可能性也是不一样的。技能、知识和智慧与灵性密切相关，在一定程度上反

---

① ［英］怀特海．教育的目的［M］．徐汝舟，译．北京：生活·读书·新知三联书店，2002：43.

② 曲跃厚，王治河．走向一种后现代教育哲学——怀特海的过程教育哲学［J］．哲学研究，2004（5）.

③ ［英］阿什比．科技发达时代的大学教育［M］．滕大春，滕大生，译．北京：人民教育出版社，1983：12.

④ ［英］阿什比．科技发达时代的大学教育［M］．滕大春，滕大生，译．北京：人民教育出版社，1983：7.

⑤ 陈士衡．论大学的生命机制［J］．高等教育研究，1995（2）.

映、表现灵性。一般而言，知识水平相对较高的群体，其灵性指数也相对较高，即知识水平与灵性指数大致是成正比的。由于大学师生在人类社会群体中是知识文化水平最高的，因此，可以说大学师生是人类社会中最具灵性的群体。有文化有思想的大学师生生活在大学中，无形中丰富着大学的心灵架构，赋予校园中的文化生态环境更高的人性意义和灵性光辉，反过来，大学校园师生灵性的唤醒与提升也会受到文化生态环境所蕴含的灵气、灵性潜移默化的影响，这样的共生共容关系让灵性在大学中无处不在。大学校园就是充满灵性的场所。

二、灵性教育是大学的最高境界

大学教育的最高境界，是传授使学生能够创新技能、知识，能够产生智慧的能力，能够产生这种能力的教育就是灵性教育。

（一）发展人的灵性是高等教育本真价值选择

近几年来，日益强化知识的有用性尤其是地方普通高校的应用转型发展，把知识的有用性推到了一个新的高度。强调技术技能和知识的有用性本无可厚非，但把技术技能和知识的有用性作为我国高等教育的唯一目的，就背离了高等教育的本真。科学能够给人类带来福祉，也会给人类带来灾难。技术技能和知识的有用性，属于教育的“用”，关注人自身的发展，才是教育的“体”。所有的科学只有根植于人尤其是根植于人的完美的内心世界，才有价值和意义。教育只有把人真正当人来培养，才能充分激发人潜在的生命活力。“教育必须从‘体’上着眼，应是‘全面的’，即要唤醒人的内在的所有力量。”① 教育的本真是关于人自身，唤醒人的内在力量是教育的根本任务。担任过耶鲁大学校长的理查德·莱文说过，一个从耶鲁大学走出的学生，如果“居然拥有了某种很专业的知识和技能，这是耶鲁教育最大的失败”。② 每个人心灵深处的沃土中都有灵性的种子。如果我们的教育不重视和关注灵性的发育与生长，任其自生自灭，灵性中蕴含的无限发展的可能性就难以充分实现。一个人的成长，不能半途而废，教育发展人的灵性也同样如此。“必须走向彻底，要

① 吴式颖，任钟印．外国教育思想通史（第七卷）［M］．长沙：湖南教育出版社，2002：172.

② 耶鲁大学校长谈教育［EB/OL］．［2015-09-25］．https：//www.jianshu.com/p/faa0782fd18c.

把灵性发展到充分敞开的境界即‘止于至善’，才能扬善抑恶并促进人的全面发展。”① 善恶是因灵性而产生的。如果人的灵性能够顺利发展，从中就可以生发出善，反之则可能产生恶。大学教育是学校教育的最后一公里，理当肩负起灵性彻底拓展与提升的责任和使命。首先，大学教育要努力把每一个学生内在的灵性潜能充分地挖掘并发挥出来。其次，就是要在充分挖掘灵性潜能的基础上拓展灵性、提升灵性，使灵性极大地张扬、走向极致。越优秀的大学，挖掘和发挥、拓展和提升学生灵性潜能越多越好，也是最具灵性的大学。教育就是人的灵魂的交流，是精神的生长和灵性的发展。“教育活动关注的是，人的潜力如何最大限度地调动并加以实现，以及人的内部灵性与可能性如何生成。”② 唤醒人的灵性，并使灵性在人身上全面生成，不被压制和异化，是教育的全部责任和使命。灵性的至善是教育的终极追求，“教育的任务就是发展人的灵性”。③ 大学教育的价值选择应该回归大学教育的本真，以发展人的灵性为重点；大学教育的责任和使命，是培育、提升大学生的灵性。

（二）灵性教育是处于技能、知识和智慧教育之上的教育

在传统大学教育思想中，技术技能是不能登大学的大雅之堂的，以致英国轰轰烈烈的工业革命竟然从牛津大学、剑桥大学的校门口溜过去了。在大学所传授的知识中，又特别推崇自由知识。所谓自由知识就是指把知识当做目的本身，用于促进心智发展的知识。代表英国传统大学观念的纽曼对技术技能训练持否定态度。他认为，一个人越是把其精力倾注于某一职业，自然他在有关这一职业的工作中会展示更娴熟的技能，但“他为社会财富的积累贡献越大，作为理性的人，他自己就会越来越退化”。④ 关于知识与智慧，纽曼认为，“大学教育真正而且充分的目的不是学问或学识，而是建立在知识之上的思想或理智”。⑤ 知识和智慧是两回事，智力教育的主要目的是传授知识。但不能忽视的是，“智力教育还有另一个要素，比较模糊却更加伟大，因而也具有更

① 朱新卓．教育的本体性功能：提升人的灵性［J］．教育研究，2008（9）．

② ［德］雅斯贝尔斯．什么是教育［M］．邹进，译．北京：生活·读书·新知三联书店，1991：4．

③ 朱新卓．教育的本体性功能：提升人的灵性［J］．教育研究，2008（9）．

④ ［英］纽曼．大学的理想（节本）［M］．徐辉，顾建新，何曙荣，译．杭州：浙江教育出版社，2001：88．

⑤ ［英］纽曼．大学的理想（节本）［M］．徐辉，顾建新，何曙荣，译．杭州：浙江教育出版社，2001：59．

重要的意义：古人称之为‘智慧’”。① 智慧是掌握知识的方式，“智慧高于知识”。② 因此，在古希腊，柏拉图所渴望的是传授智慧而不是知识。印度的哲学家克里希那穆提也有过类似的观点，认为智慧可以运用知识，而知识却不能产生智慧。不管什么教育，都要使学生获取知识，但更为重要的，是让智慧觉醒。知识与传统一样，尽管十分丰富，但都是有限的，而“智慧是无限”的。③

没有勤奋，创造不了技能、知识和智慧；但没有灵性，再努力也是徒劳。因为创造的关键在灵性，灵性是技能、知识和智慧之源。灵性能够促进人掌握技能、知识和智慧，内化为一定的能力和素质，并进而提高人的工作效能。灵性作为渗透于人的技能、知识和智慧尤其是能力和素质之中的一种状态或力量，时刻都在潜移默化地影响着人的思想与行为，使其朝着正确的人生目标不断提升与发展。从人的身心发展轴线看，灵性既是指包括所有身心发展轴线的最高发展水平，也指所有发展轴线最高发展水平的总和，同时灵性的拓展和发挥能够给人带来高峰体验。既然灵性教育是指培养能够创新技能和知识，能够产生智慧的存在、状态或力量的教育，那么，灵性教育就是处于这些教育之上的教育。技能、知识和智慧对一个人来说，诚然是很重要的，但能够创新技能、知识，能够产生智慧的存在、状态或力量则更重要。没有这些存在、状态或力量，新的技能、知识和智慧就难以产生。所以，从这个意义上说，灵性教育是处于技能教育、知识教育和智慧教育之上的教育，一点也不为过。但并不是说这些教育就是没有灵性的教育，灵性教育与这些教育不可能截然分开，而是依附于这些教育又超越这些教育。

三、构建灵性大学共同体

大学最理想的目标，是构建充满灵性的共同体。所谓灵性共同体，即其组织成员将根本目标定位在灵性，并“在深度反思中领悟真理，在共同愿景中看到希望，在彼此关爱中感受快乐，达到灵性提升的共同目标”。④

---

① ［英］怀特海．教育的目的［M］．徐汝舟，译．北京：生活·读书·新知三联书店，2002：18.

② ［英］怀特海．教育的目的［M］．徐汝舟，译．北京：生活·读书·新知三联书店，2002：43.

③ ［印度］克里希那穆提．教育就是解放心灵［M］．唐超权，译．北京：九州出版社，2010：13.

④ 何丽君．构筑灵性共同体：领导者的重要职责［J］．领导科学，2012（10）.

（一）制定灵性教育方案

学生是大学共同体中人数最多的群体，只有这个群体是充满灵性的，整个大学才可能是灵性的。而要培养有灵性的学生，关键是在人才培养的目标定位中找到“灵性人”的位置。柏拉图的理想人才培养目标是“哲学王”，卢梭向往的是“自然人”，纽曼希望的是“智慧人”，雅斯贝尔斯倡导的是“整全人”，应该说，他们都从各自的角度提出了人才培养的理想蓝图。笔者以为，他们关于人才培养的理论虽然都逼近人才培养的终极目标，但尚未抵达人才培养终极目标的核心——人的灵性培养和培育。大学人才培养应把灵性放在突出的位置。大学生与一般社会青年的最大区别，不是表现在掌握具体技能和知识的多少，而是看他们在灵性拓展和发挥方面的差异，一所大学的优劣主要表现在其所培养的学生整体的灵性水平高低。灵性的人是多姿多彩的，但共同的特征应是充满想象力、创造力和具有很强的适应力。钱学森感叹我们中国没有一所大学能够按照培养科学技术发明创造人才的模式去办学，没有自己独特的创新的东西。如果我们的大学都注重学生的灵性培养，何愁培养不出杰出人才。当然，大学仅把灵性指标列入人才培养目标远远不够，还要制定灵性教育的具体实施方案，使灵性教育渗透于学校教育的方方面面。

（二）开展灵性教学科研

大学要建设充满灵性的教师队伍。首先，大学教师要有灵性自我觉醒的意识。大学要努力使教师具有能够灵性地传授技术、知识、智慧以及灵性地探索技术、知识、智慧的能力，这就要求教师自身是充满灵性的。大学教师须有灵性自我觉醒意识，灵性自我觉醒意识越强烈，其灵性潜能的发挥和拓展就越彻底；反之，其本身所具有的灵性矿藏就难以开发和利用，更谈不上灵性的拓展与提升。其次，大学教师要能够灵性地传授技术、知识、智慧。大学教师有灵性的教学，要具体体现在传授技术、知识、智慧的各个方面和各个环节，尤其要激活技术、知识和智慧的灵性，彰显课堂的灵性，点燃学生潜藏的灵性。激活技术、知识和智慧的灵性，是大学教师有灵性地实施教学的第一步。好的课堂有多种方式可以达到，但一定是教师和学生共同参与的，是活跃的、灵动的、灵性的。苏格拉底曾经说过，教师不是灌输而是点燃火焰。教是为了不教。因此，点燃学生潜藏的灵性，是教师最大的任务和终极的价值选择。最后，大学教师应有灵性地探索技术、知识、智慧。怀特海说，大学的科学研究是思想的探险。无论是对技术、知识的探险，还是对智慧的探险，都需要想象力，需要灵性广泛而充分地参与进去。只有灵性的选题、灵性的科学研究，才能得出有灵性的成果，有灵性的成果才是高水平的成果。另外，灵性还是大学教学与科研的连接点，灵性地进行教学需要展示科学研究的最新成果，灵性地进行科研需要学生的参与，教师才能够真正做到教学与科研的有机结合，师生的灵性才能被唤醒、拓展、提升。

（三）打造文化管理团队

大学的创新与发展很大程度上取决于大学的管理者。第一，管理者富有灵性。大学灵性共同体的建构包括教师、学生、教学科研、行政后勤管理人员等群体，增进知识、拓展灵性是大学管理者的必然选择，灵性提升是大学管理者增值的重要方面。第二，构建充满灵性的管理体制机制。大学制度首先须是科学的，同时兼具文化与灵性。圆润、人性化的管理，是灵性管理的具体体现。充满智慧和灵性的管理制度，可极大地调动学生自主学习的积极性和主动性，使每个学生都积极地投入自主学习之中。第三，开展有品位的文化活动，丰富大学校园心灵结构。文化、文化传统是灵性教育的重要资源，教育的重要任务和使命就是，用富含灵性的文化陶冶和提升人性，在经典熏陶中，促进灵性的觉醒。

（四）创建优雅校园环境

第一，灵性的自然环境。有水才有灵气，灵气涵养灵性，水体是学校灵性的表现和象征，如北大的未名湖、厦门大学的芙蓉湖等。第二，精致的校园建筑。大学校园环境中最能彰显灵性的还有建筑。校区总体规划将灵性因素注入其中，整个校园建筑的布局都尽可能体现灵性的原则。第三，典雅的人文环境。人文环境的规划与设计要精致、典雅，显得充满灵性。

（本文与张新婷合著，原载《教育研究》2016 年第 7 期；中国人民大学复印资料《高等教育》于 2016 年第 11 期全文转载。获贵州省第十二次哲学社会科学优秀论文一等奖。）

论大学的统摄性

当代大学是一个庞大的复杂的社会组织，正如美国当代教育家克拉克·克尔（Clark Kerr）所说："纽曼心目中的大学只是一'乡村'，弗莱克斯纳心目中的大学也只是一'市镇'，而当代的大学则是一五光十色的'城市'。"① 克尔把这种具有五光十色城市特征的大学称作多元巨型大学。虽然我国当代的大学并不都是多元巨型大学，但绝大多数大学规模都比较大，且组织结构复杂。如果学校没有统摄性概念，不加强统筹，管理者或者师生置身其中，很难分清孰轻孰重，要想把大学办好，或者办成特色鲜明的大学，就成为空谈。大学要可持续良性发展，必须厘清统摄性问题。遗憾的是，大学统摄性问题还没有引起高等教育界学者的广泛关注。因此，对大学统摄性进行研究与思考十分必要。

一、大学统摄性的形成及主要表现

统摄，乃统辖、总管之意。大学统摄性的表现是多方面的，从不同的角度进行审视会得出不同的表现形式。但是不管何种大学，在其办学过程中，哲学基础、定位、职能和特色都是至关重要且不能回避的重大问题。因此，这四个方面的统摄性自然就是大学统摄性的最主要和最重要的表现。

（一）大学哲学基础的统摄性

一栋建筑，没有坚实的基础，是不可想象的。大学也一样，任何一所大学的生存与发展都离不开其基础的支撑，比如物质基础、精神基础等。在这些基础中，人们对物质基础比如校园基础设施、实验实训条件等的作用和意义，认识比较清楚。但是，仅仅关注大学存在的物质基础是远远不够的，更应该重视大学的精神基础。精神基础的内涵十分丰富，比如大学精神、校训、校园文化等，都可以划入其中，但是笔者在这里只讨论大学精神基础中的哲学基础。

---

① 金耀基．大学之理念［M］．北京：生活·读书·新知三联书店，2008：8.

“哲学基础”这个概念最早是由美国著名教育家约翰·S. 布鲁贝克（John S. Brubacher）在其著作《高等教育哲学》（*On the Philosophy of Higher Education*）一书中提出的。任何高等教育的存在与发展都不是凭空产生的，都有为什么产生、存在与发展等基本问题，这些问题就是高等教育哲学的基本问题。布鲁贝克在对世界高等教育发展情况进行梳理、研究的基础上，提出了高等教育存在的政治论和认识论两大观点。他认为：“在二十世纪，大学确立它地位的主要途径有两种，即存在着两种主要的高等教育哲学，一种哲学主要是以认识论为基础，另一种哲学则以政治论为基础。”① 认识论者把“闲逸的好奇”精神努力追求知识看做目的，强调“学术的客观性”和“价值自由”；政治论者则认为探讨知识不仅是因为闲逸好奇，还在于它对国家有用有影响，因此更加强调“政治目标”和“为国家服务”。这两种哲学基础观主宰了世界高等教育的发展，并且相互博弈，冲突不断，或此消彼长，交替占据着高等教育的统治地位。比如在美国建国初期占主导地位的高等教育哲学基础是政治论，随着约翰·霍普斯金大学的诞生，美国高等教育的哲学基础开始发生变化，认识论逐步占据主导地位。到19世纪末，政治论和认识论出现了并驾齐驱的局面。布鲁贝克的这些观点，尽管还有这样或那样的问题，但是他对高等教育哲学基础的思考，使高等教育的理论研究上升到哲学的高度，开启了高等教育理论研究的新时代。

1987年，约翰·S. 布鲁贝克的著作《高等教育哲学》在中国翻译出版后，引起了我国高等教育界专家学者的广泛关注，并在此基础上提出了一系列新的哲学基础观。比如杨移贻提出了“生产力论”“知识论”，他认为工业社会和知识经济时代的高等教育哲学基础是不一样的，工业社会大学存在的一种占支配地位的哲学基础是生产力论，而知识经济时代的高等教育哲学基础是知识论。② 李福华提出了“人类学”哲学基础观，他认为任何教育都存在人类学基础，高等教育也不例外，也同样存在人类学基础，并且认为人类学基础是高等教育哲学基础的首要的哲学基础，其次才是认识论基础和政治论基础。③ 在我国高等教育哲学基础的讨论中，影响最大的是张楚廷的“生命论”，他在

① ［美］约翰·S. 布鲁贝克. 高等教育哲学［M］. 王承绪，郑继伟，张维平，等，译. 杭州：浙江教育出版社，2002：12.

② 杨移贻. 大学存在的哲学基础——大学教育思想的深层思考［J］. 江苏高教，1999（1）.

③ 李福华. 高等教育哲学基础新探——兼评布鲁贝克高等教育哲学基础观［J］. 华东师范大学学报（教育科学版），2003（4）.

其《高等教育哲学》一书中，认为教育起源于人的特殊的生命活力，因此，高等教育的生存与发展也离不开人，离不开对人的生命整体发展的关注，生命论自然是高等教育的哲学基础，并且是最重要的哲学基础。① 此后，还出现了张洪志的“道德论”，杨红霞的“资本论”，周光迅的“智慧论”，杨杏芳的“科技哲学论”，方芳的“人本论”，毋小勇、韦剑剑的“人学论”，郭立婷的“存在论”，卢彩晨的“经济论”等，观点各异，异彩纷呈。可以预测，随着人们对高等教育哲学基础认识的加深，还会出现新的哲学基础观。

可以想见，大学哲学基础观的多元化，就意味着大学定位的多元化和大学职能的多元化，有多元化的大学定位和大学职能，就有可能出现多元化的办学特色，就能够使大学百花园中花开朵朵，朵朵不同。事实上，单一的大学哲学基础，在今天这样一个高等教育大发展的新时代，是不存在的。讲认识论，就排斥政治论等其他哲学基础，讲政治论，就排斥认识论等其他哲学基础，都是片面的。当今的任何一所大学都是一个复杂的组织，所依托和承载的都不是单一的哲学基础，都是多元哲学基础的有机组合。而有的研究者仍然坚持非此即彼的理念，显然难以站住脚。比如人本论哲学基础观，不管怎么解说，也否定不了认识论和政治论等哲学基础的存在，因为现代大学不可能不做科学研究，不可能不为国家和社会服务，不可能不存在认识论和政治论的问题。

每一所大学都是多元哲学基础的有机组合，但又绝不是“并驾齐驱”的。“并驾齐驱”在哲学上是不存在的，世界上没有两片完全相同的树叶，一个人不可能跨过两条完全相同的河流，讲的就是这个道理。在多种大学哲学基础观中，一定有占据主导地位的，比如政治论，或认识论，或人本论等，而不可能出现政治论、认识论和人本论等完全处于同一个层次，或处于同等重要的位置，它们之间一定有区别，有差异，只不过区别和差异有大有小而已。这种大学多元哲学基础存在区别和差异的事实本身，也就为强化大学哲学基础统摄性奠定了理论的基石。

既然大学哲学基础多元化本身就存在区别与差异，存在主次，那么，大学管理者在其工作过程中强化某一哲学基础，使其上升到统摄性的地位，就是顺理成章的事。但遗憾的是，有的大学管理者并不明了此理，不去强化统摄性的哲学基础，以至于我国大学哲学基础总体上看还并不清晰。甚至有的老牌大学都还不明了，都不能回答自身的哲学基础是什么，哲学基础内部组合的情况如何，统摄性的哲学基础有没有形成等问题。由此来看，新建院校的哲学基础及

① 张楚廷．高等教育哲学［M］．长沙：湖南教育出版社，2004：4.

统摄性的哲学基础问题，就更需要强化与研究了。

那么，统摄性哲学基础观与单一哲学基础观都指向集中，指向唯一，二者有何区别？统摄性哲学基础观是在承认多元哲学基础的前提下对某一哲学基础强化的结果，而单一哲学基础观是否定其他哲学基础存在的，认为自己是唯一的，不存在强化的问题，自己本身的存在，就是高等教育哲学基础的存在。

（二）大学定位的统摄性

大学管理是一门科学，要想管理好一所大学并非易事，需要把握其规律，尤其要把握关乎大学总体发展的规律。大学定位是对大学的顶层设计，就是关乎大学总体发展规律方面的问题。因此，每一所大学，无论办学历史长短，都要对其定位进行思考。

从我国关于大学定位的理论与实践探索看，从不同角度和不同视野出发，有不同的定位划分。有从整个社会大系统对高等学校的定位、具体到某一所大学在整个高等教育系统中的定位和大学内部各要素在学校发展中的定位；①有宏观群体定位和微观个体定位的区别，微观个体定位又包括大学的类别、类型、特色、水平等发展目标的定位；②有目标定位、类型定位、层次定位、学科定位及服务面向定位等。③ 不管怎么划分，大学的基本定位都包含学校类型定位、人才培养定位、科学研究定位、社会服务定位和文化传承定位，这些定位都是关乎学校整体和大学使命与职能的定位。由此可见，大学的定位是一个十分复杂的系统，因此，“大学定位一定离不开系统，必须在系统中进行”。④

在如此复杂的定位系统中，如果不加区分地对待，必然导致定位作用难以发挥。在任何一个系统中，只要有多种因素存在，就一定有统摄性的因素，有主次之分。在大学定位系统中，有多个定位因素存在，也自然有统摄性的定位问题。就一般情况而言，在大学发展的初期即“新建院校”阶段，先要给自己“画像”，要结合需求和可能，明确自己应该成为哪种类型的大学。在此阶段，关于学校类型的定位就是统摄性的定位。试想，就某一所大学而言，如果

---

① 刘献君．论高等学校定位［J］．高等教育研究，2003（1）．

② 刘志民，龚怡祖，李昌新．大学定位与农科院校的抉择［J］．高等农业教育，2003（5）．

③ 王心如．论大学办学定位与发展战略［J］．南京医科大学学报（社会科学版），2004（3）．

④ 刘振天，杨稚文．大学定位：观念的反思与秩序的重建［J］．清华大学教育研究，2003（6）．

在大学的所有分类中，都找不到自己的位置，那这样的大学能够称得上是合格的大学吗？“新建院校”即使发展壮大到成熟阶段，仍需要在某一类型中已经取得积淀的基础上继续强化和彰显某一定位，并取得统摄性地位，形成鲜明的特色，谋求自己在同一类型大学群体中的特殊位置。比如，某一大学在人才培养定位、科学研究定位、社会服务定位和文化传承定位等基本定位中，选择某一定位——人才培养定位，或者科学研究定位，或者社会服务定位，或者文化传承定位，进行强化，并形成统摄性定位，才能称得上比如教学型大学，或者研究型大学，或者服务型大学，或者文化型大学。在这些大学中，如果要进一步发展，还得在这些类型中作进一步定位强化，并努力形成其统摄性，才能占据这一类型大学中的制高点。比如在研究型大学中，还可以进一步区分或者强化基础研究定位，或应用研究定位，并形成其统摄性；在服务型大学中，还可以区分或者强化人才培养服务定位，或应用研究服务定位，并形成其统摄性。大学的情况千差万别，每一所大学都应该结合自身的实际，进行研究与分析，找出优势和劣势，把握发展趋势，“准确选择其哲学基础，尤其是统摄性的哲学基础，并兼顾一般性哲学基础，形成统摄性哲学基础下多种哲学基础的有机结合体”。①

（三）大学职能的统摄性

大学依据社会分工所应该承担的职责和使命就是大学职能。比如，大学应该做什么，应该做到什么程度等问题，就属于大学职能的问题。大学人才培养的职能产生于中世纪大学，那时大学比较单一，只是培养人才的机构和场所。博洛尼亚大学创建之初校舍简陋，连基本的教学设施都不齐全，没有图书馆，没有运动场馆，甚至连教室也不够用，大学的唯一任务是传播普及知识，主要职能就是教学，在当时的历史阶段就等同于人才培养。当历史发展至 19 世纪初，德国威廉·冯·洪堡认为大学不仅要传播知识，还要发展知识，主张教学同科研相统一。洪堡的办学思想引起了大学划时代的变革，德国和美国等许多大学纷纷把科学研究引入大学，把教学和科研结合起来，于是产生了大学的第二职能科学研究。社会服务职能的产生则是 19 世纪末 20 世纪初的事情，1862 年美国颁布了《莫里尔法》，直接推动了美国一批“赠地学院”的产生，如康奈尔大学、威斯康星大学等就是在赠地学院的基础上发展壮大起来的。康奈尔大学的创始人康奈尔（Ezra Cornell）在首届开学典礼上明确表示：“要创办一

① 侯长林，罗静．论教学服务型大学的哲学基础［J］．贵州社会科学，2017（1）．

所大学，在这里任何人在任何学习领域都能受到教育。”① 康奈尔的理想是要办一所向所有人开放，为所有人服务的人民的大学，并强调实用价值，主张学习实用知识为社会服务，开创了服务社会的先河。但是服务社会大学职能的确立，则是威斯康星大学校长范·海斯完成的，他在出任威斯康星大学校长的就职演说中就提出了“由州所资助的大学应致力于无疆界的知识探索及社会服务，以满足全州人民及其子女不同趣味和态度的需要”的办学理念。② 这一办学理念，很快得到大家的认同，并促成了服务社会大学职能的产生。大学的人才培养、科学研究和社会服务三大职能，已经成为大家的共识，几乎所有大学在谈到大学职能时无一例外地都要谈到这三大职能。近几年，关于大学职能的讨论还在进行，比如刘理认为“引领社会”、③ 徐魁鸿认为“国际文化交流”、④ 方展画认为“技术创新”、⑤ 王洪才认为“促进学生就业”等也应该成为大学的职能。⑥ 胡锦涛在清华大学百年校庆上的重要讲话中，提出了文化传承的新职能。这些大学新职能观的提出，丰富和发展了大学职能的理论，为进一步理解大学提供了新视野。

但是，我国有的大学管理者面对林林总总的大学职能却不知所措，甚至盲目跟风，或者只要谈到大学职能，就言必称人才培养、科学研究和社会服务，殊不知，“人才培养、科学研究和社会服务三大职能，只是针对大学的一般特性而言的，并不是说每一种类型的大学在每一个发展阶段都必须是这样”⑦ 的。不同大学及同一所大学在不同发展阶段的基本情况不一样，其各职能在学校中所占的比重也不一样，或偏重科学研究职能，或偏重人才培养职能，或偏重社会服务职能，或偏重文化传承职能等，都是正常的。试想我们中国所有的大学在其职能方面都按照三大或四大职能进行办学，那会出现什么样的情形？至少“千校一面”的现象会更加严重，大学职能的发挥也会受到影响。三大

---

① Paul Westmeyer. *An Analytical History of American Higher Education* [M]. Springfield, Illinois: Charles C. Thomas Publisher, 1997: 20.

② Wallenfeldt. E. C. *Roots of Social Interests in American Higher Education: A Social Psychological Historical Perspective* [M]. Lanham: University Press, 1986: 141.

③ 刘理．谈引领社会的大学职能［J］．大学（学术版），2010（5）．

④ 徐魁鸿．国际文化交流——现代大学的第四职能［J］．现代教育管理，2010（6）．

⑤ 方展画．高等教育“第四职能”：技术创新［J］．教育研究，2000（11）．

⑥ 王洪才，陈娟．促进学生就业：当代高校一项重要新职能［J］．江苏高教，2010（4）．

⑦ 侯长林，张新婷．对教学服务型大学的理性探讨［J］．铜仁学院学报，2015（3）．

或四大职能同属于一所大学，犹如三人或四人相处，如果没有带头人很难形成团队，形不成团队，就形不成合力，甚至产生内耗。单个的力量始终难以与集体的力量抗衡。只有统摄性的大学职能形成，才能使各自不同的职能连为一体，相互贯通，发挥整体的效能。

（四）大学特色的统摄性

特色是比较的结果。大学特色同样如此，也是大学与大学之间相互比较而得出的结论。大学要发展，尤其要想在大学百花园中争得一席之地，就必须打造自己的特色。但是特色不是一蹴而就的，是在办学过程中逐步形成的，它可以从学校的整体上体现，也可以表现在学校的局部、某些方面，甚至某个点。比如新加坡共和理工学院把启发式教学方法作为“学校主要的教学方法并上升到整个学校的办学特色”。① 中国也有不少在某个点上做出特色的大学，比如江南大学的食品科学与工程、西南大学的教育学、中山大学的农学、北京师范大学的地理学等。但是总体来看，特色鲜明的大学比例不高，尤其是将某个点或某个方面的特色上升到学校层面或整体特色的更少。每一所大学在其发展的历史过程中都会形成一定的优势和特色，但是要形成大的特色比较难，形成统摄性的特色更难。特色在学校涉及的面越大越鲜明，学校就越具竞争力。因此，追求统摄性特色的形成，是每一所大学的基本选择。

二、大学统摄性的内在逻辑

复杂的统摄性和多样化的表现形式，会在大学形成多个内在逻辑系统，如果抓不住关键因素，就无从厘清大学统摄性的内在逻辑。在与大学发展紧密关联的因素中，大学哲学基础是大学的原点和最基本的理论基石，丢失了大学哲学基础，大学何以存在的根基就会动摇和丧失；大学定位关乎大学发展的方向和未来，大学定位不准，就像大海里航行的船舶，最终不知道走向哪里；大学职能牵涉大学作用的发挥和大学影响的扩展，职能不能很好发挥，就难以在社会立足，更谈不上发展；大学特色是大学的核心竞争力所在，好的大学都是在竞争中发展壮大起来的，比如剑桥大学是与牛津大学竞争的产物，哈佛大学是与剑桥大学竞争的产物，耶鲁大学、斯坦福大学是与哈佛大学竞争的产物，而要想在竞争中处于有利地位，就必须重视大学特色的打造。因此，如果抓住大学哲学基础、定位、职能、大学特色四个关键因素，将这一逻辑链条上的统摄

① 侯长林．我生命中的十年［M］．成都：巴蜀书社，2015：253.

性问题厘清，大学整体的统摄性就能够基本厘清。笔者剥茧抽丝，沿着这四个关键线索对大学的统摄性内在逻辑进行了探讨。

大学哲学基础、定位、职能和特色不是孤立存在，而是紧密相连，有其内在逻辑的。具体表现在：一方面，大学哲学基础决定大学定位并对大学职能和特色产生影响，大学定位决定大学职能并对大学特色产生影响，大学职能决定大学特色。另一方面，大学特色会强化大学职能、定位和哲学基础，大学职能会强化大学定位和哲学基础，大学定位会强化大学哲学基础。两方面综合看，在大学哲学基础、定位、职能和特色四大模块中，每一模块都对另外三大模块发生作用，只不过发生作用的方式各有不同，"大学哲学基础"模块是大学的根基，对"大学定位"模块起决定作用，并对"大学职能"模块和"大学特色"模块产生影响；"大学定位"模块最直接的作用是决定"大学职能"模块，同时对"大学特色"模块产生影响，"大学哲学基础"虽然是"大学定位"模块的决定因素，但是"大学定位"模块一旦形成，又会对其"大学哲学基础"模块产生强化作用；"大学职能"模块决定"大学特色"模块，并对"大学定位"模块和"大学哲学基础"模块产生强化作用；"大学特色"模块处于"大学哲学基础"模块、"大学定位"模块和"大学职能"模块链条之后，不能对其他模块起决定作用并产生一定的影响，但是能够产生强化作用。在单个逻辑链条上，比如在"大学哲学基础→大学定位→大学职能→大学特色"的"决定关系"，以及"影响关系"和"强化关系"单个关系链条上，虽然没有形成逻辑闭环，但是将"决定关系""影响关系""强化关系"三个方面的关系综合起来看，是形成了"决定"或"影响"或"强化"的逻辑闭环的。既然是逻辑闭环，就可以形成整体周流和互动共生的状态。整体周流是生态学概念，包括闭环内部诸多层次间的环向因果、因缘关系，网状互动、互生关系，同化与顺化关系，能量与信息的传递与回应关系等；互动共生是生态系统中两个或两个以上因素之间通过物质或信息的交流，产生相互影响或强化作用，引起事物的变化，相生相伴，共生共荣。

因此，既然"大学哲学基础""大学定位""大学职能""大学特色"四大模块之间的关系存在决定或影响或强化的内在逻辑闭环，并能够形成整体周流和互动共生的关系，我们在选择或确定或培育这四大模块中的任何一个模块时，就要尽可能考虑其他三个模块的情况。任何一个模块都不是孤立的，都与其他三个模块有着十分紧密的联系，都是这四个模块逻辑闭环中的一个点和其所形成的整体周流和互动共生关系中的一个因素，如图 1 所示。

统摄性大学哲学基础、统摄性大学定位、统摄性大学职能和统摄性大学特

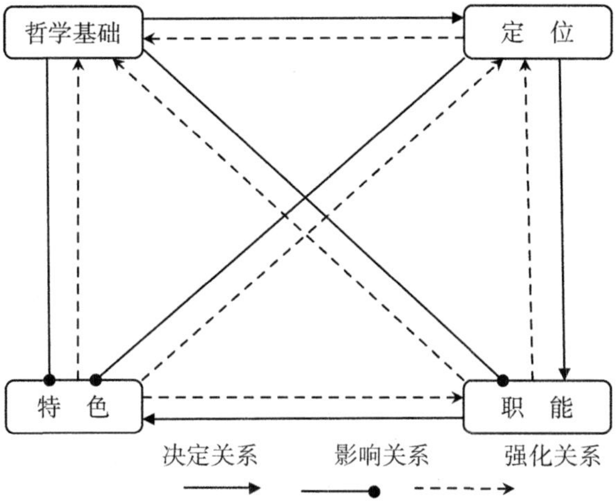

图 1　大学哲学基础、定位、职能、特色之间的内在逻辑关系示意图

色的内在逻辑与大学哲学基础、大学定位、大学职能和大学特色的内在逻辑一样，每一个模块都对其他三个模块产生决定或影响或强化的作用。比如一所大学要想形成其统摄性的大学特色，必然要有其统摄性的大学职能，没有统摄性的大学职能，统摄性的大学特色就失去了源泉，而统摄性的大学职能又来源于大学定位，统摄性的大学定位来源于大学哲学基础。统摄性大学特色一旦形成，又会强化统摄性大学哲学基础，统摄性大学职能一旦形成，在决定统摄性大学特色的同时，又会强化统摄性大学定位，统摄性大学定位对统摄性大学职能和统摄性大学哲学基础的作用同样如此。

因此，不同的大学，由于各自的情况和所处的发展阶段不一样，大学哲学基础统摄性点的选择就要综合考虑各方面因素进行确定，大学定位、大学职能和大学特色三大模块统摄性点的选择，也要根据大学的具体情况，考虑大学所涉及的多方面因素，但是尤其要考虑其模块所处的位置及其前面模块的情况，并尽可能与其相对应，即“大学特色”模块统摄性点的选择要与处于其前面的“大学职能”模块、“大学定位”模块和“大学哲学基础”模块统摄性点相对应，“大学职能”模块统摄性点的选择要与处于其前面的“大学定位”模块和“大学哲学基础”模块统摄性点相对应，“大学定位”模块统摄性点的选择要与处于其前面的“大学哲学基础”统摄性点相对应，这样才能形成“统摄性哲学基础→统摄性定位→统摄性职能→统摄性特色”的富有生机和活力的办学链条。

三、强化大学统摄性的策略

既然大学的统摄性存在并且十分重要，我们就应该努力强化大学的统摄性，使其在学校发展过程中发挥更大的作用。那么，如何强化大学的统摄性呢？笔者以为应主要注意以下几个问题：

1. 要有统摄性的意识

当今的大学规模越来越大，如果任其发展，就会成为一盘散沙。所以，要进一步推进大学进步与发展，增强凝聚力和竞争力，就必须有统摄性的意识。只有统摄性意识形成了，才能够积极主动地培育其统摄性，否则，办学时间再长，其统摄性也很难形成。

2. 要有统摄性培育的规划

任何一所大学统摄性的形成，都需要一个过程，有的甚至还需要比较长的过程，如果没有规划，东一榔头西一棒槌，就是有统摄性的意识，也没有用。只有在规划的指导下，在一定的时间范围内长期坚持，统摄性才能逐步形成。更何况，统摄性的形成有其内在机理，只有通过规划，厘清其内在联系，大学统摄性的血脉才能畅通，才具有内在活力，真正的大学统摄性才能形成。

3. 要有统摄性培育实施方案

仅有规划还不够，还需要制定符合学校实际的统摄性培育实施方案。不管什么大学，其统摄性培育牵涉的面都比较宽，只有通过实施方案的制定厘清各方面的关系，才能确保统摄性培育工作顺利进行。

4. 要构建统摄性培育的评价机制

不仅统摄性的形成是一个长期的过程，更为重要的是，统摄性形成之后，更需要坚持，只要还是大学，还需要生存与发展，就离不开对其统摄性的呵护。要想使统摄性长期存在并进一步发展，就需要建立符合大学统摄性形成和发展规律的评价机制。只有建立了合理的评价机制，大学统摄性形成和发展才有保障，否则，它只会昙花一现，不可持续发展。

（本文原载《山东高等教育》2017 年第 4 期）

论教学服务型大学的哲学基础

我国地方新建本科高校在国家政策的引导下正在朝应用型大学方向转型发展。目前，朝应用型大学方向转型发展的不仅有应用技术大学，还包括创业型大学、技术型大学、教学型大学、服务型大学、教学服务型大学，但是在应用转型中规模比较大的是应用技术大学和教学服务型大学两大阵营。由于全国应用技术大学联盟的成立和推动，朝应用技术大学方向发展的队伍比较庞大，已经有 160 多所学校参加了全国应用技术大学联盟，其中天津职业技术师范大学、黑龙江工程学院、上海机电学院、重庆科技学院、浙江科技学院等已经在应用转型方面卓有成效，黑龙江科技大学、武汉纺织大学、浙江树人大学、宁波大红鹰学院、河南师范大学、铜仁学院等教学服务型大学，也取得了长足的进步与发展。目前，“全国教学服务型大学建设”学术研讨会已经召开了两届。第一届于 2015 年 5 月在宁波召开，由中国高教学会院校研究分会主办、宁波大红鹰学院承办，参加会议的有来自全国 10 多个省市、20 余所大学及研究机构的领导和专家学者近 60 人，围绕“教学服务型大学建设”这一主题，探讨了教学服务型大学的概念内涵、建设的有效路径等问题。第二届“全国教学服务型大学建设”学术研讨会于 2016 年 5 月在铜仁学院召开，北京大学、中国人民大学、华中科技大学、中国教育科学研究院等 21 所大学和研究机构的 70 多名专家学者出席了会议。会议认为教学服务型大学是顺应时代发展潮流产生的新型大学，应在我国现有研究型大学、教学研究型大学、教学型本科院校等分类中增设“教学服务型大学”。

何为教学服务型大学？笔者认为，教学服务型大学是一种以服务为宗旨并通过以培养应用型人才为主兼顾科技、文化艺术服务社会的应用型大学，其内涵主要包括教学和服务两方面：教学方面在重视科学知识传授的同时，重视技术技能的传授，强调科学知识和技术的应用；在社会服务方面，强调服务社会的多元化，既有科学知识的、技术技能的服务，也有通过培养技术人才和科技研发进行服务的。①

---

① 侯长林，罗静，叶丹．应用型大学视域下新建本科院校办学定位选择［J］．教育研究，2015（4）．

一、高等教育哲学基础的多元化发展与一元化解读的矛盾

关于高等教育哲学基础的讨论始于美国约翰·S. 布鲁贝克《高等教育哲学》一书在中国的翻译出版。布鲁贝克认为，在20世纪的美国，大学确立其地位的主要途径存在着主要以认识论为基础和以政治论为基础的高等教育哲学。① 认识论更加关注的是知识本身，高等教育所追求的是高深的学问，其终极目标是为学术而学术，崇尚学术自由和学术自治；政治论更加关注的是知识目的，追求知识只是手段，高等教育所追求的目的是为国家和社会服务，即要考虑其社会价值。布鲁贝克认为“认识论”和“政治论”均有其合理性，但也都有不可避免的缺陷，不能简单地判定孰优孰劣，两者在美国高等教育的发展过程中交替占据统治地位，最佳的方法是二者合二为一，相互融合，取长补短。1999年，杨移贻在布鲁贝克高等教育认识论和政治论的基础上提出了“生产力论”和“知识论”,②认为生产力论是工业社会大学存在的一种占支配地位的理论基础，知识论是知识经济时代的高等教育哲学基础。杨移贻关于“生产力论”和“知识论”高等教育哲学基础理论的提出，拉开了我国关于高等教育哲学基础讨论的序幕。

可以预测，随着我国高等教育的进一步发展，以及高等教育哲学理论研究的深入和边界的拓展，还将出现新的哲学基础理论。比如加拿大文化学者比尔·雷丁斯在其著作《废墟中的大学》中所提到的文化大学，其哲学基础，难道不可以概括为“文化论”吗？其实，还不仅仅是雷丁斯的文化大学其哲学基础是文化论，就是一般的大学，其哲学基础也离不开文化。大学是教育的机构，也是文化的机构。更何况从政治、经济、文化一体化发展的规律看，政治、经济、文化是紧密相连的，有政治论基础、经济论基础，就应该有文化论基础。有文化论哲学基础，是不是还有其他哲学基础？回答是肯定的。因为现代大学发展的内涵越来越丰富。大学内涵发展的丰富性主要表现在两个方面：一是大学发展的类型越来越多，越来越细化。类型不同必然有其不同的哲学基础，即高等教育哲学基础的多元化发展也成为必然的趋势。二是大学个体发展的内部组织结构越来越复杂。多元化巨型大学作为一个规模庞大的机构，“它

① ［美］约翰·S. 布鲁贝克. 高等教育哲学［M］. 王承绪，郑继伟，张维平，等，译. 杭州：浙江教育出版社，2002：12.

② 杨移贻. 大学存在的哲学基础——大学教育思想的深层思考［J］. 江苏高教，1999（1）.

有若干种目标，不是一个；它为若干种顾客服务，不是一种。它不崇拜一个上帝；它不是单一的，统一的社群；它没有明显固定的顾客”。① 大学责任和使命的多元、职能的多元，必然有其对应的多元化的哲学基础。此外，大学特色化水平的提升也将促进其哲学基础的多元化。随着我国高等教育的进一步发展，尤其是特色化水平的提升，必然会出现与特色化相对应的哲学基础。大学的特色，首先是因为有其哲学基础的特色，才可能有办学定位的特色和大学职能的特色。从理论上分析，每一所有特色的大学都应该有其独特的哲学基础，甚至同一所大学在不同的发展阶段也会有其不同的哲学基础。因此，企图用某一种即一元化哲学基础来概括蓬勃发展的多元化高等教育哲学基础，显然是不可能办到的。大学的哲学基础，不是非此即彼，不是水火不相容的。不说还有其他高等教育哲学基础，单就政治论、认识论、人本论和文化论而言，想从高等教育的整体上用其中的某一种哲学基础来否定其他三种哲学基础，都是不可能的。道理很简单，只要大学内在地具有人才培养、科学研究、社会服务和文化传承等职能，就应该有其所对应的人本论、认识论、政治论和文化论等哲学基础。如果说人才培养、科学研究、社会服务和文化传承等是大学的基本职能，那么，人本论、认识论、政治论和文化论等就是高等教育的基本哲学基础。基本哲学基础，只是就一般情况而言，应该具备这些哲学基础，不是说每一所大学和每一所大学的各个发展阶段都必须具备这些哲学基础，更不是说，这些哲学基础在某一所大学和其发展的各个阶段中所占的比重是一样的。我国对高等教育哲学基础的讨论之所以没有形成共识，主要是因为企图用自己所认同或臆想的某一种即一元化的哲学基础来解读客观存在的多元化的哲学基础所造成的。比如持人本论观点者大谈人本论哲学基础的重要，很少谈甚至不谈其他哲学基础，试想纯粹的人本论哲学能够在当今的现实社会中建构一所大学吗？认识论等也同样如此。目前，我国高等教育的规模已经不小。截至 2015 年，全国高等学校已经发展到 2852 所。如此庞大的大学规模，不说每一所学校有不同的办学特色，就是从大学类型的划分来说也是非常复杂的。比如研究型大学与教学研究型大学、教学型大学的特色不同，其哲学基础不一样；就是应用型大学也有许多类型，应用技术大学、教学服务型大学、创业型大学等，又各有特色，其哲学基础也有一定的差异。所以，面对林林总总、纷繁复杂的

① ［美］克拉克·克尔．大学的功用［M］．陈学飞．译，南昌：江西教育出版社，1993：96.

大学多元化客观存在，任何一种哲学基础都不可能独自统治所有大学。每一所大学都要发展，要变化，其哲学基础也会变，并且会率先发生变化，只是这种变化有可能被人们意识到也有可能未被意识到罢了，但不管是否被意识到，其哲学基础的不断演进发展与变化都是客观存在的。当其哲学基础的变化还处在量变阶段，某种哲学基础还可占据统治地位，一旦发生质变，另一种哲学基础就会取而代之。这种高等教育哲学基础交替主宰大学发展的情况和规律，正是每一所大学哲学基础生命机制存在的表征和体现。

二、教学服务型大学哲学基础体现在其大学职能的发挥上

（一）大学职能是高等教育哲学基础的集中反映

从布鲁贝克所提出的高等教育哲学基础，以及我国在其基础上提出的新的哲学基础观点看，高等教育哲学基础与大学职能之间有着十分紧密的联系，并且基本上是一一对应的。比如人本论哲学基础所对应的就是人才培养职能，认识论哲学基础所对应的就是科学研究职能，政治论哲学基础所对应的就是社会服务职能，文化论哲学基础所对应的就是文化传承职能。这种对应关系在我国高等教育哲学基础研究中已有论者谈及，但是笔者不赞成将高等教育认识论和政治论的实践根源归结为科学研究和社会服务两大职能等观点。因为高等教育哲学基础的根源不是大学职能。布鲁贝克在提出高等教育哲学基础时就有过明确的论述：强调认识论的人是“把以‘闲逸的好奇’精神追求知识作为目的”,① 即对真理和知识的追求，是高等教育认识论哲学基础的根源；持政治论观点的“人们探讨深奥的知识不仅出于闲逸好奇，而且还因为它对国家有着深远的影响”,② 即解决社会的复杂问题，是高等教育政治论哲学基础的根源。事实上，是高等教育的哲学基础决定大学的办学定位，即有什么样的哲学基础才会有什么样的办学定位。办学定位决定大学职能，即有了办学定位才有相应的大学职能，其产生的路线是：哲学基础→办学定位→大学职能。人们对大学职能认识较早，讨论也比较多，大学职能概念的提出确实比高等教育哲学基础概念的提出早，在高等教育的话语世界中是先有大学职能后有高等教育哲

① ［美］约翰·S. 布鲁贝克．高等教育哲学［M］. 王承绪，郑继伟，张维平，等，译．杭州：浙江教育出版社，2002：13.

② ［美］约翰·S. 布鲁贝克．高等教育哲学［M］. 王承绪，郑继伟，张维平，等，译．杭州：浙江教育出版社，2002：15.

学基础，但不能因此说大学职能是高等教育哲学基础的根源。正确的观点是，大学职能是高等教育哲学基础的反映，并且是比较集中的反映。比如人才培养大学职能就是高等教育人本论哲学基础的集中体现和反映，科学研究职能就是高等教育认识论哲学基础的集中体现和反映，社会服务职能就是高等教育政治论哲学基础的集中体现和反映，文化传承职能就是高等教育文化论哲学基础的集中体现和反映等。

（二）大学统摄性职能对应其统摄性哲学基础

关于大学职能，人们存在认识的误区，认为凡大学都必须要讲大学的三大或四大职能，都必须重视人才培养、科学研究和社会服务或再加文化传承等职能的发挥。其实，这三大或四大职能是就大学的一般特性而言的，是大学的共性，具体到某一所高校，如果大学的基本职能都讲到，都要重视，是不符合实际的，"真正有特色的大学只能是这些职能中的某一项职能占据主要地位，成为统摄性职能"。① 中国人民大学李立国教授也说：教学、科研、社会服务是大学的三种职能，但是"并不是每一所高等教育机构都要承担这三种职能"，② 并且不同类型大学的统摄性职能，是不一样的。教学型大学的统摄性职能在教学方面，研究型大学的统摄性职能在科学研究方面，服务型大学的统摄性职能在社会服务方面。统摄性职能在教学或科学研究或社会服务等方面，即是指大学的统摄性职能在教学或科学研究或社会服务方面，也是有差异的。世界没有两所完全相同的大学，也就没有两所完全相同的大学统摄性职能。就是同一所大学只要发生阶段性变化，出现阶段性特征，这种变化发展到一定阶段，就会影响其统摄性职能的变化。

教学服务型大学属于服务型大学的范畴，是服务型大学中的教学型，其统摄性职能自然也应该在社会服务方面，但并不否定人才培养和科学研究的重要性，只是在这里人才培养和科学研究职能"被社会服务职能所统摄，转变成了社会服务职能的一个或两个主要因素了"。③ 在这里还需要指出的是，处于不同区域和不同发展阶段的教学服务型大学，其大学职能也是不一样的。

---

① 侯长林．大学本身是值得探究的［J］．铜仁学院学报，2015（6）．

② 李立国．什么是现代大学［J］．中国人民大学教育学刊，2013（2）．

③ 侯长林，张新婷．对教学服务型大学的理性探讨［J］．铜仁学院学报，2015（3）．

就大学的个体而言，有统摄性大学职能，按照大学职能与高等教育哲学基础的对应关系规律进行推断，就应该有统摄性的高等教育哲学基础。比如研究型大学的统摄性职能如果是科学研究，其对应的统摄性哲学基础就应该是认识论；教学型大学的统摄性职能是人才培养，其统摄性哲学基础就应该是人本论；服务型大学的统摄性职能是社会服务，其统摄性哲学基础就应该是政治论；文化型大学的统摄性职能是文化传承，其统摄性哲学基础就应该是文化论。高等教育的哲学基础是多元的，任何一种哲学基础要想霸占所有大学和大学每一发展阶段的统治地位都是不可能的，但在一定范围和大学发展的一定阶段其统摄性的哲学基础是存在的。笔者在这里所谈的“统治”是指独断、控制，包含有排除异己之意，而“统摄”则不一样，它虽然有统领之意，但并不排除异己，即在某一哲学基础统领之下允许多种哲学基础并存。笔者认为，大学有统摄性哲学基础和统摄性大学职能，但是没有统治性哲学基础和统治性大学职能。

（三）教学服务型大学哲学基础主要体现在社会服务统摄性职能上

教学服务型大学是服务型大学中的教学型，其统摄性哲学基础就应该是服务型大学社会服务统摄性职能所对应的统摄性政治论哲学基础。既然教学服务型大学的统摄性哲学基础是政治论，那么，教学服务型大学哲学基础就主要体现在社会服务统摄性职能上。所以，要想把教学服务型大学建设好，充分地体现其政治论统摄性哲学基础，就应该努力彰显社会服务职能。为此，在我国高校中，铜仁学院率先成立了校级社会服务中心，各专业学院也相应成立了社会服务科。社会服务中心和社会服务科的成立，就是为了确保教学服务型大学社会服务统摄性职能不落空，并进而彰显其政治论统摄性哲学基础。应该说，这种做法是一种组织的创新。人才培养职能和科学研究职能所对应的教务处、教务科和科研处、科研科，各高校早已成立，随着高等教育与社会关系越来越紧密，尤其是朝应用型大学发展的地方高校其社会服务职能日益彰显，成立校级社会服务中心和专业学院成立社会服务科也就成为历史发展的必然。因此，笔者可以预测各地方高校迟早都会仿效铜仁学院的做法成立社会服务中心和社会服务科等与社会服务职能相对应的组织机构，可以不叫社会服务中心和社会服务科等名字，但这样的组织机构一定会有的。没有这样的组织机构，社会服务的职能得不到很好的发挥，政治论哲学基础也就得不到很好的体现。

三、政治论统摄下的人本论、认识论和文化论的有机结合是教学服务型大学哲学基础的最佳选择

教学服务型大学的统摄性哲学基础是政治论，但又不仅仅是政治论，还有人本论、认识论和文化论等。从我国高等教育发展的历史看，由于过度强调了高等教育政治论哲学基础，往往使有的大学忽视了人本身的发展，忽视了对知识及真理的探求以及对文化传承和文化建设的重视，对大学内在逻辑力量的提升产生了一定的影响。所以，关于教学服务型大学政治论哲学基础，由于是其居于统摄性地位的哲学基础，强化是肯定的，但是也要把握好度，尤其是要进一步对政治论进行细化并结合办学定位进行选择。布鲁贝克的政治论包括“政治目标”和“为国家服务”两个方面。中央党校、国家行政学院、青年政治学院等培养各级各类党政干部的大学应该自觉选择政治论中的“政治目标”作为其统摄性哲学基础，其他选择政治论作为统摄性哲学基础的大学应该选择“为国家服务”的政治论作为其统摄性哲学基础。教学服务型大学是应用型大学中的一种类型，并且大多为新建地方本科院校，办学基础薄弱，科研能力、社会服务能力不强，还达不到“为国家服务”的水平，甚至提“为省服务”都还有些问题。所以，教学服务型大学应该以“为地方服务”的政治论作为其统摄性哲学基础。铜仁学院在建设教学服务型大学的过程中，就明确提出“铜仁需求，国家标准”的办学理念。所谓“铜仁需求”，包括“虚指”和“实指”两个方面：“虚指”中的“铜仁”是指铜仁学院所在的区域，可大可小；“实指”中的“铜仁”就是指“铜仁市”。① 强化“铜仁需求”，提出为铜仁经济社会文化服务就是强化铜仁学院政治论中“为铜仁服务”的统摄性哲学基础，即铜仁学院作为教学服务型大学，其统摄性哲学基础就是“为铜仁服务”的政治论哲学基础。也就是说，铜仁学院要体现其政治论统摄性哲学基础，就应该紧扣“铜仁需求”，培养铜仁所需要的应用型人才，尤其是进行应用研究，建设应用学科。做“铜仁需求”的应用研究和适应“铜仁需求”的应用学科，也符合铜仁学院学科发展的生态位规律，“教学服务型大学学科的优势在应用性和地方性，研究性学科和研究性内容不是教学服务型大学的选择”。② 总之，离开铜仁这块土地，谈铜仁学院政治论哲学基础，也就成了无

① 罗静. 对铜仁学院“铜仁需求，国家标准”办学理念的解析 [J]. 铜仁学院学报，2016 (6).

② 罗静. 教学服务型大学学科生态化发展探讨 [J]. 贵州社会科学，2015 (12).

源之水无本之木。所以紧扣“铜仁需求”是铜仁学院坚守其政治论统摄性职能的基本要求。

教学服务型大学在强化为地方服务的政治论统摄性哲学基础时，还要兼顾人本论、认识论和文化论等哲学基础。因为教学服务型大学主要是通过培养人才对社会进行服务的，也要发展应用学科，进行应用研究，还要进行文化传承和文化艺术服务，所以也要考虑人本论、认识论和文化论哲学基础。当然，教学服务型大学在政治论统摄下的人本论、认识论和文化论等哲学基础的结合，是有机地结合，而不是简单地拼凑。我国高等教育实践及其矛盾的多元化，决定了高等教育哲学基础的多元化，尤其是“社会政治、经济、科技等各方面的发展使政治论或认识论哲学不可能在实践中总是占据统治地位”。① 因此，每一所大学都应该结合自身的实际，分析优势和劣势，准确选择其哲学基础，尤其是统摄性的哲学基础，并兼顾一般性哲学基础，形成统摄性哲学基础下多种哲学基础的有机结合体。在此基础上，明确办学定位，强化统摄性大学职能，就能够逐步打造自己的办学特色，形成核心竞争力。因此，政治论统摄下的人本论、认识论和文化论的有机结合就自然成了教学服务型大学哲学基础的最佳选择。

（本文与罗静合著，原载《贵州社会科学》2017 年第 1 期。）

---

① 张茂林．高等教育哲学基础的辩证分析及其启示［J］．黑龙江高教研究，2012（12）．

论教学服务型大学的实践逻辑

2015 年 10 月，由教育部、国家发展改革委、财政部联合发布的《关于引导部分地方普通本科高校向应用型转变的指导意见》从国家层面正式拉开了应用转型的帷幕。在此背景下，转型的地方本科院校，尤其是新建本科院校，主要定位为应用技术大学、教学服务型大学等，其中教学服务型大学主要以服务为宗旨，以培养应用型人才为主，比如铜仁学院、浙江树人大学等。教学服务型大学发展到今天，对其实践逻辑问题的探讨应提上议事日程。借鉴法国社会学家皮埃尔·布迪厄（Pierre Bourdieu）的实践理论，解读教学服务型大学实践逻辑内涵，对突破其实践困境、明确其创新发展的路径具有十分重要的意义。

一、教学服务型大学实践逻辑的内涵解读

在布迪厄看来，“实践具有一种不属于逻辑学的逻辑，因此，把逻辑学的逻辑运用于实践的逻辑，就是面临着通过人们用来描述逻辑的工具而毁灭人们想要描述的逻辑”。① 他运用“关系性”思维方式，探讨处于特定场域之下的实践是怎么发生和按照什么样的方式开展，以及在怎样的社会空间里存在和运行，并呈现出什么样的一般图式。在布迪厄看来，实践逻辑就是惯习、资本以及场域之间相互作用和相互联系的结果，而不是三者中任何一个因素的单一结果。

那么如何理解实践逻辑？布迪厄认为，对“实践逻辑”的理解关键在于对“客观结构（社会场域的结构）和混合结构（习性结构）之间双重意义的关系”② 的把握。他在《区隔》一书中将他对于实践逻辑进行探索的基本公

---

① ［法］皮埃尔·布迪厄．实践理性：关于行为理论［M］．谭立德，译．北京：生活·读书·新知三联书店，2007：135.

② ［法］皮埃尔·布迪厄．实践理性：关于行为理论［M］．谭立德，译．北京：生活·读书·新知三联书店，2007：1.

式表述为“[(惯习)+(资本)]+场域=实践”，即“实践”是“惯习”“资本”“场域”三者联合作用的结果。基于此，可将其作为把握教学服务型大学实践逻辑内涵的一把钥匙，按照布迪厄这一公式，我们需要对教学服务型大学的惯习、资本和场域间的相互关系进行轮廓性描绘。

(一) 形成场域系统是提升教学服务型大学竞争力的关键

何谓场域？布迪厄对此有明确的界定，他认为：“场域是一些社会生活领域中客观性的位置之间形成的网络。”① 既然是“网络”，场域就不仅仅是一个特定的物理空间，更重要的是一个权力运作、关系重组、资源争夺的意义空间。场域具有独立性、关系性和斗争性三个重要的特征。所谓独立性，就是指场域不管是物理空间还是意义空间，都是相对独立的，并遵循自身的运行逻辑和行动规则；所谓关系性，是指场域不是一个肉眼可见的具有一定物质形态的实体系统，而是由处于不同位置的行动者之间相互作用和影响所形成的关系系统；所谓斗争性，是指分布于场域中不同位置的各种力量，为了各自的生存与发展，尤其是为了获取更多对自己有利的资本所展开的争斗和较量。在布迪厄看来，我们所生活的社会是由许多不同的场域构成的，并且每个场域都有自己相对独立的运行逻辑和行动空间，每一个行动者都依靠各自的惯习和拥有的资本在场域中展开竞争，以获取更多的权力和利益。

教学服务型大学亦不例外，处在错综复杂的关系之中，从某种意义上来讲，其场域可以看成是多个关系主体遵照规则及各自的行为逻辑，不断地相互影响与作用的过程或客观结果。对于教学服务型大学而言，其作为以服务为宗旨的应用型大学，② 要凸显其社会服务职能，离不开各种行为主体（政府、高校、行业、企业、学生等）的参与。而这些实践主体行为揭示着各自在教学服务型大学中所处的位置（拥有资本的数量和相对分量决定着谁是场域的主体，谁是场域的参与者），其所在位置又影响着这些行为主体的惯习形成和发展，也就是布迪厄提及的“通过将一定类型的社会条件和经济条件内化，获得某些性情倾向”。③ 与此同时，教学服务型大学在高等教育系统中的位置不

① Ritzer G, Goodman D J. *Modern sociological theory* [M]. Beijing: Beijing University Press, 2004: 392.

② 侯长林，罗静．论教学服务型大学的哲学基础 [J]．贵州社会科学，2017 (1).

③ [法] 皮埃尔·布迪厄，华康德．实践与反思：反思社会学导引 [M]．李猛，李康，译．北京：中央编译出版社，1997：151.

是固定不变的，为了维持或改变现有局面，在努力使其组合形式合法化的过程中，组建形成了某种关系结构，明确学校场域位置，以此勾画实践者或机构之间的客观关系结构。从这一层面来说，教学服务型大学的场域是各个涉及教学服务型大学的关系主体依靠各自的惯习和拥有的资本形成的彼此之间耦合关系的系统。

（二）形成资本体系是教学服务型大学的场域动力

对于场域而言，不同的资本体系反映着场域中不同利益主体之间竞争、协调的状况。场域也正是在这样的情况下，通过资本推动来实现其不断发展与构建的，因为“资本体现了一种积累形成的劳动，这种劳动同时以物质化和身体化的形式积累下来。而资本也同时体现出一种生成性，总是意味着一种生产利润的潜在能力，一种以等量或扩大的方式来生产自身的能力”。①

布迪厄从资本所体现的社会权力类型与关系的角度出发，将资本划分为经济资本、社会资本、文化资本及符号资本四种主要类型。一是经济资本。所谓经济资本就是指我们平时使用的货币和拥有的财产。教学服务型大学一切活动的实施开展都是以经济资本为物质基础的，在教学服务型大学的场域中，政府、高校、行业企业、学生等都会为其提供相应的资源以保障其办学活动的顺利开展，比如财政拨款、学校经费、企业赞助费、学生学费等。二是社会资本。社会资本是指在一定社会群体以及社会网络中所处的位置和关系，可以看做教学服务型大学借助于所占有的持续性社会关系网而把握的社会资源或财富，比如政府类社会资本（即政治资本）、行业企业类社会资本（即市场资本）和家长、学生、校友类社会资本（即学生资本）等。这些对于强调走出校园、服务地方社会经济发展的教学服务型大学来说尤为重要——多数教学服务型大学建校基础薄弱，在高等教育体系及地方区域发展系统中占有少量社会资本，鲜有企业行业赞助，这就需要拓展社会资本，打造以高校为核心的地方关系网络，汇集区域内各方资源。三是文化资本。文化资本在教学服务型大学形成的资本体系中处于核心地位，因为教学服务型大学在剥离一切外在形式后其本质就是大学。而从大学产生与发展的历程来看，大学所拥有的资源及具备的能力都与知识的创造、保存、传播、应用的水平相关。从某种意义上来说，教学服务型大学与其他类型大学（研究型大学、教学研究型大学等）的区别在于对知识进行创造、传播、应用的内容不同，有着各自不同的侧重。教学服

① 杨善华．当代西方社会学理论［M］．北京：北京大学出版社，1999：283.

务型大学更侧重于文化资本的“应用”，强调通过知识传播及应用来培养应用型人才，进而服务地方。具体而言，我们可以着眼于文化资本的三种存在形式——具体的身体化形态、客观形态以及制度形态，以作品、头衔、文凭为符号，凸显“应用”特征，借以铸造应用文化能力、应用文化产品与制度形态的应用文化。四是符号资本。它指使用与荣誉和声望相关的符号来为本集团或本阶级所拥有的经济、文化、社会三种资本的数量与组合谋取合法性的能力，并努力使其组合形式合法化，形成一定的意识形态。在教学服务型大学场域中，当经济资本、文化资本、社会资本为教学服务型大学相关行动主体或机构所认知并真切体会到时，符号资本就潜移默化地影响着教学服务型大学场域。

（三）惯习体系是教学服务型大学场域建构的重要力量

何为惯习？惯习亦称习性，其构成因素为积淀在个人身体内的一系列历史关系，其形式为知觉、评判以及行动所呈现出的各种身心图式，是一种社会形塑机制。惯习既不是单纯的人的主观意识活动，也不是纯粹的脱离人的主观意识的客观存在，而是主客观的统一，是把客观社会结构内化建构成被人们认识与感知的结构，以及人们的内在主观能动性又外化为新的生产结构的过程，是主观和客观、个人与社会相互作用、相互渗透的过程，是外在的内化和内在的外化的辩证统一，它浓缩着个体的生存状况、社会地位、集体历史以及文化传统，寄寓着个人接受教育的社会化过程等。惯习分为以下三种情况。

一是场域形塑惯习。教学服务型大学惯习是外在场域结构的内在化，因为教学服务型大学场域的结构及包含内容会影响学校管理者、教师群体、学生群体等。这些群体与其他类型大学群体相比，有着与众不同的特征：在学生培养上，以培养应用型人才为目标，注重应用技能培养；在教师培训上，关注教师的“双师双能”。

二是惯习外化场域。教学服务型大学惯习结构可以通过构建教学服务型大学场域实现外化，因为“社会化了的身体是被赋予了某种结构形塑潜力的一种‘能动的知识’形式的载体。”① 地方院校在应用转型过程中，走向了教学服务型大学的建设之路，这从某种程度上反映了高校办学活动实践者并没有完全依附于惯习的自发倾向，而是在依赖并调整相应惯习结构，积极展开各种行动，构建自身办学实践活动的场域。教学服务型大学的建设亦然，在没有固定

① ［法］皮埃尔·布迪厄，华康德．实践与反思：反思社会学导引［M］．李猛，李康，译．北京：中央编译出版社，1997：21.

模式的情况下，我们需要调整惯习结构并使之外化，以影响教学服务型大学场域的构建。

三是惯习生成需要立足过去，影响现在，孕育未来。“习性是持久的、可转换的潜在行为倾向系统，是一些有结构的结构，倾向于作为促结构化的结构发挥作用。”① 教学服务型大学的惯习生成和作用发挥，需要和与之相对应的生存条件结合，需要考虑教学服务型大学的过去、现在、将来的时间逻辑，做到立足教学服务型大学的过去，影响其现在，孕育其未来。

总之，在教学服务型大学实践逻辑中，场域与惯习之间不是简单的“决定”与“被决定”的关系，而是一种通过“实践”为中介的“生成”或“建构”的动态关系：一方面，教学服务型大学的场域形塑了惯习，以惯习之名，通过实践者反映了场域的内在属性，实现了外在的教学服务型大学场域结构的内在化；另一方面，教学服务型大学的惯习也建构了场域，惯习通过构建教学服务型大学场域，赋予教学服务型大学场域与之相应的意义和价值，实现由惯习内化结构向场域外在化的发展。② 其按照过去、现在、未来的时间逻辑，最终达成内外结合（外在的内化和内在的外化）。

二、教学服务型大学建设实践的逻辑困境

教学服务型大学在我国的发展才十余年的时间，总体而言，发展比较顺利，但是，也存在一定的问题。从布迪厄“实践逻辑”的角度看，问题主要表现在场域、资本、惯习三个方面。

（一）既在高等教育场域中处于不利位置，又缺乏与之相应新场域的支撑

从某种意义上来看，在地方院校应用转型背景下，一些地方高校把办学定位为“应用型”，以建成教学服务型大学为发展目标，其本质上就是希望获得更多的资本，以此形成强大的动力，借以摆脱原本处于现有场域中的边缘位置，同时打破旧有惯习羁绊，构建内外结合、立足过去、影响现在、孕育未来的教学服务型大学惯习体系，并以此作为重要力量，实现高校自身场域位置的改变及跨越，在自己所属的场域位置上，依托资本和惯习，形成适宜教学服务

① ［法］皮埃尔·布迪厄．实践感［M］．蒋梓骅，译．南京：译林出版社，2009：73.

② 毕天云．布迪厄的“场域—惯习论”［J］．学术探索，2004（1）.

型大学成长的新场域，最终形成场域、资本、惯习三者之间良性互动、循环渐进式的发展。

反观现实，既有的高等教育场域作为教学服务型大学建设发展的实践空间，并不十分适宜。从高等教育场域的内部结构看，长期占据我国高等教育场域核心位置的高校情况基本上没有多少变化。前不久公布的一流大学名单，也基本上还是“985”大学名单的翻版，一流大学分为A、B两类，A类中的36所大学之前全部为“985”大学。所不同的是，原属于“985”大学的东北大学、湖南大学、西北农林科技大学被降级为B类，而非“985”大学的郑州大学、云南大学、新疆大学进入了B类。从国家层面的高等教育场域现状来看，教学服务型大学目前处于弱势地位；就是在省级层面的高等教育场域中，由于定位在教学服务型大学的学校绝大部分比较年轻、办学水平不高，也很难占据有利位置。因此，以“985”“211”大学或国家“双一流”大学为代表的高校处于我国高等教育场域最为核心的位置，省属老牌高校处于这一场域次核心的位置，而大部分地级市所属的教学服务型大学则处于这一场域的最外围。如同费孝通先生在《乡土中国》所说的“差序格局”一般，“描述亲疏远近的人际格局，如同水面上泛开的涟晕一般……一圈一圈，按离自己距离的远近来划分亲疏”。① 教学服务型大学资本体系的匮乏（与政府关系远近程度、与地方企业行业关系的远近程度等），决定了其处于高等教育差序格局的边缘位置。

从场域的运行规则来看，现行的场域规则无法提供适宜教学服务型大学发展的新场域以作为支撑。教学服务型大学以应用知识的传承、创新、服务为使命，追求应用文化资本，培养应用型人才，注重社会服务，与“985”“211”等研究型大学存在很大差别，我们不能采用统一的标准来衡量决定类型不同的（教学服务型、研究型等）大学在高等教育场域中的位置及资本配置。虽然我国当下正在推行高校分类发展、分类管理，但是政策的落实需要一段时间。对于处于新旧场域交叠的教学服务型大学来说，能够促使“应用技术资本”成为支撑力量、物质资本不断丰富、社会资本不断拓展、符号资本不断影响的场域运行规则还没有形成，在高校评价标准中强调大学的“教学”“社会服务”的新场域还没有形成。如果未来还没有形成适宜教学服务型大学发展的新场域及场域运行规则并改变其资本体系和惯习体系，那么教学服务型大学还将在我国高等教育场域边缘化的位置上长期徘徊，甚至还有被进一步边缘化的可能。

---

① 费孝通．乡土中国［M］．上海：上海世纪出版社，2005：24.

（二）资本体系相对匮乏，尤其是文化资本力量薄弱

教学服务型大学较之研究型大学甚至教学研究型大学而言，由于办学历史相对较短、办学水平相对较低，其所拥有和可利用的资本也就相对较少；由经济资本、社会资本、文化资本、符号资本构成的教学服务型大学资本体系相对匮乏，其中文化资本作为教学服务型大学拥有的核心资本也比较薄弱，这主要表现在以下几个方面。首先，经济资本严重短缺。当前教学服务型大学基本上是新建本科院校，而新建本科院校大多建在地市级城市，其中有一部分的管理体制还是以地市政府为主，办学经费由地市政府提供。比如贵州省建在地市级城市的高校均由地市政府提供经费，省财政经费投入很少，以致一些经济欠发达地区至今连生均教育经费12000元的拨款标准都没有达到。刘献君教授曾做过统计，“985”高校的经费预算额度比较大，“2015年的经费预算，最多的高达174.9亿元，最少的也有20多亿……地方高校每年的经费预算，大多数在2亿~3亿元”。① 这对正在转型发展需要大量资金投入进行内涵提升的教学服务型大学而言，无疑是重大的问题。其次，社会资本较少。教学服务型大学可以利用的社会资本非常有限，来自行业的支持不大，企业和学生的捐赠基本没有。再次，文化资本薄弱。教学服务型大学由于办学时间短，校舍条件、仪器设备差，图书资料不够丰富，知识和技能创新的能力弱，科研成果转化项目不多，在社会服务中利用自己的知识和技术获取利益的能力还不强。最后，符号资本有限。教学服务型大学名气都不大，社会知名度较低。在近几年大学排名榜的炒作中，新建本科院校包括教学服务型大学都排在后面，使本来牌子就不响的教学服务型大学更是雪上加霜，其符号资本更加弱化；加上由于大多建在地市级城市，没有区位优势，不要说吸引外来人才，就是留住现有高层次人才都比较困难。

（三）受制于原有惯习牵绊，同时现有惯习力量不足

在教学服务型大学的惯习体系中，过去的发展经历或经验（在高等教育系统中的生存状态、在地方区域的社会地位、原有的建校历史及学校传统等）都会深刻地影响着当下教学服务型大学的发展。不可否认，朝教学服务型大学方向发展的地方院校大多有一定本科办学的经历，积累了一些好的办学经验，形成了一定的大学文化和办学传统，但是在大学类型的改变过程

① 刘献君．教学服务型大学在实践探索中发展［J］．高等教育研究，2016（7）．

中，原有的大学传统必然会在各个方面进行直接或间接的抵制，并且这种抵制是顽固和持久的。只有广大师生员工从心灵深处完全接受并融入新的教学服务型大学的血脉之中，原有大学类型形成的惯习结构才能够逐步被新型大学的结构所内化，其障碍也才能得以解除。原有惯习的影响主要表现在两个方面：一是教师对原有理论知识及其体系完整性的眷恋。我国教学服务型大学的前身基本上走的是教学研究型或研究型大学发展的模式，即重视理论知识的灌输与学习，而对应用知识或实践知识往往关注不够，甚至不以为然，而教学服务型大学所倡导的是知识的有用性和对社会的服务性。这就使在原有大学类型下形成的对理论知识及其体系完整性的追求，与因为强调有用和对社会的服务而造成的对理论知识的忽视及其完整性的破坏产生了重大的分歧。教师对理论知识及其完整体系的割舍不习惯，同时，由于强调知识的有用性，教师要重新学习实践知识，这给教师增加了负担和压力，就从心理上更加助长了原有惯习的存在和延续。二是教职工还未走出旧场域惯习的阴影。教学服务型大学的前身建设时间尽管都不长，但应该说绝大部分已经形成或初步形成了自己相对独立的逻辑链和运行空间，管理者、被管理者以及教育者、受教育者等在其客观存在的相互关系结构中塑造了实际的“场域”。每个人都按照一定的规则，以自己独特的方式融入学校已经建构的场域，认同并习惯了各自在场域中所处的关系位置和场域规则。即使学校通过广泛的讨论或教代会的形式将其办学定位调整为教学服务型大学，在其下发的各种文件、张贴的标语等有形资料及各种会议中出现的也是“教学服务型大学”，但是在短期内旧场域的惯习依旧存在，尤其是沉淀在人们心底深处的旧意识、旧观念还将在比较长的时间内成为走向教学服务型大学新场域的牵绊力量。

与此同时，教学服务型大学现存的惯习力量不足，办学实践时间短，发展尚不成熟。如黑龙江科技大学公开介绍教学服务型大学办学经验是在 2010 年；又如铜仁学院于 2015 年才通过教代会将学校应用转型发展定位为教学服务型大学；等等。这些都印证着教学服务型大学的办学实践不过短短几年时间，而办学的实践时间短暂导致了现有惯习力量的不足。

三、教学服务型大学创新发展的基本路径

每一所教学服务型大学的具体情况不一样，可供其选择的创新发展的路径也不一样，但是教学服务型大学共性所决定的基本路径是大致相同的。

（一）呼吁教育公平，培育核心资本，提升教学服务型大学的核心竞争力

（1）在整个国家发展场域中，我们需要平衡教学服务型大学与其他类型大学的巨大差距，呼吁高等教育公平。因为在新时代，我国社会主要矛盾已经转化为人民日益增长的美好生活需要和不平衡、不充分的发展之间的矛盾。我国社会主要矛盾在高等教育领域的表现之一，就是中央及部属高校与省属高校，尤其是与地级市所属高校之间的差距和严重的不平衡。为此，人们将省属高校尤其是地级市所属高校称为我国高等教育的“第三世界”。在过去几十年的发展中，由于国家资源有限，重点投入中央及部属高校是应该的，就是今天将这部分高校作为重点支持对象也是可以理解的，必须有一部分高校要能够代表国家水平，走向世界，但是历史发展到今天，是应该逐步缩小这种差距的时候了。习近平总书记在十九大报告中明确指出：要全面贯彻党的教育方针，推进教育公平，努力让每个孩子都能享有公平而有质量的教育。要缩小省属高校，尤其是地级市所属高校与中央及部属高校之间的差距，处于高等教育“第三世界”的教学服务型大学本身不能改变国家政策，但是可以通过各种渠道呼吁国家健全地级市所属高校投入的保障机制，或者给予这些高校以特殊的政策，比如设置地市级所属高校专项经费支持项目，专业博士研究生教育、专业硕士研究生教育主要由应用型高校承担等。

（2）在整个高等教育场域中，我们需要培育核心资本，提升教学服务型大学的核心竞争力，不断壮大自身实力。因为“社会世界是由大量具有相对自主性的社会小世界构成的，这些社会小世界就是自身逻辑和必然性的客观关系的空间，而这些小世界自身特有的逻辑和必然性也不可化约成支配其他场域运作的那些逻辑和必然性”。① 教学服务型大学作为一种新型大学，要想尽快摆脱旧惯习的牵绊，争取更多的资本，改变自己在高等教育场域中边缘化的尴尬处境，就必须按照教学服务型大学自身特有的逻辑和必然性来办学，倾力打造自己的核心资本——“应用文化资本”，围绕核心资本来提升教学服务型大学的核心竞争力。而大学的类型多种多样，教学服务型大学的核心竞争力在于对文化资本中“应用”的凸显和发挥，这也是其与其他类型高校相区别的关键所在。所以“应用文化资本”等于核心资本，我们需要对其进行培育，从教学服务型大学的办学定位、发展目标、人才培养方案、学科专业建设体系、

① ［法］皮埃尔·布迪厄，华康德．实践与反思：反思社会学导引［M］．李猛，李康，译．北京：中央编译出版社，1997：134.

课程教材体系、成果评价标准体系等着手，以此来提升教学服务型大学的整体核心竞争力，使其在高等教育系统中占有一席之地。比如在学科建设中，我们可侧重于应用型学科（比如强化应用经济学学科的发展，弱化理论经济学学科）；在课程设置中，强调知识的“应用”，增加实践课程比重。

（3）在教学服务型大学体系场域中，每一所教学服务型大学要想与其他定位于教学服务型的大学相区别并提升自身的核心竞争力，就需要基于“应用文化资本”，注入各自学校的办学特色。因为特色具有不可替代性，不可替代的也最有竞争力。简而言之，对于不同的教学服务型大学来说，应用文化资本+办学特色=核心资本。对于如何培育核心资本，我们可以从高校自身所处的地域空间着手，充分挖掘地方区域特色资源，因为“特殊的地域环境不仅是影响教学服务型大学特色形成的主要外部环境因素，而且还有可能是影响教学服务型大学特色形成因素中的最主要的因素”。①

（二）以服务统摄发展，构建新的场域运行规则，优化教学服务型大学资本体系

场域“所遵循的规则，或更恰当地说，它所遵循的常规，并不是明白无疑、编纂成文的”。② 也就是说，教学服务型大学场域可以不遵循既定的常规，另辟蹊径，寻找另外一种符合教学服务型大学发展的范式。因为在旧的高等教育场域中，被边缘化、强调“教学服务”“应用”的教学服务型大学，是无法适应“培养学术型人才”“注重基础研究”既定的场域运行规则的。纵观中国大学的发展历史，地方本科院校“贪大求全”，跟着研究型大学亦步亦趋地发展已经被学者们广为诟病。教学服务型大学以服务为宗旨，可以强化其服务社会职能，使其上升为统摄性的大学职能，借以更好地服务地方发展。这不仅是对社会的责任与担当，同时也能够通过对社会的服务赢得资本体系的要素优化，比如经济资本和社会资本的红利增长。

也就是说，教学服务型大学以服务统摄发展，一方面可以优化其内部结构，聚集有限的资本，形成合力，因为“只有统摄性的大学职能形成，才能使各自不同的职能连为一体，相互贯通，发挥整体的效能”；③ 另一方面可以

---

① 罗静．教学服务型大学特色的形成、表现及培育［J］．铜仁学院学报，2016（1）．

② ［法］皮埃尔·布迪厄，华康德．实践与反思：反思社会学导引［M］．李猛，李康，译．北京：中央编译出版社，1997：150．

③ 侯长林．论大学的统摄性［J］．山东高等教育，2017（4）．

落实教学服务型大学哲学基础中的政治论，因为“要想把教学服务型大学建设好，充分地体现其政治论统摄性哲学基础，就应该努力彰显社会服务职能。”① 教学服务型大学可以此拉近其与政府的关系，以及与地方行业企业的关系，优化资本体系，最终打破高等教育体系的差序格局，按照发挥高校自身服务优势的运行规则，实现由旧场域边缘化向新场域核心化的位置转变。

当前，教学服务型大学正处于经济发展的良好时期，地方支柱产业的发展急需技术和人才支撑，定位为教学服务型大学的这部分高校，如果社会服务工作做得好，就会赢得政府和社会更多的经济资本和社会资本的投入。比如铜仁学院 2017 年社会服务到账资金已经超过 2100 万元。只有更多的经济资本和社会资本的投入，适合教学服务型大学发展的场域构建才有可能更快成为现实。

（三）以高校分类管理为指导思想，变革与创新基本制度，重构教学服务型大学的惯习体系

教学服务型大学的发展、壮大，客观上要求对高校实施分类管理。高等教育体系需要由多元类型的高校构成，正如伯顿·克拉克（Burton Clark）所言：“实施高等教育的最差的办法就是把所有的鸡蛋都往一个篮子里装——高等教育最忌讳单一的模式。”② 大学多元发展、分类管理，是高等教育发展到现在的必然选择，也是满足不同人才诉求及不同地域发展愿景的必然要求。反观当下，教学服务型大学面临原有惯习阻碍而现存惯习力量不足的困境。从实践的理念层面来看，这需要贯彻高校分类管理的理念，以此作为指导思想，重构教学服务型大学的惯习体系。

教学服务型大学发展需要与之相适应的惯习体系作为重要力量，但是其生存条件阻碍了新场域的形成，影响了惯习与场域之间的内外结合（场域形塑惯习，而惯习外化场域），原有惯习阻碍力量强大，影响了当下的教学服务型大学实践行为的结构，致使其无法很好地孕育未来教学服务型大学的实践行为。从高校的发展历史看，“教学服务型大学”一词是华中科技大学刘献君教授在 2007 年才正式提出的，诸如黑龙江科技大学、铜仁学院、浙江树人大学、宁波大红鹰学院等高校选择教学服务型大学定位的时间较晚，在教师队伍建设、学科建设、专业建设、课程体系、教材选用等方面都还处于摸索当中。由

① 侯长林，罗静．论教学服务型大学的哲学基础［J］．贵州社会科学，2017（1）．

② ［美］伯顿·克拉克．高等教育系统——学术组织的跨国研究［M］．王承绪，徐辉，殷企平，译．杭州：杭州大学出版社，1994：96.

此可以看出教学服务型大学发展时间较短，发展还不成熟，场域内各种教育力量及要素之间的鸿沟、冲突和不对称关系等都还处在不平衡、不协调的状态之中，这样的生存条件不足以形成内外结合、立足过去、影响现在、孕育未来的教学服务型大学惯习体系，亟须变革生存条件。

如何改变教学服务型大学的生存条件？我们可以借助制度变革和创新的力量，重构教学服务型大学的惯习体系。首先，惯习孕育于制度和规范中，也就是说惯习是在制度的规范下逐步形成的。打破原有惯习结构可以从制度尤其是基本制度的变革入手，即旧惯习的打破、新惯习的建构，依赖于制度的变革与创新。基本制度包括人事分配制度、财务管理制度、教学管理制度、科研奖励制度、教师考核制度、学生管理制度、后勤管理制度等，只有对这些基本制度进行调整和变革，并使之与教学服务型大学的发展相适应，新的能够促进教学服务型大学发展的惯习才能够逐步形成。比如我们可以立足过去的办学经验及传统（取其精华，去其糟粕），根据当前对应用型高校（包括应用技术大学、教学服务型大学）的相关要求（产教融合、校企合作、人才培养等），制定出能够影响当前教学服务型大学办学实践行为和有利于其未来发展的相关制度（企业及行业全方位参与学校的应用学科建设、专业人才培养模式改革和社会服务的新的管理体制）。换而言之，我们可以进行制度变革和创新，创设适合教学服务型大学发展的制度空间，在这样的空间中，培育出内外结合、立足过去、影响现在、孕育未来的教学服务型大学惯习体系，以此形成有利于教学服务型大学惯习和资本运行与发展的新的场域空间。总而言之，基于教学服务型大学的实践逻辑内涵，针对当前存在的困境，我们可以通过培育核心资本，提升其核心竞争力，进而以服务统摄发展，构建新的场域运行规则，以此优化资本体系，同时变革创新基本制度，重构惯习体系，最终推进教学服务型大学的发展。

（本文与陈昌芸合著，原载《高校教育管理》2018 年第 5 期。）

对“教学服务型大学”的解读

“教学服务型大学”一词，尽管在我国提出只有短短六七年的时间，但已经产生了比较大的影响，尤其是黑龙江科技大学、江汉大学、浙江树人大学、武汉纺织大学、宁波大红鹰学院、铜仁学院等一批地方院校通过对教学服务型大学建设实践的探索，使教学服务型大学已经成为我国高等教育百花园中一道独特的风景。随着我国新建地方本科院校朝应用型大学方向的进一步发展，选择教学服务型大学发展道路的还将越来越多。实践的发展必然对理论提出新的要求。近几年来，我国虽然对教学服务型大学的理论有一定的探讨，但还远远不够，就是对教学服务型大学的基本理解与认识都还比较模糊，需要进一步厘清。

关于教学服务型大学可以有多种理解，可以从不同的角度进行剖析。教学服务型大学所包含的“教学”“服务”“型”“大学”四个词是呈现在人们面前的最直观的现实形态，并且四个词就是四扇窗，每扇窗都可以看出教学服务型大学的不同风景。因此，本文就从这四个词说起。

一、教学

（一）早期大学的“教学”等同于培养人才

早期大学培养人才的方式比较单一，除了教学没有其他形式。博洛尼亚大学创建之初校舍简陋，没有运动场馆，没有图书馆，甚至有的二级学院连教室也没有，比如法学院“如果教师家里够大，学生就到教师家里听课；如果教师家里没有地方，就由学生租用私人住宅，或是募捐筹建教堂充作教室”，① 但是教学活动的开展是正常的有序的，且比较规范。教学实行选课制，教师列出自己的教学内容、所需课时及课程表并进行公布，然后由学生选择。这种选课制一直被许多大学继承延续下来，成为大学的传统。博洛尼亚大学非常重视

① 俞天颖．博洛尼亚大学［J］．知识就是力量，2002（1）．

邀请名人到学校任教或短期讲学，被称为“法律之灯”的著名学者依尔内里奥等，就是早期博洛尼亚大学教师的代表。教学方法主要采取的是讲演、背诵和自由辩论等形式。早期的巴黎大学也同样如此，“没有自己的固定校舍、图书资料和仪器设备，可以说一无所有”,① 但巴黎大学有完善的学位与考试体系、博雅的教学内容和以论辩为主的心智训练方法。这时的大学“首先是个接受教育的地方，是个能从众多学科中获取大量知识的地方”。② 大学的主要任务是传播普遍知识，而不是发展知识。所以，大学只是培养人才的机构，只是培养人才的场所。因此，大学的主要职能就是教学，通过教学传播高深学问，培养高级专门人才，或者说，教学就是大学的“原生功能”。③ 早期大学培养人才的唯一渠道就是教学，因此，教学在某种意义上就等同于培养人才。但是随着大学的进一步发展，尤其是科学研究职能的产生，打破了教学培养人才的唯一特性。因为科学研究和社会服务也要培养人才。当然，教学仍然是培养人才的主要渠道，这是永远不可改变的事实。如果这一点改变了，大学也就不成其为大学了，或者成为科学研究院，或者成为社会服务俱乐部了。

（二）教学型大学的“教学”是大学的主要特征和统摄性职能

我国对教学型大学有不同的界定，比较有代表性的观点是：“教学型大学是指以本科教育为主体的全日制大学”,④ “教学型大学是以招收本科生为主的全日制大学，兼有研究生和少量专科生教育”。⑤ 应该说，这些定义在一定程度上揭示了教学型大学的内涵，但只从培养人才的类型和层次来划分还是不够的。在大学发展的早期“教学”和“培养人才”虽然有过一段时间的完全重叠，但是当科学研究和服务社会成为大学的基本职能后，“教学”和“培养人才”就只是大部分或部分重叠。判断其是否属于教学型，关键还是要看是否具有鲜明的教学特征。因此，所谓教学型大学，就是把教学放在十分突出的位置，并成为统摄性职能的大学。具体包括两方面的含义：

一是坚持以教学为中心。对教学型大学而言，就是要坚持以教学为中心。因为只有坚持以教学为中心，才能突出教学地位，凸显教学特征。教学地位不

---

① 李振峰．巴黎大学的创建过程及其启示［J］．现代大学教育，2004（4）．

② ［英］约翰·亨利·纽曼．大学的理想［M］．徐辉，等，译．杭州：浙江教育出版社，2001：471.

③ 潘懋元．多学科观点的高等教育研究［M］．上海：上海教育出版社，2001：350.

④ 时明德．中国教学型大学的特征［J］．信阳师范学院学报，2006（2）．

⑤ 贾志兰，杜作润．国外高教改革探析［M］．上海：上海大学出版社，2001：164.

突出，教学特征不明显的大学，哪怕它是以培养本科学生为主，也算不上真正的教学型大学。在我国以培养本科人才为主的大学中，就有不重视教学，教学中心地位不突出的大学。这种教学中心地位都没有形成的大学能叫教学型大学吗？所以，简单地用是否以培养本科人才来确定教学型大学，是不科学的。看是不是教学型大学，还是要从教学的角度进行判别。教学才是衡量是不是教学型大学的最关键最重要的标准。因此，既不能把所有的以本科教育为主的大学划在教学型大学的范围之内，也不能把高职高专院校排斥在教学型大学的范围之外。高职高专院校中教学特征非常突出的学校，不是教学型大学又是什么？至于那些教学中心地位没有形成的高职高专院校当然也算不上教学型大学。

二是教学成为统摄性职能。与教学中心地位相伴的是这类大学职能的变化。关于大学职能，我们常常有一个认识的误区，认为凡大学都必须具备培养人才、科学研究和社会服务三大职能。事实并不是这样。大学的培养人才、科学研究和社会服务三大职能，是就大学的一般情况而言的，并不是说每一所大学都必须具备这三大职能。具体到某所大学是可以不同的，甚至某所大学的不同发展阶段，其大学的职能也是不一样的，即大学的职能是可以发生变化的。现实中，成功的大学所具有的职能都是有所侧重的，表现最明显的是研究型大学。可以说全世界以科学研究为主的大学，都在竭尽全力彰显它的研究性，其学校的价值取向、人财物等资源，都围绕科学研究转，培养人才指向科学研究，社会服务也指向科学研究，科学研究成了学校统摄性的职能。科学研究的水平越高，科学研究特征越明显，科学研究职能的统摄性越强，就越接近研究型大学的理想模式。

教学型大学为什么不能如此呢？只是现实中典型的研究型大学容易找到，而典型的教学型大学不容易找到罢了。典型的教学型大学不容易找到证明我们对教学型大学的认识不到位。现实中典型的教学型大学比较少，但并不等于没有这种类型的理想发展模式。理想的教学型大学的发展模式应该是，教学水平比较高，教学的中心地位比较突出，教学特征比较明显，教学职能的统摄性比较强，甚至把教学职能提升到学校唯一职能的地位。我国新建的本科院校基本都属于这类大学，科研才开始起步，没有什么积累；社会服务的能力比较弱，与社会对接也不够。虽然这类大学也在提大学的三大职能，实际上只存在教学职能，且教学水平不高，有的连教学都不重视。连教学都不重视的新建本科院校，实际上是不合格的大学。教育部对新建本科院校进行本科教学合格评估，就是为了引导其成为合格的大学。

坚持把教学上升到统摄性职能的地位，并不是不要科学研究和社会服务，教学型大学进行科学研究和社会服务的目的和价值取向，都是指向教学，为教学服务。科学研究重在反哺教学，社会服务重在为教学提供资源。因此，说教学型大学不要科学研究和不做社会服务是不对的。

（三）教学服务型大学中的“教学”是指服务型大学中的“教学型”

笔者曾经对教学服务型大学中“教学”与“服务”的关系作过讨论，认为，从字面意义上看，教学服务型大学中的“教学服务型”是限定词，而不是中心词，中心词是“大学”，“在‘教学服务型’中‘服务’一词又是第一位的，‘教学’一词是第二位的，这里的‘教学’是对‘服务型大学’的限定，即这类大学首先是‘服务型大学’，然后才是‘服务型大学’中的‘教学型大学’”。① 从国外服务型大学发展现状看，已经出现了多种发展模式。美国学者威廉姆·卡明斯认为服务型大学的模式主要有超市性服务型大学、学术性服务型大学和退化性服务型大学三种服务型大学模式。② 还有学者认为，西方服务型大学有开创性服务型大学、企业大学、公司大学、创业型大学、批判性服务型大学五种发展模式。③ 这些模式不能说都很科学，肯定有值得进一步讨论的地方，但是至少说明，服务型大学在其发展中已经出现了可以区分的新的类型。既然在国外服务型大学发展中已经有“学术性服务型大学”等类型出现，我国在服务型大学中提出“教学服务型大学”也是顺理成章的。所谓教学服务型大学，就是指服务型大学中主要通过教学培养人才为社会提供服务的大学。如果主要是通过科学研究为社会提供服务，那就不是教学服务型大学，而是研究服务型大学或学术服务型大学。

教学服务型大学中的“教学”和教学型大学中的“教学”已经发生了明显的变化，即教学型大学中的“教学”属居于学校统摄性职能的教学，而教学服务型大学中的“教学”虽然是指服务型大学中的教学型，但这里的“教学型”是依附于服务型的教学型，是为服务型提供服务的教学型，其功能和作用只是培养人才的主渠道。也就是说，教学服务型大学中的“教学”不是学校居于统摄性地位的职能，甚至也不是大学的基本职能，只是服务社会主要方式——培养人才的主要渠道。因为教学服务型大学的统摄性职能是社会服

---

① 侯长林，罗静，叶丹．应用型大学视域下新建本科院校办学定位选择［J］．教育研究，2015（4）．

② 王淑杰．国外服务型大学的理念与实践［J］．外国教育研究，2008（11）．

③ 余承海，程晋宽．西方服务型大学的发展模式与展望［J］．江苏高教，2009（6）．

务，即教学服务型大学一切工作指向的都是社会服务，社会服务是教学服务型大学办学的宗旨。不过，在教学服务型大学中，除教学外还有科学研究的问题。只不过，相对于教学而言，科学研究在服务社会中的作用不如培养人才的地位重要，而教学是培养人才的主渠道，也就不如教学重要。但如果在学术服务型大学中，由于科学研究是服务社会的主要方式，也就不能把教学和科学研究进行简单对比，还得具体学校具体情况具体对待。

因此，当学校定位在教学服务型大学之后，仍然沿袭教学型大学的“以教学为中心”的提法，就过时了，落伍了。正确的提法应该是“以培养人才为中心”，因为培养人才是教学服务型大学对地方进行服务的主要方式。既然培养人才是进行社会服务的主要方式，就得坚持以培养人才为中心。社会服务直接需要的是人才而不是“教学”，教学是间接的，它不能直接服务社会，只能通过培养人才为社会服务。而当今时代，一个大学生的成长成才，不仅是学校内所有综合教育资源共同作用的结果，而且还是校内外教育资源共同作用的结果，因此，只有坚持以培养人才为中心，才能调动学校各方面的资源，形成整体育人合力。其实，《中华人民共和国高等教育法》第三十一条就明确规定，“高等学校应当以培养人才为中心，开展教学、科学研究和社会服务，保证教育教学质量达到国家规定的标准”。这就告诉人们，教学、科学研究和社会服务都不是中心，中心只有一个，那就是培养人才。只不过，教学人员还是应以教学为中心，而“非教学人员应以培养人才为中心做好本职工作，就高等学校全校工作人员而言应当以培养人才为中心做好工作”。① 当然，坚持以培养人才为中心，并不是削弱教学在学校的重要地位，教学始终是培养人才的主渠道，不把主渠道的工作做好，人才培养质量就会出问题。人才培养质量出了问题，教学服务型大学服务社会的工作就会受影响。

在这里，还需要说明的是，教育部审核评估方案已经明确把“人才培养中心地位”作为六大审核项目24个要素之一列进了考察范围。这对学校培养人才中心地位的确立很有好处。但遗憾的是并没有把“培养人才中心”和“教学中心”的关系厘清，还在提“教学工作始终是高等学校的中心工作”。② 既然已经提出了“培养人才中心”，又提“教学中心”，容易造成人们思想的

① 徐志民，严虹．高等学校应当以培养人才为中心［J］．中国煤炭经济学院学报，2003（2）．

② 教育部高等教育教学审核评估中心．普通高等学校本科教学工作审核评估工作指南［M］．北京：教育科学出版社，2014：25．

混乱。学校非教学部门及其工作人员是围绕教学部门和教学工作转，还是围绕培养人才转？是为教学部门和教学工作服务，还是为培养人才服务？显然，只能是为培养人才服务。所以，准确地说，教学只是教学人员的工作中心，是学校培养人才的主渠道。

如何发挥教学在培养人才中的主渠道作用？首先，要消除“主渠道”不如“中心地位”重要的认识。所谓“中心地位”强调的是学校各项工作都应该围绕它转，它是中心，而“主渠道”强调的是某项工作在作用发挥方面起主要作用。学校的中心是培养人才，在培养人才中，教学起主要作用。起主要作用的重不重要？当然重要。怎么强调教学工作的重要性，都不会过分。所以，说教学是主渠道，并不是说教学不重要，可以降低对教学的要求。其次，学校的人财物要向教学倾斜。既然学校的中心是培养人才，而教学又是培养人才的主渠道，学校在人财物方面自然应该向教学倾斜。但遗憾的是，有的学校口头上重视教学，实际上并没有真正落实。要想抓落实，关键还是要建立人财物倾斜的制度和机制。

二、服务

（一）最初的“服务”是指大学服务社会的职能

服务社会的职能源于威斯康星大学“为州服务”的理念。大学公共服务概念最早始于美国的赠地学院运动。美国的赠地学院运动缘于《莫雷尔法案》的颁布。1962 年，美国颁布的《莫雷尔法案》规定，联邦政府向各州提供联邦土地资助高等教育发展，特别是农业和机械工艺教育。根据《莫雷尔法案》的精神，美国共建立了 69 所赠地学院。赠地学院设立之前，美国传统大学实行的是精英教育，其所培养的人与社会严重脱节。赠地学院创立时，正值美国农业现代化开始起步，农业技术等方面的人才非常短缺。于是，赠地学院就相继开设了农学、机械制造、园艺学等专业，培养农业技术等方面的人才，建立农业实验站，开展实用性科学研究，通过咨询服务、合作研究、继续教育等方式，为州的经济建设服务。威斯康星大学的巴斯科姆（John Bascom）、钱伯林（Thomas Chamberlin）、亚当斯（Charles K. Adams）等几任校长，都认为威斯康星大学不能与州分离，主张大学应该为社会服务。但是，明确提出“为州服务”的办学理念，则是威斯康星大学的校长范·海斯。他在担任威斯康星大学校长的就职演讲中说：“教学、科研和服务都应考虑到州的实际需要。大学为社会、州立大学为州的经济发展服务。”① 范·海斯还进一步认为，威斯康星大学作为一个为州服务的机构，应该真正地为全州和全体人民服务：一是认为威斯康星“大学的边界就是州的边界”。② 威斯康星大学在州的每一个地区都设立了地区推广教育中心，开设大学的函授课程，举办学术讲座，进行公共讨论，并解答关于卫生、经济学、政府和教育等方面的实际问题。据统计，仅1910年，威斯康星大学就开办了大学函授课程班57个，参加听课的共有5000多人。通过这些活动的开展，威斯康星大学与州就自然地融为一体，整个威斯康星州实际上成了威斯康星大学的校园，即威斯康星大学校园的边界拓展到了威斯康星州的边界。二是认为威斯康星大学应该为州的全体人民服务。1905年2月，他在一次演讲中明确宣布：“在大学的仁慈影响扩展到州里每一个家庭之前，我将决不会感到满足。这就是我要去实现的州立大学理想。”③ 美国哈佛大学校长埃利奥特（C. W. Eliot）非常赞赏范·海斯领导的威斯康星大学“把大学送到了人民中间”的做法。④ 的确，现代大学应该属于人民大众，而不仅仅是贵族。范·海斯把大学的边界拓展到州的边界和把大学的仁慈影响扩展到州里每一个家庭的理想，使他的为州服务的理念得到了深化。范·海斯还认为，大学为社会服务主要有两种方式：一是大学为州的各个领域提供专家指导；二是大学广泛传播知识。范·海斯的这些办学思想，在美国影响很大，催生了大学服务社会职能的产生。

（二）服务型大学中的“服务”是大学的主要特征和统摄性的职能

历史进入20世纪70年代，西方高等教育由于国家经济滞胀、能源危机与综合国力的下降开始出现财政危机。为了缓解财政困难，一些研究型大学被迫进行制度变革，利用自己的学术专长为社会提供知识服务。挪威奥斯陆大学（University of Oslo）阿瑞德·特捷达夫（Arild Tjeldvoll）在对高等教育的服务特性进行研究的基础上，提出了“服务型大学”（service university）概念，并认为这里所指的“服务”，其意义在于“传播、应用和维护以知识为基础的、

① 肖海涛. 大学的理念［M］. 武汉：华中科技大学出版社，2001：67.

② 刘广明. 威斯康星大学边界延伸之策略分析［J］. 辽宁教育研究，2007（3）.

③ Charles K. Adams：*The University of Wisconsin of Wisconsin：A History*，1848-1925［M］. Madison：University of Wisconsin Press，1949：88-89.

④ F. Rudolph. *The American College and University：A History*［M］. New York：Vintage Books，1962：363.

拥有一定客户的应用性技术，不管这些客户在什么地方”。① 服务型大学虽然是由阿瑞德·特捷达夫提出的，但源于美国威斯康星大学。服务型大学产生之后，发展很快，相继出现了“超市性服务型大学”“学术性服务型大学”与“退化性服务型大学”或开创性服务型大学、企业大学、公司大学、创业型大学、批判性服务型大学等类型。服务型大学的主要特征为“重点强调大学的‘职业性’与知识的应用，其中大多数教学主要以短期课程为主，并且多在校园外进行教授”。② 服务型大学的这些特征，概括起来，就是“服务”。通过教学培养人才是服务，强调大学的“职业性”与知识的应用也是服务。

为什么叫服务型大学而不叫其他大学？显然，是因为服务的特征特别突出，服务在学校的地位特别重要，服务已经成为统摄整个大学的职能，才在这类大学前冠以“服务”二字。考察服务型大学，不难看出，服务型大学的“服务”已经不是一般意义上的大学服务职能，它已经渗透在大学的方方面面，甚至每一根血管和每一个毛孔，成为大学的统摄性职能，或者说，是这类大学的唯一职能。事实上，人才培养和科学研究就服务型大学而言，已经由大学基本职能转化成为社会提供服务的方式了。

（三）教学服务型大学中的“服务”，是指大学的基本类型——“服务型”

这里的“服务型”，是指教学服务型大学的基本类型，即教学服务型大学第一个层面的类型，而前面提到的“教学型”则是指教学服务型大学第二个层面的类型，即隶属于“服务型”大学的“教学型”。

教学服务型大学中的“服务型”，具体包括两方面的含义：一是服务社会。具体到某所大学，就是服务地方。教学服务型大学的“服务”，不是单方面的服务，而“应该是坚持全方位服务地方的理念，构建全方位服务地方的体系”。③ 全方位服务地方，主要包括价值取向服务地方、学科专业对接地方、人才培养面向地方、科学研究着眼地方、师资队伍融入地方、国际教育植根地方、文化建设引领地方七个方面。二是服务师生。服务师生不是服务师生的日常生活，而是服务师生的发展。所以，学校内部也应该构建全方位服务广大师生发展的体系，尤其是服务师生发展的机制体制建设。没有能够促进广大师生发展的机制体制，一切都是空的。

① 王淑杰．国外服务型大学的理念与实践［J］．外国教育研究，2008（11）．

② 王淑杰．国外服务型大学的理念与实践［J］．外国教育研究，2008（11）．

③ 侯长林，张新婷．对教学服务型大学的理性探讨［J］．铜仁学院学报，2015（3）．

三、型

（一）“型”是指大学之类型

目前，从国内外大学类型的情况看，比较复杂。我们知道，大学的类型来源于对大学的分类。所谓大学的分类，就是指按照一定的标准根据大学的不同特点进行归类的过程。联合国教科文组织制定的《国际教育标准分类法》2011 年新版将高等教育划分为 5（短线高等教育）、6（学士或等同教育）、7（硕士或等同教育）和 8（博士或等同教育）4 个等级。1970 年，美国卡内基高等教育委员会依据大学的职能任务出台了高等教育机构分类体系，并分别在 1976 年、1987 年、1994 年、2000 年和 2005 年进行了修订。其分类虽然作过多次修改，但整体结构保持相对稳定，比如五次修改的分类项目的名称都基本一致：研究型、硕士型、学士型、副学士型及专业型。日本大学基本上是按国、公、私立类别，昼夜间类别，男女类别，有无设大学院类别 4 个指标来分类的。日本的大学大致可以分为研究型大学、大学院大学、准大学院大学、硕士大学、学部大学 5 种类型。德国将大学主要分为传统综合性大学和应用型大学（包括新型综合性大学、应用科技大学、工业大学、专业学院等）两大类型。

我国自 20 世纪 90 年代中期开始对大学分类进行了研究，有一定的成果。马陆亭的“三维模型分类法”，提出了“教学型学院—研究型大学”和“学术型人才培养—应用型人才培养”两个框架划分的构想。陈厚丰的“高校综合分类法”认为，我国高等教育包括 3 种一级类型（综合性、多科性、单科性）和 3 种二级层次（研究型、教学科研型、教学型）。潘懋元的“培养类型和层次分类法”将我国高校划分为学术型大学、应用型本科高校、职业技术高校三种类型。武书连的大学分类认为，大学的类型是由类和型两部分组成的。类反映大学的学科特点，而型表示的则是大学的科研规模。教育部按照学科特点将我国大学分为 13 类，即综合类、文理类、理科类、文科类、理学类、工学类、农学类、医学类、法学类、文学类、管理类、体育类、艺术类。这是对我国大学类的划分。而型的划分标准则不一样。从我国大学的型来看，主要是根据科研规模的大小来划分的。

武书连课题组发布的 2003 年度《中国大学评价》将全国 600 所大学分为研究型大学、研究教学型大学、教学研究型大学、教学型大学 4 种型。按照武书连课题组的这种划分标准，我国地方新建本科院校，大多数还属于教学型大学，少部分属于教学研究型大学。教学服务型大学，是华中科技大学刘献君根据我国高等教育发展的实际，在我国现有高等学校的分类之外，提出的一种新的大学之型，并认为应该“列在教学研究型大学之后”。① 大学发展非常复杂，用一两种划分标准来进行分类，是不恰当的。卡内基教学促进基金会主席舒尔曼就曾明确地说过：“没有单一的分类体系能够完全描述美国高等教育的复杂性与丰富性，企图将所有的院校塞入单一分类将不可避免地产生混乱、错误。”② 我国大学众多，且分布在不同的环境和地域之中，比美国大学更复杂。武书连课题组等的划分再科学也难以对我国的大学进行合理分类，更何况，武书连课题组等的划分方案肯定还有值得商榷的地方。正确的做法是，应该允许并倡导多元并存的大学分类系统。因此，教学服务型大学作为一种新的大学分类，应该鼓励和倡导。目前，全国已经有十余所地方本科院校明确宣称要朝教学服务型大学的方向发展，国家应该组织制定教学服务型大学这种新的大学之型的具体标准，用以指导这类院校的发展。

（二）教学服务型大学中的“型”，是指应用型大学中的一种类型

教学服务型大学虽然没有“应用型”三个字，但它是典型的应用型大学。笔者曾经将教学服务型大学与应用技术大学作为应用型大学中的两种类型作过比较和分析，认为教学服务型大学与应用技术大学一样，都重视应用型人才培养、应用性研究和社会服务。比如“在应用型人才培养方面，都强调动手能力的培养和根据社会需求设置专业，都重视工学结合人才培养模式的建构和校企合作工作的开展，都把‘双师素质’教师的培养作为师资队伍建设的重点工作来抓”。③ 进行应用型人才培养、应用性研究和社会服务，是应用型大学的三大基本标准。教学服务型大学这三大基本标准都具备，自然就属于应用型大学的范畴，只不过，“教学服务型大学是一种以服务为宗旨的应用型大学”。④ 但是作为一所大学，不管属于什么类型，都应该是既属于某一类型，又在这一类型的大学之中，有自己独特的地方，当在同一类型中出现另一所大学与其完全相同时，即出现了两校一面，该大学也就丧失了一校一面的独特

① 刘献君．建设教学服务型大学——兼论高等学校分类［J］．教育研究，2007（7）．

② 宋懿琛．对大学分类的思考——以美国卡内基高等教育机构分类为例［J］．辽宁教育研究，2007（12）．

③ 侯长林，罗静，叶丹．应用型大学视域下新建本科院校办学定位选择［J］．教育研究，2015（4）．

④ 侯长林，张新婷．对教学服务型大学的理性探讨［J］．铜仁学院学报，2015（3）．

性。所以，每一所朝教学服务型方向发展的大学，既要努力办得像教学服务型大学，又要努力在教学服务型大学群中追求自己的个性。因此，对特色的追求，是大学永恒的主题，教学服务型大学也不例外。

四、大学

（一）大学有广义与狭义之分，广义的大学是指高等教育，狭义的大学包括所有本科院校

我国将高等教育划分为高职高专院校和本科院校，将本科院校划分为“学院”和“大学”，将大学划分为一般大学和“211”大学、“985”大学等，本无可厚非。这种划分有利于引导我国高等教育进阶发展，但是简单地用“大学”之名把高职高专院校和本科院校中的“学院”排斥在大学之外，是不对的。首先，不符合国际惯例。联合国教科文组织的《国际教育标准分类法》2011年新版，将5级短线高等、6级学士或等同、7级硕士或等同、8级博士或等同都划为高等教育，并没有说处于哪一级的学校才能叫大学。至于是叫“学院”还是“大学”，那是学校自己的事。其次，事实导向是让更多的学校追求“大学”之名。据统计，1995年至2004年短短10年时间，全国共有300所高校更名。可以说，在我国本科院校中，是“学院”的都想更名为“大学”。因为一旦更名成功，就标志着国家认可其办学层次提升了。办学层次提升了，就有利于争取更好的生源、更多的外部资源。同时，也可以名正言顺地以“大学”自居了。这对某所高校而言确是生存与发展的大事。于是，追求更名“大学”成了许多高校的奋斗目标，而加强内涵建设，提升办学水平反而成了追求更名“大学”的手段或途径，这是不是本末倒置呢？其实，大学就是培养高级人才和研究高深学问的地方，应该把精力放在关注高校内涵指标的提升上，淡化“学院”和“大学”的边界，允许高校自主定名，自主发展，我国高等教育的百花园才能真正形成。所以，笔者以为，广义的大学是指所有属于高等教育范畴的各级各类院校，即《国际教育标准分类法》“高等教育”中5、6、7、8四级包含的所有院校。狭义的大学包括6、7、8三级，即所有本科院校，即“只要具有培养本科及本科以上人才、能够进行一定的科学研究、从事一定的社会服务的学校，都属于大学的范畴，都可以叫大学”。① 因此，将大学框定在7、8两级的范围之内，是违背“大学”一词的本义的，也

① 侯长林，张新婷．对教学服务型大学的理性探讨［J］．铜仁学院学报，2015（3）．

是不符合高等教育发展规律的。

（二）在教学服务型大学中的“大学”，首先是服务型大学，然后是服务型大学中偏重教学的“大学”

既然教学服务型大学首先是服务型大学，就要坚持把服务看成宗旨和目的，看成大学的统摄性职能，甚至是唯一的职能，把人才培养和科学研究视作为社会提供服务的方式，努力构建全方位服务社会的体系。我们要重视教学，但是不能忽视科学研究，因为科学研究既是大学的一般要求，也是服务型大学的一般要求。国外服务型大学最初就是由一批研究型大学转型而来的。其科学研究在服务型大学中占有比较高的地位，是服务型大学中服务社会的主要方式。因此，尽管教学服务型大学是以人才培养作为服务社会的主要方式，但是科学研究也是其服务社会的必不可少的方式，甚至是重要方式。所以，大学朝教学服务型大学方向发展绝不能削弱科学研究，而是在确保教学主渠道的同时，尽可能加大科学研究的投入，只不过，主要应该进行的是应用科学的研究。教学服务型大学坚持以应用科学研究为主，并不是不要基础研究。基础研究也是教学服务型大学科学研究的重要内容之一，对适合做基础研究的教师也要鼓励其继续努力，不要放弃。因此，学校在倡导进行应用科学研究的同时也要为“基础研究打开一扇门、保留一扇窗”,① 不能一刀切。教学服务型大学的科学研究也是多元的。

（三）创新创业型大学是教学服务型大学发展的方向

随着我国经济提质增效升级的需要，国家实施了创新驱动发展战略。李克强总理早在 2014 年 9 月的夏季达沃斯论坛上就提出了“大众创业”“草根创业”“万众创新”“人人创新”等号召。此后，他多次就创新创业问题进行阐释。今年的政府工作报告又把“大众创业，万众创新”明确提了出来，并认为，大众创业、万众创新工作的开展，“既可以扩大就业、增加居民收入，又有利于促进社会纵向流动和公平正义”。国家要大力推动“大众创业，万众创新”工作，高校是主战场，大学生是主力军，因为“青年人最富梦想和激情，处于创业创新的活跃期……最容易取得重大突破”。② 每一所大学都肩负着创新创业的责任和使命。应用型大学也不例外，“要成为技术应用源和技术创新

① 黄达人．大学的转型［M］．北京：商务印书馆，2015：428.

② 苑衍刚．推动形成大众创业万众创新洪流［N］．经济日报，2015-5-28.

源，成为行业或者区域技术创新体系中的重要一员，成为产业链、创新链、人才链融合发展的重要环节”。① 教学服务型大学是大学，就应该创新，不断产生创新的成果，培养创新型人才。当然，由于教学服务型大学在人才培养、科学研究等方面基础相对薄弱，更多的是培养应用型创新型人才和进行技术创新等应用科学研究。教学服务型大学是以服务为宗旨，其服务社会或地方的最重要的方式之一，就是培养创业型人才。只有培养的学生具有创业的精神和创业的能力，才能更好地服务社会，服务地方。我国教学服务型大学总体上要达到创新创业型大学的要求，还有很长的路要走，但只要引入创新创业理念，短期内在创新创业单个项目或某个方面有所突破，是有可能的。

（四）教学服务型大学是服务型大学，就会沿着服务型大学发展的一般路径提升发展

从大学提升发展的一般规律看，教学服务型大学沿着服务型大学的方向发展，其路径大致为：一是教学服务型大学。这是教学型大学向服务型大学转型发展的过渡类型。在这个阶段，服务社会的主要方式是通过培养人才来进行的，科学研究也是服务社会的方式之一，但由于科学研究水平不高，服务社会的能力有限，还不是服务社会的主要方式。正因为是以培养人才为主的方式服务社会，所以，才叫教学服务型大学。二是教学与研究服务型大学。当科学研究的水平和规模发展到一定水平并接近或能够与人才培养服务社会的能力基本持平时，就是教学研究服务型大学了。三是研究教学服务型大学。这个阶段，是指科学研究的水平和规模发展到一定阶段并开始超过人才培养服务社会的能力，但超过不是很多时，处在这一阶段的服务型大学就是研究教学服务型大学。四是研究服务型大学。当科学研究发展到较高的水平并且科学研究服务社会的能力远远超过培养人才服务社会的能力时，就是研究服务型大学或学术服务型大学了。当今美国的哈佛大学、斯坦福大学、威斯康星大学等，就是典型的研究服务型大学或学术服务型大学。

从教学服务型大学发展的具体路径看，一方面，培养人才的水平总体趋势是不断提升的，但在发展的过程中，其对社会服务的作用，与科学研究相比，则是逐步下降的，先是主要方式，后是同等重要，最后成为次要方式；另一方面，科学研究的作用则是上升的，先是次要方式，后是同等重要，最后成为学校服务社会的主要方式。这就告诉我们，走教学服务型大学之路，不仅当下要

---

① 黄达人．大学的转型［M］．北京：商务印书馆，2015：23.

重视科学研究，而且从这一类型大学发展的远景看，更应该重视科学研究。只有科学研究的水平和规模在与培养人才同步发展的过程中真正提升了，教学服务型大学才能朝更高水平的服务型大学方向迈进。所以，忽视学科建设和科学研究，要想办好教学服务型大学是不可能的。

[本文原载华中科技大学出版社于2016年出版的《中国院校研究案例》(第五辑)]

对教学服务型大学的理性探讨

目前，新建本科院校朝应用型大学方向转型发展，出现了两大阵营，一是应用技术大学，二是教学服务型大学。随着全国应用技术大学（学院）联盟的成立，人们对应用技术大学的研究开始热了起来，而对教学服务型大学的关注则较少，以致人们对教学服务型大学的认识还比较模糊。因此，对教学服务型大学进行理性探讨，有着十分重要的现实意义。

一、教学服务型大学的类型：以服务为宗旨的应用型大学

（一）教学服务型大学的历时性追溯

胡适说："我们无论研究什么东西，就必须从历史方面着手。要研究文学和哲学，就得先研究文学史和哲学史。"① 这话有道理。所以，要想对教学服务型大学有比较深入的研究与认识，也有必要对其进行历时性追溯。

教学服务型大学的直接源头是19世纪美国的威斯康星大学。其校长范·海斯在威斯康星大学就职演讲中提出的"为州服务"的理念，开启了服务型大学的新纪元。但是，"服务型大学"概念则是在20世纪中后期才正式提出的。最早提出"服务型大学"概念的是挪威奥斯陆大学的阿瑞德·特捷达夫。他认为，服务型大学的主要特征是："对其学术劳动力的管理是通过与外部客户在购买研究、教学或咨询服务时所达成的合同来控制，依赖于它所得到的合同以及它在市场上的持续竞争力。"②特捷达夫还根据服务型大学实践，将其发展的形态归纳为三种模式：超市性服务型大学、学术性服务型大学、退化性服务型大学。他还进一步认为，学术性服务型大学才是服务型大学发展的理想模式，因为这种大学"能够正确对待大学学术自治与服务社会的关系，一方面与政府、企业尽可能保持最好的关系，另一方面也不断追求学术研究的独立，

① 胡适．胡适的声音［M］．桂林：广西师范大学出版社，2005：58.

② 余承海，程晋宽．西方服务型大学的发展模式与展望［J］．江苏高教，2009（6）.

保持学术的国际标准，能在人文社会学科与自然学科之间建立良好的平衡”。①在国外，服务型大学发展已经比较成熟，其典型的模式②主要有：一是开创性服务型大学。这类大学倾向于对学术劳动力进行控制与管理，反对以大学为中心的价值取向。二是企业大学。企业大学是介于公共学术机构与私人公司之间的大学，其学术核心常常被避开，重视应用性和商业性研究。三是公司大学。这类大学的特征主要是引入经营的理念，在学术上追求灵活的商业管理，在平衡学生与教师权利上采取动态模式，废除终身教职的制度。四是创业型大学。这类大学的特征是：有一个坚强的领导核心，尤其具有很高学术水准、能力较强的核心领导层；组建服务地方的专门机构，以确保各种服务活动的开展；引入企业文化。这类大学特别重视学术心脏地带即学术部门出台政策鼓励教授具有创业家的精神和能力，使其不惜牺牲他们的学术完整性而不断开拓创新。五是批判性服务型大学。批判性服务型大学具有创新型大学的特征：有大胆的想象和想法；有富于变革并善于协调的领导核心层；具备可拓展的外围空间；有一个形成中的创业型文化和合理的自治管理形式。服务型大学在我国的发展形式，就是教学服务型大学。

首次在我国提出“教学服务型大学”概念的是华中科技大学的刘献君。他在其《建设教学服务型大学——兼论高等学校分类》一文中明确指出：“在现有高等学校研究型大学、教学研究型大学、教学型本科院校、专科学校和高等职业学校的分类中，应增加教学服务型大学，列在教学研究型大学之后。”③刘献君的观点在当时并没有引起人们的注意，沉寂了好几年，直到黑龙江科技大学的赵国刚、浙江树人大学的郑吉昌等人再次把教学服务型大学的概念提出后，教学服务型大学在我国高等教育界才开始引起了人们的关注，先后有黑龙江科技大学的陈静媛、毕强，吉林师范大学的王鹏、王秋芬，华中科技大学的余东升，武汉纺织大学的尚钢，宁波大红鹰学院的沈云慈，嘉应学院的陈明等对教学服务型大学进行了讨论。尤其值得一提的是浙江树人大学，他们对教学服务型大学的研究是以一个团队的形式在进行，阵容庞大，除郑吉昌、徐绪卿外还有陈新民、王一清、魏刚焰、诸葛剑平、尚晓燕等，其中徐绪卿一人先后发表了3篇文章对教学服务型大学进行专题研究。由徐绪卿主编的《教学服务型大学：理论研究与制度框架》一书已于2014年出版，结束了我国没有专

① 王淑杰．国外服务型大学的理念与实践［J］．外国教育研究，2008（11）．

② 余承海，程晋宽．西方服务型大学的发展模式与展望［J］．江苏高教，2009（6）．

③ 刘献君．建设教学服务型大学——兼论高等学校分类［J］．教育研究，2007（7）．

门著作研究教学服务型大学的历史。刘献君在2013年发表的《经济社会发展转型与教学服务型大学建设》一文也值得一提，表明教学服务型大学再次引起了他的关注，他在这篇文章中对教学服务型大学的必要性与合法性、内涵与特征，以及转型发展的路径进行了深入的研究，为教学服务型大学理论体系的构建奠定了坚实的基础。

在教学服务型大学建设实践方面，黑龙江科技大学在全国率先迈出了第一步，赵国刚校长早在2010年就发表了《教学服务型大学转型发展初探》，结合学校的实际对朝教学服务型大学转型发展进行了总结和探讨。浙江树人大学、武汉纺织大学、宁波大红鹰学院、河南师范大学、铜仁学院等，也先后朝教学服务型大学的方向转型发展。到目前为止，尽管把学校定位在教学服务型大学的并不多，但是可以预测，随着我国新建地方本科院校朝应用型大学方向发展的深入推进，必将会有更多的地方新建本科院校选择教学服务型大学的发展道路，教学服务型大学“孤独的冬天”很快就会过去。

（二）教学服务型大学共时性分析

我们知道，共时性分析倾向于从横向的角度考察。教学服务型大学的横剖面，主要有以下三个维度：

1. 教学服务型大学是大学

这是对教学服务型大学第一个层面的逻辑考证，也即是对教学服务型大学一般性的认识。不管对教学服务型大学如何定义，它首先应该是大学，也就是说它首先应该符合大学的基本要求，具有大学的基本属性。

大学是什么？不同的学者有不同的看法。英国19世纪的纽曼是最早对大学是什么进行追问的人。他认为，大学就是传授普遍知识的场所。纽曼强调的是大学的知识传播和人才培养。德国的雅斯贝尔斯则认为，大学是学者与学生组成的学术共同体，是千方百计探求真理的地方。他强调的是大学的科学研究。美国的弗莱克斯纳和我国的蔡元培也有类似的观点。弗莱克斯纳认为，大学是学问的中心，是做学问的场所。蔡元培认为，“大学者，研究高深学问者也”。① 从这些学者的论述中不难看出，大学是培养高级人才和研究高深学问的地方。教学服务型大学作为大学中的一种类型，也应该是培养高级人才和研究高深学问的地方。只不过，教学服务型大学培养人才和研究学问不是终极目的，其最终目的是为社会服务。

① 蔡元培．蔡元培教育名篇［M］．北京：教育科学出版社，2007：12.

在美国，大学一般要具备这样三个条件：一是能够提供研究生层次的教育，而不仅仅是提供本科教育；二是应该至少拥有一个以上的本科学院；三是教师在完成教学工作的同时应该进行学术研究并发表研究成果。美国没有严格地区分什么是“大学”，什么是“学院”。我国则不同，人为地把大学和学院区分开来，以致是学院的都想方设法地要求更名为大学，没有真正把功夫花在学校内涵提升上。因此，国家应该淡化大学与学院的区别，只要具有培养本科及本科以上人才、能够进行一定的科学研究、从事一定的社会服务的学校，都属于大学的范畴，都可以叫大学。至于是叫大学或者是学院，那是学校自身的事。事实上，我国的新建本科院校包括应用技术大学和教学服务型大学等都属于大学。如果说这些本科院校不是大学，那又是什么？其实，我国学校校名中是否有“大学”二字并不是判定是不是大学的标准。所以，笔者以为，所有本科院校都是大学，教学服务型大学当然也是大学。

既然教学服务型大学是大学，那这个问题还有必要讨论吗？问题在于，新建本科院校在向教学服务型大学转型发展的过程中，有的认为只要转向服务社会就行了，忘记了自己的大学身份，甚至有人提出不要学科，不讲科学研究，不强调培养高层次人，这就把自己等同于高职专科院校甚至培训机构了。所以，笔者不赞成朝应用技术大学或教学服务型大学转型的新建本科院校不讲学科不讲科学研究，只讲专业和人才培养的观点。试想，新建本科院校应用转型后学科完全被专业所取代，教师不做科学研究，这样的学校还是大学吗？这样的教师还是大学教师吗？因此，新建本科院校不管怎么转型，只要它还是大学，培养高层次人才，研究高深学问，都是其神圣的职责和使命。只不过，转型后的教学服务型大学强调得更多的是培养应用型的高层次人才、研究应用性的高深学问。

2. 教学服务型大学是应用型大学

这是对教学服务型大学第二个层面的考察。如果对教学服务型大学的认识只仅仅停留在教学服务型大学是大学的阶段，教学服务型大学中间层次的特性就难以认知。教学服务型大学要培养应用型人才，自然属于应用型大学的范畴，是应用型大学中的一种类型。既然属于应用型大学的范畴，就应该具备应用型大学的一般属性。

应用型大学也有广义的和狭义的两种。广义的应用型大学指培养应用型人才，以应用理论和应用技术为主要研究对象的高等学校；狭义的应用型大学专指以服务地方经济社会发展，以应用型为办学定位的高等学校，主要包括新建本科院校、民办本科院校和独立二级学院等高校群体。应用型大学应突出应用性，具体表现在办学定位上突出应用性、在人才培养模式上体现应用性、在学科专业建设方面凸显应用性、在师资队伍建设方面强调“双师型”、在发展途径方面提倡产学研相结合等。教学服务型大学要突出服务特性，就必须按照应用型大学的基本要求，彰显应用性。教学服务型大学在办学定位、人才培养模式、学科专业建设、师资队伍建设等方面所体现出的应用性，以及在发展途径方面提倡的产学研结合，都与应用型大学的要求相一致。因此，应用型大学不仅包括应用技术大学，也包括服务型大学、创业型大学、教学服务型大学等。

教学服务型大学作为应用型大学的一种类型，就应该坚持应用型大学的基本要求，尤其是应用性，比如在人才培养目标上要以培养面向生产、管理、服务第一线的技术应用型人才为主，在人才培养模式方面要体现工学结合的理念，在学科专业建设方面要加强应用学科和专业建设的力度，在师资队伍建设方面要重视“双师型”教师的培养，在发展途径方面要搭建产学研合作平台，否则，就不是应用型大学。

3. 教学服务型大学是一种以服务为宗旨的应用型大学

这是对教学服务型大学第三个层面的分析，即深层次的考察。应用型大学有以应用型人才培养为主的应用技术大学，也有以服务为宗旨的应用型大学。以服务为宗旨的应用型大学特别强调应用型大学的社会服务性。这种社会服务性，也就自然成了以服务为宗旨的应用型大学的基本特征。既然是基本特征，时时处处都将有它的身影，不过，总体上看，它主要还是表现在功能发挥和价值取向方面，只不过这种价值取向已经牵引了以服务为宗旨的应用型大学的全身，使其每一个毛孔里都浸润着社会服务的因子。它与社会服务性紧密相连的是地方性。以服务为宗旨的应用型大学进行社会服务，不是悬在空中的飞碟，必然要落地。要落地，其所处地域，就是其空间距离上服务对象的最佳选择。更何况，这类大学在管理体制上也往往隶属于地方政府，教育经费的投入也以地方政府为主。因此，地方性也就成了这类大学的重要特征。显然，教学服务型大学就属于以服务地方为宗旨的应用型大学范畴。

教学服务型大学作为以服务地方为宗旨的应用型大学，就应该坚持社会服务性，一切工作都应该围绕着更好地凸显这一特征来进行，比如办学定位、人才培养、科学研究等都要以服务地方为最终目的。还需要说明的是，教学服务型大学以服务地方为宗旨，说的是主要思想和最终目的，并不排斥与主要思想和最终目的紧密相连的其他思想和其他目的。强调大学社会服务性，有的人可能就会发出这样的疑问：人才培养和科学研究就不重要了？其实，没有人说人才培养和科学研究不重要。强调社会服务性只是相对而言的。我们现实生活中有的人喜欢走极端。任何极端的想法和做法都是不对的，即使一时能够成功，也很可能是昙花一现。所以，我们谈社会服务性，要兼顾其他特性，谈社会服务工作，要兼顾其他工作。教学服务型大学所处的地域，与其他类型大学所处的地域，其含义是不一样的。就拿应用技术大学来说，其责任和使命，主要是以培养应用型人才为己任。培养应用型人才离不开其所处的地域，但并不是说离开了就完全不能进行，只是说有其所处地域的支持会把应用型人才培养得更好。其他研究型大学更是如此，所以才有大学的孤芳自赏，才有人将大学视为象牙塔。而教学服务型大学不同，要进行社会服务，没有服务的对象，就无法进行。同时，教学服务型大学也只有在对社会进行服务的过程中，才能获得更多的社会资源，才能不断扩大社会影响，提升办学水平。因此，完全可以说，教学服务型大学和其所处区域的关系，就像鱼儿和水的关系。鱼儿离开了水，就无法生存。所以，作为教学服务型大学，就必须主动融入地方，关注地方，研究地方，与地方政府、行业（企业）紧密结合，才能进行社会服务，从而在服务中发展自己，提升自己。

什么是教学服务型大学？通过以上剖析，可以归纳为一句话，教学服务型大学就是以服务为宗旨的应用型大学。其内涵主要包括："一是在'教学'方面既重视科学知识的传授，也重视技术技能的培养，尤其强调科学知识和技术的应用。二是在'服务'方面强调全方位服务社会。"①

二、教学服务型大学的职能：社会服务

人们谈到大学职能，言必称人才培养、科学研究和社会服务。其实，这是对大学职能的误解。人才培养、科学研究和社会服务三大职能，只是针对大学的一般特性而言的，并不是说每一种类型的大学在每一个发展阶段都必须是这样。教学服务型大学的职能其实就只有社会服务职能，大学的一般职能如人才培养、科学研究在这里已经转化成为社会提供服务的主要方式或途径了。事实上，不同时期不同类型的大学职能是不一样的。

（一）从大学产生的不同阶段看，不同时期的大学职能不一样

具有现代意义的大学起源于欧洲中世纪。大学职能从诞生之初到 18 世纪，都是单一的人才培养，即主要为统治阶级培养工具性人才。虽然在这一阶

---

① 侯长林，罗静，叶丹．应用型大学视域下新建本科院校办学定位选择［J］．教育研究，2015（4）．

段也有少量的学者、教授从事过一定的科学研究工作，比如哥白尼就是意大利博洛尼亚大学培养的天文学家，著名科学家伽利略先后在意大利比萨大学任教三年，在帕多瓦大学任教十八年。但是科学研究不普遍、不经常，也不是大学所倡导的工作，只是纯粹的个人爱好。历史发展到19世纪初，威廉·洪堡出任德国教育部长并创办了举世闻名的柏林大学。在柏林大学，威廉·洪堡提出了“研究与教学相统一”的原则，倡导大学教授和学生为知识的金殿添砖加瓦，于是，大学的第二个职能才开始诞生。从威廉·洪堡的柏林大学到美国范·海斯的威斯康星大学，这一历史时期的大学兼顾了人才培养和科学研究，有了两大职能。范·海斯到威斯康星大学担任校长提出“为州服务”的理念后，大学的第三个职能即社会服务职能才开始出现。可以想象，随着历史的演进，新的大学职能还可能出现。这就告诉我们，在大学发展的历史长河中，大学职能是逐步产生的，有单独职能存在的大学，有两个职能存在的大学，也有三大职能存在的大学。并不像今天有的论者所说的，每一所大学都必须具有人才培养、科学研究和社会服务三大职能，缺一不可。历史上曾经存在过单一职能和两个职能的大学，为什么今天的大学就必须要同时具备大学的三大职能？难道历史上有单一职能或两个职能的大学叫大学，今天有单一职能或两个职能的大学就不叫大学？所以，从大学职能产生的历史事实看，具有单一职能的大学是出现过的，这就为教学服务型大学只有社会服务职能观点的提出找到了事实依据。

（二）从大学划分的不同类型看，不同类型的大学职能不一样

在我国现有高等学校的分类中，有侧重体现教学的教学型大学，有侧重体现科学研究的研究型大学，有体现教学、科学研究并重的教学研究型大学或研究教学型大学。美国加州将公立高等院校划分为研究型大学系统、教学型大学系统、社区学院系统三大教育系统。不管是我国现行高等学校的分类，还是美国加州的大学分类，强调的都是其大学某一方面或两方面的职能，把某一方面或两方面的职能提升到学校类型的层面，使其成为学校发展的主要功能和基本特征，甚至成为统摄学校发展的唯一职能或两个职能。也就是说，研究型大学的职能就是科学研究，其人才培养和社会服务只是促进科学研究的方式或途径；教学型大学的职能就是人才培养，其科学研究和社会服务只是促进人才培养质量提升的方式或途径。以此类推，服务型大学的职能就是社会服务，其人才培养和科学研究只是进行社会服务的方式或途径。教学服务型大学是服务型大学的一种类型，其职能也自然只是社会服务。说到这里，可能有的人会提出

疑问：教学服务型大学的职能只有社会服务，人才培养和科学研究还要不要？回答是肯定的。就教学服务型大学而言，人才培养和科学研究虽然不是大学职能，但“教学和科研隶属于大学的服务职能，是大学为社会提供服务的两种主要方式”。① 因此，说教学服务型大学只有社会服务职能，并不是说人才培养和科学研究不重要了，只是在这里人才培养和科学研究转变成了提升社会服务水平和能力的主要方式或途径，只是被社会服务职能所统摄，转变成了社会服务职能的一个或两个主要因素了。从我国当前对教学服务型大学职能的讨论看，有的说社会服务是教学服务型大学的基本职能，有的说是主要职能，有的说是核心职能等。这些观点虽然还有点遮遮掩掩，有点“犹抱琵琶半遮面”的感觉，但已经意识到社会服务职能在教学服务型大学中的统摄地位甚至唯一性了。威斯康星大学校长范·海斯说过，教学、科研和服务都是大学的主要职能，但他特别强调：“服务应当成为学校的唯一理想。”② “唯一理想” 在这里是什么意思？就是唯一职能。笔者在这里只不过把教学服务型大学的职能说得更明白罢了。所以，从理论上分析，说社会服务是教学服务型大学的唯一职能也是说得过去的。这就为教学服务型大学只有社会服务职能的观点找到了学理依据。

三、教学服务型大学的建设思路：全方位服务

地方教学服务型大学建设的基本思路应该是坚持全方位服务地方的理念，构建全方位服务地方的体系。当然，全方位服务地方，不等于没有重点，不等于平均发力。其重点建设工作主要有以下几个方面。

（一）价值取向服务地方

一所大学的价值取向是多元的，但是作为教学服务型大学而言，其服务地方是学校总体应该倡导的价值取向。因为“服务地方是教学服务型大学的基本价值，没有服务理念的确立，就不会有服务的动力和持久力”。③ 教学服务型大学服务地方价值取向的确立，最重要的是树立服务的理念。要将服务地方的思想融入大学理念之中，尤其要在教职工中树立服务地方的意识。服务地方

① 黄学军．论服务型大学的缘起和发展策略［J］．湖南师范大学教育科学学报，2008（3）．

② 黄晓敏．查尔斯·范·海斯：把大学送到人民中间［J］．教育与职业，2014（7）．

③ 沈云慈．教学服务型大学的“道”与“路”［J］．高等教育研究，2014（3）．

意识的确立，需要通过多种途径和方法：一是组织有关服务地方的学习讨论、讲座报告等，使教职工明确服务地方的内涵，增强服务地方的自觉性和主动性。威廉姆·卡明斯说得好："大学形成服务的理由及其对服务的需要与潜在价值的认识是服务型大学最重要的因素。"① 因为它决定了学校领导在进行服务过程中的责任心，学校上下在人事、资金等方面的支持力度。二是利用学校的报纸、网站等宣传阵地，营造服务地方的浓厚氛围。三是制定服务地方的评价标准和评价体系。

（二）学科专业对接地方

要服务地方，作为一所大学来说，关键还是其学科专业要与地方对接。所有的本科院校都要进行学科建设，教学服务型大学也不例外，也要进行学科建设。那种新建本科院校朝应用型大学转型发展不要学科或淡化学科的观点，是错误的。不过，教学服务型大学的学科建设不能走研究型大学的道路。研究型大学的学科建设注重基础研究，属于研究型学科。搞基础研究可以关在实验室里，可以不走出校园。而教学服务型大学的学科以应用研究为主，属于应用型学科。应用研究就必须走出实验室，走出校园，到工厂、农村中去，主动融入地方，融入社会，到实践中去寻找问题，并对实践中出现的问题进行研究，找到解决问题的方法和答案。专业建设更要主动对接地方，尤其是专业设置要与地方产业、事业发展相适应。有了产业、事业才有专业，才有学生实习实训的场所，也才有学生毕业后就业服务的岗位。所以，教学服务型大学的专业设置一定要进行产业、事业现状调查，然后根据产业、事业设置专业。对一些不适应地方经济社会发展的老专业，要及时调整和改造，该下马的要下马，不能含糊。总之，教学服务型大学的学科专业要主动对接地方，加强应用型学科和应用型专业的建设。

（三）人才培养面向地方

人才培养是教学服务型大学服务地方的主要方式和途径。因为教学服务型大学科学研究的水平一般不高，能力不强，其服务地方的主要方式和途径是通过人才培养来实现的。所以，其人才培养一定要面向地方，为地方经济社会发展培养人才。那么，如何培养地方经济社会发展需要的人才？这就需要修改人

---

① Cummings W. K. *The Service University in Comparative Perspective* [J]. Higher Education, 1998, 35 (1).

才培养方案，走出校园，与地方的行业、企业和事业进行合作，构建工学结合的人才培养模式，为地方量身定制培养各方面的人才。这样，才能为社会所需要，也才能达到为社会为地方服务的目的。否则，培养的人才不是地方所需要的，就不成其为教学服务型大学。

（四）科学研究着眼地方

教学服务型大学的科学研究也是其服务地方的重要方式和途径。科学研究要服务地方，就必须加强应用研究。在课题方面，要加大横向课题的争取和研究的力度，因为横向课题直接来源于地方行业企业和事业的需求，通过对横向课题的研究可以直接为地方服务。理工农医科类专业要加强应用技术方面的研究与开发，文科类专业要重视地方经济文化艺术方面的挖掘和研究。同时，要注重将应用研究和开发的成果转化为现实的生产力，重视推广和传播。

（五）师资队伍融入地方

为什么这样说呢？一方面，这是教学服务型大学培养师资的需要。教学服务型大学要培养应用型人才，就需要具有“双师素质”的教师。所谓“双师素质”教师就是指既有较高的理论水平，又有比较强的动手能力的教师。要培养教师的动手能力，就要求教师到行业企业和事业单位中去锻炼。不融入地方，“双师素质”教师不可能产生。另一方面，教学服务型大学服务社会的一种重要方式就是派教师直接进入地方进行服务。这是服务型大学的传统。威斯康星大学进行社会服务的一个重要方式就是提供专家服务。威斯康星大学与州政府之间关系非常紧密，每年都派一批专家教授到州政府的各个部门兼职，比如经济学教授亚当斯在州政府兼任税收委员会委员、法律教授卡门斯与麦卡西一起参与州立法改革工作，帮助解决各种问题，服务州的经济发展。威斯康星大学服务社会的另一种方式就是尽可能把知识传播给大多数民众。威斯康星大学校长范·海斯鼓励大学教授到乡村、工厂、商店进行指导。他说：“鞋子上沾满牛粪的教授是最好的教授。”①

（六）国际教育植根地方

教学服务型大学的宗旨是服务地方，那么是不是可以不要国际化教育？开

---

① 黄晓敏．查尔斯·范·海斯：把大学送到人民中间［J］．教育与职业，2014（7）．

放办学是每一种类型的大学都需要的，教学服务型大学同样如此。“地方”不是封闭的代名词，在今天我国所有能够办大学的地方，都是开放的。很多大学所在的地方，国际化程度已经很高，就是老少边穷地区，国际化的浪潮也已经到来。作为以服务为宗旨的教学服务型大学，要想更好地服务地方就必须发展国际化教育。一个地方只有外面的人来得越来越多，开放的程度越来越高，发展才越来越快。教学服务型大学的国际化教育无疑在这方面会发挥十分重要的作用。更重要的是国际化教育能够给地方营造国际化的氛围，给身处其中的中国籍学生带来国际化的眼光。具有国际化素质的学生毕业后进入地方的各个行业、企业和事业单位，其服务地方的水平和能力更高。所以，国际化教育的目的绝不是仅仅培养几个国际学生，它仍然要根植地方，就像一棵大树，其枝丫伸得再远，伸到东南亚，伸到欧洲，伸到美洲和非洲，但其根将永远深深地扎在地方的土壤之中。服务地方仍然是教学服务型大学国际化教育的责任和使命。

（七）文化建设引领地方

教学服务型大学的文化建设一方面要引入地方文化的因子，尤其是地方的特色文化，丰富校园文化建设内容；另一方面，作为身处地方的教学服务型大学的校园文化建设还肩负着带动、引领地方文化发展的责任。要引领地方文化，首先，得把自己的文化做大做强，否则，拿什么去引领？其次，要引领地方文化发展，得研究地方文化，了解地方文化。吸纳地方的优秀文化，才能超越自我；融入地方文化，才能引领地方文化。

（本文与张新婷合著，原载《铜仁学院学报》2015年第3期；中国人民大学复印资料《高等教育》2015年第8期全文转载。本文获铜仁市第八次哲学社会科学优秀成果一等奖。）

办好本科职业教育要补哪些课

国务院日前印发的《国家职业教育改革实施方案》明确提出："开展本科层次职业教育试点。"去年底，教育部同意一批民办职业学院升格为本科层次职业学校，开展本科层次职业教育试点。"一石激起千层浪"，这一消息在职业教育界引起了很大震动，同时也引起正在朝应用方向转型的普通本科高校的广泛关注。

开展本科层次职业教育，是许多专科层次职业院校多年的夙愿和奋斗的目标。如今，开展本科层次职业教育试点有着良好的思想基础，也有了一定工作基础，相信符合条件的学校一定会倍加珍惜，竭尽全力把本科层次职业教育试点工作做好。

近20年来，我国高职专科教育得到了很大提升与发展，尤其是列入国家示范性高职院校建设单位的100所院校，以及列入国家骨干高职院校建设单位的100所院校，都具有一定的办学实力，尤其是在应用型人才培养、专业建设、校企合作、"双师型"教师队伍建设，以及企业、行业参与学校内部治理等方面，作出了有益的探索，并且卓有成效。在此基础上，开展本科层次职业教育试点，成功的可能性很大。但是，客观地说，困难也不少，难度也很大，不能掉以轻心。因为这些院校尽管有办职业教育的基础和经验，但与正在应用转型的普通本科高校相比，其弱项也非常明显，主要表现在以下几个方面。

第一，学科建设缺失。我国专科层次职业院校普遍重视专业建设，基本不提学科，学校管理人员和广大教师中没有学科概念，有的学校对学科甚至谈虎色变，这是试办本科层次职业教育最大的问题。笔者在国家骨干高职院校铜仁职业技术学院当了10年院长，又在国家重点支持的100所应用型高校中的铜仁学院当了6年多的院长，深知学科建设对于本科人才培养的重要性。国家为什么在提一流大学建设的同时提一流学科建设？学科是知识的分类及其体系。没有学科，学生的知识基础及一定的知识体系就难以建构。可能有的人会说，职业教育只讲知识够用，不讲知识体系的完整性。这对专科层次的职业教育有一定的道理，但对本科层次人才培养是不对的。教师不一定要对学生进行完整的知识体系的传授，但是学生应该尽可能获得成体系的知识。这是本科教育的基本要求。对此，《高等教育法》有明确规定："本科教育应当使学生比较系统地掌握本学科、专业必需的基础理论、基本知识，掌握本专业必要的基本技能、方法和相关知识。"这就需要学校提供给学生能够通过各种渠道的学习获得成体系知识的条件。整个职业院校如果一点儿学科的意识都没有，怎么使学生获得成体系的知识？总之，只想通过专业建设培养本科层次的人才包括职业教育本科层次的人才，是行不通的。所以，补齐学科建设短板，是开展本科层次职业教育试点的当务之急，也是最难办到的事，因为学科建设非一日之功，需要长期积累和积淀。当然，职业院校学科建设的重点是应用性学科，通过应用性学科建设支撑应用性专业建设，从而培养应用型本科层次的人才。其实，职业院校发展到今天还不谈学科，对学校的发展是有影响的，很多方面的发展都受到束缚。

第二，科学研究基础薄弱。长期只谈专业，不提学科建设，必然使科学研究在学校难以找到发展的空间。尽管有少数职业院校在其发展的过程中，对科学研究有一定的关注，比如召开过科研工作会议，出台过支持科研的制度。尤其是在优质校的建设过程中，比如广东在其《关于实施省一流高职院校建设计划的通知》中明确把加强科学研究放在与加强教师队伍建设、推进高水平专业建设和社会服务同等重要的地位，但科研仍是很多高职院校的薄弱环节。职业院校也是大学，大学不做科学研究，是说不过去的。现在，开展本科层次职业教育，更应该重视科学研究，否则很难完成《高等教育法》规定的本科教育要使学生"具有从事本专业实际工作和研究工作的初步能力"，以及教育部提出的应用型高等学校要培养能够"从事社会发展与科技应用等方面的研究"的应用型本科人才。

第三，高水平师资欠缺。我国专科层次的职业院校在"双师型"队伍建设方面已经取得了比较好的成绩，就专科层次职业教育人才的培养而言，已经没有大的问题，但是要培养本科层次职业教育人才还需要打上一个问号。因为既具有较强的实践动手能力，又具有较高理论水平的教师，在我国现有专科层次的职业院校中还不多，即能够直接担任培养本科层次职业教育人才的教师缺口还很大。所以，需要在现有"双师型"教师队伍建设的基础上，强化教师的科研训练，提升学科素养，甚至还得考虑教师队伍中的硕士、博士学位和教授比例。最理想的发展路径是，尽快提升现有教师队伍中硕士、博士学位和教授比例，降低专科和本科"双师型"教师比例。这就需要学校出台政策，一方面，支持现有"双师型"教师提升学历学位；另一方面，鼓励新引进的硕士、博士和教授等高层次人才成为“双师型”教师。这是高水平高职院校建设的重要标志，也是培养本科层次职业教育人才的需要。因此，要培养本科层次职业教育人才，就需要把高水平教师特别是专业领军人才培育作为学校建设的重点内容，引进和培养一批具有扎实专业理论知识、较强专业实践能力和科研能力的领军人才，切实提高教师队伍的整体水平。

尽管如此，展望本科层次职业教育的未来，我们满怀信心，充满期待，相信在不久的将来，随着试点的成功，将有一批能够培养本科层次职业教育人才的专业或职业院校产生，与朝应用方向转型的普通本科高校一起，填补我国现代职业教育体系本科层次的空白。

（本文原载《中国教育报》2019 年 4 月 2 日）

高职教育也该充满想象力

20 世纪上半叶英国著名的数学家、哲学家和教育家艾尔弗雷德·诺思·怀特海在其《教育的目的》一书中认为，大学是充满想象力的地方。大学不能仅仅传授知识，还要传授智慧，训练思维。他针对当时英国大学校园里存在的死板的知识和痴呆的思想，明确指出，大学存在的理由，就是“它使青年和老年人融为一体，对学术进行充满想象力的探索，从而在知识和追求生命的热情之间架起桥梁”。大学的任务就是将想象力和经验融为一体，大学教师既要充满想象力地传授知识，也要充满想象力地探索知识。只有这样，才能培养出充满想象力的具有首创精神的人才。

目前，我国高职教育虽然是以高职专科院校为主，只包括少量的高职本科院校，但是它毕竟属于高等教育，也是广义的大学，只不过是偏重于职业或技术类的大学。既然属于大学的范畴，当然也应该是充满想象力的。然而遗憾的是，从我国高职教育的现状看，想象力的缺乏确是普遍存在的事实。

据南京化工职业技术学院教师徐九春对随机挑选的某高职院校 280 名大一和大二两个年级的学生进行测试，结果表明：高职院校学生创新能力整体不强，测试量表显示的“冒险性”“好奇心”“想象力”“挑战性”4 个维度中被测试者想象力得分最低，这不能不引起我们的深思。也许，有人会说，高职教育培养的学生能够动手，毕业后能够找一份工作就行了。应该说，这话没有错。因为我国关于职业教育的普遍的认识就是，职业教育就是就业教育。如果在高职教育发展的初期或高职教育发展的低级阶段，只讲学生动手能力的培养，只讲对毕业就业岗位技术的掌握，也是可以理解的。但是高职教育发展到今天，尤其是有的高职院校经过国家示范高职院校或骨干高职院校建设已经提出创建世界一流高职院校办学目标的时候，仍然只把高职教育人才培养的目标定位在掌握相关就业岗位所需要的关键技术，只强调能够就业，已经远远不够了。

其实，怀特海早就指出：“凡教育必传授技术和充满智慧的想象。”技术和想象都是教育（包括高职教育）的重要内容，更何况，我国的社会大环境也正在发生重大变化，尤其是李克强总理提出“大众创新，万众创业”的要求后，一个崭新的创新创业的时代已经悄然到来。创新创业时代的到来必然对高职教育提出新的要求，那就是所培养的学生必须具备创新创业的素质和能力。想象，不等于创新创业，但是创新创业离不开想象。因为想象力是创新的生命。康德说：“想象力作为一种创造性的认识能力，是一种强大的创造力量。”因此，高职教育培养的学生要想具有创新创业的能力，自然不能放弃对想象力的培养。没有想象力的高职教育必然是暮气沉沉、呆板的，缺乏想象力的学生难有技术革新的思维，更不要说有技术创新的成果。

高职教育如何才能培养充满想象力的学生呢?

其一，回归教育的本真。什么是教育的本真?雅斯贝尔斯认为，教育的过程，是一个人心灵和精神成长的过程。人的心灵和精神成长正是想象力产生的源头活水。知识固然重要，它是想象力产生的基础和必要条件，但如果“教师把准备好的种种原理、结论和推理一股脑塞进儿童的脑子，往往不让儿童有可能哪怕接触一下思维和活的言语的源泉，这就捆住了他们的幻想、想象力和创造力的翅膀”（苏霍姆林斯基语）。教育的确离不开对知识的传授和技术技能的训练，但是雅斯贝尔斯也明确指出，“我们要想振兴，就必须让教育的内涵超越实用的技术教育和宗教限制”，不能让“专门技术训练将人制造成最有用的工具”。尽管技术技能的训练是高职教育的重要职责和使命，也是高职教育的主要特征，不强化技术技能的训练，就不是高职教育，但真正的高职教育必须超越技术技能教育，上升到培养人的智慧、活跃人的思维、丰富人的想象、安顿人的心灵的高度，如此才接近教育的本质，才回归教育的本真。

第二，重视人文教育。高宝立对全国 10 个省（市）的 27 所高职院校 4035 名学生的问卷调查显示，我国高职院校人文教育课程比重不足与严重不足的学生所占比例为：一年级是 40.1%，二年级是 49%，三年级是 50.6%。高职教育最根本的任务是培养人，即不仅要教给学生扎实的专业知识和技术技能，还要使其具备丰富的人文知识和高贵的人文精神。人文教育在高职教育中的作用就是培养学生的人文精神。正如怀特海所说：“艺术和文学赋予生命的活力并不只是一种间接的影响，它们还直接给予我们充满想象力的视野。”可见，重视人文教育对培养高职院校学生的想象力有着十分重要的现实意义。

第三，打造充满想象力的教师团队。没有创新的师傅哪来创新的徒弟，没有充满想象力的教师哪来充满想象力的学生?要想培养充满想象力的高职教育的学生，就必须培养充满想象力的高职教育的教师。想象不能由教师简单地分配给学生，“只能由那些本身就充满想象力地探索学术知识的教师去传播”

（怀特海语）。因此，高职院校的教师不是知识和技术技能简单的传声筒，而应该是充满想象力地把知识和技术技能传授给学生，并能够充满想象力地带领学生对知识和技术技能进行探索。

第四，营造充满想象力的校园环境。高职院校要充分认识培养学生想象力的重要性，然后将想象力纳入校园环境建设的总体规划之中，才能建成充满想象力的校园。不过，更为重要的还是充满想象力的校园精神环境的营造，这需要一系列有利于充满想象力的人才培养制度和机制的建立。总之，高职院校要想培养充满想象力的学生，不能忽视充满想象力的环境的营造，办大学就是营造一种氛围。高职教育学生想象力的培养，也主要依靠一种有利于想象力生长的良好氛围的营造。

（本文原载《光明日报》2015 年 10 月 4 日）

建设一流大学　听听雷丁斯的声音

从20世纪中后期开始，欧美一些国家先后提出过“一流大学”建设的口号。应该说，欧美“一流大学”建设对欧美高等教育的发展有重大的推动作用，现在欧美一些很有影响的大学之所以有今天的辉煌，与当时所在国家进行“一流大学”建设分不开。不过，反思欧美“一流大学”建设的过程，确实有许多值得我们吸取的教训。

加拿大蒙特利尔大学的文化学家比尔·雷丁斯（Bill Readings）对欧美“一流大学”建设过程中存在的问题看得很清楚，曾撰写《废墟中的大学》一书进行批判。他的质疑和批判主要集中在三个方面：

第一，“一流大学”中的“一流”。雷丁斯批评欧美一流大学中的“一流”与理念无关，与民族文化无关，只是一个大学理念的幻影，没有具体所指，是一个“空洞的存在”，没有具体意义。同时，他还认为加拿大对“一流”概念的使用太宽泛。“一流”真正成了大箩筐，什么东西都可以往里面装。但是，“一流”到底指涉什么，没有人能够说得清楚。

第二，“一流”是通用的等级标准。欧美在“一流大学”建设过程中，所使用的“一流”是通用的等级标准。在对班级大小、学生类型、资金情况等不同内容所做的各种各样的分类中，都用“一流”标准来衡量，即这个标准具有通用性。“一流大学”的最终标准是各个数字比例的结合，比如学生占20%，班级大小占18%，教师占20%，资金占10%，藏书占12%，声望占20%。总之，各种数字成了衡量“一流”大学的“纲”和“目”，成了判定大学优劣的最重要的标准。雷丁斯认为，把“一流”作为一个等级指标，进行简单的数字高低比较，是不对的，尤其会使大学特色在追求通用等级指标的过程中丧失殆尽。

第三，“一流”是绩效指标。雷丁斯借用巴莱罗·卡拜尔的话批评英国的“成绩责任制是一种严格的会计学”，大学的社会责任“完全是提供有偿服务”，即社会根据大学的贡献提供有偿拨款。他认为：为追求“一流”的绩效指标，欧美的“大学正在向公司转型”，他甚至认为“大学不只像企业，它就是一个企业”。雷丁斯认为，当绩效指标成为大学管理的指挥棒时，实际上大学已经企业化了，大学看重的不再是大学自身的历史和传统，像“北美大学一样，一流正在替代文化诉求”；大学看重的是其市场的竞争力，向往和追求的是那些看得见摸得着的指标体系。欧美大学对利益的过分追求，必然使其变得越来越功利，同时，也丧失了国家民族文化精神。雷丁斯认为，当大学失去了文化使命后，也就进入了大学的黄昏时代，走向了“废墟”。

那么，我国如何创建一流大学和一流学科？笔者以为，从欧美一流大学建设的教训看，主要应该注意以下问题：

第一，“一流”应该是特指的。什么是“一流”？在具体实施和创建的过程中，必须回答这一问题。要回答这一问题，绝非易事。因为“一流”一词本身是一个商业术语，一个评价尺度，是在比较过程中产生的概念，具有相对性和一定的弹性空间，是发展的和动态的。一流大学和一流学科中的“一流”是在一定范围的高等教育对比评估过程中产生的。因此，对一流大学和一流学科中的“一流”概念内涵确实很难有一个明确的界定。但并不是不能界定。这就需要对“一流”的内涵进行专门研究，尽可能梳理出具体的内容来。“一流”概念内涵需要研究的问题比较多，比如“一流大学”和“一流学科”中的“一流”所包含的内容是否一致？如果不一致，各自的具体内容到底有哪些？对“世界一流”和“中国一流”，以及“区域一流”中的“一流”怎么解读？这些都需要深入研究并且要有尽可能明确的回答。同时，“一流”不能泛化，必须特指，就是指创建一流大学和一流学科中的“一流”，不要随便套用在其他方面。所以，关于“一流”的理解不能模糊，应该是特指的，如果对“一流”的认识模糊，我们创建世界一流大学和一流学科的目标就会模糊。目标模糊，虽然不能说创建世界一流大学和一流学科的计划要落空，但很难圆满。

第二，“一流”应该是特色的。要创建一流大学和一流学科离不开标准，没有标准无法进行比较，没有比较也就无所谓“一流”。关于世界一流大学的标准有多种，有英国的、美国的等，对我国来说，最重要的还是要有符合中国实际、具有中国特色的标准。周光礼教授追问世界一流学科的中国标准是什么，很值得我们深思。人们说：“麻省理工学院是造就工程师的殿堂”，“哈佛大学是培养政治家的摇篮”等，就是对这些世界著名大学办学特色的肯定。因此，在明确“一流”内涵，制定“一流”标准和绩效考核方案时，要尽可能考虑大学特色指标的设定，注意引导大学特色发展。

第三，“一流”应该是文化的。一流大学和一流学科的创建要追求卓越，这个卓越不仅仅是学术、科研人员的追求，也包括管理上的，是所有的人都应该追求的卓越。一流大学和一流学科的创建确实要有大量资金的投入，需要有一流的大师，但是不能忽视的是一流的大学文化建设。世界上著名的大学都是依靠文化的不断积淀和独特的大学精神及管理理念才逐步赢得世界声誉的。剑桥大学以其深厚的历史文化底蕴和独特的大学文化气质闻名于世，柏林大学崇尚大学自治和学术自由奠定了现代大学的基础，耶鲁大学在“真理与光明”精神的鼓舞下许多学生成了真理卫士和光明斗士。当然，要创建世界一流大学和一流学科，必然牵涉到绩效考核。没有绩效考核难以分出“一流”，但如果完全依靠绩效考核，又会失去文化。大学是文化的大学，因此，在创建世界一流大学和一流学科的过程中必须考虑大学的文化责任和使命。

（本文原载《光明日报》2016 年 4 月 12 日）

地方院校的“双一流”机会在哪儿

自国务院颁布统筹推进“双一流”建设总体方案以来，“985”“211”大学都在围绕“双一流”建设摩拳擦掌，制定具体实施方案，而地方院校虽然也都在关注“双一流”建设动向，但真正行动起来的只有少部分办学实力较强的老牌地方本科院校，绝大多数地方院校认为“双一流”建设就像天空中的星星，可望而不可即，有实际行动的新建本科院校更是微乎其微。这其实没有达到国家通过“双一流”建设打破“身份固化”，带动中国高等教育质量整体提升的期望和要求。

“双一流”建设是一个开放的体系，面向所有高校，甚至包括高职院校。从目前来看，地方院校很难与“985”“211”大学比拼，但不等于在所有学科方面都没有机会。从未来看，“双一流”政策不是短期行为，将在未来很长一段时期主导中国高等教育的发展。从长远看，只要抓住历史机遇，制定科学的发展战略，选准发展路径，完全有可能使一所地方院校走向卓越，成为中国乃至世界一流大学。所以，地方院校不能放弃对“双一流”的追求。

当然，地方院校对“双一流”的追求，不能跟着“985”“211”大学的路子走，而要根据自身的实际进行选择。诚如美国教育家亚伯拉罕·弗莱克斯纳所说：“大学像其他组织一样，总是处在特定的社会结构之中而不是之外，不同的国家有不同的大学，期望大学适应一种单一的模式是很荒谬的。”尽管地方院校的情况各不相同，但是主要策略有以下五点：

一是合理定位。笔者以为地方院校创建“双一流”的定位主要有两点：第一，定位在争创区域一流。“双一流”建设目标是分层的，有世界一流、国家一流和区域一流。就地方院校的整体情况而言，一般应该定位在争创“区域一流”的层次上，此后，根据办学水平的逐步提升，将定位调整为“国家一流”，再进而上升为“世界一流”。第二，定位在学科点的突破。“双一流”包括“一流大学”和“一流学科”。地方院校要想一步跨到“一流大学”，不管是“世界一流大学”或“国家一流大学”，还是“区域一流大学”，都是不太现实的。从地方院校的实力看，只能从争创“一流学科”做起，将其定位在学科点的突破上。通过学科点的突破建一流学科，从一流学科到一流学科群，并进而带动整个学校最终走向一流。比如瑞士洛桑酒店管理学院就是通过专业提升获得“世界最好的国际酒店管理人员培训院校”的美称，美国马萨诸塞州的富兰克林欧林学院通过课程组织变革和教学方式的创新，在工程技术领域赢得世界声誉。

二是扎根地方。地方院校的根在“地方”，具体而言，就是要将“双一流”建设目标与地方经济社会发展尤其是产业转型升级相结合，努力成为地方创新发展的智库和策源地，引领地方经济社会发展。扎根地方的目的，是在做强自己的同时，支撑和引领地方的进步与发展。

三是特色发展。特色一般包括两方面的含义：一是“人有我优”，二是“人无我有”。地方院校与“985”“211”大学相比，除个别地方院校的个别学科“人有我优”外，绝大多数地方院校的特色发展之路其实只有一条，那就是“人无我有”。“人无我有”的特色具有不可替代性，不可替代性才最有竞争力。在发展战略的词典里，有蓝海战略和红海战略之说。“红海战略”是指在现有的场域空间中，采取白热化的手段，通过面对面的肉搏，以打败竞争对手为目的。而蓝海战略不以竞争对手为标杆，避开锋芒，开辟自己的市场和领地。地方院校建设“双一流”，就是要走“少人区”，甚至“无人区”和“野人山”，努力开辟属于自己的一片蓝海。伯顿·克拉克说得好：“院校的希望与其说产生于彼此间的共同点，不如说产生于相互之间的差异。”所以，倾力打造特色，才能充分展现各个地方院校的魅力。

四是突出应用。地方院校基本上都属于应用型高校的范畴，在建设“双一流”的过程中，不能跟着“985”“211”大学的后面亦步亦趋，而是要把“应用”放在突出的位置。突出应用，要努力做好三方面的工作：一是培养一流的应用型人才，尤其是创新创业人才；二是要做一流的应用研究，尤其是科技成果的转化；三是要强化社会服务职能的发挥。人才培养、科学研究和社会服务三大基本职能是针对大学的一般特性而言的，不同类型的高校可以有所侧重。应用型高校要使其“应用”落地，就必须与经济社会发展相对接，在服务中体现应用。因此，应用型高校要尽可能彰显社会服务职能的发挥，做一流的社会服务。

五是开放办学。纵观世界一流大学，没有哪一所不是国际化程度很高的大学。香港科技大学成立才短短 26 年，能够一跃成为世界名校，关键就在于其一直秉承“着眼世界”的创校理念。地方院校身处地方，但地方不等于落后和封闭。不说当今中国的省会城市，就是地州市所在地，开放的程度都已经很高了。在“一路一带”倡议背景下，地方院校更应该有所作为，服务并融入其中，加强与其他国家、地区交流合作，互通有无。只要有国际化的办学理念和具体可行的实施办法，地方院校也能够办出具有国际声誉的大学。

（本文与罗静、陈昌芸合著，原载《光明日报》2017 年 8 月 15 日；录入《新华文摘》2017 年第 21 期“论点摘编”。）

地方院校“双一流”建设的策略

自国务院颁布统筹推进“双一流”建设总体方案以来，“985”大学、“211”大学都在围绕“双一流”建设磨刀擦枪，制定具体实施方案，而地方院校虽然也都在关注“双一流”建设动向，但真正行动起来的只有少部分办学实力较强的老牌地方本科院校，绝大多数地方院校认为“双一流”建设就像天空中的星星，可望而不可即，有实际行动的新建本科院校更是微乎其微。这其实没有达到国家通过“双一流”建设打破“存在身份固化”，带动中国高等教育质量整体提升的期望和要求。

“双一流”建设，是一个开放的体系，面向所有高校，甚至包括高职院校。从目前来看，地方院校很难与“985”大学、“211”大学比拼，但不等于在所有学科方面都没有机会。从未来看，“双一流”政策不是短期行为，将在未来30年内主导中国高等教育的发展。30年内，只要抓住历史机遇，制定科学的发展战略，选准发展路径，完全有可能使一所地方院校走向卓越，成为中国乃至世界一流大学。所以，地方院校不能放弃对“双一流”的追求。放弃对“双一流”的追求，就等于放弃走向卓越的希望。

当然，地方院校对“双一流”的追求，不能跟着“985”大学、“211”大学的路子走，而要根据自身的实际进行选择。诚如美国教育家亚伯拉罕·弗莱克斯纳所说：“大学像其他组织一样，总是处在特定的社会结构之中而不是之外，不同的国家有不同的大学，期望大学适应一种单一的模式是很荒谬的。”①尽管地方院校的情况各不相同，但是主要策略有“合理定位建一流”“扎根地方建一流”“特色发展建一流”“突出应用建一流”及“开放办学建一流”等。②

---

① ［美］亚伯拉罕·弗莱克斯纳．现代大学论——美英德大学研究［M］．杭州：浙江教育出版社，2001：46.

② 侯长林，罗静，陈昌芸．地方院校的“双一流”机会在哪儿［N］．光明日报，2017-08-15.

一、合理定位建一流

一所地方院校能否成功创建“双一流”，首先是要根据“双一流”建设提出的总体要求和目标任务，以及学校自身的办学实际，做好顶层设计，合理确定发展定位。诚如加州大学伯克利分校原校长田长霖教授所说：“一所大学首先要明确其作用、职责、目标、定位，这样你才能开始。”① 定位合理与否，直接关系着“双一流”背景下地方院校的生存和发展问题；发展定位高了、宽了、偏了，都不行。那么，地方院校如何确立其发展定位呢？笔者以为主要有两点：

第一，定位在争创区域一流。“双一流”建设目标是分层的，有世界一流、国家一流和区域一流。地方院校发展目标定位，要结合学校实际进行确定，既不能好高骛远，也不能想一伸手就能够轻松地摘到桃子。就地方院校的整体情况而言，一般应该定位在争创“区域一流”的层次上，此后，根据办学水平的逐步提升，将定位调整为“国家一流”，再进而上升为“世界一流”。也就是说，在办学定位层次上，首先需要明确并坚定发展目标。地方院校要在所处区域的同类型高校中，实现有序竞争并争创一流，确定适合地方院校的发展方向和地域范围是不可或缺的。譬如说，铜仁学院地处贵州省东部武陵山区腹地，结合校情、市情、省情，在办学区域定位上明确提出“立足黔东，面向贵州省，辐射武陵”的要求。其次需要适时而动，动态调整定位，切莫停滞不前。因为“任何一所院校的地位都是由其历史地位，由它所继承的资源，如图书馆、建筑物、地理位置，由它的竞争者、学生和资源方面的成败情况等来决定的”。② 而上述这些决定地方院校地位的要素都是动态发展的。特别是在当前的高等教育普及化、多元化的时代，在《国务院关于印发统筹推进世界一流大学和一流学科建设总体方案的通知》《关于引导部分地方普通本科高校向应用型转变的指导意见》以及《教育部关于“十三五”时期高等学校设置工作的意见》等政策的引导推动下，地方院校正处于“变革”时期，原有定位格局正在打破，新兴的地方院校办学局面正在形成。所以，在办学定位调整规划方面，更需要紧扣“变化”，紧跟院校发展形势和时代发展趋势。

---

① 宋晓梦．田长霖教授谈21世纪如何创新重组研究型大学［N］．光明日报，2000-01-12.

② ［美］伯顿·克拉克．高等教育新论——多学科的研究［M］．杭州：浙江教育出版社，2001：169.

第二，定位在学科点的突破。“双一流”包括“一流大学”和“一流学科”。地方院校要想一步跨到“一流大学”，不管是“世界一流大学”或“国家一流大学”，还是“区域一流大学”，都是不太现实的。从地方院校的实力看，只能从争创“一流学科”做起，将其定位在学科点的突破上。伯顿·克拉克在《高等教育新论——多学科的研究》一书中指出：“要使高等院校的地位得到升迁和变革，无论国家采取什么行动，最终都要由著名教授和出类拔萃的年轻教师争取研究经费、争取优秀本科生和研究生等的市场力量来决定。”①这就告诉我们，高校地位变革背后的决定性因素是学者和学生。高校将学者和学生的力量汇集，聚焦于某一个或几个学科，就能够实现某一或几个学科点的突破与发展，而通过这些学科点的突破可以为建设学校打下坚实基础，逐步实现从一流学科到一流学科群，进而带动整个学校最终走向一流。比如，瑞士洛桑酒店管理学院就是通过专业提升获得“世界最好的国际酒店管理人员培训院校”的美称，美国马萨诸塞州的富兰克林欧林学院通过课程组织变革和教学方式的创新，在工程技术领域赢得世界声誉。

要想在学科点上有所突破，把某一个或少数几个重点领域建成国内领先、具有国际影响乃至国际一流水平，就必须走学科交叉融合之路。没有这样的理念，要想建一流的学科几乎不可能。华中科技大学原校长李培根院士在上海大学和智慧树网联合主办的“创新教育国际论坛”上说道，未来颠覆性的原始创新一定发生在不同学科交叉的边缘上。世界一流大学在做交叉学科方面有很多成功的先例，地方院校也可以学习。当然，地方院校组建交叉学科平台，要结合地方资源和学校实际，汇聚各方面力量，才能在学科及学科点建设方面率先崛起。

二、扎根地方建一流

扎根地方，并非始于今日。1904 年 6 月 7 日，范·海斯在校长就职典礼上提出了威斯康星大学“为州服务”（service to the state）的想法，他在威斯康星州出版协会的演讲中明确表示：“在大学的仁慈影响扩展到州里每一个家庭之前，我将决不会感到满足。这就是我要去实现的州立大学理想。”这就是扎根地方办大学的最早理念。在这一理念指导下逐步发展起来的威斯康星大学，是扎根地方建世界一流大学的典型案例。扎根地方建一流大学也是高等教

① ［美］伯顿·克拉克．高等教育新论——多学科的研究［M］．杭州：浙江教育出版社，2001：44.

育的基本规律之一。

地方院校的根在“地方”，地方院校要创建“双一流”，就像一棵幼苗要长成参天大树，就必须把根深深地扎入地方的土壤之中，才能充分吸取地方的养料，强健自己的体魄，在与其他院校的竞争中处于有利地位。“本土是地方院校的天然‘绿海’和‘世袭领地’，不可坐失，不可不重新审视并充分发掘利用，以逐渐培育自己的办学特色，凝练核心竞争力，即要顶天须先立地。”①

所谓扎根地方建一流，就是地方院校要将“双一流”建设目标与地方经济社会发展尤其是产业转型升级相结合，努力成为地方创新发展的智库和策源地，引领地方经济发展。扎根地方的目的，是地方院校在做强自己的同时，支撑和引领地方的进步与发展。首先，要有明确的扎根地方的办学理念。不是简单地将“扎根地方”四个字照搬下来，而是要结合学校实际进一步具体化。譬如，铜仁学院地处贵州省铜仁市，在创建高水平应用型高校的过程中，明确提出了“铜仁需求，国家标准”的办学理念。所谓“铜仁需求，国家标准”就是要根据铜仁的需求开展科学研究、培养人才，并力求达到国家标准。“铜仁需求”是扎根地方的具体要求，能够使广大教职工从身边找到服务社会的实实在在的“对象”；“国家标准”是“双一流”建设的目标，一开始做不到“国家标准”，也可以从“铜仁标准”做起，然后逐步提升，做“贵州标准”，直至“国家标准”，甚至“国际标准”。② 其次，服务地方是地方院校的重要工作。怎么才能够确保服务地方落到实处？这就需要成立相应的组织机构予以保障。比如，美国康奈尔大学在走向世界一流大学的过程中，为了强化社会服务大学职能，成立了社会服务中心。中国地方院校在谈大学职能时也都会把社会服务、人才培养和科学研究相提并论，但事实上，“落实不够，比如人才培养和科学研究等大学职能都有相应的教务处、科研处等办事机构，而社会服务职能是悬空的，没有对应的职能部门”。③ 最后，要在服务中引领地方经济的发展。地方院校要争创一流，就不仅仅是服务地方，更重要的是要在服务中引领地方经济的发展，成为地方经济发展的动力引擎，以及在人才培养、科技服务和产业转型升级中成为策源地、动力源和协同创新基地，尤其是要努力成为

---

① 蔡宗模，吴朝平，杨慷慨．全球化视野下的“双一流”战略与地方院校的抉择［J］．重庆高教研究，2016（1）．

② 罗静．对铜仁学院“铜仁需求，国家标准”办学理念的解析［J］．铜仁学院学报，2016（6）．

③ 侯长林．“康奈尔计划”对新型大学建设的启示［J］．铜仁学院学报，2017（4）．

创新人才培养的摇篮和知识生产的中心。这样地方院校才能首先在地方赢得良好的声誉，然后逐步扩大影响，同时，也只有这样才能把大学的根须深深扎进地方，植入本土，从本土经济和文化传统中汲取营养，赢得红利。

三、发展特色建一流

2014年5月4日，习近平总书记在北京大学师生座谈会上的讲话中指出："办好中国的世界一流大学，必须有中国特色。没有特色，跟在他人后面亦步亦趋，依样画葫芦，是不可能办成功的……世界上不会有第二个哈佛、牛津、斯坦福、麻省理工、剑桥，但会有第一个北大、清华、浙大、复旦、南大等中国著名学府。"① 一流大学没有固定的模式，在一流大学的百花园中朵朵都不同，就是在美国，也只有一个哈佛，因此，成功的关键在于特色。"双一流"建设总体方案鼓励和支持不同类型的大学和学科差异化发展。地方院校要想争创一流，特色发展是重要途径。特色一般包括两方面的含义：一是"人有我优"。二是"人无我有"。地方院校与"985"大学、"211"大学相比，除个别地方院校的个别学科具有走"人有我优"的特色发展之路外，绝大多数地方院校是没有这个实力的。也就是说，摆在绝大多数地方院校面前的特色发展之路其实只有一条，那就是"人无我有"。"人无我有"的特色具有不可替代性，不可替代性才最有竞争力。在发展战略的词典里，有蓝海战略和红海战略之说。"红海战略"是指在现有的场域空间中，采取白热化的手段，通过面对面的肉搏，以打败竞争对手为目的。"蓝海战略"出自W. 钱·金和勒妮·莫博涅合著的《蓝海战略》一书。蓝海战略不以竞争对手为标杆，避开锋芒，开辟自己的市场和领地。地方院校建设"双一流"，就是要走"少人区"，甚至"无人区"和"野人山"，努力开辟属于自己的一片蓝海，并在自己的蓝海中养精蓄锐、韬光养晦，做强自己，增强核心竞争力，再杀入红海，才有可能逐鹿中原，走向世界。伯顿·克拉克说得好："院校的希望与其说产生于彼此间的共同点，不如说产生于相互之间的差异。"②

地方院校的特色发展，主要表现在两个方面：一是特色学科的发展。学科是龙头，学科的特色形成了，科学研究的特色、师资队伍的特色、社会服务的

① 习近平．青年要自觉践行社会主义核心价值观——在北京大学师生座谈会上的讲话［N］．人民日报，2014-05-05.

② ［美］伯顿·克拉克．高等教育系统——学术组织的跨国研究［M］．杭州：杭州大学出版社，1994：289.

特色等，也会相继形成。比如，景德镇陶瓷学院根据社会对人才的需求，形成了以陶瓷工程和工艺美术为学科特色的办学风格，如今已是中国陶瓷产业技术创新基地、世界陶瓷文化交流基地，在国内外享有盛誉。再如，江南大学的食品科学与工程、钦州学院的海洋生物学和铜仁学院的林学等走的都是“人无我有”的特色发展之路。二是文化特色的发展。观察大学的发展，我们不难发现，不同的大学都有自己特殊的发展历程，有属于自己的思维方式和价值追求，而特色文化则是大学核心竞争力的重要表现。从高等教育发展史看，“世界上著名的大学都是依靠文化的不断积淀和独特的大学精神及管理理念才逐步赢得世界声誉的”。① 比如，剑桥大学就是以其深厚的历史文化底蕴和独特的大学文化气质饮誉世界，柏林大学以崇尚大学自治和学术自由奠定了在现代大学的地位，耶鲁大学就是高举“真理与光明”的旗帜才培养了许多真理卫士和光明斗士。对世界一流大学作进一步考察，还会发现，其在社会和科学领域上的贡献几乎都与特色文化有关。比如，美国的普林斯顿大学在科学上的成就与其特有的文化——“美丽的心灵”是密不可分的。② 总之，倾力打造特色，才能充分展现各个地方院校的魅力。

四、突出应用建一流

《教育部关于“十三五”时期高等学校设置工作的意见》将中国高等教育从总体上划分为研究型、应用型和职业技能型三大类型。按照这种划分，地方院校基本上都属于应用型高校的范畴。应用型高校的主要任务就是培养本科以上层次应用型人才，并从事社会发展与科技应用等方面的研究。这就告诉我们，地方院校在建设“双一流”的过程中，不能跟着“985”大学、“211”大学的后面亦步亦趋，而是要把“应用”放在突出的位置。要努力做好三方面的工作：一是培养一流的应用型人才，尤其是创新创业人才。在今天这样一个“大众创业，万众创新”的时代，地方院校一流人才培育的目标定位应该是创新创业人才。地方院校在应用型人才培养方面，尤其要做好应用本科人才的培养。美国杜肯大学伯隆教授说，哈佛大学、耶鲁大学等世界名校“最主要的共同点就是拥有最好的本科教育，都非常重视教学。一个大学对待教学和本科教育的态度，标志了其成熟水平”。③ 哥伦比亚大学曾经因为忽视本科教育险

---

① 侯长林．建设一流大学，听听雷丁斯的声音［N］．光明日报，2016-04-12.

② 杨福家，等．博雅教育［M］．上海：复旦大学出版社，2014：28.

③ 邬大光．重视本科教育：一流大学成熟的标志［J］．中国高教研究，2016（6）.

些倒下，后来提出“本科教育是哥大的核心”理念才重新崛起。近年来，中国也开始意识到本科教育的重要性。教育部林蕙青副部长就曾明确提出：“一流本科是一流大学的重要基础和基本特征。”① 地方院校中相当一部分新建本科院校至今还没有硕士研究生教育，只有本科教育。地方院校只有本科教育，却不重视本科教育，还谈什么一流呢？有的地方院校虽然有硕士研究生教育甚至有博士研究生教育，但毕竟不是主体，主体还是本科教育。所以，地方院校要突出应用，就应该努力把应用本科教育做好，培养出一流的应用本科人才。二是要做一流的应用研究，尤其是科技成果的转化。美国非常重视科技成果的转化，国家先后出台了《拜杜法案》《史蒂文森——怀勒技术创新法》及《联邦政府技术转让法》等，为美国科技成果转化提供了重要的法律保障。美国大学都把科技成果转化看成其重要的工作，专门设置了技术转让办公室，其功能是筛选成果，完成专利申请。譬如，以斯坦福大学为中心而建立起来的高技术密集区“硅谷”科技园，是世界大学科技成果转化平台的典范。但是，中国高校科技成果转化很不乐观，总体情况是：成果多转化少。教育部科技司《2014 年高等学校科技统计资料汇编》显示，目前，中国高校每年产出的科技成果比较多，占全国完成的科技成果总数的 80%，但是高校每年产出的专利应用率则不足 30%，转化率不到 15%。② 这个数据远远低于发达国家 70%~80%的水平。地方本科院校科技成果中论文形式居多，实用性不强，难以转化。即使是北京的地方院校，在专利申请和专利转让方面也处于较低水平阶段，比如在专利转让合同数量方面，“十一五”期间，北京地方院校只有 47 项。③ 北京地方院校尚且如此，其他地方院校便可想而知。地方院校要在应用研究方面争创一流，科技成果转化就是其重要的职责和使命，而这也是地方院校的长处。三是要强化社会服务职能的发挥。人才培养、科学研究和社会服务三大基本职能是针对大学的一般特性而言的，不同类型的高校可以有所侧重。应用型高校要使其“应用”落地，就必须与经济社会发展相对接，在服务中体现应用。因此，应用型高校要尽可能彰显社会服务职能的发挥，做一流的社会服务。

① 朱振国．创新创业教育要贯穿本科教学全过程［N］．光明日报，2016-05-09.

② 中华人民共和国教育部科学技术司．2014 年高等学校科技统计资料汇编［EB/OL］．［2017-08-23］．http：//www. dost. moe. edu. cn/dostmoe/kjcg/kjtj/.

③ 王怀宇．北京地方院校科技竞争力提升策略——从京沪地方院校科技竞争力比较谈起［J］．中国高校科技，2015（1）.

五、开放办学建一流

纵观世界一流大学，没有哪一所不是国际化程度很高的大学。因为国际化对促进大学内部人才资源流动、丰富大学生的学习经历、增强大学科研团队实力及学术领域间同行交流和发挥大学的竞争优势、提高大学国内外知名度等方面都有很大的影响。2010 年才开始发布的土耳其世界大学学术表现排名的评价指标，主要包括上一年的文献总数、论文总数，过去五年的期刊总影响力、期刊引用总影响力、论文总引用数和国际合作 6 项内容，其中国际合作占 15%。① QS 世界大学排名运用的指数及所占权重最高的是学术领域同行评价，占 40%；其次是教师与学生的比例和单位教职的引用率，分别占 20%；再次，是学生就业评价和基于雇佣者的评价，占 10%；最后，是国际教师和国际学生占总教师、总学生数的比例，占 10%。②

中国“双一流”建设总体方案也明确将“推进国际交流合作……加强国际协同创新，切实提高中国高等教育的国际竞争力和话语权”作为五项改革任务之一。也就是说，要创建“双一流”，就必须开放办学，努力提升国际化水平，提高办学质量。地方院校身处地方，但地方不等于落后和封闭。不说当今中国的省会城市，就是地州市所在地，开放的程度都已经很高了。尤其在“一路一带”背景下，地方院校更应该有所作为，服务并融入其中，加强与其他国家、地区交流合作，互通有无。唯有这样，地方院校才能落实《国家中长期教育改革和发展规划纲要（2010—2020 年）》中“培养大批具有国际视野、通晓国际规则、能够参与国际事务与国际竞争的国际化人才”的目标。所以，只要有国际化的办学理念和具体可行的实施办法，地方院校也能够办出具有国际声誉的大学。

地方院校如何通过国际化建一流呢？笔者以为主要应该从以下三个方面入手：

一是鼓励学生国际流动。要做国际化教育，首先需要招收国际留学生和将本校学生派往国外学习。招收国际留学生的比例是衡量一所大学国际化程度和办学水平的重要指标，因为留学生教育是学校形成国际化氛围的关键因素。没有一定量的留学生，就没有学校的国际化。地方院校要争创一流，首先就要招

---

① 周洋洋．从排名体系看大学国际化战略实施［J］．高教学刊，2015（19）．

② QS 世界大学排名［EB/OL］．［2017-08-23］．http：//www. eol. cn/html/lx/qsranking/index_qs. shtml.

收国际留学生，并且要逐步达到一定的量。“按国际通行标准，中国大学要进入世界一流大学之列，外国留学生比例应达到15%以上。”① 就地方院校而言，在短期内达到这个标准，难度很大，但是不等于今后达不到。譬如，铜仁学院规划在2030年1.2万名学生中有2000名的国际留学生，即达到16.67%。学生的国际流动，从方向上看，分为流入（国际留学生）和流出（本国学生接受时间不等的海外学习）两种形式。应该说，近几年来，中国地方院校重视招收国际留学生的越来越多，但是将本校学生派往国外学习的不多。铜仁学院在贵州省地方院校中国际化程度处于靠前位置，2015年、2016年和2017年连续三年均出国（出境）的本科学生人数分别是104人、111人和98人，即约100人，这三届学生平均约2000人，出国（出境）学习的只占5%。这个比例在地方院校中还是比较高的，绝大多数学校在1%左右。因此，地方院校在加大招收国际留学生的同时，也应该加大本校学生派往国外学习的力度。

二是师资队伍的国际化。香港科技大学成立才短短26年，之所以能够一跃成为世界名校，关键就在于其一直秉承“着眼世界”的创校理念，尤其重视师资队伍的国际化。校长吴家玮教授说得很明白：“一流的人，带来的是二流的人。二流的人，带来的是三流的人。三流的人，带来的人上不了流。在科技和企业管理这些进展神速、飞越时空的学术领域里，不赶一流，就上不了流。”② 香港科技大学现有400多名教授全部拥有博士学位，其中75%的博士学位来自世界一流研究型大学。地方院校不可能都按照香港科技大学的办法做，没有那样的环境和条件。但是，既然要争创一流，那就必须要考虑师资队伍的国际化问题。没有师资队伍的国际化，就不可能办成国际化的大学。当前，中国地方院校重视招收国际留学生的越来越多，但是师资队伍国际化意识不够，真正开展师资队伍国际化建设的更少。因此，地方院校师资队伍国际化建设，首要问题是要有这方面的意识，然后有规划和要求，继而实质性地开展这方面的工作。否则，师资队伍的国际化就会落空。

三是本土国际化。当然，地方院校的国际化不仅仅是招多少留学生和派多少学生出国，更重要的是形成国际化的氛围，让更多的没有机会出国的学生获得国际化的经验，从而推动本土国际化的发展。本土国际化是一种世界潮流。能够出国学习，获得国际化经验，对提高人才培养质量至关重要，但是能够出

① 崔庆玲. 来华留学教育的发展对策探析［J］. 黑龙江教育：高教研究与评估，2007（11）.

② 吴家玮. 同创香港科技大学初创时期的故事和人物志［M］. 北京：清华大学出版社，2007：29.

国的学生毕竟是有限的，即使是欧洲学生，有海外学习经验的也只有10%。①如何才能使所有学生都能够获得国际化的经验呢？瑞典学者本特·尼尔森（Bengt Nilsson）认为“本土国际化”是最佳选择，并率先在瑞典的马尔默大学开展人才培养的本土国际化探索。所谓本土国际化，就是指除学生流动之外的一切国际活动。通过这些活动为没有机会出国的学生完成其“留学”生涯，提供国际化经验，从而实现国际化人才本土化培养的过程。本土国际化对中国来说，意义更大，因为中国除“985”大学、“211”大学学生国际流动的量稍大一点外，在地方院校，无论是招收国际留学生量，还是派往国外学习的学生量，都比较少，仅靠招收的少量的国际留学生和数量很有限的出国学习的学生要想在全球化一浪高过一浪的今天，赢得世界声誉几乎是不可能的，唯一的选择，就是实施本土国际化战略。通过本土国际化，让所有的学生能够获得国际化经验，成为具有国际化视野的高素质的人才。地方院校如何推行本土国际化呢？其一般做法有：第一，建立国际化课程标准和体系；第二，大力营造国际化的语言环境；第三，开发有国际留学生参与的课外活动，增加本土生与国际留学生交往的机会。这些只是通用的本土国际化的做法，不同的学校可以结合自身的实际探索新的方法。但不管方法怎样，本土国际化的方向是地方院校国际化的重要选择，做得好，能够迅速提升人才培养质量和学校的国际化水平，对地方院校走向“双一流”有着十分重要的意义。

（本文原载《高教发展与评估》2017年第6期；录入《新华文摘》2018年第7期“论点摘编”。）

① 丁笑炯．本土国际化：国外院校培养国际化人才的新理念［J］．世界教育信息，2008（9）．

转型探索

高校转型不能一哄而上

今年以来，关于地方高校加速转型为应用技术型学校的呼声日益高涨。有人认为：地方高校转型发展要克服恐惧症；有人提醒："批量式"高教改革应当缓行。作为地方本科院校这个"当事者"之一，我们认为，既不能观望、徘徊，也不能"一哄而上"，应理智做好转型发展文章。

很多学校在转型发展问题上很茫然，比如在专业设置上，有的学校盲目上马一大堆应用技术类专业，致使学校规模大但办学条件差，毕业生没有就业竞争力，用有些媒体的话来说，"一些地方新建本科贡献大量'失业者'"。这是一种不负责任、不理智的行为。

因此，转型需理智。地方本科院校首先要充分利用学校自身优势，结合地方经济社会发展需要，明确自身定位。铜仁师专更名为铜仁学院时所明确的使命就是服务铜仁发展。这既是地方本科院校的责任，也是地方本科院校安身立命之本。

服务地方发展，人才培养和科学研究是重要内容。搞好人才培养，首先要解决好专业设置问题，这需要结合产业需求和办学条件两个因素思考。产业需求不能仅仅着眼于眼前的需要，还要充分考虑产业发展的未来趋势，将学校的专业集群与区域产业集群对接。其次是课程建设问题。课程建设牵涉到教学场所、实习实训条件等诸多因素，需要通盘考虑。最后是师资问题。地方本科院校普遍存在理论课教师多，双师型教师少的现象，要对师资结构进行优化和改造以适应转型需要。这些现实难题，都需要慎重考虑。

对于科研工作，转型中的地方本科院校更应重视服务企业科研需要。学校的使命既然是服务区域发展，就要重视支撑区域产业的当地企业的科研需求，为它们服务。师生在为企业解决难题的过程中，也了解了产业发展信息，并将其融合在教学过程中，为"教学过程与生产过程对接"提供了可能。

当然，地方本科院校转型发展有多种模式，不同的学校也有不同的发展路径。在特色发展路径的选择方面，地方本科院校必须经过科学论证，确定自己的发展方向和路径，理智转型。不经周密调研、论证，一哄而上，在过去的教育发展过程中有过不少教训，地方本科院校今后的转型发展应当引以为戒。

（本文原载《人民日报》2014 年 8 月 8 日）

应用型大学视域下新建本科院校办学定位选择

应用型大学是高等教育大众化的产物，是区别于研究型大学的一种新的大学类型，其概念比较宽泛，它不仅包括应用技术大学，还包括服务型大学、技术型大学、创业型大学、教学型大学及教学服务型大学等。将“应用技术大学”和“教学服务型大学”进行对比研究，有利于提升对应用型大学内涵的认识和把握，尤其有利于新建本科院校朝应用型大学方向发展进行路径选择。

一、明确应用技术大学与教学服务型大学的内涵，提高对应用型大学的理解和认识

（一）应用技术大学的内涵

“应用技术大学”是20世纪60年代中期提出的一种新的大学类型，它是伴随欧洲国家工业化与高等教育大众化进程而产生的。比较典型的应用技术大学以德国为代表，其办学特色鲜明，定位于向社会输送实用型的高级技术人才，尤其强调学生的技术应用和开发创新能力的培养。因此，其要求学生一般要达到以下三方面目标：一是能解决来自生产和生活实际中一般的具体问题，二是能完成新的科技研发项目，三是能在应用理论、科研方法的技术性生产中使用新方法和新工艺。我国“应用技术大学”提出较晚，直到2013年6月全国应用技术大学（学院）联盟在天津成立，才开始出现。到目前为止，虽然已经有一百多所学校先后加入了全国应用技术大学（学院）联盟，表示要朝着应用技术大学发展，但并不是说这些学校已经是应用技术大学了。应用技术大学在我国目前还处在理论建构阶段，还是一种发展的理念，“是我国新建本科院校未来转型的理想模式”,① 并且只是偏向“技术”的一种。那么，何为应用技术大学呢？有学者认为，应用技术大学是“以科学知识和技术成果的

① 夏建国．生态位视角下中国应用技术大学的发展［J］．职业技术教育，2013（5）．

应用为导向进行办学，为社会培养高层次技术技能人才的高等学校。”① 应该说，这个观点揭示了应用技术大学的基本内涵，但只是把“应用技术大学”等同于“应用型大学”，并没有进一步揭示“应用技术大学”作为“技术”类高校的特征。笔者以为，应用技术大学至少应该包括两个方面的内容：一是要以科学知识和技术成果的应用为导向进行办学，但侧重点在技术知识和技术成果的应用，“教育内容以技术学科或应用性学科为主”；② 二是人才培养目标主要是培养高级技术型人才。把教育内容定位在“技术学科或应用性学科”为主，把人才培养确定在培养高级“技术型”人才，这就凸显了应用技术大学中“技术”性特征，将应用技术大学与其他类型的应用型大学区别开来。因为，没有技术积累，不重视技术研发、传播和转化，谈什么应用技术大学？所以，技术的研发、传播和转化，一定是应用技术大学的基本特色和重要使命。

（二）教学服务型大学的内涵

我国的教学服务型大学源于西方的服务型大学，即将大学的使命和主要职能定位于从事服务社会的一类大学。刘献君认为：“教学服务型大学以本科教学为主，根据条件和需要适度发展研究生教育；教学和科学研究以服务地方为宗旨，培养地方需要的应用型人才，产出地方需要的应用性成果；大力开展以满足社会需要为目的的各种服务活动，形成为地方全方位服务的体系。”③ 也有人认为，教学服务型大学具有地域性、协同性、综合性、服务性、开放性和跨越性等六大基本性质与特征。④ 但笔者认为，教学服务型大学的内涵主要包括两方面。一是在“教学”方面既重视科学知识的传授，也重视技术技能的培养，尤其强调科学知识和技术的应用。二是在“服务”方面强调全方位服务社会，既有科学知识的服务，也有技术技能的服务；既通过培养技术人才进行服务，也通过科技研发进行服务。总之，服务是宗旨，是教学服务型大学最重要的特征和最基本的职能。

---

① 刘彦军．中国特色应用技术大学：内涵、外延、路径与展望［J］．职业技术教育，2014（23）．

② 胡天佑．技术本科教育理念的逻辑与拓新［J］．职教论坛，2014（19）．

③ 刘献君．建设教学服务型大学——兼论高等学校分类［J］．教育研究，2007（7）．

④ 陈明．教学服务型大学的六大基本特征——基于系统论视域的分析［J］．江苏高教，2014（5）．

二、明辨应用技术大学、教学服务型大学区别，以利新建本科院校朝应用型大学发展的道路选择

（一）从历史渊源看，应用技术大学与教学服务型大学是伴随大学的不同职能产生的

1. 应用技术大学以应用型人才培养为己任，主要是伴随人才培养职能产生的

联合国教科文组织在1997年8月召开的第29届大会上修订并颁布了《国际教育分类法》。2011年，联合国教科文组织颁发了国际教育标准分类法的新版。最新的国际教育标准分类法将高等教育划分为5、6、7、8四级，其中5级为短线高等、6级为学士或等同、7级为硕士或等同、8级为博士或等同。5级短线高等处于高等教育的最低级，学习年限一般为2~3年，比较短，即为高职高专教育。6级学士或等同，学习年限在4年或4年以上，通常是为学生提供中间层面的学术或专业知识、技术和能力，获得第一学位或等同资格证书。那么，应用技术大学就应该属于6级学士或等同这一类高校，而“《国际教育分类法》关于高等教育的分类，主要是根据人才类型和培养目标进行的分类”。① 可见，应用技术大学是针对应用技术人才培养而提出的，即应用技术大学作为一种人才培养类型的大学，是伴随大学人才培养职能而产生的。

应用技术人才的培养并非今天才有，它有着悠久的历史。现代意义上的大学产生于中世纪后期的欧洲，大学的“主要任务是职业训练，培养专业性应用型人才。大学只是在有限的意义上为了高深学问的探究而存在的，研究只是学者个人行为”。② 中世纪大学以应用学科为主，一般都设有法学院、医学院、神学院。在医学、法学、神学三个高级学院里，法律、医药、神学和文艺等都是需要有一定能力的和受过学校专门教育的人，“而大学正是提供这种经过训练的人的地方”。③ 如果说法学院、神学院只是培养一般应用型人才的话，那么，医学院所培养的医学技术人才就是比较典型的应用技术人才。中世纪大学

① 江小明. 关于高等教育分类及应用型大学定位问题的一点认识［J］. 高等理科教育，2005（3）.

② 潘懋元，石慧霞. 应用型人才培养的历史探源［J］. 江苏高教，2009（1）.

③ ［美］S. E. 佛罗斯特. 西方教育的历史和哲学基础［M］. 吴元训，等，译. 北京：华夏出版社，1978：159.

虽然也培养出社会舆论的制造者、法学家、哲学家、逻辑学家和神学家，“但不可否认，早期的大学开始是目的有限的机构——主要从事专业人员的训练”。① 就是像牛津和剑桥这样的大学也认为，“设立大学是为给教会和政府培养服务人员，就大学毕业生而言，在当时，他们都做实际工作者而不做思想家，做主教而不做神学家，做政治家而不做哲学家，做学校领导而不做学者”。② 培养做实际工作的人，就是培养应用型人才，包括应用技术人才。其实，现代意义上的早期大学就是应用型大学。应用技术大学是为应用技术人才培养而产生的。比如德国的应用技术大学，是20世纪70年代，伴随着德国经济的迅速发展急需面向生产第一线的高级技术人员和现场工程师而产生的；澳大利亚的科技大学网络，大多是20世纪八九十年代，伴随着澳大利亚在高技术和迈向信息社会的过程中建立起来的。德国、澳大利亚的应用技术大学的出现都是相对传统高校“学术型人才”培养而言的，重在强调培养应用技术人才。因此，应用技术大学，是以应用型人才培养为己任，是伴随人才培养职能产生的大学。

2. 教学服务型大学是以社会服务为己任，主要是伴随社会服务职能产生的大学

服务型大学起源于19世纪美国的赠地学院。但“服务型大学”概念则是在20世纪70年代后，伴随着经济滞胀、能源危机与综合国力的下降，西方高等教育财政危机出现才提出的。挪威奥斯陆大学教授阿瑞德·特捷达夫在对高等教育的服务特性的研究基础之上，首次提出了“服务型大学”（service university）这一概念，指出“服务型大学”的最重要特征在于“以市场为导向，生产在知识市场里有竞争力的产品”。③ 关于服务型大学的主要特征，美国学者威廉姆·卡明斯（William K. Cummings）认为，“服务型大学”重点强调的是大学的职业性与知识的应用性，开设职业学院，以市场为导向，设置短期课程，通过缔结服务合同来提供经费。④ “教学服务型大学”的概念则是刘献君2007年首次提出的。他认为，在我国现有高等学校的分类中，有侧重体现教学的教学型大学，有侧重体现科学研究的研究型大学，有侧重体现教学、

① 潘懋元，石慧霞．应用型人才培养的历史探源［J］．江苏高教，2009（1）．

② 阿什比．科技发达时代的大学教育［M］．北京：人民教育出版社，1938：9．

③ 王淑杰．国外服务型大学的理念与实践［J］．外国教育研究，2008（11）．

④ William K. Cummings. *The Service University in Comparative Perspective* ［J］. Higher Education，1998（1）.

科学研究并重的教学研究型大学，但缺少侧重体现社会服务类型的大学。因此，在现有高等学校的分类中，“应增加教学服务型大学，列在教学研究型大学之后”。① 可见，在刘献君看来，教学服务型大学就是为了体现社会服务职能才提出来的，也就是说，是伴随大学的社会服务职能而产生的。教学服务型大学的教学和科学研究就是要以服务地方为宗旨，“面向地方、了解地方、研究地方、服务地方、学习地方和融入地方，建成与地方相互作用的大学”。② 自从“教学服务型大学”的概念提出后，宁波大红鹰学院、浙江树人大学、江汉大学、武汉纺织大学、海南师范大学、黑龙江科技大学、铜仁学院等在转型发展过程中，都已明确提出了教学服务型大学的办学定位，并卓有成效。

（二）从运行情况看，应用技术大学与教学服务型大学在大学职能的发挥方面有明显差异

应用技术大学与教学服务型大学都是大学，它们都内在地具有人才培养、科学研究和社会服务的职能，同时，它们又是不同类型的大学，在运行过程中，其大学职能的发挥各有不同。

1. 应用技术大学与教学服务型大学都要培养应用型人才，但两者的目的有区别

培养应用技术人才是应用技术大学的直接和终极目的。在人才培养职能方面，应用技术大学是伴随着应用技术人才的培养而产生的，没有应用技术人才培养就没有应用技术大学。因此，培养应用技术人才就是应用技术大学的根本任务，也是其直接和终极目的。从学校总体看，虽然应用技术大学也要进行应用研究和社会服务，但培养应用技术人才是其主要职能，应用研究和社会服务是次要职能，从属于应用技术人才培养职能。当前，由于在引导普通本科高校转型发展过程中大力倡导校企融合、应用研究、服务社会等，以致有的新建本科院校感到很迷茫，不知道在应用研究、服务社会和应用型人才培养三个方面到底谁更重要。从大学职能看，人才培养是根本任务，科学研究与社会服务是重要职能，但不同高校和同一高校在其发展的不同阶段对大学职能的侧重选择有所不同。如果侧重于应用技术人才的培养，就是应用技术大学，应用研究和社会服务都是围绕应用技术人才培养进行的。

教学服务型大学培养应用型人才的最终目的是为社会服务。教学服务型大

① 刘献君．建设教学服务型大学——兼论高等学校分类［J］．教育研究，2007（7）．

② 刘献君．建设教学服务型大学——兼论高等学校分类［J］．教育研究，2007（7）．

学也非常重视应用型人才培养，但是培养应用型人才的目的则是为了更好地服务社会，即把培养应用型人才作为服务社会的主要途径。虽然教学服务型大学其中的“教学”二字也是指向人才培养，但是“教学服务型大学”的概念是因为要服务社会才提出来的，因此，其“教学”职能是依附于“服务”职能的，也就是说，教学服务型大学主要还是倾向于“服务”的。教学服务型大学培养应用型人才是为了更好地服务社会，“通过为社会输送高素质人才直接或间接服务社会是地方性本科院校办学的最终目标”。① 刘献君认为，教学服务型大学的“人才培养以服务地方为宗旨”。② 从教学服务型大学的角度看，培养应用型人才只是其达到更好地服务社会的手段、途径或方式，而不是最终目标，其最终目标还是服务社会。同时，还需要指出的是，教学服务型大学培养的应用型人才，既包括技术类的应用型人才，也包括管理类、艺术类等应用型人才。

2. 应用技术大学与教学服务型大学都要进行应用研究，但两者的任务不一样

应用技术大学开展应用研究的主要任务是为了促进教学，反哺教学，提升应用技术人才培养质量。因此，应用技术大学进行应用研究的各个层面和环节，都要有利于教育教学活动开展，有利于应用技术人才培养这一根本目标的实现。应用技术大学要大力开展应用研究与技术转让，将其运用到应用型人才培养上来，以提高人才培养的质量。③ 应用技术大学开展应用研究也要服务社会，但不是主要任务，其主要任务是通过整合社会资源，提升教师应用研究的能力和水平，搭建学校和社会合作共育的平台，更好地培养应用技术人才。潘懋元认为，应用技术大学从事科学研究“在很大程度上是为提高教育教学质量服务的，是围绕着应用型创新人才的培养展开的”。④ 所以，应用技术大学的应用研究不是为研究而研究，而是通过研究获取新技术来培养应用技术人才，把应用研究当做应用技术人才培养的一种手段与途径，并且应用技术大学的应用研究重在技术研发和技术传承。因此，应用技术大学的应用研究比较关注其研究成果对学校应用技术人才培养的作用和意义，至于其所产生的经济和

① 沈云慈．基于人才分类和大学功能定位的教学服务型大学探析［J］．浙江树人大学学报，2014（3）．

② 刘献君．建设教学服务型大学——兼论高等学校分类［J］．教育研究，2007（7）．

③ 魏鋆，唐道武，牛金成．试论应用型本科院校的性质［J］．教育评论，2009（6）．

④ 潘懋元，车如山．略论应用型本科院校的定位［J］．高等教育研究，2009（5）．

社会效益，则是第二位的。

教学服务型大学进行应用研究的主要任务是进行社会服务。教学服务型大学的科学研究主要是进行应用研究。因为彰显服务社会的理念，提升服务社会的能力，产出服务社会的成果，始终是教学服务型大学最主要的任务和最重要的使命。当然，教学服务型大学开展应用研究也要培养人才，不过，其最终目的是更好地服务社会，凸显其教学服务型大学的特征。因为教学服务型大学的办学宗旨就是为社会服务，所以更关注其应用研究的成果所产生的经济和社会效益。教学服务型大学的科学研究，就"应根据地方经济、社会、文化发展的需要选择项目，和地方科研人员共同组织研究群体，为地方工业发展和农民脱贫致富服务"。① 总之，教学服务型大学进行应用研究，是根据地方经济社会在科研方面的全方位需求而进行的，既包括技术研发、技术传承、技术转让，也包括地方教育服务、管理服务、文艺服务研究等。

3. 应用技术大学与教学服务型大学都要进行社会服务，但是两者的价值取向有差异

应用技术大学进行社会服务的价值取向是为了更好地培养应用技术人才。应用技术大学非常重视社会服务职能作用的发挥，不过是将其作为推进应用技术人才培养的方式和途径来看待的。应用技术人才培养质量如何，是应用技术大学一切工作关注的原点和价值取向。应用技术大学要进行社会服务，但不是为服务而服务，而是为应用技术人才培养服务，并且应用技术大学对社会的服务偏重于技术方面。在社会服务方面，对应用技术大学来说，只是想借助社会服务，构建学校与行业良性互动的应用技术人才培养模式，提升应用技术人才的竞争力。人才培养和社会服务都是高校的主要职能，这两大职能虽然有冲突和矛盾，但是总体而言是相互促进的，并且在不同的高校和同一高校不同的发展阶段，又往往具有不同的内涵。我国应用技术大学大多还处在应用型人才培养的初级阶段，尤其需要通过社会服务为人才培养提供多种资源。就算是应用技术人才培养的水平提升了，应用技术大学社会服务职能也仍然要围绕应用技术人才培养来进行，其"对外服务活动的拓展，不能仅仅为了短期的经济利益而放弃大学精神，也不能为服务而服务，应紧紧围绕'培养有竞争力的应用型人才'这一最终目标，以'合作双赢'为互动原则，以'主动''务实''灵活'为活动要求，积极拓展社会服务职能，最大限度地从外界获取提升竞

① 刘献君．建设教学服务型大学——兼论高等学校分类［J］．教育研究，2007（7）．

争力的各项社会资源”。① 总之，应用技术大学进行社会服务的价值取向始终是应用技术人才培养，而不是社会服务本身，进行社会服务是为了获得更多的资源，用于应用技术人才的培养，以提高其应用技术人才培养质量和办学水平。

教学服务型大学进行社会服务的价值取向是为了推动社会发展。教学服务型大学进行社会服务是其本身所具有的功能，是其本质特征的外化。从“教学服务型大学”的字面意义看，“教学服务型”是限定词，中心词是“大学”，即“教学服务型”回答的是什么类型的大学。而在“教学服务型”中“服务”一词又是第一位的，“教学”一词是第二位的，这里的“教学”是对“服务型大学”的限定，即这类大学首先是“服务型大学”，然后才是“服务型大学”中的“教学型大学”。因为在服务型大学中除教学服务型大学外，还有诸如研究服务型大学等其他类型的服务型大学。如阿瑞德·特捷达夫就在他的服务型大学分类中明确提出了“学术性服务型大学”类型。教学服务型大学主要是通过教学培养人才为社会服务，研究服务型大学主要是通过科学研究来为社会服务。不管是教学服务型大学还是研究服务型大学其落脚点都是社会服务。虽然服务型大学同样强调教学和科研对于大学生存和发展的重要性，对于人才培养的重要性，但教学和科研不是独立的大学职能，而是隶属于大学的服务职能的，只仅仅是大学为社会提供服务的两种方式而已。因为“服务型大学的基本内涵在于：它的一切活动，包括教学和科研，都以公众和社会的需要为标的，将顾客利益放在学校工作的首位；强调与社会的零距离接触，大学机构整体及其成员全面融入社会”。② 教学服务型大学一般都处在一定的地区或区域之中，“教学服务型大学与地方息息相关、荣辱与共的多种缘分和关系决定其价值取向的服务性特征”。③ 所以，教学服务型大学不为社会服务，就不成其为服务型大学，为社会服务是教学服务型大学的本质属性。“教学服务型大学的组织目标是知识应用和服务经济发展……社会服务是教学服务型大学

① 王益萍．地方高校社会服务与应用型人才培养的互动模型研究［J］．台州学院学报，2010（1）．

② 黄学军．论服务型大学的缘起和发展策略［J］．湖南师范大学教育科学学报，2008（3）．

③ 陈明．教学服务型大学的六大基本特征——基于系统论视域的分析［J］．江苏高教，2014（5）．

的基本要求。"① 既然服务型大学是以服务社会公众、社会发展为旨归，社会服务就是其本质属性和内在要求，是其最根本的价值取向。不过，它毕竟还是大学，是以保持其作为大学的内在逻辑为前提的，如果失去了大学之所以为大学的内在逻辑或规律，从事社会服务也就失去了意义，就成了培训机构或服务部门。教学服务型大学对社会的服务面往往比较宽，是全方位的，其服务的方式也是多种多样的，有技术服务，有管理服务，有艺术服务，甚至还有知识服务。当然，服务社会，不仅仅是付出，也能够在服务社会中获益。比如，打开校门，与企业、行业合作开展科学研究，既能够切实解决企业、行业急需解决的技术难题，还能够协同创新，生产出大的标志性成果。② 从美国服务型大学的发展看，很多高校在服务社会的同时，积累了雄厚的科研实力，已经发展成为美国乃至世界上具有重要影响的大学。但是，教学服务型大学进行社会服务的价值取向仍然是推动社会发展，为社会作贡献。教学服务型大学的宗旨就是在我国高等教育大众化发展进程中，不断推动知识传授和技术创新，全方位与地方经济社会发展相结合。

三、推进应用技术大学与教学服务型大学的发展，提供新建本科院校定位选择范式

（一）应用技术大学与教学服务型大学发展虽然还不成熟，但都是我国高等教育百花园中的花朵

应用技术大学与教学服务型大学在中国发展都较为缓慢。应用技术大学的产生，最早可以追溯到洋务运动时期创建的福建船政学堂，其办学目标是培养造船与驾驶人才，并分系科、专业培养，采取厂校一体的办学体制，这些都是比较典型的应用技术大学的特征。但是自中华人民共和国成立以后的很长一段时间只重视精英教育，直到伴随着高等教育大众化的到来，应用技术大学才逐步引起人们的重视。我国大规模开展应用型本科人才培养也才十余年时间，尤其是 2013 年 6 月成立的应用技术大学（学院）联盟，把应用技术大学推到了公众的视野之中，引起了全社会的普遍关注。教学服务型大学产生则相对较晚。刘献君正式提出教学服务型大学的概念，不过短短 7 年多的时间。所以，

---

① 郑吉昌．教学服务型大学：背景、内涵及战略举措——以浙江树人大学为例［J］．浙江树人大学学报，2011（6）．

② 侯长林．地方院校如何赢得更多红利［N］．人民日报，2013-08-15．

无论是教学服务型大学还是应用技术大学，在我国都缺乏深厚的积淀，大多数办学水平都不高，办学实力都不强。不过，尽管如此，它们都是我国高等教育重要的组成部分，是高等教育百花园中稚嫩的花朵，更需要呵护和滋养。当前，有人认为，教学服务型大学比应用技术大学定位更为清晰和明确，教学服务型大学作为一种新类型更有利于新建本科院校的定位和发展，建议以教学服务型大学理念统整应用型本科大学、技术本科大学、教学型大学；也有人担心，教学服务型大学的提出，可能会削弱乃至忽视大学的自觉自为，进而使大学被动追随社会，因而建议不使用教学服务型大学的提法。这两种观点都是不对的。高等教育应该是百花齐放，应该允许多种类型的大学存在。我国之所以出现千校一面的同质化发展现象，我们只要冷静分析，就会发现，这其实与我国过去简单地把大学划分为研究型大学、研究与教学并重型大学、教学型大学有关。多种类型的大学出现，是现代大学发展的大趋势，也是大学特色化发展的内在要求。应用技术大学与教学服务型大学作为新的大学类型，其发展确实还有许多不清楚、不完善的地方，但不能因为不成熟就简单否定，许多事物都是由不成熟到成熟的，需要有一个过程。因此，我们要积极推进应用技术大学与教学服务型大学的发展，树立典型，为新建本科院校特色发展提供可借鉴的范式。

（二）加强对应用技术大学与教学服务型大学的研究，为其健康发展提供理论指导

虽然我们在对应用技术大学与教学服务型大学的差异方面进行讨论的时候，已经对两者的诸多共同之处有所认识，比如，在应用型人才培养方面，都强调动手能力的培养和根据社会需求设置专业，都重视工学结合人才培养模式的建构和校企合作工作的开展，都把“双师素质”教师的培养作为师资队伍建设的重点工作来抓；在应用性研究方面，都重视应用技术的研发和科学技术成果的转化；在服务社会方面，都主张积极融入社会，并通过教师和学生的培养，以及进行应用性研究，为社会服务。但是这还远远不够。至今，我国对应用技术大学与教学服务型大学的学科专业建设、师资队伍建设、课程体系建设、实训基地建设等，还存在概念不清、认识模糊、基本规律把握不准的现象，比较清晰的应用技术大学与教学服务型大学分类管理的评价指标体系的建立，尤其是应用技术大学与教学服务型大学的技术标准的制定，科学的应用型人才培养措施和方法选择，应用技术大学与教学服务型大学特色的形成，等等，都需要进行专门研究，否则理论研究的落后，将会影响其健康发展，影响

新建本科院校对其办学定位的选择。

四、明晰行业性新建本科院校与地方性新建本科院校特质，助推新建本科院校办学定位的科学选择

行业性新建本科院校，如上海机电学院、重庆科技学院等，一般是在原有行业中专或专科学校的基础上组建的，具有明显的行业优势。一是学校与行业有天然的亲近感。尽管实行高校管理新体制后，这类学校划入了省区市等为主进行管理，进入了新的大家庭，与原来的行业脱离了隶属关系，但是由于长期背靠行业，学校教职员工与行业有着千丝万缕的联系，在心理上比较亲近，仍然有进行合作的良好情感基础。二是学科专业行业背景深厚，行业特色鲜明。学校的传统学科专业是根据行业的需要建立的，并且是在行业的支持下发展起来的，因此，这类学校的学科专业已深深地打上了行业的烙印，具有行业的特色。三是学校与行业有着长期稳定的友好合作关系并形成了具有行业特色的教师和科研团队。四是毕业生集中分配在行业，毕业生信息反馈便捷，有助于学校人才培养工作的改进。更为重要的是，这类新建本科院校行业技术的积累和积淀比较深厚，行业的技术已扎根学校，而且现有的学科专业，依然可以得到其所依靠的行业大力支持和全面支撑。比如，先进的行业技术研发平台可以利用、优秀的行业技术团队可以共享、与学科专业紧密结合的行业技术岗位可以为毕业生提供良好的就业机遇，可谓“近水楼台先得月”。所以，这类新建本科院校又往往是该行业新技术诞生之地，即新技术研发源。因此，这类新建本科院校最适合定位为应用技术大学。由于这类新建本科院校的优势在于依靠行业技术，但劣势也在于是为行业服务，其学科专业又往往比较单一，尽管实行高校管理新体制后，许多新建行业本科院校积极适应地方经济社会发展需要，不断拓展学科专业覆盖面，但很难在短期内改变学科专业单一的局面。因此，这类新建本科院校的服务面相对较窄，很难对社会进行全方位服务，如果这类院校选择教学服务型大学的发展方向，显然其全面服务社会的特征难以彰显。而地方性新建本科院校的情况则比较复杂，在师专或教育学院基础上升格而成的地方性新建本科院校也有多种类型。从学校应用转型的进展情况看，至少有这样一些类型：第一类是朝应用型转向发展比较好的，如合肥学院、黄淮学院等，由于朝应用型方向发展起步早，无论是在师资队伍建设，还是在实验实训基地建设及校企合作等方面，都已经有比较好的基础，并且已经有一定的技术积累；第二类是刚刚开始朝应用型方向转型发展的学校，如铜仁学院、黔南民族师范学院等，开设了一些与地方经济社会发展相对接的新专业，只是这些专

业还很不成熟；第三类是还处在徘徊观望阶段的学校。从学校所处的区域经济环境看，比较明显的类型有：一是经济发达地区的新建地方本科院校，其所处地域大企业多，产业发达，地方企业、产业对人才需求大，同时，地方对学校财力的支持也比较大，这类学校应用转型发展比较容易；二是经济欠发达地区的新建地方本科院校，其所处地域中小企业多，产业不发达，地方企业、产业对人才的需求有限，这类学校应用转型相对困难；三是经济不发达地区的新建地方本科院校，其所处地域中小企业都较少，产业没有形成规模，地方企业、产业对人才的需求基本没有，这类学校应用转型难度最大。从不同的角度划分，会得出不同的类型。总之，地方性新建本科院校的情况比较复杂。因此，不能一概而论，需区别对待。其实，就是同一所新建本科院校的不同院系不同学科专业的应用转型，也需要区别对待。比如人文社科类的院系及学科专业与理工农医类的院系及学科专业在应用转型的过程中肯定有差异。不过，总体而言，地方性新建本科院校对教学的积累和积淀时间往往比较长，有教学型大学办学基础，同时，这类新建本科院校由于长期在地方发展，与地方有着天然的联系，容易与地方进行友好合作，这是朝教学服务型大学方向发展的优势。但我们也应该看到，这类新建本科院校升本后虽然根据地方经济社会发展的需要相继设置了一批新专业，开始有一定的服务社会的能力，但普遍还不强。严格地说，这类新建本科院校朝教学服务型大学方向发展都还比较困难，但相对于朝应用技术大学方向发展来说，则要适合一些。

划定大学发展类型有利于管理，可保证其发展不出现大的偏差；但有了类型划分，容易导致大家往一条或几条道上挤，势必出现同质化发展的倾向。所以，国家层面只能划大的类型，讲大的发展方向，鼓励每一所院校在大的类型中和大的方向下寻求自己的个性发展。

[本文与罗静、叶丹合著，原载《教育研究》2015 年第 4 期；《中国院校研究案例（第五辑）》（华中科技大学出版社，2016 年版）全文收录；《国内高等教育教学研究动态》2015 年第 23 期转摘；《职教论坛》2015 年第 19 期转摘。本文获贵州省第二届教育科学研究优秀成果一等奖；2016 年，获第五届全国教育科学研究优秀成果奖三等奖。]

应用型大学不等于应用技术大学

2013年6月，由35所地方本科院校发起的应用技术大学联盟在天津成立，标志着我国建设应用技术大学的开始。2014年4月，178所高校参加“产教融合发展战略国际论坛”，达成了“驻马店共识”，在地方本科院校引起强烈震动，许多地方本科院校纷纷宣称要朝应用技术大学方向发展。这是好事，本无可厚非，但与此同时似乎“应用型大学”被“应用技术大学”取代了，人们一谈应用转型就只谈向应用技术大学转型，其实，“应用技术大学”和“应用型大学”不能画等号。

应用型大学是一个比较宽泛的概念，它是在我国高等教育大众化发展的进程中相对于学术型、研究型大学而出现的一种新的大学类型。这种新的大学类型强调与市场、产业、行业和岗位群的紧密结合，其主要任务是为经济社会发展培养本科层次的应用型人才，包括创业型大学、教学服务型大学等。应用技术大学显然属于应用型大学的范畴，只不过它比较强调技术的积累、研发和传承。技术积累不足或技术特征不明显的地方本科院校，即使宣称定位在应用技术大学，也算不上真正的应用技术大学。因此，“应用型大学”和“应用技术大学”在逻辑上是属种关系。“应用型大学”是上位概念，“应用技术大学”是下位概念。上位概念和下位概念不能相互混淆。

之所以要厘清这两个概念，是因为，当前，我国高等教育普遍存在的一个问题，就是缺乏特色，地方本科院校更是如此。没有特色就没有不可替代性，也就没有竞争力。我国一批普通本科院校朝应用型大学方向发展，既是我国经济社会发展的需要，也是地方本科院校自身发展的内在要求，是一种大的发展趋势。但是如果在认识上把“应用型大学”等同于“应用技术大学”，那就是问题了。试想，我国600多所地方普通本科院校都朝应用技术大学的方向发展，那岂不是又会出现新的千校一面？更何况，一大批由原师专、教育学院升格的地方新建本科院校，没有行业、企业背景，没有技术积累，在短期内把学校定位为应用技术大学，是不符合实际的，至于今后是否会发展成应用技术大学那是另外一回事。当前一批师范院校举办工科类专业普遍反映比较困难，就是因为没有技术背景和技术积累。应该说，这类新建地方本科院校更适合朝教学服务型大学的方向发展。教学服务型大学也是应用型大学中的一种类型，比较强调社会服务。今年《政府工作报告》在谈到引导本科院校应用转型时，没有再提及“技术”二字，就说明国家已经意识到应用转型是大的应用方向的转型，而不仅仅是朝应用技术大学的方向转型。

应用技术大学是应用型大学百花园中的一朵，它再鲜艳，也只是其中的一朵。因此，地方本科院校在应用转型的过程中，应该结合自身实际，在应用型的大方向下做好自己的选择，绝不能盲目跟风。

（本文原载《人民日报》2015年8月13日）

利用山区优势资源　建设特色地方高校

我国幅员广阔，地形复杂，但总的来说，所有陆地中除东北平原、华北平原和长江中下游平原外，大多为丘陵和山区。因此，分布在丘陵和山区的地方高校，是一个比较大的地方高校群。这个地方高校群，既然身处山区，就应该主动打开校门，“走山路，唱山歌”，积极融入山区，并在服务山区中吸取营养，充分利用山区优势资源，逐步形成自己的办学特色。黔东地区是典型的山区，位于贵州高原东部，武陵山腹地，是一个山高谷深的地区。地处黔东地区的铜仁学院是一所以人文教育科学为优势，文学、历史学等多学科协调发展的教学应用型地方高校。多年来，学校一直借助黔东山区的优势资源，培育、凝练办学特色，走出了一条服务黔东山区的特色办学之路。

2006 年 2 月获教育部批准正式成为全日制普通本科院校的铜仁学院，其前身可追溯至 1920 年创办的明德中学。近年来，学校十分重视办学特色的培育和打造，按照服务黔东山区并从中获取资源、促进学校办学特色形成的发展思路，针对黔东山区经济社会发展的现状与实际，发挥学校优势，整合多方资源，服务区域经济社会发展。

利用山区区域优势，进行学科建设。对某个具体的区域而言，其自然资源和人文资源往往具有独特性甚至唯一性。地方高校如果能够很好地利用这些资源进行学科建设，一旦学科建立，就具有较强的独特性和不可替代性，在科学研究和人才培养方面都具有很强的竞争力与生命力。多年来，学校一直重视学科的特色化建设，有些学科具有了明显的黔东山区地域性特征。比如，铜仁市境内自然生态良好，有 1982 年就被联合国列为一级世界生态保护区的梵净山，还有具有“动植物基因库”的佛顶山。学校依托良好的自然生态环境和丰富的野生动植物资源，建设了省级重点学科“野生动植物保护与利用”，形成了野生动植物资源调查、保护策略与技术研究，野生动植物的繁殖、遗传育种及其产业化开发，天然产物的研究与开发等学科方向。同时，依托铜仁市境内丰富的稀有金属矿藏资源，建设了省级重点支持学科“凝聚态物理”，形成了功能材料的第一性原理研究、功能材料的制备等学科方向。在人文社会科学方面，利用武陵山区丰富的民族文化资源，重点建设了省级重点支持学科“民族文化遗产学”，形成了遗产文化学、遗产社会学、遗产经济学等学科方向，利用梵净山、佛顶山、乌江、锦江等丰富的旅游资源，建设了校级重点学科“旅游管理学”。目前，学校已经形成了以林学、民族学、旅游学、生态学等为龙头学科的特色学科群，其他学科群和专业群的特色正在进一步打造和培育之中。

根据山区区域需求，进行科学研究。地方高校的科学研究应当关注当地经济社会发展趋势，打开校门，与企业、行业合作开展科学研究，既能够切实解决企业、行业急需解决的技术难题，还能够协同创新，生产出大的标志性成果。学校围绕梵净山、佛顶山及西部的乌江、东部的锦江丰富的自然生态和文化生态资源，根据铜仁市地方产业发展规划和“四化同步，一业（旅游业）振兴”的发展战略，先后组建了武陵山区民族文化研究中心、梵净山佛教文化研究院、武陵山区文化旅游产业规划研究中心、梵净山野生动植物资源保护与利用研究中心、黔东人文馆等多个科研机构，争取到了教育厅首批产学研基地“梵净山自然文化遗产保护与开发利用产学研基地”、省教育厅特色重点实验室“梵净山野生动植物保护与利用省级特色重点实验室”、省级创新团队“梵净山特色动植物资源保护与利用创新人才团队”。这些项目的成功争取，更加坚定了铜仁学院根据黔东山区区域需求，利用黔东山区区域资源开展科学研究的信心和决心。近 5 年来，学校承担了国家社科基金项目 6 项、国家自然科学基金项目 4 项，省部级科研项目 30 项，其中“125”重大创新专项 1 项，获省部级及以上各类科研奖励 6 项，其中省部级一等奖 1 项；承担了铜仁市 5 项重大课题，一批调研报告、咨询建议被地方政府采纳。这些科学研究和成果，依托地方，服务地方，具有突出的地域特色，为建立和巩固铜仁学院在同类地方院校科学研究中的优势地位奠定了坚实的基础。

挖掘山区区域资源，进行文化传承。不同的地域文化为地方院校办学特色涂上了基本底色。黔东山区具有丰富而独具特色的民族文化资源，比如苗族“四月八”节，土家族“过赶年”，羌族“羌年”节等民族节日；松桃的四面鼓和滚龙、思南土家花灯、玉屏的箫笛、德江傩戏、印江书法、沿河摆手舞等民间艺术；松桃苗王城、江口云舍、石阡楼上古寨等民族村寨都蕴藏着独具特色的民族民间文化。铜仁市民族文化产业和旅游产业的发展还得到了国家、贵州省及各地政府的高度重视，产业的迅速发展对民族文化的保护与开发利用提出了迫切的要求。因此，学校在组建武陵山区民族文化研究中心的基础上，成功争取到了 2013 年度贵州省“2011 计划”培育项目“武陵民族文化生态保护与旅游开发协同创新中心”。学校还汇集了校内法律与政史、经济管理、生物科学与化学等多学科资源和科研平台，协同吉首大学、大连民族学院、泰国斯巴顿理工大学春武理学院以及铜仁市内相关政府部门、企业共同组成了协同创新体，致力于民族文化保护与传承工作。比如，通过民族文化进校园进课堂、协助政府及相关部门举办“魅力梵净山·桃源铜仁美”大型山水歌舞等文化活动，在省内外产生了十分重要的影响。

当然，铜仁学院所做的这些实践与探索，只是初步的，仍远远不够。要想充分挖掘和利用山区优势资源，把学校建设成为特色更加鲜明、优势更加凸显的地方高校，还需要在此基础上进行再思考和再探索。

1. 结合优势资源，培养适用人才

铜仁市生物、矿产及水能资源十分丰富，以烤烟、油菜、花生、中药材为主的经济作物，以猪、牛、羊为主的畜牧业，以桑、果、竹、茶为主的经济林木等在全省占有重要地位；矿产资源有 40 余种，其中储量较大的有汞、锰、煤、铅锌、重晶石、含钾页岩、大理石等，汞的储量及产量居全国第一位，锰矿储量有 6000 万吨，占全国总储量的 1/8；水能资源理论蕴藏量达 203 万千瓦，可开发量有 149 万千瓦。这些特色优势资源为学校培养服务山区区域经济社会发展的应用型人才提供了广阔舞台，也为学校培育、打造特色提供了基础和前提。

铜仁学院要积极主动地融入山区区域经济社会发展，围绕铜仁市确定的主导产业和经济社会发展战略规划，尤其是铜仁市丰富的生物、矿产、水能资源和民族文化资源的充分利用，整合学科资源，优化学科，进一步凝练和培育生物、矿产、水能、人文方向的学科群。因为这些与山区支柱产业和优势资源相匹配的学科群，只要打开校门，就可以利用当地企业真实的工作环境和企业的人力资源，采取校企合作、工学结合的方式，创新人才培养模式，让学生在教学实习、毕业设计等过程中快速成长，从而缩短人才适应实践的预备过渡期，使得地方高校培养的人才真正体现出应用性较强的特色属性。学校利用山区特色优势资源建设特色学科群，创新人才培养模式，培养具有山区特色优势资源禀赋的应用型人才，就自然给整个学校的发展打上了“山区”的烙印。这种烙印就是学校的办学特色之所在，是山区院校的“金质名片”。

2. 加强与山区联系，建立利益共同体

作为身处山区的地方高校，要服务山区，并想从山区获取更多的资源，就必须加强与山区的联系。这种联系如果仅仅靠因地域的联系自然形成，或者因为政府或行业“拉郎配”，是远远不够，也是不可能长久的。只有主动打开校门，与市直各部门、市内各区县政府及企业建立广泛的联系，尤其是通过校县（区）合作协议、系局（镇、乡）合作协议、系厂（公司等企业）合作协议的签订，建立良性合作对接机制，才能充分调动地方政府和企业的积极性，学校也才能实质性地融入地方和企业，才能在服务地方中赢得更多的红利。

不过，要想与县（区）地方政府、企业长期合作，具有可持续性，最关键最核心的问题还是学校、地方政府、企业三方要基于自己的近期或远景发展规划，在优势互补、利益共享、风险共担的前提下，通过充分的沟通交流，经双向选择后，形成一种利益联盟式的行动体，我们称之为校政企利益共同体。这个共同体要担当校政企长远、可持续、良性合作发展的纽带功能，还需要有科学合理的合作体制作为保障。

3. 组建专门机构，创造良好的服务条件

社会服务是学校的职能和使命之一，地方高校要更加重视社会服务工作，就应该设立专门的组织机构，这样才能保证社会服务工作常抓不懈，否则，很难长期坚持。

学校有了组织机构，就应该根据科技攻关的需要，跨专业、跨学科整合学校的资源组建各种服务山区的团队，比如服务山区科技研发团队、服务山区技术服务团队等，以提升科技的自主创新能力。同时，学校应尽可能改善服务山区的条件。铜仁学院所处的铜仁市各区县山高谷深，其中德江、沿河等县与学校所在的铜仁市相隔较远，如果没有良好的交通工具，很难开展社会服务工作。铜仁各山区尤其是乡镇或村庄，条件相对艰苦，如果要走村串寨进行科技服务，还需要配备一些相应的工作设备，否则，后勤保障跟不上，教师很难沉下去，服务社会就成了一句空话。

（本文原载《中国高等教育》2013年第9期）

探索建立党委领导下理事会法人治理结构

《国家中长期教育改革和发展规划纲要（2010—2020年）》指出：要完善中国特色现代大学制度，公办高等学校要坚持和完善党委领导下的校长负责制。健全议事规则与决策程序，依法落实党委、校长职权。探索教授治学的有效途径，进一步完善高校的治理结构。认真探索高职院校党委领导下的理事会法人治理结构，建立党委统一领导、理事会民主决策、校长负责、专家治学的内部办学管理体制和有效的激励、约束机制，对吸引政府、行业和企业进行开放式合作办学，明确和规范高职院校法人应有的权利、权力和责任，确保内部权力分享和制衡以及权责的对称，增强高职院校办学活力，具有十分重要的意义。

一、查找和分析高职院校在改革发展过程中存在的突出问题

高职教育作为高等教育的一种类型，近年来得到了快速发展，占据了高等教育的半壁江山。但是，在高职院校改革发展的过程中，也存在着比较突出的问题。主要表现在：

（1）法人主体地位缺失。有的地方政府和行业主管部门对职业院校支持乏力，干预过多，使很多高职院校的法人主体地位缺失，缺乏应有的办学自主权，这种外部环境的制约严重限制了高职院校的发展。

（2）校企合作机制缺失。有的教育部门、相关行业部门和高职院校之间的合作对话机制、利益联结机制缺失；行业部门对高职院校相关专业的人才培养和教学工作进行研究、咨询、指导、服务和质量监控缺位，指导乏力；行业资源难以整合共享，教育部门独木难支，急需多方合作，构建充分对话、合作参与、利益均沾、成果共享的工作机制，推动高职院校多方合作办学。

（3）内部管理体制不顺。由于我国实行党委领导下的校长负责制，对党委、理事会与校长之间的关系不明晰，导致运行过程中让有的党委书记产生误解，把党委领导下的校长负责制理解为书记领导下的校长负责制，把“领导”二字理解为“决策”，以致书记认为学校的什么事他都可以管，什么事他都可以干预，这种书记的越位，使许多校长无所适从，法人代表的地位得不到保

证，学术权力当然就更无从谈起，尤其是部分高职院校，政治权利、行政权力、学术权力混淆不清。这种权力的错位必然造成学校管理无序，效率低下。

二、对高职院校党委领导下理事会法人治理结构改革的探索与实践

针对高职院校发展过程中存在的突出问题，为进一步理顺学校办学的体制机制，营造良好的办学环境，提高管理效率，铜仁职业技术学院在2010年开始的创建国家骨干示范校的过程中，开始探索党委领导的理事会法人治理结构模式下的内部管理体制机制改革。随着改革的不断深入，铜仁职业技术学院于2012年先后被铜仁市编办、贵州省编办和中央编办列为铜仁市、贵州省和全国事业单位法人治理结构改革试点单位。学院党委领导下理事会法人治理结构的改革主要从两方面进行。

1. 优化外部环境

以政校企合作办学体制改革项目为抓手，整合社会资源，积极探索“政府依法管理、部门企业共同参与、学校按章自主办学”的紧密型政校企合作办学体制机制。具体做法为：

组建铜仁市政校企合作理事会，把与学校办学关系紧密的人社局、财政局、教育局、农委、水务局等相关行业主管部门和铜仁东太企业集团等企业代表作为理事会成员单位，搭建校企合作平台，请政府、行业、企业主动参与学校办学，提升了学校整合社会资源的能力。通过这一平台，学校与铜仁市质监局共建了“铜仁市质量技术检测中心”等校内实训基地，在铜仁东太企业集团等企业建立了校外实训基地。同时，与铜仁市卫生、农业、金融等系统开展了临床医学、畜牧兽医、设施农业技术、茶叶生产加工技术、水利水电工程技术5个紧缺专业的高技能人才订单培养工作，现有在校订单生近500人，这些订单引领和带动了相关专业群的建设和发展，增添了学校发展的动力。

主动争取地方政府的政策支持，促成政府出台《铜仁市职业教育政校企合作办学暂行办法》和相关配套措施，并在内设机构设置、人才引进、干部调配使用、专业设置、实训基地建设等多个方面简政放权，由学校自主决策，扩大了学校的办学自主权。

2. 治理内部环境

以理顺内部关系为主线，积极探索“党委统一领导、理事会民主决策、校长负责、专家治学”的内部办学管理体制，推动高职院校法人治理结构改革。具体做法为：

（1）认真设计组织架构。在原有党委会的基础上，成立学校理事会，作为学校的专门决策机构，在党委的领导下开展民主决策，定期向党委汇报重大事项。

（2）铜仁市人社局、财政局、教育局等主要负责人和服务对象代表作为理事会成员，参与学校决策。同时，各理事在及时了解学校办学情况的基础上，充分整合行业资源参与学校办学。

（3）学校理事会设理事长 1 人，由校长兼任，与各职能部门一起作为执行人，组织实施理事会的决策。

（4）学校理事会下设专业建设委员会、学生工作委员会、教学工作委员会等专门委员会，各专门委员会分工协作，各负其责。

（5）实施处改部、系改院工作。合并原有职能相近处室，实行大部制。同时，在原来各系的基础上，组建了农学院、工学院、医学院、护理学院等 9 个二级学院，实行学校理事会领导下的二级学院院长负责制。

（6）各二级学院根据办学需要，组建二级学院理事会，在学校理事会的指导下，由二级学院院长聘请行业专家、企业骨干担任二级学院副院长职务。

（7）构建和完善了理事会的运行机制。即人才培养重大事项理事无记名投票表决的民主决策机制；理事会专门委员会工作报告机制；理事会决议执行过程监督机制；理事会领导下的学术委员会评审认定工作机制；理事职责绩效考核评价机制。

三、推进法人治理结构改革应处理好的几个关系

高职院校在推进法人治理结构改革，构建现代大学制度的过程中，必须处理好以下几个关系。

1. 处理好政府、行业、企业与学校之间的关系

作为公益性二类事业单位，高职院校虽然可以通过多种渠道引入社会资本参与学校办学，但是政府作为高等教育的举办方，应对公办高校履行财政投入、出台优惠政策、扩大高校办学自主权等职责。由于部分地方政府认识不到位，认为高职院校有收入，学校的发展应由学校自身解决，进而出现财政投入不足、缺乏配套政策支持、责任落实不到位等现象。同时，高职院校在机构设置、干部任免、选人用人、招生和专业设置等方面也存在自主权缺失的问题。因此，政府在加大资金、政策支持力度的同时，要下放权力，减少对学校的行政干预，切实推动政校分开，落实和扩大学校的办学自主权，并通过立法、拨款、规划、信息服务和必要的行政措施，切实履行好统筹规划、政策引导、监

督管理和提供公共教育服务的职能。行业、企业是高职院校办学的重要参与者，必须发挥其资源优势，积极参与校企合作，在支持高职院校办学的同时，实现资源共享，校企共赢。高职院校的任务是办学，应切实履行为政府、行业、企业培养人才，开展科学研究，提供社会服务等公益性职能。只有政府、行业、企业和学校多方联手，密切合作，各自担责，共同营造良好的合作育人环境，高职院校才能全身心投入，更好地服务地方经济社会建设。

2. 处理好党委、理事会与校长的关系

要进一步明确高校党委领导下校长负责制的内涵，确保校长法人代表的地位。坚持党委的领导，而非书记领导。党委领导是集体决策机制，不能偷换概念。开展法人治理结构的改革，党委是领导核心，居于学校的最高层，只不过作用的方式要相应发生变化。《中华人民共和国高等教育法》规定："高等学校的校长为高等学校的法定代表人。"这就从法律上确立了校长在高校中的法人地位，在行政事务中，校长是高校的最高首长，应握有与其责任相一致的权力。党委领导下的校长负责制中的"校长负责"是"双向"负责，对内，"是对学校党委领导下作出的各项决策负责"；对外，校长作为学校的法人代表，要向上级主管部门负责，向社会负责，对国家负责。当然，校长负责是有限负责，这个有限是指校长在一定的层面和一定的范围内负责，即在党委领导下这一层面、在法律规定的职权这一范围内负责。

3. 处理好政治权利、行政权力和学术权力的关系

我国高校内部治理存在的最明显的问题，就是行政权力泛化，学术权力弱化，因此，高校内部行政化倾向明显，学术职位向行政职位的靠拢和依附，导致更多的人去追求行政职务，而不是追求学术、崇尚学术。高校党委作为政治组织，在拥有政治权利的同时，要充分把好高校办学的政治方向，确保高校的稳定和谐。理事会的决策权涵盖预决算在内的重大事项审批权、重大人事的遴选和任免权等，被赋予执行权的校长则拥有绝对的行政权力。校长在理事会领导下全面主持学校的行政工作，依法行使管理学校的权力，积极主动、独立负责地做好教学、科研和其他行政管理工作，是学校的法人代表。而学术权力则表现为发挥专家和教授在教学、学术研究和学校管理中的主体作用，由专家、教授组成的各种学术组织，积极参与专业建设、学术评价、学术发展和学校管理，真正做到"学术的事，多听教授的"，"上课的事，多听教师和学生的"，推动行政权力与学术权力相对分离。

（本文与王锋、罗静合著，原载《中国高等教育》2013 年第 7 期。）

高职教育与应用本科教育的趋同发展

当前，我国大部分新建地方本科院校在朝应用型方向转型发展。这种转型发展，非常有利于现代职业教育体系的构建。但是，笔者观察这种转型发展的现状，发现部分新建地方院校的口号提得响亮，但对转型发展的战略、过程及内涵等的研究功课做得不实，必然会影响转型发展目标的实现。笔者认为，新建地方本科院校在转型发展过程中要深入思考与现有高职教育的衔接问题，如果不注意这个问题，一旦形成错位，转型发展就会走很多弯路。

高职教育与应用本科教育首先要有主动衔接的意愿，再寻找共同的衔接点。只有找准了衔接点，才能像榫头一样无缝衔接，然后围绕衔接点开展工作，实现趋同发展。

一、办学理念的趋同

高职教育与应用本科教育的衔接，首先是办学理念的衔接，主要体现在应用性、地方性和职业性三个方面。这三个方面是高职教育与应用本科教育都应该具有的本质特征，只有都认同了应用性、地方性和职业性的理念，高职教育与应用本科教育才能在办学理念方面找到共同的衔接点。高职教育通过 20 余年的发展，办学定位比较明确，应用性、地方性和职业性的办学理念已经深入人心，成为核心办学理念。但是应用本科教育才刚刚起步，甚至有的新建本科院校尽管提出了应用本科的办学思路，但实际并没有真正理解应用本科教育的办学理念，只是徒有“应用转型发展”的衣钵，内在仍然墨守成规，常常不自觉地以“985”“211”大学为榜样，以硕士点、博士点的多少来衡量办学质量，过多地强调学术型，弱化应用性、地方性和职业性。这就使应用本科教育发展偏离了方向，没有真正转型到应用型院校的轨道上来。所以，地方院校必须使高职教育与应用本科教育在办学理念方面达到有机衔接。

二、人才培养的趋同

办学理念趋同后，接下来就是人才培养的趋同问题，这是两者衔接的具体平台。这个平台有多个衔接口，比如专业设置、人才培养模式的构建、师资队伍建设、课程体系的建立等。

在专业设置上，高职教育是根据经济社会发展，尤其是产业发展的需要进行设置的，而我国现有的新建地方本科院校更多的是根据学科的要求，按学问的性质和知识门类（或领域）来进行设置的。这就要求应用本科教育在专业设置方面进行调整，也要以地方经济社会发展需求为依据，尤其是根据产业或相关行业的发展趋势、市场需求、技术要求和人才需求来设置专业。在人才培养模式的构建上，高职教育是以就业为导向，以工学结合、校企合作、顶岗实习的方式进行，而新建地方本科院校是以学科为导向，以教师讲授为主，很少采用校企合作的方式；高职教育在保持工学结合不变的前提下，应适当加强学生的专业基础和文化素质的教育教学工作，实现“完整的人的教育”，而应用本科教育则应加强校企合作，引入工学结合的方式，对人才培养的规格和类型进行准确定位，大胆进行人才培养模式的改革与创新。在师资队伍建设方面，高职教育发展也比较成熟，国家示范高职院校已经要求双师素质教师占比达到90%，兼职教师授专业课课时比达到50%，虽然不是所有的高职院校都能够达到这个水平。新建地方本科院校在师资队伍建设方面更多的还是以学科梯队组建和学术水平的提高为重点，重教师学历、学位，重理论基础和科研能力，在双师素质和兼职教师队伍建设方面，才刚刚起步，有的甚至还没有起步，这就需要这些院校加大双师素质教师和兼职教师建设的力度。在课程体系建设方面，高职教育的课程体系既要加强理论课程体系建设，重视专业理论知识方面的要求，更要加强实践课程体系建设，重视职业技能训练等方面的要求。而新建地方本科院校则以“宽口径，厚基础”为标准，强调得比较多的是学科的完整性，强调知识结构的相互衔接和学生未来发展的需要，往往以“公共基础课+专业理论课+专业课”的“三段式”为骨干构建课程体系。这就要求高职教育的课程体系要加强基础课和文化素质课的比重，应用本科教育的课程体系则要加强实践课程体系建设。总之，两者都需要进一步厘清理论知识与实践技能的关系，优化理论课程与实践课程的比例关系，相互吸取对方的长处，逐步趋近，使高职教育、应用本科教育两个阶段的学习内容形成层次梯度，并能够合理衔接。

三、科学研究的趋同

高职教育虽然发展了20余年，但是科学研究主要是围绕教育教学改革开展，尤其是国家示范性高职院校建设项目的实施，使高职院校教育教学改革工作开展得轰轰烈烈，如火如荼，取得了很多成果。但是，另一方面，高职教育对基础理论、人文社科和自然科学等方面的科研工作一直停滞不前，以致科研的氛围不浓或者基本没有形成。而新建地方本科院校则恰好相反，由于认为自己已经是本科院校了，就把科研提得很高，甚至高到不切实际的地步。笔者认为，除了教育教学改革研究外，两者的科研方向都要放在应用研究上，高职教育应重在应用研究的技术推广，辅以技术研发，应用本科教育应重在技术研发，辅以技术推广。两者的科研都要围绕地方经济社会发展尤其是地方产业的发展需要来立项，要接地气，要切实解决地方经济社会发展中出现的经济的社会的文化的科技的问题，最好能够“立竿见影”。地方院校只有找到了这些共同点，两者的科学技术研究才有可能进行衔接。

从目前现状看，高职教育的社会服务意识比较强，而大多数新建本科院校还没有把社会服务的工作提上议事日程。高职专业与应用本科专业都应将为地方服务视其应有使命和职责。只有都明确了这一点，两者在社会服务方面才能找到共同的衔接点。当然，这种趋同，不是完全的重叠，有一个生态位的层次问题，两者在社会服务的生态系统中所处的生态位层级是不同的。因此，应用本科教育应该增强社会服务的意识，努力提升社会服务能力，尽可能与高职教育社会服务生态位衔接，形成职业教育服务社会的完整的生态链。

（本文原载《光明日报》2013 年 7 月 27 日）

地方院校如何赢得更多红利

近几年，高校毕业生“就业难”的现象不断显现，不少地方本科院校更是如此，毕业生就业率低、就业质量差，成为就业问题的“重灾区”。今年7月，教育部公布2012年毕业生就业率统计排名，地方本科院校排名垫底。

究其原因，主要是因为一些地方本科院校办学定位不准，缺乏特色，办学资源匮乏，导致其所培养的学生就业竞争力不强，在就业大战中处于被动地位。解决这些问题，地方本科院校除了争取所在地方政府加大投入外，最佳的选择是，打开校门，多方合作，走应用型办学之路。

打开校门，有利于地方本科院校认识自我，找准办学定位，培育办学特色。在我国各类本科院校中，地方本科院校应该是最“接地气”的院校，因为它们本身就身处地方，由地方政府举办，与地方经济社会发展有着千丝万缕的联系，在获取地方资源、打造地方特色方面更有得天独厚的优势。因此，它们应该面向地方，为经济社会发展尤其是产业发展培养应用型人才。但是，有些学校自身认识不够，定位不准，“眼睛向上看”，甚至蜗居在象牙塔内，蜷缩办学的触角，还怡然自得。这样的学校，毕业生就业竞争力如何变强?

地方本科院校在找准定位后，必须由上到下、由表及里来一次大变革，因此有很多迫在眉睫的工作要做。

采取校企合作、工学结合的方式，努力创新人才培养模式是首要任务。工学结合的人才培养模式需要企业、行业的广泛参与，包括人才培养方案的制订、人才培养工作的开展和人才培养过程的考核，整个过程都需要企业、行业的参与。如果不打开校门，不主动与社会对接，仅仅靠在校内建实验室来进行工学结合，显然是达不到应用型人才培养要求的。

加强与应用型人才培养需要相匹配的师资队伍建设至关重要。学校要有一定数量的“双师素质教师”和兼职教师队伍，而“双师素质教师”主要的培养渠道还是派教师到地方的企业、行业挂职，或从企业、行业中选调；兼职教师也要到企业或行业中去聘任。这些，都是需要打开校门才能实现的。

加大对培养应用型人才需要的实训基地的建设不可忽视。学校虽然可以建一定的校内生产性实训基地，但要真正培养应用型人才，缩小人才培养和社会需要的差距，学生必须要到地方企业和行业真实的工作环境中去锤炼，那里就是现成的很好的实训基地，而且选择的余地也很大。学校不打开校门，这些资源能够得到吗？

学校打开校门，与企业、行业合作开展科学研究，既能够切实解决企业、行业急需解决的技术难题，还能够协同创新，生产出大的标志性成果。教师将从事科学研究的过程与教学过程融合，将科学的思想方法、治学态度和创新精神向教学转化，将地方经济社会发展的信息向学生传输，点燃他们创新的火花，这对应用型人才的培养更能起到促进作用。

因此，地方本科院校应该积极地打开校门，主动融入地方经济社会发展大潮，争取在服务地方中赢得更多的红利。

（本文原载《人民日报》2013 年 8 月 15 日）

补齐地方本科高校服务经济社会的“短板”

习近平总书记在2016年召开的全国思想政治工作会议的讲话中明确指出：“我国高等教育发展方向要同我国发展的现实目标和未来方向紧密联系在一起，为人民服务，为中国共产党治国理政服务，为巩固和发展中国特色社会主义制度服务，为改革开放和社会主义现代化建设服务。”在去年召开的全国教育工作会议上，他要求“要提升教育服务经济社会发展能力”，李克强总理强调“要增强教育服务创新发展能力”。习近平总书记和李克强总理的讲话精神，为我国高等教育发展指明了方向。正如中国高等教育学会会长杜玉波在2018年高等教育国际论坛年会的讲话中所分析和倡导的：无论是新建本科院校还是其他高校，都面临着“大幅提升服务经济社会发展的能力和水平，为经济转型升级提供高质量的人才和高水平科研的支撑，在今天这个时代，我们更应该有这种使命感和责任感”。

然而，遗憾的是，对照党和国家的期望和要求，我国高等教育还不能完全肩负起“服务”的责任和使命。地方本科高校本应以服务地方为己任，但在服务经济社会发展方面还存在诸多“短板”，具体表现在以下四个方面。

一是人才服务的“短板”。人才培养是高校工作的中心，教育部颁布的《关于加快建设高水平本科教育 全面提高人才培养能力的意见》，从侧面证实当前高校普遍存在人才培养“短板”问题。相当一部分地方本科高校在人才培养方面还存在这样三种情况：第一，在专业设置上，没有建立动态调整机制，没有处理好“经济社会需求”和“人才培养能力”之间的关系，因师资设专业、因设备设专业的情况依然存在；第二，在培养过程中，人才培养模式僵化，课程教学内容陈旧，考核评价方式单一，“水课”多，“金课”少；第三，在师资力量上，正在朝应用方向转型发展的地方本科高校所需要的“双师双能型”教师队伍建设流于形式者较多，唯“双证书”“双职称”“基层锻炼时间”标准，没有精准到应用型人才培养所需要的“双师双能型”教师所必须具有的内在特质上来。

二是科技服务的“短板”。作为国家科技创新体系的重要组成部分，地方本科高校的科技服务水平直接影响国家创新体系的效能。地方本科高校在科技服务方面存在的问题较多，主要表现在：首先，地方本科高校科研成果转化率低，社会服务质量不高，唯论文、唯职称、唯学历、唯奖项的评价体系依然存在；其次，地方本科高校的科技服务创新系统尚未形成，职业导向的专业应用型学科建设范式尚未从传统学术型学科建设范式中分离出来，应用学科体系对科技服务的支撑力量不足；最后，产教深度融合不够，尤其是经济欠发达地区的新建本科院校，长效合作机制羁绊于政府主导力量薄弱和区域企业环境不佳的困境，高校与地方之间相互共生、合作共赢的发展态势还未形成。

三是文化服务的“短板”。高校与地方在文化交融方面休戚与共的关系毋庸置疑，但是，受主客观因素的影响，地方本科高校文化服务职能当前没有得到充分发挥。具体表现在：一方面，地方本科高校由于自身原因，桎梏于“象牙塔”，既没有全面认识地方文化的历史积淀、发展现状及未来趋势，更没有认识到文化是“身处地方”的地方本科高校“融入地方”的无界通道；另一方面，地方本科高校虽然是地方高层次人才聚集之地，但集聚效应大多没有形成，人力资源较为分散，没有很好地聚焦地方文化实际需求，解决地方文化实际问题。这一点在新建地方应用型本科院校尤其突出。

四是开放服务的“短板”。习近平总书记在党的十九大报告中指出，要推进国际传播能力建设。这也是地方本科高校服务地方的重要任务之一。就现阶段来看，地方本科高校的开放服务大多还处于仅仅关注数量阶段，如来校留学生的规模、国别，对外交流次数、人数等，开放办学带来的各项资源还没有得到充分利用和深入挖掘，对开放办学在服务地方经济发展中的角色定位、功能发挥、产生效应等更没有研究透彻。

那么，如何补齐地方本科高校的这些“短板”？笔者认为，应主要从以下几方面着手：

一是强化服务职能的统摄性。我们平时所说的人才培养、科学研究和社会服务三大职能，是针对大学的一般特性而言，从维度上是并列的。而地方本科高校“主要从事服务经济社会发展的本科以上层次应用型人才培养，并从事社会发展与科技应用等方面的研究”，也就是说，服务经济社会发展应该是地方本科高校统摄性的职能。在这个统摄性职能下，人才培养处于中心地位，并与其他职能连为一体，相互贯通，发挥整体效能。同时，地方本科高校应成立与社会服务统摄性职能相匹配的校院两级社会服务组织机构。只有这样，社会服务统摄性职能的发挥才有保障。

二是培养高素质应用型人才。一所地方本科高校服务经济社会发展的能力强不强，首先要看其培养的应用型人才地方需不需要、能力强不强、质量高不高。要确保“急需”“能力强”“质量高”，至少要抓住三个关键点：第一，学校要建立专业动态调整机制，专业设置既要看“可能”，更要看“需求”，专业调整要紧密对接经济社会发展的产业链、创新链；第二，人才培养过程要与未来职业发展需求“无缝对接”，要构建突出应用的人才培养模式，要引导行业、企业深度参与学校教育教学改革，参与人才培养方案制定，将经济社会发展需求融入人才培养各个环节；第三，要结合学校和经济社会发展实际，采取有效措施，创新体制机制，优化师资结构，打造由高水平的应用型理论教师和应用型实践教师组成的“双师双能型”师资团队。

三是建设高水平应用型学科。从事社会发展与科技应用等方面的研究，是地方本科高校服务经济社会的另一重要职能，而研究能力的强弱取决于学校应用型学科建设的水平。如何才能建设高水平的应用型学科？首先，要厘清应用型学科与传统学术型学科的区别，包括学科定位、学科导向、研究方法、研究目的、本质属性等方面的区别。其次，要用面向行业和地方、满足经济社会发展需求、开展实践性技术研究和开发所获得的高水平成果彰显应用型学科建设的高水平，比如科技成果的转化率、工具方法的创新程度、专门技术上的创造性成果等。最后，要用高水平的应用型学科平台将更多的“双师双能型”教师锻造成工程和技术专家，使其成为应用型学科专家学者群体的主流。

四是重视校地文化融合创新。地方本科高校大多身处市（地、州）级城市所在地，都肩负着对其所处地域文化的传承和创新职责。要很好地服务地方文化建设，就必须走校地文化融合并不断开拓创新的路子，舍此别无他路。要做好校地文化融合，首先是学校文化建设者要有文化建设的自觉和自信，要在建设好自身校园文化的同时，敢于走出“象牙塔”，主动与社区、企业、行业的文化建设者联姻，积极引导区域文化发展。其次，要充分利用高校的人力资源优势，加强对区域文化资源的开发与研究，争取产出高质量高水平的区域文化研究成果。最后，要积极参与当地政府及其文化主管部门的重要决策研究，充当文化建设的智库。

五是提升在地国际教育水平。首先，地方本科高校开展国际教育的目的，不仅仅是培养国际留学生，更为重要的是要利用国际教育资源，面向所有学生，实施在地国际教育，让没有出国（境）经历的学生获得国际化经验。其次，地方本科高校在与国（境）外高校开展学术交流的过程中，将会拓展经济社会发展的国际视野，从而带动和提升地方产业的国际化发展。

要补齐地方本科高校服务经济社会的短板，从根本上说还要有改革创新的意识，要积极探索建立地方本科高校服务经济社会发展的有效机制，比如学校与政府及行业、企业等建立利益共同体的机制，产学研用协同创新机制等。只有机制建立并逐步完善了，地方本科高校服务经济社会发展的能力才会稳步提升，并具有可持续性。

（本文与罗静、陈昌芸合著，原载湘潭大学出版社于2019年出版的《我眼中的大学实践逻辑》一书。）

地方本科高校的转型与回归

最近，笔者对地方本科高校转型发展进行调研，发现大多数这类高校已经提出转型发展的要求，但相当一部分也就仅仅停留在概念层面，没有向纵深发展，普遍存在转型发展主动性不够的问题。

究其原因，主要还是认识不到位。全国职业教育工作会议明确提出，引导一批普通本科高校向应用技术类型高校转型发展，作为普通本科高校中最基层的地方本科高校，也纷纷“表了态”。但观其动静，相当一部分地方本科高校动作不大。

其实，笔者认为，地方本科高校走转型发展之路，既是地方经济社会发展的需求，同时也是教育改革尤其是现代职业教育体系建设发展的需要，但更重要的，还是地方本科高校自身生存发展壮大的需要。

地方本科高校与其说是转型发展，倒不如说是“回归”自己的“正道”。遗憾的是，有的地方本科高校，虽然看到应用型方向对学校发展有利，但由于受“重学轻术，重理论轻应用”、“重普教轻职教”等传统观念的影响，认为应用型比学术型低人一等，转型发展有“矮化”之嫌，不愿意公开承认办学的职业性，还“犹抱琵琶半遮面”，转型路子走得也就不彻底。结果就是，学校找不到归属，自然就影响自身的发展。

笔者认为，国家引导地方本科院校转型发展，政策、经费、指导及舆论导向都应有明确的方向。在这种情况下，地方本科高校要理清思路，找准定位，谁转得快，转得坚定，谁就会获得更多支持；谁不转，或者转得慢，转得犹豫，谁就等于放弃发展。

那么，地方本科高校应该如何积极主动推进转型发展？笔者以为，应该沿着以下几个方面进行：

第一，要统一思想，加强宣传，营造良好的转型发展氛围。地方本科高校对向应用技术类型高校转型发展的意义普遍认识不足，认为更多的是“国家需求”，为此教育行政主管部门要加强宣传，科学指导，统一地方本科高校师生的思想。学校自身要加强学习，领会转型发展的实质，可以邀请一些知名专家学者来校讲学，澄清认识上的误区，达到统一思想的目的。

第二，要统筹规划，选准转型发展的重点路径。地方高校向应用技术类型高校转型发展是类型的跨越，涉及的面宽，难度很大，一定要根据学校的发展水平和办学实际，统筹规划，选准转型发展的重点路径。不同的学校情况不一样，转型发展的路径也不一样。但就一般情况而言，主要包括：

一是要积极推进专业建设朝与地方经济相适应的方向转型发展。过去的专业设置都是围绕学科转，学校向应用技术类型高校转型发展，其专业就应该根据地方经济社会发展尤其是产业发展的需要设置和调整。

二是要积极推进人才培养模式朝工学结合的方向转型发展。绝大多数地方本科院校的人才培养模式都是传统高校的翻版，但由于没有传统高校的学术积淀，培养出来的学生学术修养不深厚，技术特长不专业，“文不得也武不得”。因此，地方院校人才培养模式要跳出学科教学的范围，加强校企合作，推行工学结合的人才培养模式。

三是要积极推进师资队伍向“双师型”方向转型发展。地方院校师资队伍建设不能只重视教师专业理论的提升，还应重视教师实践动手能力的提高。同时，还应该重视从行业、企业中聘请业务骨干到学校担任兼职教师，把兼职教师队伍建设提上议事日程。

四是要积极推进课程体系向理论课程和实践课程并重的方向转型发展。地方院校课程体系和课程改革不能只考虑学科的完整性，而应该在反映本学科应用领域最新成果的基础上，更多地根据毕业生就业工作岗位所需要的品德、知识和技术进行改革，强调能力与发展并重。地方院校不仅应该加大校内实验实训室的建设，而且应该走出学校，加强与行业、企业合作，建设校外实训基地。

五是要在校园文化中引入并加强应用技术文化建设。学校在校园文化中应引入应用技术文化，彰显技术文化、企业文化，尤其是技术创新文化。校园文化育人功能如润物无声，师生浸润其中，举手投足都散发出应用技术人才特有的“气场”，学生还没有走出校门，就已经有了“职业人”的气质，何愁毕业后找不到工作？

地方院校以上五个方面稳步推进，不断深入，向应用技术类型高校转型发展就不再只是停留在概念上，而是向骨髓渗透。

第三，要主动打开校门，争取政府和社会支持，整合资源。地方院校向应用技术类型高校转型发展，对实验实训的条件要求更高，仅仅靠学校自身的力量难以完成，需要各方面的支持，尤其需要政府增加投入，需要企业支持，需要社会各界的关心和帮助。否则，地方院校转型发展就没有保障。因此，地方本科高校要主动争取政府和社会支持，整合资源，推动学校转型发展。

（本文与罗静合著，原载《中国青年报》2014年9月1日；《职业教育改革动态》2014年第24期全文转载。）

应尽快打开公办高职办本科职教的“天花板”

我国经济发展方式的转变尤其是新常态下产业转型升级对人才培养的新要求，迫切需要建设本科层次的职业教育。《国家职业教育改革实施方案》也提出了“开展本科层次职业教育试点”的要求，但是，职教本科如何破题，依旧众说纷纭，没有确切答案。

过去几年，国家出台政策引导部分新建本科院校向应用型转型发展，应该说是卓有成效的，绝大部分新建本科院校对应用型高校的类型定位高度认同，但对职教本科类型定位有较大的抵触心理。所以，想通过新建本科院校应用转型来构建现代职业教育体系的本科层次，难度较大。

并且，《教育部关于“十三五”时期高等学校设置工作的意见》中，已经将“应用型”作为高校三大类型之一进行了明确。因此，笔者以为，让新建本科院校继续在应用型高校类型中安心发展，是最好的选择。如果再次引导这些学校第二次“变身”，转到职教本科建设的轨道上来，是不会办好的，一是这些新建本科院校不愿意，二是它们也缺乏职业教育的积累和积淀，最终可能会“几不像”，甚至有点“瞎折腾”。

如何构建职业本科教育？今年6月，教育部已经批准了15所民办高职专科院校升格为本科层次职业学校，数量虽少，但已经有了突破，相信这条道路还会越走越宽。但仅仅依靠民办高职专科院校来建设职教本科，无论从“质”还是“量”上，都无法完全补齐短板，也很难办出高水平的职教本科来。

要想补齐补好职教本科短板，笔者认为，除了继续支持民办高职专科院校升级外，还应打开公办高职专科院校升“本”的“天花板”，让既有升本愿望，又有较强实力的公办学校升格为本科层次职业学校。

从2018年的教育统计数据看，我国高职专科院校已经发展到了1418所（其中公办1088所、民办330所），公办学校占了主体地位。如果未来公办高职专科院校中有200~300所升格为本科层次职业学校，变化后的数量从结构上看也是合理的。如果职教本科对公办学校完全关门，会从某种程度上动摇公办高职专科院校从事高职专科教育的“军心”，这是问题的根本所在。

可喜的是，教育部12月5日发布了全国第二批本科层次职业教育试点学校名单，虽然6所学校中只有1所是公办高职院校（南京工业职业技术学院），但足以说明，这个“天花板”终于打开了口，尽管只是一个小口。

但是，在当前“职教本科”和“双高计划”的背景下，怎么能够建立一种机制，让全国所有的高职专科院校都能结合自身的发展情况，有所期许呢？是否可以这样思考，即通过建立一种“动态升本”和补充“双高计划”的机制，来解决这一问题。

所谓“动态升本”和补充“双高计划”的机制，是指每年从“双高计划”的“中国特色高水平高职学校”中遴选5~10所，用10年左右的时间先期建设50~100所职教本科。同时，每年因此而产生5~10所“中国特色高水平高职学校”的空缺，从“双高计划”中“高水平专业建设学校”择优递补。同理，因递补产生的5~10所“高水平专业建设学校”空缺，又从非“双高计划”学校中择优遴选。这种机制一旦形成，就在现代职业教育体系中合理注入了一种资源和能量流动的活力，也为职教本科阵营把好了第一道入口关。

当然，这种机制也是有隐患的，那就是高职专科与职教本科两种层次学校的专业建设和学科建设的关系问题。我国高职专科院校由于长期只讲专业不谈学科，“双高计划”也只提专业，没有学科。有的学校甚至视学科如洪水猛兽，升格为职教本科后，这种意识的改变将是漫长而艰难的。不过，如果进一步深入思考，无论是“双高计划”中的学校，还是“双高计划”外的学校，都存在这个问题。也就是说，无论本科层次职业学校从何而来，只要从我国高职专科院校中来，升本以后都需要进行理念上的优化和更新。

那么，本科层次职业学校的学科建设与研究型高校、应用型高校有区别吗？答案是肯定的，笔者认为，能够体现本科层次职业学校本质属性的学科，才能成为这类学校学科建设的主流，这种学科就是职业学科。对于职业学科的建设问题，需要另外进行深入的讨论。

（本文原载《中国青年报》2019年12月16日）

人才培养

高职教育应该坚持完整人的教育观

我国高职教育在人才培养方面，由于过多强调职业性、技能性，而忽视了学生作为人的其他方面的发展，尤其是对学生的精神培养普遍重视不够，以致所培养的人才在精神人格等方面存在先天不足。高职教育对技术性的过度强调，使高职教育的工具化日益明显，从而遮蔽了教育的真义，使教育的真正价值失落了。

一、高职教育人才培养价值观的缺陷剖析

高职教育价值取向偏离完整的人的教育方向。从社会价值看，有的高职院校为了迎合市场需要，过分强调专业技能和职业能力的重要性，从而忽视了学生全面素质的培养和提高。这种非常功利性的教育价值选择，使学生成了教育加工的原材料。因此，有人说高职教育的“人”不见了，高职院校就是“人力加工厂”。这种现状，长此以往，必然影响学生的全面发展。从个体价值看，由于受功利主义影响，学生把追求自身利益当成人生最重要的事，人生追求的最大目标就是为了今后找一份好工作，而不去思考世界观、人生观、价值观等问题。教育本身是人之为人的社会活动，而这些学生的价值取向已经偏离正常的轨道。这种在功利主义教育目的指导下的教育导致了人的工具化，割裂了作为一个完整的人的精神和肉体的统一性。

高职教育文化价值选择具有矛盾性。在人才培养过程中，高职院校存在明显的物质文化与精神文化的矛盾、科学主义与人文主义的矛盾、技术文化的工具主义与理想主义的矛盾。第一，重视物质文化忽视精神文化。这主要表现在：高职院校普遍重视校园基础设施和实训基地建设，而轻文化建设，尤其是轻大学精神的培育。第二，强调科学主义淡化人文主义。人文主义在教育上重视人的精神、价值和情感的追求，而科学主义则强调科学技术对人和社会的改造。当前，高职院校由于对应用性知识的强调，使其普遍存在重科学技术轻人文教育的现象。第三，倚重技术文化的工具主义忽视理想主义。工具主义反映到教育价值观上，就是重视功利和实效。由于高职教育对应用性的强调，各高

职院校在人才培养过程中非常重视实用，将教育的功能主要定位在工具、服务上，忽略了教育的真正主体即人的发展。这种重功利和实效的技术文化，就是美国杜威所说的工具主义倾向。这就使技术文化的工具主义教育与理想主义教育所倡导的实现自己作为人的价值的要求产生了矛盾。

二、高职教育也是完整的人的教育

教育的终极价值是促进人的精神的全面发展。马克思关于人的全面发展的理论虽然是因为工场手工业时期工人的片面发展而提出的，并且主要是指以脑力和体力为要素的劳动能力的全面发展，但经过教育实践的检验和升华，其内涵已经发展为既包括人的发展的全面性，也包括人的发展的自由性和充分性。因此，马克思的人的全面发展理论告诉我们，教育的真正意义就在于促进人的全面发展。教育是因为人而存在和发展的，如果教育仅仅是培养人的技能，显然只是在训练人的部分职能，而非培养一个完整的人。其实，教育是人的精神成长的家园，而绝不仅仅是培养人的动手能力的工场，因为人的本质是精神。所以，教育的终极价值不是别的，而是帮助和促进人的精神的圆满和人格的健全。高职教育既然属于教育，当然其终极价值也在于促进人的心灵的丰盈和健全，否则，高职教育就不是真正的教育，或者正在淡出或远离教育。

高职教育的最大使命是培养全面发展的高端技能型人才。高职教育的最大使命在于高端技能型人才培养，但不是培养只懂高端技术的专门人才，因为只懂高端技术的专门人才，往往缺少内心的丰盈。这种缺少内心丰盈的人，难以成为能够理解生活的人。印度哲学家克里希那穆提曾经说过，单单掌握技术的人，不能了解生活的整体过程；一个知道如何分裂原子，而内心却没有爱的人，便成了一个恐怖的怪物。这些观点虽然有些偏激，但不无道理，如果高职教育长期只重视技能，只提技术，最终培养的虽说不一定是“怪物”，但所培养的人才肯定是心智不健全的人。更何况，随着经济社会的进一步发展，那种单纯培养学生单一就业技能的观念和做法已经不能适应社会发展的要求。高职院校的学生不仅要有一技之长，更要有较好的职业变更的适应能力。

三、高职教育坚持完整的人的教育的方法和途经

转变观念，促进完整的人的教育观的形成。一所高职院校要形成完整的人的教育观，最关键的当然是教师。因为教师是教育终极价值的实践者和守护者，他们肩负着照顾人的精神灵魂的责任。而教育终极价值就是促进心灵的丰盈和健全。从当前高职院校的现状看，教师主要应转变两个观念：一是要更新

传统的技术观。传统的技术观仅仅从技术本身来谈技术，只看到技术而没有看到技术文化，人为地把技术与文化割裂开来。其实，技术文化就是以技术为本体所形成和发展起来的文化。因此，高职院校的教师一定要充分发掘技术的丰厚的文化意蕴和教育的价值，促进学生的发展。二是要坚持技术文化与新人文主义的统一。新人文主义的核心是对人性的尊重，关注人的价值与尊严，注重人的精神培育，尤其是非常强调科学的人文意义和人文价值。因此，高职院校倡导新人文主义，对促进学生人文素质的提升，对调和高职院校人文生态与技术生态间的平衡，意义重大。

培育高职院校的大学精神。完整的人的教育重在培养具有完整的心灵结构的人，而要培养具有完整的心灵结构的人，首先应该培育具有完整的心灵结构的学校。一所高职院校的完整的心灵结构的形成，牵涉到学校的方方面面，但是核心和灵魂则是大学精神。高职院校大学精神的培育必须根据高职教育类型要求，以技术创新理念为核心，坚持以技术精神为重点，以校训建设为载体，以文化传统为基础重塑高职院校大学精神。

加强高职院校文化生态环境建设。办大学在某种意义上说就是办一种氛围。每一所高职院校都是一个独立的文化生态环境。高职院校学生完整的心灵结构的形成，在很大程度上依赖于良好的文化生态环境。因此，高职院校要抓好学校文化生态环境的整体规划，将技术文化、地方文化和人文文化有机地融于校园之中，同时重视学校文化生态环境的特色凝练。

（本文原载《光明日报》2012 年 12 月 8 日）

人才培养质量：高职院校的核心竞争力

当前，对高职院校的核心竞争力虽有一定的研究，但深入不够，基本上还处在简单移植大学核心竞争力研究成果的阶段，认识还比较模糊。因此，对高职院校核心竞争力进行深入的研究，回答什么是高职院校核心竞争力等问题十分必要与迫切。

一、人才培养质量是高职院校核心竞争力的集中体现

（一）从大学的使命看，大学的核心竞争力主要体现在人才培养上

什么是大学的使命？目前，学界比较认同的观点是培养人才、科学研究和社会服务。这一大学使命，在大学发展的不同阶段，其侧重点有所不同。在大学产生的初期，其使命则是培养人才。世界上最古老的大学，从产生开始到工业革命初期，其使命就是为社会培养“有教养的人”“高贵的人”。19 世纪末，在洪堡等人的倡导下，德国柏林大学率先进行改革，大学开始进行科学研究。20 世纪，为响应加强大学与社会联系的呼声，美国威斯康星大学校长范·海斯提出：州立大学的生命力体现在它和州的紧密关系中。至此，大学服务社会的使命开始呈现。由此可以预计，随着社会的发展与进步，大学的功能可能还会进一步丰富。但在大学的诸多使命中，培养人才不仅是与大学相伴而生的，而且始终处于不可替代的核心地位。因此，“大学的最高使命是培养人才”。①由此，大学的核心竞争力必然集中体现在其人才培养方面。虽然大学在科学研究和社会服务方面也能够体现出一定的竞争力，但尚不能构成关键的核心竞争力。

（二）从高职教育的定位看，高职院校核心竞争力主要体现在高素质技能型人才培养上

《中华人民共和国高等教育法》明确把高职教育定位在我国高等教育体

① 黄德宽，等．大学最大实力是文化［N］．光明日报，2009-12-10.

系中，认为高等职业教育是我国高等教育的一部分，是“高等教育发展中的一个类型”,① 是新型的专科层次的高等教育。《中华人民共和国职业教育法》第13条规定：职业教育包括初等、中等、高等职业学校教育。也就是说：高职教育属于职业教育，而且是高等层次的职业教育，只不过目前我国只将其定位在专科层次。从社会对人才的需要来看，大致有两类：一是以发现和研究客观规律为主的人才，即我们通常说的“学术型人才”；二是以应用客观规律为国家和社会谋取直接利益为主的人才，即“应用型人才”。而“应用型人才”又可划分为“工程型人才”“技术型人才”和“技能型人才”。高职教育的职业性及在高等教育体系中的层次性决定了其使命在于培养高素质技能型专门人才。所以，高职院校的核心竞争力主要体现在高素质技能型专门人才的培养上。

（三）人才培养质量是高职院校核心竞争力最集中的体现

从“核心竞争力”一词的本身来分析，其重心在“竞争力”，尤其在“力”字上。从“核心”一词的内涵来看，就是指最重要、最关键、最中心的那一种、那一个或那一部分等，即只能是“一”，具有唯一性。可以说，高职院校的竞争力体现在学校的方方面面，但其核心竞争力则高度聚焦在高素质技能型专门人才的培养上。既然核心竞争力主要体现在人才培养质量上，因此，只能在人才培养的范围内寻找核心竞争力的落脚点。尽管人才培养涉及很多内容，但是最关键和最根本的还是人才培养质量。黄达人教授曾说：“大学之间的竞争，最关键的因素是学生的培养质量……大学的竞争力，最直接的表现就是学生的竞争力。从这个角度看，说学生的培养质量是大学的核心竞争力，是一点也不为过的。”②

二、对高职院校核心竞争力认识误区的分析

从当前我国对高职院校核心竞争力的研究来看，认识上存在两大误区：

1. 对“核心竞争力”中的“力”认识上的误差

我国对高职院校核心竞争力的研究，归纳起来，主要有“要素观”“资源观”“知识观”“文化观”“技术观”“系统观”等。应该说，这些研究在一定

---

① 关于全面提高高等职业教育教学质量的若干意见［EB/OL］．［2010-02-16］．http：//www.law-lib.com/law/law_view.asp？id=188153.

② 黄达人．创新人才培养模式 提升大学核心竞争力［J］．中国高等教育，2004（9）．

程度上揭示了高职院校核心竞争力的内涵，但是离比较准确地把握高职院校核心竞争力的内涵还有差距。如“要素”包含或体现了核心竞争力，但“包含”和“体现”毕竟不是核心竞争力本身。“要素”“元素”都是个体存在，个体存在的运动可以产生“力”，但它本身并不是“力”。“资源”只是核心竞争力的“来源”之一，而“知识”是单位或个人核心竞争优势得以持续的重要“原因”，是核心竞争力优势的“根源”。“原因”和“根源”与核心竞争力的关系非常紧密，但不能完全等同。“技术”和“系统”蕴涵着核心竞争力，与核心竞争力有着非常紧密的联系，但是它们本身并不是“力”，更谈不上是核心竞争力。笔者认为，“核心竞争力”中“核心”和“竞争”所修饰的就是力量的“力”，而不是“要素”“资源”“知识”等，如果一定要说是，就只能是由它们所产生的要素力、资源力、知识力等各种各样的“力”。因此，从高职院校的使命和高职教育的定位来看，高职院校的核心竞争力当然只能是人才培养力了。

2. 对“核心竞争力”中的“核心”一词认识上的误差

从我国对高职院校核心竞争力研究的情况看，对“核心竞争力”的理解，有泛化的趋势。大多研究认为核心竞争力有两个以上，甚至有的研究认为有五六个。尽管大多数研究者不否认人才培养力是高职院校的核心竞争力，但问题在于他们并不认为人才培养力是唯一的核心竞争力，这就使人们对高职院校核心竞争力的认识走向了误区。笔者以为出现这种现象的原因关键是对“核心”二字的模糊认识。“核心”是指事物的最重要、赖以支持其存在的那一部分。细细推敲，“核心”一词属偏正词组，重心偏向“心”字，“核”字偏重于对“心”字的限制，是指“处于中心位置的”（某种东西）。“核心”是多个（种或部分等）比较的结果，尽管在比较的过程中，有两个或多个都是较为重要的因素，但毕竟还是有主次之分的，“核心”只能是唯一。前面提到的认为一所学校具有两个或多个核心竞争力的观点，实际上是错把“竞争力的核心群”当成“核心竞争力”了。对“竞争力的核心群”进行研究肯定重要，它与“核心竞争力”的关系也非常密切，但是二者毕竟不是同一概念。因为“核心竞争力”只是“竞争力的核心群”中最重要最关键、处于最中心位置的竞争力。因此，两个或多个完全相同的“核心”同时存在于一个个体中的提法是不科学的。但并不等于说“两个或多个竞争力不存在”，恰恰相反，只有两个或多个竞争力同时存在才有比较，也才有“核心竞争力”。所以，把“核心”二字的内涵搞清楚了，什么是“核心竞争力”的问题就迎刃而解了。由此可以得出，高职院校的核心竞争力也只能是“唯一”。基于这样的认识，在高职院校所存在的人才培养竞争力、文化竞争力、专业竞争力、科技竞争力、环境竞争力以及特色竞争力等诸多竞争力中，最重要、最关键和处于中心位置的只能是“人才培养竞争力”。因为其他的竞争力都是为培养人才服务的，与“人才培养竞争力”相比，均处于从属地位。

三、培育高职院校核心竞争力的路径选择

高职院校核心竞争力虽然只有一个，即人才培养竞争力，但是人才培养竞争力的形成，涉及学校办学的方方面面。如何培育高职院校核心竞争力，其主要路径有：

1. 重视校园基本建设和实训条件的改善

校园基本建设和实训条件的改善，是高职院校提升核心竞争力的基础和前提。当前，许多高职院校由于院校合并等原因造成校园分散，同时由于财力有限导致实训条件不足、设备落后，如果不尽快改变现状，必然影响到人才质量的提升和教师对先进技术的掌握。

2. 积极推进人才培养模式改革

人才培养模式改革是高职院校培育人才核心竞争力的关键。高职院校人才培养模式的要素包括：专业设置的依据、目标与规格、内容与方法、环境与条件等。其中，专业设置的依据就是要符合区域社会经济的人才需求，而人才培养中，在强调“技能型”的同时，要科学定位“高素质”。素质教育是高职院校教育教学改革重要的组成部分，“高素质技能型”人才是高职院校人才培养的根本特征，集中体现了高职院校的教育思想和教育观念。所以，高职院校要提升核心竞争力必须重视对人才培养模式的探索与改革。

3. 重视打造专业教学团队

有良好的校园环境、先进的实训条件和创新先进的人才培养模式等，还需要教师作为保证。教育大计、教师为本，在教师队伍建设中，尤其要重视对专业教学团队的打造，重视“双师素质”的提升，这是高职院校核心竞争力培育和提升的重要保证。

4. 加强文化建设

由于大多数高职院校组建时间不长，缺少院校文化积淀与办学传统。现实中也有一部分高职院校领导的主要精力尚集中在院校规模发展上，还没有认识到内涵提升中文化育人的重要作用。高职院校是培养高素质技能型人才的摇篮，不仅要有校园、实验设备等物质的存在物，更需要有大学精神、办学理念等文化的存在物，并且文化存在物具有超越物质存在的历史价值和对校园人的

强大的感召力。因此，提升高职院校核心竞争力，必须注重院校文化建设，要在校企合作、工学结合中，将行业企业的先进文化引入校园、引进教学，实现行业企业文化与院校文化的融合，达到文化育人的目的。

5. 注重办学特色的培育

没有特色的学校难以培养具有特色的人才，培养不出特色人才，就没有竞争力。而任何一所高职院校特色的形成，都不是一蹴而就的，都是在办学的过程中逐步积淀的。也就是说，是伴随着高职院校核心竞争力的形成而形成的，“办学特色是核心竞争力的结果，正是核心竞争力得到培育、运用和提升，一所大学的办学特色才能逐步凸显出来、稳固下来”。① 当然，这种结果反过来，又为培养特色人才服务，尤其是为培养不可替代性的人才服务。

（本文原载《中国高教研究》2010年第12期）

① 刘向兵．大学核心竞争力构成要素辨析［J］．中国人民大学学报，2007（2）．

没有创新的师傅　哪来创新的徒弟

建设创新型国家必须有大批创新人才。创新人才从哪儿来？行业、企业里可以培养，但更多的还是需要学校培养。目前，我国本科高校已经普遍开始对创新人才培养进行探索与实践。但作为高等教育一种类型的高职院校，在创新人才培养方面似乎还在沉睡，尚处于缺位状态，有的教师甚至认为，培养创新人才与高职院校没有关系。

创新人才的培养真的与高职院校没有关系吗？显然不是，社会既需要大量学术型创新人才，也需要大量技术型创新人才。学术型创新人才可以通过本科高校培养，而技术型创新人才培养则需以高职院校为主。如果高职院校不谈或不重视，技术型创新人才的培养就没有依托，导致我国技术型创新人才培养的缺位。可见，高职院校还真不能放下创新人才培养的使命和责任。

高职院校要培养创新人才，牵涉多方面的因素，但最关键的还是教师。美国托兰斯研究表明，教师的创造性与学生的创造力之间是一种正相关，即教师创新能力的高低，直接影响学生创新能力的培养。也就是说，没有创新的“师傅”，就没有创新的“徒弟”。而我国高职教育由于办学历史不长，大部分教师是随着中专升格才转为高职院校教师的，高学历、高职称教师比例偏低，实践能力较弱，整体创新能力不足。因此，高职院校要培养技术创新人才，就必须重视创新型教师的培养。

德国教育家斯普朗格曾说，教育之为教育，正在它是一个人人格心灵的唤醒。如果教师自己的人格心灵没有苏醒，又哪能唤醒学生的人格心灵？教师自己都没有创新的火花，拿什么去点燃学生心中创新的火花？所以，要进行创新教育，教师首先要唤醒自己的创新意识。

实践能力是形成高职院校教师创新能力的重要因素。新加坡南洋理工学院教师的创新能力特别强，一个重要的原因就是，凡进入学校的教师必须具有3年以上的企业工作经历。铜仁职业技术学院“双师素质”教师比例较高，达90%，其中一条措施，就是要求专业课教师每人要联系一个企业，每年要到企业累计工作一个月，使教师一条腿在课堂上，另一条腿在企业中。这样，既培养了教师的双师素质，又提升了教师的技术创新能力。

每一所高职院校都要聘请一定数量的兼职教师。从企业或行业聘请的兼职教师大多是技术骨干或行业专家，实践能力很强，但因为没有受过系统的教育规律认知和教师素质养成的训练，教学能力相对欠缺，要实施创新教育就更加困难，所以，学校应该对其进行适当培训。

教师创新的动力不可能从天上掉下来，只能由教师自发地产生，这需要外部激励与机制保障。这就要求学校制定合理的有利于教师创新的投入机制、团队带头人的选拔机制和成果利益分配机制等。

有了创新的“师傅”，就不怕培养不出创新的“徒弟”。

（本文原载《人民日报》2013年3月21日）

培养创新型人才　技术类高校不能缺位

在创建创新型国家的过程中，高等教育肩负着培养创新型人才的重任，技术类高等学校作为高等教育的一种类型，也肩负着培养创新型人才的使命。技术类高等学校要培养创新型人才，就必须加强技术创新文化建设。

一、技术类高校在创新型人才培养上仍在沉睡

随着“钱学森之问”的提出，普通高校已经普遍开始对创新型人才培养进行了探索，并已初见成效。而作为高等教育一种类型的技术类高校，在创新型人才培养方面，绝大部分学校似乎还在沉睡，没有觉醒，甚至有人认为，培养创新型人才是研究型大学的事，技术类高校谈什么创新型人才培养?

同样是技术类高校，新加坡南洋理工学院特别提倡创新，整个学校在“事事创新，时时创新，人人创新，处处创新”思想的指导下，全力培养和打造创新型人才。因此，技术类高校同样肩负着培养创新型人才的使命。只不过，普通高校所培养的创新型人才主要是知识创新型人才，而技术类高校主要培养的是技术创新型人才。

人类文化一般可以划分为知识文化、技术文化和观念文化三大类。普通高校传授的大体相当于知识文化范畴，技术类高校大体相当于技术文化范畴。从创新文化看，普通高校的创新主要属于知识创新文化范畴，技术类高校主要属于技术创新文化范畴。从人才培养目标看，普通高校培养的主要是学术型、工程型人才，技术类高校培养的主要是技术型、技能型人才。所以，如果技术类高校不谈或不重视创新型人才培养，技术创新型人才培养就没有依托。也就是说，技术类高校在创新型人才培养方面的缺位，会导致我国技术创新型人才培养的缺位。

二、技术创新文化是培养技术创新型人才的土壤

技术创新型人才不可能在技术类高校里凭空产生，技术创新文化是技术创新型人才成长的土壤。

技术创新文化是技术类高校培养技术创新型人才的技术知识生态基础。过去很长一段时间，人们普遍认为技术知识是附属于科学知识的，直到1996年，世界经济合作与发展组织（OECD）才在其年度报告中把技术知识作为一种类别正式确定了下来。所谓技术知识主要是指改造自然的知识，包括外显知识和默会知识两部分，技术类高校所拥有的知识既有科学知识体系，也包括技术知识体系，但更偏重于技术知识体系。每一所技术类高校都是一个很好的技术知识场所，技术类高校丰富的创新的技术知识生态就像校园里的自然生态一样，按其规律，生长在高大的图书馆里，生长在宽敞明亮的教室里，生长在多姿多彩的校园文化活动中，甚至弥漫在校园的空气中。学校里丰厚的创新技术知识土壤为技术创新型人才成长奠定了技术知识生态基础。

技术创新文化是技术类高校培养技术创新型人才的技术观念生态基础。在技术创新文化里，除了基础性的技术知识生态系统外，还有技术观念生态系统，比如技术创新理念、技术创新精神、技术创新思维、技术创新价值观等。这些是技术创新型人才的技术观念产生的基础和前提。显然，没有创新的技术观念，就难以有创新的技术行动，没有创新的技术行动，哪来技术创新型人才产生？当前，我国各技术类高校往往对基础性的技术知识生态系统建设比较重视，而对观念性的技术生态系统关注不够，以致造成基础性的技术知识生态系统与观念性技术生态系统的生态失衡。因此，既要重视基础性技术知识生态系统建设，也要重视观念性技术生态系统建设，因为技术创新的新点子、新思想、新观念的孕育如同种子的萌芽和生长离不开适宜的土壤、水分、空气和阳光一样。可以说技术创新型人才技术观念形成的基础就是技术创新文化中的观念性的技术生态系统。

技术创新文化是技术类高校培养技术创新型人才的技术原创力的基础。对一个创新型人才而言，仅仅有创新的知识和创新的理念还不够，还要具备一定的科学技术创新能力。在科学技术创新能力中最重要的是要有一定的科学技术原创能力，对技术创新型人才来说，就是技术原创力。什么是技术原创力？就是指在技术研究中所进行的原始性创新能力。只有具备了一定的技术原始性创新能力的人，才能创造出技术原始性创新成果。造成我国技术原创能力缺失的原因尽管很多，比如经费不足、制度不健全等，但最关键的还是技术创新文化中技术原创文化（技术创新人员在开展原始创新活动过程中所形成的共有的理念、价值观和精神气质等的总和）的缺失。技术原创文化，也同样是一种追求卓越的文化，这是技术类高校培养技术创新型人才努力的方向。

三、提升技术创新文化的路径选择

提升我国技术类高校技术创新文化的路径主要有以下几个方面：

一是唤醒技术类高校技术创新文化的自觉。目前，我国技术类高校关于创新文化的建设还没有形成共识，因此，要加强对技术创新文化的宣传，让更多的学校认识到技术创新文化的地位和作用，提升其建设技术创新文化的自觉性和主动性。

二是重塑以技术创新理念为核心的技术类高校大学精神。技术类高校大学精神不同于一般高校的大学精神，技术类高校要将技术创新理念和技术创新精神等独有的个性化的精神特质融入大学精神之中，才能凸显技术类高校大学精神的特征。

三是打造技术类高校技术创新和谐团队。技术类高校技术创新文化建设主体虽然包括教师、学生和管理者，但是主要还是教师队伍。教师队伍又包括专任技术创新教师团队和兼职技术创新教师团队两个方面，缺一不可。

四是改善技术类高校技术创新文化生态环境。办大学是办一种氛围。没有良好的技术创新文化氛围，难以培养出技术创新型人才。在技术创新文化氛围的营造中，要建立健全各种规章制度，重点建设学术自由、宽容失败的良好环境。这种环境一旦形成，技术创新文化的花朵必能自由绽放。

（本文原载《中国教育报》2013 年 10 月 29 日）

利用地方资源　培养有特色的创新人才

“钱学森之问”警醒了教育界，如何让学生有创新能力成为所有教育阶段的核心工作。与研究型大学人才培养目标不同，应用型创新人才培养正在成为地方高校的目标和任务。贵州铜仁学院地处经济发展欠发达的黔东地区，却在应用型创新人才培养上走出了富有特色的发展之路。日前，笔者就此采访了该院校长侯长林教授。

笔者：有的人认为，创新人才的培养是国家重点高校的事情，与地方院校无关，您这样认为吗？

侯长林：地方院校尤其是新建地方高校对创新人才培养普遍重视不够，认为自己办学基础弱，办学资源不足，难以培养出创新人才，有的甚至认为培养创新人才是“985”“211”大学的事情，与自己无关。其实不然，创新人才培养是分类型和分层次的，“985”“211”大学培养的更多是研究型、理论型创新人才，而培养应用型创新人才是地方高校的任务，尤其是培养地方生产建设、经济发展所需要的应用型创新人才，更是地方院校的使命。

如何培养应用型创新人才？不同的院校有不同的选择，但通过特色打造培养应用型创新人才肯定是其中最重要的方式或途径。因为高校办学特色虽然也体现在与不同类型高校的比较中，但更多地是体现在相同类型相同层次的高校相互比较中所显露出的独特性和差异性等方面。而独特性和差异性的逻辑结果就是创新，所以在一定程度上，特色就是创新。

地方院校办学特色与应用型创新人才培养的关系更为紧密。一方面是应用型创新人才强调技术性和实践性，而技术性和实践性与学校的个性和办学特色的关联性更强，研究型创新人才强调的知识性则更多地具有普适性。另一方面是地方院校由于办学基础相对薄弱，办学资源相对不足，在培养应用型创新人才培养过程中，更应立足学校办学实际，充分利用其所处区域资源，培育特色、追求创新，否则，地方高校很难培养出真正的创新人才。

笔者：以铜仁学院为例，地方院校是怎样培养应用型创新人才的？

侯长林：创新人才可以有多种类型和多方面的培养方案，但人的内在特质形成肯定是创新人才的重要内容和价值选择。而创新人才特质的培养离不开特色学科的建设。地方高校特色学科建设路径最好的选择就是充分利用其所处区域的特色资源。

虽然铜仁学院是一所新建的本科院校，但办学却有 90 多年历史，是 1921 年由美国人创办的。一所地方高校，如何服务地方，并引领地方社会经济文化的发展，同时，又如何利用地方资源推动院校特色发展是关键。要引领地方发展，院校的专业设置就要在这个产业刚刚起步时超前设置，等学校培养出了人才，正好为刚刚兴盛起来的这个产业服务。

铜仁学院所处的武陵山区，有丰富的独特的自然资源，尤其是武陵山脉主峰梵净山是联合国一级世界生态保护和全球“人与生物圈”保护网成员、国家级自然保护区，是一个天然的野生动植物大宝库。铜仁学院围绕梵净山、佛顶山等山区及乌江流域的自然资源，建设了省级重点学科“梵净山野生动植物保护与利用”和省级产学研基地“武陵山野菜引种繁殖”，以及水产养殖工程中心，形成了野生动植物资源调查、野生动植物繁殖等学科研究方向。同时，铜仁学院依托武陵山区丰富的稀有矿产资源，建设了省级重点支持学科“凝聚态物理”和省级特色专业“应用物理学”，以及省级特色重点实验室“材料制备新技术与应用”和省级产学研基地“锰矾钾技术研发”等，形成了功能材料的第一性原理研究、功能材料性能与应用研究等学科研究方向。通过利用地方特色自然资源进行特色学科的培育与建设，铜仁学院形成了良好的特色育人的环境，非常有利于自然科学类应用型创新人才的成长和发展。

笔者：就未来发展而言，你怎么看待铜仁学院与所处地方之间的关系？

侯长林：我们是“鱼”，地方是“水”！在未来的发展中，我们对地方文化的深度探寻和依赖，是我们与地方间处理好“鱼水”关系的最好途径。毕竟，对地方文化不了解，如何为地方服务？如何在为地方服务的过程中进行创新？就学生而言，任何专业的学生都应该有基于对地方文化了解的基本人文素养，就学校而言，任何一所地方院校都应该重视基于地方文化的人文学科的建设和教学。

为此，铜仁学院依托武陵山区建设了省级重点支持学科“民族文化遗产学”、省特色专业“农村区域发展”、省级产学研基地“梵净山自然文化遗产保护与开发利用”、省级 2011 协同创新中心“武陵民族文化生态保护与旅游开发协同创新中心”等，以及佛教文化研究院、乌江文化产业研究院、武陵山区农村问题研究中心、武陵山区民族文化研究中心、黔东地缘与语言研究中心、黔东人文馆等科研机构，形成了地方传统文化、民族民间技术、地方文学、地域语言、乡土音乐、民族工艺、旅游商品、民族舞蹈等学科研究方向，同时开设了“武陵山区民族民俗文化研究”“梵净山佛教文化”“民间舞蹈”“民族民间音乐”“民族传统体育竞赛与训练”“民族传统养生方法”等课程。

通过对武陵山区独特人文资源的利用，铜仁学院形成了良好独特的人文教育环境，我们相信，这种对地方文化的开发与利用，不仅对黔东地区地方文学、民间音乐、民间舞蹈、民族体育的未来发展有着重要的意义，对学院而言，也对人文科学类应用型创新人才的地方文化修养培育有着重要意义，更对所有专业的学生的人文素养提升有着重要意义。

（本文为王婷婷对本人的访谈，原载《光明日报》2013 年 11 月 27 日；录入《高教研究周报》2013 年第 6 期“论点摘编”。）

教育教学由科学管理走向文化管理

我国高职教育发展到今天，最大的缺失是什么？我们认为，是文化。它主要表现在三个方面：一是高职院校对文化认知不够；二是高职院校的文化积淀不深；三是高职院校文化建设的自觉性不高。如果一所高职院校长期只重视技术不关注文化，那么，发展之路就会越走越窄，甚至步入死胡同。

下面，我们就从文化的角度切入，谈谈对高职院校教学及其改革的看法。

一、加深教学管理的文化认知

教学活动中有文化，有文化因素的存在，自然就有文化自觉。那么什么是教学文化自觉？所谓教学文化自觉，就是人们对教学改革理性认识后所产生的文化理念和行动准则，包含对教学文化的自我认知、自觉意识、自我反思和自我调整等，是引领和推动大学文化管理的内在动力。

按照管理学理论，管理有三个阶段：一是经验管理，二是科学管理，三是文化管理。当前高职院校教学管理模式正面临着由“制度模式”向“文化模式”的转型，要实现这种转型，教学管理就不能仅停留在追求科学管理的阶段，而应朝文化管理的方向发展。

推进高职教学管理的转型，要加深对强化高职院校教学活动的文化认知，形成文化自觉，这种文化自觉包括专业文化自觉、教师文化自觉、课程文化自觉、实训文化自觉等。

二、教学管理朝文化管理发展

首先要提高教师的产业文化自觉。高职教育作为培养高端技能型人才的专门化教育，不能仅局限于传授学生技术知识，还必须重视学生技术文化的熏陶和养成，强化学生综合职业能力的培养。为此，高职教育需要在人才培养及其教学管理过程中，唤醒师生的产业文化意识，增强师生产业文化自觉与自信，进而推动高职院校朝文化管理的方向转变。

其次要强化学校专业建设的文化觉醒。当前，相当一部分高职院校教师和教学管理人员缺乏在专业建设及教学管理中的文化自觉性，一个重要原因就是对专业文化知识的学习重视不够，存在一些错误的认识。高职院校的每个专业都有着丰富而独特的专业文化知识体系，而且这个知识文化体系是不断发展变化的，必须不断学习，才能及时更新。为此，高职教育需要建立开放型的教学管理组织，引导师生由被动学习向主动学习转变，把握职业性、开放性、合作性等职业教育特有的专业文化特征，正确理解和把握专业、学科、职业、专业化等基本概念及其内涵，特别是对专业要素、专业属性、专业标准和专业特色等概念的认识，提升专业认知水平，增强驾驭专业建设的能力和水平。

最后要彰显高职教育的技术创新文化。技术创新文化是技术创新实践中所创造的创新产品以及形成的制度规范，是技术创新活动中形成的各种创新认知与观念的总和，包括物、制度和观念三个层面。高职教育与普通高等教育相比，创新文化的一个重要的区别就在于，普通高等教育注重知识创新文化，而高职教育注重技术创新文化。当前，高职院校技术创新文化存在积淀不足、学术基础薄弱、技术原创力不足等问题。基于此，在高职院校的教学管理中，必须在制度建设、教学环境建设、教学信息化建设等方面，融入“产业、行业、企业、职业、实践”等职业岗位的技术创新文化元素，以丰富高职教育技术创新文化的内涵。

三、打造高职教学文化管理特色

教学管理模式是融入教学管理思想，连接教学管理策略和教学管理方法，组织教学管理实施的纽带，更是高职教学管理文化的重要载体。因此，推动高职教学管理文化转型，需要不断创新高职教学管理模式。

当前，高职院校的教学管理更多地还处在仅仅靠制度来进行科学管理的阶段，没有真正建立文化管理新模式。科学管理的实质是以物为核心，而文化管理的实质则是以人为本。如果高职院校教学管理的模式能够创新，打造出高职院校教学文化管理特色，那么，我国高职院校教学管理的水平就真正上了一个台阶。但是，这种教学文化管理模式的创新不是一蹴而就的事情，而是一个系统的工程，需要我们从事高职教育教学研究的同行们付出更多的努力。

（本文与游明伦、罗静合著，原载《中国教育报》2012 年 12 月 5 日。）

应用型高校打造“金课”要体现“七性”

在2017年，我国高等教育毛入学率已经达到了42.7%，正在逼近国际公认的高等教育普及化阶段。① 这是可喜可贺的。但是庞大规模背后的本科人才培养质量降低的问题，一直没有得到根本解决。值得欣慰的是，这些问题已经引起了教育部的高度重视。2018年6月21日召开的全国高校本科教育工作会议就是教育部着手解决本科教育质量降低等问题的专题会。如何在解决我国本科教育中存在的突出问题的同时，打造一流本科教育，关键还是要从本科的课堂教学抓起。如何抓本科的课堂教学？陈宝生部长说得好：就是要“真正把‘水课’变成有深度、有难度、有挑战度的‘金课’”。② 只要“水课”都变成了“金课”，何愁本科教育变不成一流？那么，如何打造“金课”？不同类型的高等教育对“金课”的要求不一样。要想把所有类型高校的“金课”建设问题厘清，难度很大。所以，这里只想就应用型本科“金课”的打造谈谈自己的看法。不过，由于应用型高校与研究型高校和职业技能型高校同属于高等教育的范畴，虽然讨论的只是应用型高校的“金课”打造，但是会涉及研究型高校和职业技能型高校“金课”打造的共性问题，准确地说，在这里讨论的应用型高校的“金课”打造，是高等教育共性与应用型高校个性的统一，是综合的研判与思考，其目的是想为应用型高校“金课”的打造提供一个思路或对策，并能够对其他类型的高校有所借鉴和启示。

应用型高校尤其是正在朝应用方向转型发展的新建本科高校，由于升本时间短，积累积淀少，师资力量不强，相对于研究型高校而言，其“水课”存在的面积更大，只不过其“水课”产生的根源主要不是教师精力投入不足而是不知道何为大学“金课”。因此，应用型本科课堂教学要想把“水课”变成

---

① 高等教育毛入学率达42.7%！中国正向高等教育普及化阶段迈进［EB/OL］.［2018-10-17］. http：//www.hie.edu.cn/act_12578/20180414/t20180414_993799.shtml.

② 教育部部长陈宝生在新时代全国高等学校本科教育工作会议上的讲话［EB/OL］.［2018-10-17］. http：//xxgc.dlu.edu.cn/info/1049/1409.htm.

"金课"，需要体现"七性"，即教育性、实用性、丰富性、前沿性、思辨性、研究性和艺术性。

一、应用型高校课堂教学要体现教育性

我国应用型高校的课堂教学，均不同程度地存在重知识或技术的传授、轻教育的问题。要解决这个问题，就需要增强教学的教育性，形成教学全方位育人的格局。德国教育家赫尔巴特指出："我不承认有任何'无教育的教学'"，① 即教学的教育性是一种客观存在。苏联休金娜则进一步指出："教学的教育性是一种在任何时代和任何条件下都会表现出来的客观规律性。"② 也即是说，教学的教育性不仅客观存在，而且是我们必须遵循的教学规律。教学的教育性既然是我们必须遵循的教学规律，当然也是应用型高校教学的基本规律。因此，应用型高校重视教学的教育性也就成了必然的价值选择和应有的行为导向。高素质应用型人才要能够适应并很好地服务社会，除了需要掌握其社会岗位必须具备的相关知识或技术外，首先需要学会做一个合格的社会人。要成为合格的社会人，就需要强化教学的教育性。虽然高校教学的教育性内涵十分丰富，包含的内容很多很广，但思想政治教育始终是主体，因此，实施思想政治教育的思政课程就是高校教学教育性的重要体现。增强应用型高校课堂教学体现教育性的策略为：一是做好应用型高校提升课堂教学教育性的统筹规划；二是制定应用型高校课堂教学教育性的标准；三是提升其他公共课和专业课教师育人的意识与能力。应用型高校要想增强其教学的教育性，教师是关键。教师的问题解决不了，就等于空谈。再好的设想，都需要教师去完成。

二、应用型高校课堂教学要体现实用性

应用型高校的课堂教学之所以要体现实用性，是由应用型高校的基本性质决定的。目前，在我国应用型高校中，最突出的两个类型就是应用技术大学和教学服务型大学。无论是应用技术大学，还是教学服务型大学，其根本的共同的属性，就是应用性，即应用型高校的基本性质是应用的，比如培养应用型人才、建设应用性学科、打造应用型文化，等等。尽管应用型高校的应用性体现在学校的方方面面，但是最根本的还是要通过对应用型人才的培养来实现其应

① 张焕庭．西方资产阶级教育论著选［M］．北京：人民教育出版社，1964：257.

② ［苏］休金娜．中小学教育学［M］．华东师范大学比较教育研究所，译．北京：人民教育出版社，1984：322.

用性。而应用型人才培养的主渠道就是课堂教学。如果作为人才培养主渠道的课堂教学所讲授的知识不实用，这样的高校也就不成其为应用型高校。因此，在课堂教学中体现实用性，是应用型高校首要的也是最基本的要求。

新建本科院校的应用转型，有诸多困难，但是“转到最痛苦的地方是教师，转到最深处是课程，最难处也是课程”。① 李克强总理早在2014年2月26日主持召开的国务院常务会议上，就明确指出，我们要“大力推动专业设置与产业需求、课程内容与职业标准、教学过程与生产过程‘三对接’，积极推动学历证书和职业资格证书‘双证书’制度，做到学以致用”。② 李克强总理的这段关于“三对接”的讲话虽然是针对现代职业教育而言的，但是对应用型本科高校也是适用的，因为应用型本科高校在一定程度上可以说就是我国职业教育的本科层次。应该说，我国正在朝应用型方向转型发展的本科高校，在应用型课程建设方面已经作了很多有益的探索，这是应用课程改革的责任和使命。日本、新加坡等国家都非常重视大学课程设置的实用性，认为实用性才能使高等教育更好地服务社会。我国高校中有的教师对此则不以为然，甚至认为实用性知识是“下里巴人”。显然，这种认识和看法是错误的。传授实用性知识不是应用型高校的独特要求，研究型高校包括世界一流的研究型高校也重视传授实用性知识，比如澳大利亚堪培拉大学副校长李荣誉在接受我国青年报记者采访时非常肯定地说道：“一流大学所传授的知识必须有实用性；所培训的技能必须有实用性。”③ 世界一流大学尚且如此，一般应用型高校更应该加强应用型课程建设，努力在课堂教学中体现实用性。所谓“水课”，除了指没有学术性要求的课外，就是指实用性不强的课。所以，应用型高校淘汰“水课”，打造“金课”，首先要做的就是要强化课堂教学实用性知识的传授。由于不同类型课程对实用性知识的选择不一样，学校不能做统一的要求，这就需要教师根据不同课程的特点对实用性知识加以选择并把握好“度”。但不管什么样的课程，都内含有实用性知识，不含实用性知识的学科是不存在的，只是有的学科的实用性强一些，有的弱一些，就是如文学、哲学、历史等人文学科也不能说没有实用性知识。所以，不存在有的课程不能讲授实用性知识的问题。

---

① 侯长林．“康奈尔计划”对新型大学建设的启示［J］．铜仁学院学报，2017（4）．

② 李克强主持召开国务院常务会议 部署加快发展现代职业教育［EB/OL］．［2018-10-17］．http：//www.gov.cn/ldhd/2014-02/26/content_2622673.htm.

③ 范彦萍．一流大学传授的知识要有实用性［N］．青年报，2016-04-15.

三、应用型高校课堂教学要体现丰富性

大学与中小学相比，知识的丰富性是其重要特征。德国哲学家雅斯贝尔斯说得好：大学是“知识的宇宙”。① 我们知道，“宇宙”是无边无际、无始无终的。因此，大学是“知识的宇宙”，其意义就是指大学虽然是有围墙的，但是其中所包含的知识却是无边无际的，比如陆地的知识、海洋的知识、天空的知识甚至整个宇宙的知识，也是无始无终的，比如古代的知识、近代的知识、现代的知识，乃至未来的知识等，无所不包。总之，只要是知识都可以纳入大学并融入大学知识的整体之中，并且这里谈到的知识还是广义的知识，即不仅是指一般意义上的知识，还包括技术等其他知识。由此可见，大学的知识是何等丰富，何等多姿多彩！应用型高校在知识的拥有方面虽然不能与研究型大学相比，但是应用型高校也属于大学的范畴，知识的丰富性，同样是其重要的特征，只是更加偏重于应用性知识罢了。

英国高等教育理论家纽曼在他的《大学的理想》一书的开篇就指出，大学“是一个传授普遍知识的地方”。② 也就是说，大学不仅是一个知识贮存丰富的地方，还是一个以传授普遍知识为己任的地方。大学的每一个角落和每一寸光阴之中都存在着知识，但是大学里知识最集中的地方还是图书馆和课堂，因而这两个地方也是大学生获取知识最多的地方。图书馆的知识是以藏书的形式静态地呈现在学生的面前，学生通过自学获取知识。但是课堂就不一样，因为课堂上的知识是流动的，其流动的源头是教科书、教案及其参考资料。如果教师只是照本宣科，其课堂信息量必然有限。在信息闭塞的年代，教师围绕课本进行教学，信息量少，尚能应付，但是在历史已经发展到高度信息化的今天，学生能够通过各种渠道很便捷地获取有关课堂教学内容的大量信息，教师还只是拿着课本讲，学生不玩手机、不打瞌睡才怪呢？当代大学生对课堂学习积极性不够，诚然有学生自身的原因，但是根源在教师，在于教师课堂教学的“水分”太多。因此，为了提高课堂教学的吸引力，教师必须尽可能增大课堂教学的信息量，尤其是增加学生不易查找到的信息。当然，每门课程信息量的

---

① ［德］卡尔·雅斯贝尔斯．大学之理念［M］．邱立波，译．上海：上海人民出版社，2007：121.

② ［英］约翰·亨利·纽曼．大学的理想（节本）［M］．徐辉，等，译．杭州：浙江教育出版社，2001：1.

要求不一样，难以作统一的要求，但也并非找不到参照数，比如课程教学大纲的基本要求或学生手中教材所包含的信息量，就是课堂教学信息量的最基本的要求。这些最基本的要求，只是大学课堂教学信息量要求的底线，而不是大学课堂教学信息量之大的体现。所以，大学课堂教学内容的选择应该是“以若干本教材作参考，在学科的范围内纵横驰骋，编写讲义进行教学”,① 如此才能体现课堂教学内容的丰富性。

四、应用型高校课堂教学要体现前沿性

作为应用型高校课堂教学仅仅体现知识的丰富性还不够，还要体现前沿性。因为高校是追求真理、研究高深学问的地方，其“‘高深’不仅体现在知识的专业性层面，而且反映在知识的前沿性方面”。② 同时，高校更是培养创新型人才的摇篮。应用型高校同研究型高校一样都要培养创新型人才，其差异在于：研究型高校重在培养理论型创新型人才，应用型高校重在培养应用型创新型人才。不管是理论型创新型人才的培养，还是应用型创新型人才的培养，都需要在课堂教学中传授相关学科前沿性的知识，并且高校都有责任建立确保教师能够将各专业学科的前沿知识成果纳入课程内容中的制度和机制，以此“展现当前社会、科技发展的面貌，使培养的人才始终处在社会和科技发展的最前列”。③ 研究型高校与应用型高校在这方面的区别是：研究型高校重在传授基础理论研究方面的前沿性知识，应用型高校重在传授应用理论研究方面的前沿性知识。

要在课堂上传授前沿性的知识，就需要教师养成经常阅读相关学科前沿性的文献资料，并不断将其添加到自己的讲义中去。一本讲义讲一辈子的时代已经过去，甚至一本讲义一年不更新就已经落后。因为在知识剧增的同时，知识的陈旧速度也越来越快。早在 20 世纪 80 年代就有资料显示：“1976 年的大学毕业生到 1980 年已有 50%的知识陈旧了。”④ 按此推理，知识在今天的陈旧速度会更快，这就需要教师不断更新讲义。我们也知道，不同学科的知识更新速度不一样，更新比较快的学科，就是刚刚出版的教材就已经过时了，因为一本

① 侯长林．走向大学深处［M］．湘潭：湘潭大学出版社，2016：40.

② 田小军．大学生学习投入视角下的高校课程质量问题研究［D］．西南大学，2016（6）：38.

③ 田小军．大学生学习投入视角下的高校课程质量问题研究［D］．西南大学，2016（6）：38.

④ 刘宗祥，屈文．回眸“知识爆炸”论［J］．图书与情报，2002（2）.

好的教材从编辑到出版一般需要一年到两年的时间，所以，优秀的教师一般是不使用自己出版的教材的，自己出版的教材是供别人使用的，自己使用的是不断更新的讲义。新加坡南洋理工学院不允许教师使用已经出版的教材，每一个走上讲台的教师都必须自己编写讲义。因为只有使用不断更新的讲义，才能保证教师不断传授前沿性的知识。因此，教师应该尽可能选用自己开发的教材，尤其是一些应用学科其技术性知识在当今时代可谓日新月异，关注新技术已经成为应用型高校教师的职责和使命。

关注前沿性知识也是我国一些著名高校打造“金课”的成功经验。比如天津大学药物科学与技术学院的诺贝尔化学奖获得者 Fraser 教授及其核心团队的成员们潜心研究适用于中国大学生的国际前沿教学模式，其理学院开设的“有机光电子学”邀请了 11 位“杰青”、两位“优青”和两位业内专家共同授课。学校这样做的目的就是“致力于让本科生接触到学术最前沿”知识。①

其实，教师关注前沿性的知识还不仅仅在于传授前沿性知识本身，更为重要的在于通过对前沿性知识的关注，让学生理解、明白关注前沿性知识的价值和意义并养成终身关注前沿性知识的习惯。

五、应用型高校课堂教学要体现思辨性

虽然中小学的课堂教学也要对学生进行思辨性思维能力的训练，但不是其课堂教学的主要任务，然而大学课堂教学则不同，可以说不管何种类型的大学，其课堂教学都需要强化思辨性思维能力的训练。刘献君就曾说过：“培养大学生自主独立的学习能力，使其心智丰盈，思维敏捷，这是大学课堂教学的重要特征。”② 如何才能使大学生通过课堂学习使其达到心智丰盈、思维敏捷？这就需要大学教师重视思辨性思维的培养和训练。所谓思辨，顾名思义，就是指思考与辨别。思考是基础和前提，辨别是在思考基础上的辨别，是思考后的反思，以及反思后的思考，其中包含接受与批判两个方面，并且批判所占的比重较大，因而有学者也就把思辨性思维看成是批判性思维。当然，批判性思维不完全等同于思辨性思维，但是批判性思维是思辨性思维的主要方面。所以，培养学生的思辨性思维首先还是要抓好批判性思维的培养和训练。1998 年，联合国教科文组织在《21 世纪的高等教育：观念与行动》的报告中就已经明

① 在天大，这样的“金课”还有很多［EB/OL］.［2018-10-17］. http：//www. sohu. com/a/258793428_355396.

② 刘献君．论“以学生为中心”［J］. 高等教育研究，2012（8）.

确提出：“高校必须培养学生能够批判性思考和分析社会问题，寻求问题解决方案。”培养学生批判性思维的理念在美国已经根深蒂固，每一所大学都非常重视学生批判性思维能力的培养。斯坦福大学还“开设专门的批判性思维能力课程——有效思考（Thinking Matters），并且在各学科教学过程中强化批判性思维训练”。① 欧洲等国家的高等教育界也非常重视学生批判性思维能力的培养。德国的马丁·布伯认为，教师“最有价值的教学绝非使学生通过机械式的方式积累知识，而是使个体形成建设性的批判思维”。②

我国对批判性思维的研究起步较晚，直到20世纪末至21世纪初才开始有这方面的论文出现，并且其内容多是对西方思辨能力理论和实践的介绍。不过，近年来，大学生思辨能力的培养在我国教育界开始引起人们的重视和关注。由于对批判性思维能力培养重视不够，从而导致我国大学生的批判性思维能力普遍不强。要解决这些问题，首先还得从教师入手，只有教师具备了一定的批判性思维能力，“才会在传道授业过程中不断整合资源，利用课内课外的各个环节，有意识地培养学生的批判性思维”。③ 从我国目前的情况看，令人担忧的不是学生的批判性思维能力问题，而是我们教师的批判性思维能力不强。因此，强化教师批判性思维能力的训练是首先需要做的工作。学生批判性思维能力的培养最终还得通过课程设置及课程教学才得以实现。国外培养学生批判性思维能力主要是通过专设的通识课程和与专业课程相融合的教学形式来进行，这些形式和做法，我们也可以学习和借鉴。

可能有人会产生这样的疑问：应用型高校需要培养这种批判性思维能力吗？批判性思维能力不是研究型高校的“专利”，恰恰相反，应用型高校还要加强对学生批判性思维能力的培养。因为一个没有批判性思维能力的应用型人才不可能成为一流的应用型人才。也就是说，一流的应用型人才一定是具有一定批判性思维能力的人。正因为如此，铜仁学院才将其“山”字形人才培养模式的最下面一“横”用来代表通识教育，通识教育一定要“稳”、要“厚”、要“实”，并要求在通识教育中开设专门的培养学生批判性思维能力的相关课程，成立田秋写作学院，训练学生的批判性写作思维能力。仅仅通过通

① 刘学东，袁靖宇．美国大学生批判性思维能力培养研究——以斯坦福大学为例［J］．高教探索，2018（9）．

② 米靖．马丁·布伯对话教学思想探析［J］．外国教育研究，2003（2）．

③ 陈韵桥．论大学生批判性思维能力的培养［J］．长沙理工大学学报（社会科学版），2017（5）．

识教育课程培养学生的批判性思维能力还不够，还要强调在专业课中进行批判性思维能力的培养，融批判性思维能力的培养于专业课之中，“各学科的专业知识虽然有很大不同，但专业的训练离不开对知识的批判思考。只有批判性地思考专业学科的知识，才是真正的学有所得、学有所思”。① 因此，应用型高校要想打造“金课”，其课堂教学一定要努力体现思辨性包括批判性。这是应用型高校课堂教学的基本要求。我甚至以为没有思辨的课堂不是大学课堂，没有思辨性能力的学生也称不上真正意义上的大学生。

六、应用型高校课堂教学要体现研究性

大学课堂之大，体现的是对高深学问的传授。不传授高深学问还叫什么大学课堂？而高深学问的传授是建立在对高深学问研究的基础之上的，即连何谓高深学问都不知道，哪来高深学问传授给学生？因此，大学课堂教学的重要特征之一就是高度和深度。大学课堂教学的高度和深度，是指大学课堂教学不是简单地复制已有的材料和现成的知识，不是机械地把公认的定理、公式和原理告诉学生，更不是刻板地发布所谓“标准答案”，而是在此基础上有更高的要求——“以发现新知识、创造新知识、发明新技术为目标和旨归。”② 即大学课堂教学不是简单地照抄照搬教材和现有资料的内容，而应该是一个艰辛的学术研究的过程，是一个指向未知的学术活动过程。

教学作为学术活动指向于未知，最重要的是要“使教学工作对于教师而言，具有与科研同等性质的活动，一种指向于未知的探究活动。这种活动，简言之，就是使教学上升为教研，上升为科研”。③ 这是大学课堂教学体现研究性的首要任务。既然课堂教学本身就属于学术的范畴，理当引起广大高校教师的高度重视并将其列为提高课堂教学学术性的首选工作。只有把课堂教学这个学术本身研究清楚了，研究透了，才谈得上在其他方面如何增强其课堂教学的学术性等问题。当前，我国高等教育界对课堂教学研究普遍重视不够，究其原因，是多方面的，但是最重要的有两条：一是教师自己没有把课堂教学研究看成是学术；二是学校没有把课堂教学研究与其他专业领域的研究放在同一个平

---

① 陈韵桥．论大学生批判性思维能力的培养［J］．长沙理工大学学报（社会科学版），2017（5）．

② 卫建国．以改造课堂为突破口提高人才培养质量［J］．教育研究，2017（6）．

③ 刘振天．教学与科研内在属性差异及高校回归教学本位之可能［J］．中国高教研究，2017（6）．

台上，在奖励等方面低人一等。这两种现象都得到改变，才能真正确立课堂教学研究的学术地位。

课堂教学体现研究性的另一重要方式，就是提倡教师要进行与课程所涉及的专业领域有关的科学研究。不进行与课程所涉及的专业领域有关的科学研究，要想把大学课堂教学工作做好，要想成为一个优秀的大学教师，那是不可能的。雅斯贝尔斯说得好：“没有人能够不亲身参与到科学研究中去而能真正在大学里面教育好学生。”① 所以，他认为，优秀的大学教师应该同时是一个优秀的研究者，“只有自己从事研究的人才有东西教别人，而一般的教书匠只能传授僵硬的东西”。② 从我国高校目前的情况看，不重视科学研究的人不多，问题在于没有很好地将科学研究成果反哺教学。做科学研究的不重视教学，重视教学的不重视科学研究，以致科学研究与课堂教学成了两张皮。这就需要教师提高认识，尤其需要学校制定鼓励科学研究反哺课堂教学的制度和机制。

也许有人会问：应用型高校的课堂教学也应该体现研究性吗？回答是肯定的。应用型高校也是高校，也要“从事社会发展与科技应用等方面的研究”。③ 应用转型的高校不论是技术类或是综合类，也不论是以什么学科为主，科学研究都是其重要的工作，如果放弃科学研究，其学术根基就会动摇甚至漂移。一个没有学术根基的大学还谈什么高深的课堂教学？我们知道，学科建设及科学研究是大学的根本，其实这些也是应用型高校的根本。④

七、应用型高校课堂教学要体现艺术性

教学既是科学也是艺术，但遗憾的是，关于教学艺术的讨论主要集中在中小学，而应用型高校对增强课堂教学艺术性普遍重视不够。在西方，对课堂教学艺术的研究有着悠久的历史，其源头可以追溯到古希腊时期苏格拉底的“助产术”。但是最先使用“教学艺术”一词的则是德国教育家和教学法革新家拉特克（W. Ratkel）。他曾在培根思想影响下“发现了根据天性而实施的教

---

① ［德］卡尔·雅斯贝尔斯．大学之理念［M］．邱立波，译．上海：上海人民出版社，2007：3.

② ［德］卡尔·雅斯贝尔斯．什么是教育［M］．邹进，译．北京：生活·读书·新知三联书店，1991：152.

③ 教育部关于“十三五”时期高等学校设置工作的意见［EB/OL］．［2018-10-17］．http：//www.moe.gov.cn/srcsite/A03/s181/201702/t20170217_296529.html.

④ 侯长林，陈昌芸．应用转型是在坚守大学根本前提下的转型［J］．教育发展研究，2018（17）.

学艺术”,① 创建了他的关于教学原理的理论。我国对教学艺术的探究虽然最早可以追溯到《学记》，但是在学理上，教学艺术并没有成为一个自觉的理论范畴，因而关于教学艺术的研究只能从近现代算起。教学艺术特征主要包括创造性、审美性和情感性。因此，所谓教学艺术就是指在教学过程中所体现出的具有创造性、审美性和情感性的教学活动。没有创造性的教学不是艺术，但仅仅具有创造性，没有审美追求和情感参与的也算不上艺术。所以，真正的教学艺术应该是指创造性、审美性和情感性三方面都有所体现并有机结合的课堂教学活动。增强应用型高校课堂教学艺术性的策略，一是提高对应用型高校课堂教学艺术的认识；二是处理好应用型课堂教学科学性与艺术性的关系；三是加强应用型高校课堂教学艺术性的研究。

（本文原载《职教论坛》2019 年第 3 期；《中国教育科研参考》2019 年第 17 期全文转载。）

① ［英］伊丽莎白·劳伦斯．现代教育的起探和发展［M］．纪晓林，译．北京：北京语言学院出版社，1992：69.

论应用型本科高校课堂教学的研究性

教育部长陈宝生在2018年6月21日召开的全国高校本科教育工作会议上对课程进行了论述，认为我国本科教育课程难度、深度和挑战度不够，希望有所提升与突破，“真正把‘水课’变成有深度、有难度、有挑战度的‘金课’。”① 陈宝生部长关于淘汰“水课”、打造“金课”的要求提出后，各级教育行政主管部门以及各种类型各种层次的高校纷纷响应，一场消灭“水课”、建设“金课”的战争已经打响。应用型本科高校是我国高等教育的重要组成部分，这一类型的高校如何消灭“水课”、建设“金课”？我以为，要努力体现教育性、实用性、丰富性、前沿性、思辨性、研究性和艺术性，其中，最能够使课程变得有难度、有深度和有挑战度的是“研究性”。因此，对应用型本科高校课堂教学的研究性进行讨论有着重要的现实意义。

一、何为应用型本科高校课堂教学的研究性

（一）本科高校课堂教学研究性的内涵

在这里首先需要说明的是，为什么不使用课堂教学的“学术性”和“探究性”概念而用“研究性”一词？这并不是标新立异，而是因为我这里所要专门讨论的课堂教学的研究性，既不是指课堂教学的学术性，也不仅仅是指课堂教学的探究性，而是指教师将自己在专业领域进行科学研究所取得的成果及其经验带入课堂，以及带领学生进行知识“探险”的情况。教师将自己在专业领域进行科学研究所取得的成果及其经验带入课堂，即科学研究在课堂的延伸，也就是我们通常所说的科学研究对教学的反哺。大学教师不仅自己要做科学研究并将科学研究的成果带入课堂，还应该带领学生一起进行科学研究，一起开展对知识的探险活动。这样的大学教师才可能成为优秀的大学教师，这样

① 教育部部长陈宝生在新时代全国高等学校本科教育工作会议上的讲话［EB/OL］.［2018-12-07］. http://jsfz.yulinu.edu.cn/info/1015/1047.htm.

的大学教育也才是真正的大学教育。显然，这里所谈的本科高校课堂教学的研究性，与美国教育家欧内斯特·博耶所提出的教学的学术性不一样。博耶的教学的学术性是指发现的学术研究、综合的学术研究和应用的学术研究之外的关于教学研究的学术，即以课堂教学为研究对象的学术。如果是从事师范教育的教师，其教学的学术研究成果同其他科学研究成果一样，应该将其带入课堂教学之中，而非师范教育教师对教学的研究，其成果本身只对自己和同行有用，对学生意义不大，没有带入课堂的必要。不过，师范教育和非师范教育教师在教学研究过程中获得的科研体会和经验都可以与学生分享，因为教学研究与其他专业领域的研究都是科学研究，既然都是科学研究，在科研方法上也就有相通之处，有可供借鉴的地方。

1. 将自己在专业领域进行科学研究所取得的成果及其经验带入课堂

18 世纪末至 19 世纪初，科学研究活动已开始在大学中存在，只是那时的大学教师是凭着自己的兴趣爱好进行科学研究，是纯个人的行为，还处于自发状态。学校占据主要地位的是教学，科学研究遮蔽于教学之中，即相对教学来说还属于隐性活动。但是从事科学研究的大学教师必然会自觉或不自觉地把其在科学研究中获得的成果及其体验全部或部分地带入课堂。比如有学者就认为，“他们的教学在很大程度上与他们私下所从事的研究有直接关联……研究是为教学作准备的”。①

就本科高校的教师而言，本来科学研究的成果就不多。这些少量的成果还不用于教学，本科高校课堂教学的研究性将如何体现？一个教师进行科学研究不把其取得的成果带入课堂教学，和一般科研院所的研究员有什么区别？教师进行科学研究的目的除了满足社会需要、解决实际问题外，就是要服务课堂教学，甚至服务课堂教学的目的还是第一位的，因为本科高校的教师首先是教师而不是研究员。因此，本科高校应倡导并要求教师将其从事科学研究所取得的成果及其经验列为课堂教学的内容。每一个教师的情况不一样，可以有不同的侧重点，但是，将自己从事科学研究所取得的成果及其经验列为课堂教学的内容，应该成为本科高校体现课堂教学研究性的主要方式或渠道。如果教师将科学研究成果直接引入原课程有一定的难度，还可以根据其研究成果开设新课程。就一般情况而言，“在一个领域，如果有 10 篇左右的高水平论文发表，

① 朱国仁．高等学校发展知识职能的产生与演变［J］．清华大学教育研究，1998(3)．

便可以创建一门新的课程”。①

其实，大学课堂教学也是教师发表科学研究成果的重要阵地。通过在报纸杂志发表或在出版社出版的署有作者姓名的论文和著作是科学研究成果发表或发布的重要形式，但是作为大学不能排除教师通过课堂（讲座）教学等形式发表科学研究成果，并且就某些思想极为丰富的教师来说，课堂（讲座）教学还是其发表研究成果的最重要的形式，“他们创造性的思想须要通过讲演或个别讨论的形式，在与学生的直接交流中得到阐发”。② 我国的孔子，以及古希腊的苏格拉底等都没有撰写著作，他们的思想都是通过讨论等教学的方式得以传播的。就是在各种信息媒体极为发达的今天，科学研究成果的传播也离不开报告、讲座等形式。学生通过阅读获得的知识和信息确实很多，但是通过亲自聆听报告、讲座和课堂教学等留下的记忆往往更深刻更持久。也许这正是各种学术报告会、研讨会等得以存在和繁荣的原因之所在。

2. 带领学生进行知识的“探险”

英国数学家、哲学家、教育家怀特海对于教育有过十分精彩的论述：“教育是训练对于生活的探险；研究则是智力的探险。大学应该成为青年和老年人共同参与的探险活动的家园。”③ 既然大学应该是探险活动的家园，那么，课堂教学也应该包括在其中，也就是说，大学课堂教学也是教师和学生进行知识探险活动的地方。在怀特海看来，成功的教育所传授的知识必须具有某种创新的成分，即所传授的知识本身是新知识或者是某种创新知识成果的运用。大学绝不能传授陈旧的知识，陈旧的知识像腐烂的鱼一样。而创新离不开想象，所以，怀特海认为：“大学存在的理由是，它使青年和老年人融为一体，对学术进行充满想象力的探索，从而在知识和追求生命的热情之间架起桥梁。”④ 应用型本科高校也是大学，其存在的理由也应该是教师与学生融为一体，对学术进行充满想象力的探索。探索本身就是探险，在这种知识探险活动中，教师与学生可以共同发现新知识。

利用课堂教学所进行的知识探险活动，类似于我们平时所说的探究式课堂

① 刘献君．大学课程建设的发展趋势［J］．高等教育研究，2014（2）．

② ［英］怀特海．教育的目的［M］．徐汝舟，译．北京：生活·读书·新知三联书店，1991：121．

③ ［英］怀特海．教育的目的［M］．徐汝舟，译．北京：生活·读书·新知三联书店，1991：119．

④ ［英］怀特海．教育的目的［M］．徐汝舟，译．北京：生活·读书·新知三联书店，1991：112．

教学，但又不等同于探究式课堂教学。探究式课堂教学始于美国教育学家布鲁纳针对传统教学中的“仓库理论”而提出的“发现教学模式”。布鲁纳认为：学习就是发现，教学过程就是学生发现的过程。后来，美国探究教学专家萨奇曼在布鲁纳“发现教学模式”的基础上提出了“探究训练教学模式”。这个探究训练教学模式的精髓体现在萨奇曼的一句话上——“学生本能地对一切新奇的事物感兴趣并想方设法弄清这些新奇的事物背后究竟发生了什么。”① 由此可见，无论是布鲁纳的发现教学模式，还是萨奇曼的探究训练教学模式，都是针对学生的未知而言的。学生未知的，教师不一定都已知，但学生未知中的大部分知识教师是已知的。因而，在学生探索未知的过程中教师是能够把控的。因此，学生探索未知的过程不存在大的风险，也就是说探究式教学模式还算不上真正的知识探险活动。怀特海的知识探险活动针对的不仅仅是学生的未知，也针对教师的未知，其所要探索的是人类新的知识，即创新。

（二）应用型本科高校课堂教学研究性的特点

虽然应用型本科高校与研究型高校、职业技能型专科院校同属于高等教育，有高等教育应该遵循的共同的规律，但是毕竟在类型和层次方面又有一定的差异，这种差异决定了各自存在必须遵循的特殊的教育规律。应用型本科高校课堂教学的研究性同样如此，也应该有自己的特殊规律，即特点。

1. 应用型本科高校与研究型高校课堂教学研究性的区别

研究型高校的教师以基础研究为主，辅之以应用研究。这些高校参与研究的教师比例一般较高，几乎没有不参与科学研究的，不参与科学研究的教师在研究型高校很难找到生存的空间，并且教师研究能力一般都比较强，水平都比较高。因而其能够带入课堂教学的科学研究成果数量比较多，可供选择的余地大，科学研究成果水平也相对较高，其中基础研究成果所占比例大。这就使研究型高校课堂教学的研究性更容易凸显，具体表现在：一是研究型高校能够将科学研究成果带入课堂教学的教师相对较多，其教师个体平均能够带入课堂教学的研究成果数量相对较大，质量相对较高；二是研究型高校教师课堂教学中基础研究氛围较浓。

应用型本科高校由于以应用研究为主，辅之以基础研究，且参与研究的教师比例相对较低，研究能力相对较弱，质量相对较低，因而能够将科学研究成

① 应湘．大学探究性课堂教学模式初探［J］．电化教育研究，2005（8）．

果带入课堂教学的教师相对较少，其教师个体平均能够带入课堂教学的研究成果数量相对较小，质量相对较低，只不过，其课堂教学中应用研究的氛围相对较浓。应用型本科高校目前的科学研究现状确实不能令人乐观，可以说相当一部分应用型本科高校的科学研究才刚刚起步，但是对科学研究大都比较重视，不谈学科和科学研究的不多，科学研究的总体水平在逐年提升，有的还提升得比较快，教师参与科学研究的面也在迅速扩大。铜仁学院在 2015 年发表论文或出版著作或申报科学研究课题的教师只占专任教师的 42%，2016 年为 56%，2017 年已经达到 68%。老牌的办学实力比较强的应用型高校教师参与科学研究的比例还更高，比如上海第二工业大学专任教师参与科学研究的比例已经达到了 100%。尽管上海第二工业大学参与科学研究的教师的比例比较高，也只是专任教师的 100%，而不是所有教师的 100%。因为学校除专任教师外还有部分“双肩挑”的兼任教师，以及来自企业、行业等的校外兼职教师。研究型高校由于办学水平高、社会影响大，就是兼职教师也都是从事科学研究并且水平较高的专家学者，而应用型本科高校由于自身办学水平和社会影响力的限制，还很难对兼职教师提出科学研究的要求。

2. 应用型本科高校与职业技能型专科院校课堂教学研究性的区别

应用型本科高校与职业技能型专科院校均属于应用型高校，从科学研究的角度看，两者所从事的主要都应该是应用研究，基础研究只是其辅助性的科学研究工作，其主要区别在于两者所从事的应用研究的生态位不同：应用型本科高校侧重于应用研究的中上端，职业技能型专科院校侧重于应用研究的中下端。应用研究中的“高”“精”“尖”问题的解决，主要是研究型高校教师的责任和使命。比如西湖大学作为一所私立研究型大学，其科学研究的定位就是“力求在基础研究和前沿技术创新方面有所突破”。① 其中的“前沿技术创新方面有所突破”就属于应用研究中的“高”“精”“尖”问题。当然，也不排除应用型本科高校中的个别教师有能力和水平能够研究这些问题，但毕竟只是个别或少数教师能够做到，更多的教师能够关注和研究的只是与应用研究相关的亟待解决的基础研究问题，即将基础研究定位在为应用研究服务上应该成为应用型本科高校教师从事基础研究的价值导向。

教育部《关于“十三五”时期高等学校设置工作的意见》对应用型本科

① 西湖大学［EB/OL］.［2018-12-07］. https：//baike. sogou. com/v140793663. htm/fromTitle.

高校的科学研究有明确表述："开展社会发展与科技应用等方面的研究。"① 要开展这方面的研究，需要关注学科专业领域涉及应用方面的前沿和热点问题，积极争取应用方面的纵向科学研究课题，比如国家和省部级社会科学基金、自然科学基金等有关应用方面的项目，更需要深入社会或行业企业，积极争取能够解决社会或行业企业急需的有关社会难题和技术难题的横向科学研究项目。将这些应用研究的成果带入课堂，必然有利于应用型本科高校开展社会发展与科技应用等方面研究特色的形成。

教育部对职业技能型专科院校科学研究的表述则是："开展或参与技术服务及技能应用型改革与创新。"② 这是对职业技能型专科院校科学研究的定位，包括两层含义：一是技术服务；二是技能革新。也就是说，职业技能型专科院校的应用研究，偏重于应用实践研究，即如果应用型本科高校重在科技研发，那么，职业技能型专科院校就重在科技成果的推广，以及将新知识、新理论用于特定目标的研究等。职业技能型专科院校应用研究的选题主要来自社会或行业企业的需求，即以横向课题为主，其目的在于解决生产中存在的管理和技术难题，并通过对研究成果的推广，使之转化为现实生产力，将这些科技成果带入课堂，必然形成职业技能型专科院校开展或参与技术服务及技能应用型改革与创新方面的特色。

二、应用型本科高校课堂教学为什么要体现研究性

（一）课堂教学的研究性是大学传授和探究高深学问属性的具体体现

大学与中小学相比一个最重要的特征就是大学是传授和探究高深学问的地方。早在公元前4世纪对"高深学问"的探讨就已进入学术殿堂。如果说意大利博洛尼亚大学、法国巴黎大学等欧洲早期大学只是传授高深学问的话，那么，洪堡提出科学研究与教学并重的理念后，大学就进入了既传授高深学问又探究高深学问的新时代。因此，完全可以说，大学的高深知识性"是大学与生俱来的天然属性，是大学的本质属性之一"。③ 美国高等教育理论家布鲁贝

① 关于"十三五"时期高等学校设置工作的意见［EB/OL］.［2018-12-07］. http://www.jxedu.gov.cn/info/1912/98147.htm.

② 关于"十三五"时期高等学校设置工作的意见［EB/OL］.［2018-12-07］. http://www.jxedu.gov.cn/info/1912/98147.htm.

③ 林杰．论大学的本质属性——一个永恒不变的属性体系［J］. 教育探索，2018（3）.

克的《高等教育哲学》一书就是以“高深知识”为逻辑起点对高等教育认识论和政治论的哲学观进行分析与讨论的。他认为：“任何社会都应该有大学这样的机构，其目的是对社会的最令人困扰的问题进行尽可能深刻的思考，甚至思考那些无法想象的问题。”① 我国教育家蔡元培在就任北京大学校长的演讲中明确提出：“大学者，研究高深学问者也。”② 在他看来，大学就是做学问做研究的机构，不做学问不做研究就算不上大学。教师做学问做研究的成果，除了直接用于服务国家和社会，解决经济社会发展中的问题和难题外，就是用于课堂教学。可见，教师将自己的科学研究成果及其经验带入课堂，以及带领学生进行知识“探险”而增强的课堂教学的研究性，正是大学传授和探究高深学问属性的具体体现。

（二）课堂教学的研究性是高水平应用型本科人才培养的基本要求

我国已经进入了高质量发展的时代。高质量时代对应用型本科高校的要求就是要培养高水平的应用型本科人才。什么样的应用型人才才是高水平应用型本科人才？可以有多种解读：比如思想境界高、文化素养高、动手能力强等，都可以成为高水平应用型本科人才中的一种类型，但是这些高水平应用型本科人才类型的基础和前提是，要具有一定的从事科学研究的素养。对本科学生进行科学研究能力的培养已经成为许多研究型高校的传统。1998 年美国博耶在其《重建本科教育：美国研究型大学发展蓝图》的报告中就已经提出，本科教育要努力促进“教学与研究相结合，学生的学习基于研究”。③ 著名华人数学家丘成桐在接受记者采访时说，有的大学“不高兴听我讲‘哈佛大学培养出来的本科生的文章登在第一流的杂志上，比他们有些院士的文章水平还高’，他们觉得我偏激，可这是事实”。④ 这是不是事实，没有考证，但是美国研究型本科高校普遍重视学生科学研究能力的培养却是事实，很值得我们借鉴和学习。可能有的人会说：研究型本科高校需要培养学生的科学研究能力，应用型本科高校不一定需要。其实，这是不对的。不管是研究型本科学生，还

① ［美］约翰·S. 布鲁贝克．高等教育哲学［M］．王承旭，徐辉，等，译．杭州：浙江教育出版社，1987：14.

② 於鸿．从蔡元培的“研究高深学问”看现代大学职能的完善［J］．教书育人，2015（6）.

③ 张富生．解读卢德馨研究性教学［J］．中国大学教学，2007（3）.

④ 丘成桐谈中国教育［EB/OL］．［2018-12-07］．https：//blog. csdn. net/On_theway10/article/details/81159139.

是应用型本科学生，都需要具有一定的科学研究能力。《中华人民共和国高等教育法》在本科教育学业标准中已有明确要求，即应该“具有从事本专业实际工作和研究工作的初步能力”。① 学生所应该具有的“研究工作的初步能力”从哪儿来？大学培养人才的主要渠道是课堂教学。自然这些能力应该主要从课堂教学中来。有学者曾经很形象地说道：“如果我们把大学视为‘超市’，学生视为‘顾客’；那么，专业只是商品分类的柜台，课程才是琳琅满目的‘商品’。”② 即作为“顾客”的学生要想购买到具有研究性的“商品”，就必须通过课堂的学习。因为“学生从大学里受益的最直接、最核心、最显效的是课程”。③ 课程没有研究性，学生研究性素养的培养就成了无源之水无本之木。还有学者甚至认为“高质量的人才培养不可能就教学而教学”，④ 而必须坚持教学与科研和社会服务相结合，坚持以科学研究为基础和前提。因此，课堂教学的研究性是高水平应用型本科人才培养的基本要求。

（三）课堂教学的研究性是“金课”建设的重要途径和方法

在陈宝生部长提出有难度、有深度和有挑战度的“金课”的要求后，教育部在《关于狠抓新时代全国高等学校本科教育工作会议精神落实的通知》（高教函〔2018〕8号）中提出：“各高校要全面梳理各门课程的教学内容，淘汰‘水课’、打造‘金课’，合理提升学业挑战度、增加课程难度、拓展课程深度，切实提高课程教学质量。”⑤ 把建设“有难度”“有深度”和“有挑战度”的“金课”正式写入教育部的文件，说明这不仅仅是陈宝生部长个人的要求，而是整个教育部集体的心声。那么，要凸显“金课”的“有难度”“有深度”和“有挑战度”的内在要求，有哪些具体的途径和方法？各种类型高校的情况不一样，其所应该采取的途径和方法会不一样，就是同一类型中的

---

① 中华人民共和国高等教育法 [EB/OL]. [2018-12-07]. http：//www.doc88.com/p-6166964797278.html.

② 周光礼．“双一流”建设中的学术突破——论大学学科、专业、课程一体化建设 [J]. 教育研究，2016（5）.

③ 吴岩．建设中国“金课” [EB/OL]. [2018-12-07]. http：//www.sohu.com/a/280162124_657974.

④ 李俊杰．地方院校基于高水平学科平台的科研反哺教学的理论与实践探索——以浙江工业大学为例 [J]. 浙江工业大学学报（社会科学版），2010（12）.

⑤ 关于狠抓新时代全国高等学校本科教育工作会议精神落实的通知 [EB/OL]. [2018-12-07]. http：//www.sohu.com/a/254034212_712942.

高校由于其特殊性，也会有不同的选择，但是要提升课程的难度、深度和挑战度，增强课堂教学的研究性是绕不开的重要途径和方法，只不过，不同类型的高校和同一类型中不同的高校各有侧重罢了。否则有难度、有深度和有挑战度的“金课”要求，以及教育部高教司司长吴岩在对“金课”的进一步解读中所提出的“高阶性”和“创新性”① 都会落空。因为无论是“高阶性”的内在要求——毕业生应该具有解决复杂问题的综合能力和高级思维，还是“创新性”的内在要求——课程内容的前沿性、时代性，教学形式的先进性、互动性，学习结果的探究性、个性化等，都与课堂教学的研究性密不可分。

三、应用型本科高校课堂教学如何体现研究性

（一）应进行以应用研究为主的科学研究

大学课堂教学要体现研究性，作为大学课堂教学的主讲人不进行科学研究，没有自己的科学研究成果，拿什么带入课堂？不进行科学研究也就没有从事科学研究的感受和体验，怎么带领学生进行知识的“探险”？所以，我以为还不仅仅是专任教师必须进行科学研究的问题，兼任教师和兼职教师也都必须进行科学研究，即是说所有大学教师都必须进行科学研究。这个要求对研究型高校来说，问题不大，但对应用型本科高校尤其是新建应用型本科高校来说难度较大，对那些不谈学科不提科学研究的新建应用型本科高校难度更大。但不管有多大困难，也不管是何种类型的本科高校，都属于大学的范畴，既然属于大学的范畴，就要履行科学研究的职能。其实，只有科学研究的职能履行好了，科学研究的水平提升了，学校的教学水平才能真正得以提升。钱伟长曾经说过一句很精辟的话：“教学没有科研做底蕴，就是一种没有观点的教育，没有灵魂的教育。”② 这就告诉我们，教学的内容来自科学研究，没有科学研究的创新，就没有教学内容的创新，科学研究是“源”，教学是“流”，科学研究与教学的关系就是“源”与“流”的关系。因此，任何一所高校，就是最普通的定位在教学型的地方性高校，要提升自己的教学水平，提高人才培养质量，“在高校的竞争市场中取得优势，也必须集中优势资源搞好科研建设，把

---

① 吴岩．建设中国“金课”［EB/OL］．［2018-12-07］．http：//www.sohu.com/a/280162124_657974.

② 钱伟长．大学必须拆除教学与科研之间的高墙［J］．群言，2003（5）．

各专业学科的科研实力提升上去，然后再把这种优势反哺到教学上”。① 紧握拳头，是直接打出去有力，还是收回来然后再打出去有力？显然，拳头是收回来然后再打出去有力。所以，提升教学质量，不把眼光盯着教学，而是采取优先发展科学研究然后再反哺教学的做法，是有道理的。大学科学研究职能的履行，科学研究反哺教学，都需要落实到每一个教师的头上，即每一个大学教师都需要努力通过科学研究积累教学资源，用于丰富课堂教学内容，提升课堂教学的研究性。做科学研究的教师与不做科学研究的教师所拥有的教学资源不一样，做科学研究的教师因科学研究等业务会比不做科学研究的教师与外界有更多的联系，比如“要做课题就需要与企业多联系，做研究也会更多地关注和联系校外其他知名专家。这些都是重要的资源和机会，只要加以利用，都可以被转化为教学资源”。② 因此，只有每一个大学教师都进行科学研究，才有可能增强课堂教学的研究性，应用型本科高校同样如此。而现实中则有人认为，教师不做科学研究照样可以把课上好，那要看用什么标准来衡量。如果只以把教材里的知识传授给学生的标准来衡量，我相信不做科学研究也能够做得到，并且能够做得好，但如果要用课堂教学的研究性标准来评价，教师不做科学研究要想把课上好，那是天方夜谭！因为教师不做科学研究要想上好具有研究性的课程，就像巧妇难为无米之炊一样，家里没有米再聪明的人也煮不出米饭来。因而是大学教师就应该有能力开设具有研究性的课程，要开设研究性的课程，就需要进行科学研究，舍此别无他途！所以，世界著名大学在聘请终身教授时基本上都是把学术水平和科学研究的能力放在第一位的，比如哈佛大学聘请终身教授的标准首先看其学术成就和学术影响力是否达到学校的要求，耶鲁大学、斯坦福大学的标准是看其科学研究的水平是否达到世界领先水平，其影响力在世界范围内能否称得上杰出领军人物。也就是说，在这些大学选聘终身教授时只有首先在科学研究方面满足其要求后，才考虑第二个标准——高质量的教学水平，并且“高质量的教学不能代替杰出的学术成就这一标准”。③ 也即是说，在这些大学眼里，高质量的科学研究成就能够促进教学，但是高质量的教学不能证明其能够产出高质量的科学研究成果。

应用型本科高校既要培养应用型人才，也要进行以应用研究为主的科学研

① 李俊杰．科研反哺教学的合理性及地方高校因应策略［J］．教育研究，2012（3）．

② 李俊杰．科研反哺教学的合理性及地方高校因应策略［J］．教育研究，2012（3）．

③ 陈光磊，王丽芹，王风雷．科研反哺教学对于应用型高校的作用与启示［J］．广西教育学院学报，2016（5）．

究，这就需要广大教师尽可能做应用研究，才能使其所属高校以应用研究为主的科学研究职能得以彰显，也才可能真正使其课堂教学具有应用研究性的特征。所以，进行以应用研究为主的科学研究，是应用型本科高校教师的责任和使命。

（二）坚持教学与应用研究的一体化发展

学科与专业就像一对孪生兄弟，同根同源并处于共同的生存环境之中，不管是研究型高校、应用型本科高校，还是职业技能型专科院校，都应该坚持学科专业一体化发展的原则。不过，不同类型和不同层次的高校其学科专业一体化发展是有主次和重点与非重点的。以硕士、博士研究生培养为主的研究型高校应该坚持学科是龙头、专业是支撑的原则，以本科学生培养为主的应用型高校应该坚持学科与专业并重的原则，而在以专科学生培养为主的职业技能型专科院校应该坚持专业是重点、学科是支撑的原则。从目前的情况看，学科与专业的关系，在研究型高校处理得比较好，应用型本科高校还有一定的问题，比如有的学校在应用转型的过程中有淡化学科的倾向，问题比较大的是职业技能型专科院校，其只谈专业不谈学科，学科基本处于缺位的状态。学科缺位的专业建设能够走多远走多高，那是可想而知的。

应用型本科高校学科专业一体化发展原则的具体体现，就是要坚持应用学科与应用专业一体化发展。因为应用型本科高校虽然也存在基础学科，但基础学科不是其主流学科也不可能成为其主流学科，应用型本科高校的主流学科一定是应用的。何为应用学科？就是“关于具有特定的实际应用目标，将单纯的理论研究转化为实际运用，以及利用基础研究、应用研究的成果进行开发研究的学科”。① 只有这类学科才能成为应用型本科高校的主流学科，这是应用型本科高校的应用性质决定的，不是愿不愿意、喜不喜欢的问题。应用型本科高校要培养应用型人才，其作为培养应用型人才的专业，当然也应该是应用的。所以，在应用型本科高校坚持应用学科与应用专业一体化发展的原则是符合实际和现实需求的。因此，在确定重点应用学科与重点专业建设时，既要尽可能遴选与重点专业建设相对应的应用学科进行建设，也要“尽可能遴选出与应用学科相对应的应用专业进行重点建设，集中投入”，② 这样才能逐步实现应用学科与应用专业发展的一体化。

① 罗静．应用学科的内涵及发展方略［J］．贵州社会科学，2018（4）．
② 罗静．应用学科的内涵及发展方略［J］．贵州社会科学，2018（4）．

要强化应用型本科高校课堂教学的研究性，仅仅提应用学科与应用专业发展的一体化还不够，还要在此前提下，着力打造科学研究与教学的一体化。科学研究不完全等同于学科，但是学科70%左右的内容属于科学研究，也就是说科学研究是学科的主体或主要内容。教学也不完全等同于专业，但是课堂教学也是专业建设的主体或主要内容。因此，说科学研究与教学的一体化是学科与专业一体化的具体化，应该是符合逻辑的。要想使科学研究与教学实现一体化发展，从理论上说，应该是两个主体都尽可能朝对方靠拢，才能最终走在同一个轨道上，但就教师个体在对科学研究与教学内容进行选择时，其科学研究领域选择的空间相对较大，教学内容选择的空间相对较小。因为当专业一旦确定，其课程内容选择要受专业人才培养方案和课程教学大纲的限制，而其科学研究领域的选择余地则比较大，只要在其所依托的学科范围包括边缘学科、交叉学科等，都是可以的。所以，要使教师所进行的科学研究与开设的课程尽可能一致，在专业及其课程已经确定的前提下，教师的科学研究就要尽可能围绕其所从事的专业及其课堂教学来进行，由于应用型本科高校的科学研究是以应用研究为主，其绝大部分教师需要围绕所从事的专业领域进行应用研究，这样其所取得的科学研究成果才比较容易引入课堂，其所获得的科学研究的感受与经验才能够比较容易转化为带领学生进行知识“探险”的能力。不过，尽管课程内容的选择要受专业人才培养方案和课程教学大纲的限制，但是应用型本科高校课程内容选择的空间仍然很大，教师对课程内容选择的自主权仍然很大，因此，教师完全可以“把他的教学建立在别人的及他自己的相关研究的基础之上”。①

（三）建立相应的教学和以应用研究为主的科学研究评价制度

2018年5月2日，习近平总书记在北京大学师生座谈会上的讲话中明确指出：“目前，我国大学硬件条件都有很大改善，有的学校的硬件同世界一流大学比没有太大差别了，关键是要形成更高水平的人才培养体系。”② 我国高等教育与世界一流大学的差距确实也主要体现在人才培养体系方面，即人才培养体系的不完善不健全，是我国高等教育落后的根本之所在。要增强高校课堂

---

① ［美］爱德华·希尔斯．教师的道与德［M］．徐弢，等，译．北京：北京大学出版社，2010：7.

② 习近平：在北京大学师生座谈会上的讲话［EB/OL］．［2018-12-07］．http：//mil.chinanews.com/gn/2018/05-03/8504721.shtml.

教学的研究性，最重要最关键的问题也是相关制度体系的建设问题，尤其是相应的教学、科学研究评价体系亟待建立和健全。除个别老牌应用型本科高校外，绝大多数新建应用型本科高校，虽然已经初步建立了一定的有关教学和科学研究的制度和机制，但是促进科学研究与教学的融合包括科学研究反哺教学的制度和机制基本没有形成，更没有形成相互融通、相互支撑的体系。这就使人才培养中心地位不能落地，“学校科学研究、社会服务和行政管理等工作还是各行其是、我行我素”。① 因此，在教学评价方面，要尽快建立和完善有利于促进课堂教学研究性的制度和机制。同时，在科学研究方面，要建立和完善以应用研究为主的科学研究反哺教学的制度和机制。总之，要通过评价制度的制定，努力保持教学和以应用研究为主的科学研究评价协调与均衡发展，促进应用型本科高校及其教师的教学和以应用研究为主的科学研究健康、可持续发展。应用型本科高校本身的以应用研究为主的科学研究水平不高，成果不多，更应该把有限的科学研究成果及其相关资源用于课堂教学，才能支撑课堂教学的研究性，否则，应用型本科高校谈课堂教学的研究性就落不到实处。

（本文原载《铜仁学院学报》2019 年第 1 期；录入《教育文化论坛》2019 年第 2 期“论点摘编”；录入《新华文摘》2019 年第 12 期“论点摘编”。）

① 侯长林．高校应始终坚持人才培养的中心地位［J］．铜仁学院学报，2018（5）．

学科发展

创建梵净山学派　培育梵净山学

2018 年 7 月 2 日，经联合国教科文组织第 42 届世界遗产委员会会议（世界遗产大会）审批，梵净山①被列入世界自然遗产名录，人们再次把目光投向梵净山。

笔者同所有铜仁人一样，为我们的梵净山而骄傲，但是在欣喜之余笔者想得更多的是如何将由铜仁学院提出的创建梵净山学派、培育梵净山学的理念落到实处，使梵净山不仅仅是自然的，也是文化的。

要使梵净山不仅以自然之美雄踞天下，同时，更以文化之美赢得天下，创建梵净山学派、培育梵净山学就成了应然之举。

一、创建梵净山学派、培育梵净山学的缘起

创建梵净山学派、培育梵净山学的想法，在铜仁学院酝酿已久，大致经历了内部讨论、校际发布两个阶段。

第一，内部讨论阶段。2013 年 5 月，笔者重新回到铜仁学院工作，不久到原中文系进行调研，发现该系成立有红楼梦研究所和中华文化研究中心，对此笔者很不理解。不是说《红楼梦》和中华文化不能研究，而是我们没有能力做好这样的研究。因为在《红楼梦》和中华文化研究方面其他高校已经出了很多高端的成果，我们很难超越，目前正在这两大领域中耕耘的多为学术大家，我们很难与其比肩同行。与其跟着别人跑，当陪衬，不如把眼光收回来，关注我们黔东这块热土。于是，笔者提出了“铜仁需求，国家标准”的办学理念。笔者也知道，把大家的关注点集聚到铜仁的范围内来，有的人可能担心做不出高水平的成果，甚至认为会降低铜仁学院的办学品味。其实，这些担心是多余的。围绕铜仁的需求做文章，不等于只做出铜仁的水平，而应做出省级

① 梵净山得名于“梵天净土”，位于贵州省铜仁市的江口、印江、松桃交界处，海拔 2493 米，系武陵山脉主峰，森林覆盖率为 95%。2018 年 7 月 2 日，中国贵州省梵净山在巴林麦纳麦举行的世界遗产大会上获准列入世界自然遗产名录。

的水平、国家的水平，甚至国际水平，即提升的技术路线是："铜仁需求，铜仁标准"→"铜仁需求，省级标准"→"铜仁需求，国家标准"→"铜仁需求，国际标准"。立地的目标，是为了顶天。铜仁学院绝大部分教师进行科学研究应该走这条路，而不是"国际需求或国家需求或省级需求，铜仁标准"。当然，如果能够做到"国际需求，国际标准"或"国家需求，国家标准"，那更好，铜仁学院对这些人应该开绿灯，但毕竟这是少数天才才能走通的路。所以，笔者还是希望铜仁学院的老师更多地走"铜仁需求，国家标准"的道路，逐步提升自己，发展自己。提"铜仁需求，省级标准"有点低了，提"铜仁需求，国际标准"有点高了，不过，"铜仁需求，国家标准"更多的是一种导向和理念。

在"铜仁需求，国家标准"理念的指导下，铜仁学院要想在学科专业建设方面真正上水平、出特色，还需要进一步转变观念，尤其是走"聚"的发展思路，即聚到铜仁的优势资源和特色资源上来。自铜仁学院定位在教学服务型大学之后，笔者多次追问铜仁学院所置身于的这块黔东大地最丰富、最独特并能够让铜仁学院取之不尽用之不竭的资源是什么？遵义有红色文化、安顺有屯堡文化、黔东南有清水江文化、贵阳有阳明文化等独特的文化资源，黔南有世界上最大口径天文球面射电望远镜、六盘水有西南乃至华南地区重要的能源原材料工业基地等政府投资建设的重大资源可以利用。这些得天独厚的资源禀赋，为身处这些地区的大学提供了丰富的养料，只要办学思路正确，把根深深扎进这些肥沃的土地，就能够吸收到自己所需要的营养，其学科和专业之树就会越长越高，越长越大。铜仁有什么？通过反复讨论，我们的结论是：有雄奇而美丽的梵净山！

在笔者的《走向大学深处》一书中有这样的记载："我跟叶丹说是不是可以把四大特色学科专业集群再进一步'聚'，聚到'梵净山'上来，比如干脆把四大特色学科专业集群表述为'梵净山林业生态、梵净山锰钾汞高效利用与治理、梵净山民族文化、梵净山区域高等教育与职业教育'。叶丹说：'可以啊，甚至可以提出梵净山学，打造梵净山学派。'我觉得有道理。铜仁学院倾其所有打梵净山牌，推'梵净山学'，说不定还真可以走出一条铜仁学院所独有的特色办学之路。"①

2016年9月，笔者与叶丹、舒华、周永雄等人在讨论人才培养模式的过程中，再次就梵净山学派等问题进行了讨论，并一致认为应该尽快将创建梵净

① 侯长林．走向大学深处［M］．湘潭：湘潭大学出版社，2016：28.

山学派、培育梵净山学的工作提上议事日程。

第二，公开发布阶段。2016 年 9 月 21 日下午，贵州工程应用技术学院党委书记陈永祥、纪委书记索绍新、副校长卢凤鹏一行 7 人来铜仁学院，就高校转型发展事宜进行交流。学校发展规划处处长罗静作了“铜仁学院应用转型的实践探索”的汇报，她在解读铜仁学院四大核心理念的内涵，介绍机制体制与学科专业基本情况和产教融合与社会服务的亮点，以及特色发展的主要内容之后，专门就铜仁学院关于创建梵净山学派、培育梵净山学的问题谈了她的思考：“铜仁学院学科专业依托梵净山，凝练了梵净林业生态、梵净环境生态、梵净文化生态、梵净教育生态四大特色学科集群。科学研究依托梵净山，成立了四个有关梵净山的研究院。围绕梵净山或者梵净区域做文章，我们学校在不断的发展过程中会打上深刻的‘梵净’印记，若干年后，如果有‘梵净山学’，或者‘梵净山学派’的话，那我们铜仁学院必定是这个学派的正宗起源。”① 这是铜仁学院首次公开创建梵净山学派、培育梵净山学的想法。2018 年 3 月 28 日更新的铜仁学院官网上已明确提出：“服务区域经济社会发展需求，紧密对接地方产业链—创新链—人才链，实现由单一的师范类学科专业向多科性应用型学科专业的转型，形成以区域一流（培育）学科教育学为引领的多学科协调发展、学科专业一体化建设体系，努力打造‘梵净山学’。”铜仁学院在学科建设等会议上还多次就这一问题进行过讨论，相继构建了“山”字形人才培养模式，凝练了由“包容”“厚重”和“灵性”组成的大山品格内容，可以说，创建梵净山学派、培育梵净山学已经成为铜仁学院人的共识，并且笔者还在学校的不同场合强调：如果铜仁学院只建一门学科的话，那就是梵净山学！

现在梵净山已经进入世界自然遗产名录，为正式提出创建梵净山学派、培育梵净山学提供了千载难逢的机遇。铜仁学院将紧紧围绕梵净山进行学科专业建设，着力念好“山字经”，努力创建梵净山学派、培育梵净山学，全力推动梵净山学的形成和发展。

二、梵净山学派内涵的阐释

（一）学派的含义及分类

学派并不神秘，其实就是指学问或学术的派别。历史上的学派浩如繁星，

① 罗静．铜仁学院应用转型的实践探索［Z］．铜仁：内部资料，2016：1-8.

但是学派最兴盛的时期不是今天而是古希腊和我国春秋战国时期。古希腊的米利都学派、毕达哥拉学派、爱利亚学派、犬儒学派、麦加拉学派和我国春秋战国时代的孔孟学派、老庄学派、法家学派、墨家学派、稷下学派、宋尹学派等，影响深远，是学派的典范。

学派尽管林林总总，但一般可以划分为“师承性学派”“地域性学派”和“问题性学派”三种。《辞海》将学派解释为一门学问中由于学说师承不同而形成的派别，指的就是师承性学派，比如毕达哥拉学派、孔孟学派等就是典型的师承性学派；因以某一地域或某一国家而形成具有特色的学术传统的一些学术群体，就是地域性学派，比如我国桐城学派、泰州学派、扬州学派等均可以称为地域性学派；因以某一问题为研究对象而形成具有特色的学术传统的一些学术群体，就是问题性学派，比如西方经济学界出现的现代货币主义学派、供应学派等就可以归入问题性学派。

（二）梵净山学派的性质和特点

从历史上已经形成的师承性学派、问题性学派和地域性学派看，都有其自身的性质和特点。作为正在创建的梵净山学派，同样如此，也应该有其自身的性质和特点。

1. 梵净山学派的性质

在师承性学派、地域性学派和问题性学派三种类型中，梵净山学派主要应该属于地域性学派。因为梵净山学派的创建是因梵净山及其周边地区这个特殊的区域而引起的。在梵净山自然保护区，原始生态保存完好，早在 1982 年就被联合国列为一级世界生态保护区，其自然生态系统被誉为“地球和人类之宝”,① 是举世瞩目的生物多样性研究基地，其动植物区系古老，存有大量的第三纪、第四纪古老动植物。黔金丝猴仅产于梵净山；珍稀濒危植物——珙桐，分布在梵净山 1200 多亩面积的地区。梵净山不仅有丰富的自然生态资源，还有丰富的人文资源，其民族文化、佛教文化和生态文化，是地球上同一纬度圈文化中最具特色和最多元的文化生态圈的代表，可供多学科的专家学者进行研究。因此，梵净山学派完全可以创建成为一个旨在吸纳有志于从事梵净山自然保护区及其周边区域研究的多学科专家学者组成的学术共同体。梵净山学派在性质上主要应该属于地域性学派，但是学派的划分不是非此即彼，由于梵净

① 廖延林．梵净山自然遗产和文化遗产元素概览调研报告［Z］．铜仁：内部资料，2013：17.

山自然保护区及其周边区域需要和值得研究的内容很多，也不排除有师承性关系的专家及其团队和研究梵净山自然保护区及其周边区域各类问题的专家学者加盟梵净山学派。总之，梵净山学派将是一个以地域性为主兼顾师承性和问题性的学派。

2. 梵净山学派的特点

梵净山学派由于其所依托的特殊的区域环境，决定了其内在地具有自身的气质和特点，具体表现在：

第一，研究对象的特殊性。梵净山学派创建的目的在于培育梵净山学。而一门学科的创建首先要有其特殊的研究对象。毛泽东曾经指出：科学研究的区分，就是根据科学对象所具有的特殊的矛盾性。因此，对于某一种矛盾的研究，就构成某一门学科的对象。从学科构建的标准来看，“唯有确信研究对象是一种特殊的、独立的客观存在，才具备学科存在的前提和客观依据”。① 梵净山自然保护区及其周边区域就是梵净山学及其梵净山学派特殊的研究对象。梵净山自然保护区面积为41900公顷。铜仁历来有东四县（铜仁市、玉屏县、江口县、松桃县）和西五县（石阡县、思南县、德江县、印江县、沿河县）之说。所谓东乃梵净山之东，西乃梵净山之西，即是因为梵净山将铜仁市划分为东西两大片区。梵净山能够将铜仁市一分为二，为什么不能因其而整合？也就是说，梵净山自然保护区及其周边区域完全可以将铜仁市东部片区所辖的碧江区、万山区、江口县、松桃苗族自治县、玉屏侗族自治县、大龙开发区、铜仁高新技术产业开发区和西部片区所辖的石阡县、思南县、德江县、印江土家族苗族自治县、沿河土家族自治县囊括在内，即这一区域的土地面积为1.8万平方公里，聚居着土家、汉、苗、侗、仡佬等29个民族，总人口427万，少数民族占总人口的70.45%。铜仁市有乌江和锦江两大流域，乌江流域属巴文化，锦江流域属楚文化，显然乌江文化不能代替锦江文化，锦江文化也不能取代乌江文化，但是梵净山文化则二者兼容，既能够代表乌江文化，也能够代表锦江文化。所以，从文化的角度看，将梵净山自然保护区及其周边区域拓展至铜仁市东西片区的所有区县，也是有道理的。在铜仁市这块土地上，梵净山能够列入世界自然遗产名录，是整个黔东大地的荣耀，是整个铜仁人民的福祉，我们整个铜仁人民应该共享。因此，要构建梵净山学派，其研究者不仅要关注梵净山自然保护区，还要关注其周边地区，即铜仁市的所有区县，并不断凸显其区域的特色。

---

① 侯长林．校园文化学导论（修订版）［M］．南昌：江西人民出版社，2018：1.

第二，研究内容的丰富性。梵净山自然保护区及其周边区域研究的具体内容涉及科技、宗教、经济、民族、社会、文化、教育等诸多方面。因此，梵净山学派的研究者不能只局限于林学、化学工程、民族学、文化学、教育学等少数学科的研究领域，要将梵净山自然保护区及其周边区域视为一个地域共同体，凡是与这个地域共同体相关的内容都可纳入梵净山学派研究的视野，以最大限度地包容丰富其研究内容。但是从学派崛起的战略考量，则应该选择少数几门学科甚至几个领域作为突破口，待产生一定影响之后，再逐步扩大，而不应该一上马就全面开花。

第三，研究视角的多维性。关于梵净山自然保护区及其周边区域的许多研究项目所涉及的学科及领域都不是单一的，单一的学科理论体系和学科方法根本无法完成研究任务，“必须运用哲学、经济学、法学、教育学、文学、历史学、理学、工学、农学、医学、军事学、管理学、艺术学等 13 个学科的理论与方法展开多维视角研究，甚至从这些学科门类的二级学科及研究方向中找到研究的对应点”,① 才能解决研究中的关键问题。

三、创建梵净山学派、培育梵净山学的意义

1. 创建梵净山学派、培育梵净山学，有利于全面系统地认知和推介梵净山

我们对梵净山自然保护区及其周边区域有一定的研究，已取得一定的成果，但是梵净山自然保护区及其周边区域就像一个很大的矿区，我们已经开采的占整个矿区储量的比例很小。清华大学副校长、中国科学院院士施一公教授在“未来论坛”年会上发表题为《生命科学认知的极限》的演讲中认为：“科技发展到今天，我们看到的世界，仅仅是整个世界的5%。这和1000年前人类不知道有空气，不知道有电场、磁场，不认识元素，以为天圆地方相比，我们的未知世界还要多得多，多到难以想象。”② 笔者在这里引用施一公教授的这一段话是想说，我们的科技已经是如此发达，但所认知的东西只仅仅是整个世界的 5%，我们对梵净山自然保护区及其周边区域的认识是不是能够达到这个比例，没有测算，笔者不敢妄下结论。总之，梵净山自然保护区及其周边区域留给我们认知的空间肯定很大，需要和值得研究的东西很多。通过对梵净山自

① 李良品．关于构建“乌江学派”的几点思考［J］．长江师范学院学报，2018（3）．

② 施一公教授的演讲：一个生物学家面对生命之谜的不懈追问［EB/OL］．［2018-07-16］．http：//www. sohu. com/a/240032730_498204.

然保护区及其周边区域的研究必然有助于梵净山的推介和宣传，将进一步擦亮梵净山这张名片，提升铜仁文化软实力。深圳是我国新兴城市建设的排头兵，其建设者们在大力发展经济的同时没有忘记文化的建设与培育，因为他们知道："任何国家和城市的发展都要靠两条腿走路，一条是物质硬实力，一条是文化软实力。如果物质硬实力不行，这个国家可能一打就败；而文化软实力不行，则不打自败。"① 铜仁市委、市政府领导历来重视文化建设，目前正在倾力打造"一带双核"（"一带"指铜仁古城至梵净山景区大道；"双核"指铜仁古城和梵净山景区）。我们创建梵净山学派、培育梵净山学必将助推"一带双核"战略的实施。

2. 创建梵净山学派、培育梵净山学，有利于铜仁高等教育整体水平的提升

创建梵净山学派、培育梵净山学，必然推进其人才汇聚，尤其是高端人才的汇聚。高端人才的汇聚，带来高端成果总量的增加，科学研究的水平和社会服务的能力也会得到提升。按照科学研究和社会服务反哺教学的规律，随着科学研究水平和社会服务能力的提升，人才培养的水平也会相应提升。创建梵净山学派、培育梵净山学，不仅仅能够带动铜仁学院整体办学水平的提升，还能够带动铜仁整个高等教育办学水平的提升。因为梵净山学派是一个开放的学派，它不仅吸纳铜仁学院的高端人才参与，同时吸纳铜仁所有高端人才包括铜仁市区以外的热爱梵净山研究的专家学者参与。所以，创建梵净山学派、培育梵净山学能够推动铜仁整个高等教育的发展。

3. 创建梵净山学派、培育梵净山学，有利于强化铜仁人民的文化自信

习近平总书记在十九大报告中指出："文化兴国运兴，文化强民族强。没有高度的文化自信，没有文化的繁荣兴盛，就没有中华民族伟大复兴。"② 创建梵净山学派、培育梵净山学，就是为了推动铜仁文化的繁荣与发展，增强铜仁人民的文化自觉与自信。铜仁的梵净山能够横空出世列入世界自然遗产名录，这本身就是铜仁人民文化自信的表现，因为铜仁人民相信梵净山有这个实力和资本。目前，我国共有 53 项遗产被列入世界遗产名录，其中有 4 项是世界文化与自然双重遗产。梵净山自然保护区及其周边区域有着丰厚而独特的文

① 翁惠娟．中国文化软实力研究中心主任张国祚：建设好深圳学派 提升文化软实力［N］．深圳特区报，2012-10-30.

② 习近平在中国共产党第十九次全国代表大会上作的报告［N］．人民日报，2017-10-28.

化积累与积淀，比如梵净山的殿堂庙宇、碑刻摩崖，以及周边地区的毛龙、木偶戏、傩戏及箫笛制作工艺等民族文化遗产，都具有重要的历史文化价值，是人类共有的精神财富。梵净山可以进入世界自然遗产名录，谁也无法确定，如果有一天当梵净山自然保护区及其周边区域的文化积累和积淀达到一定水平后会进入世界文化遗产名录。即使它不能进入世界文化遗产名录，文化的进一步积累与积淀，也会有利于铜仁人民幸福指数和文化自信的增长。

四、创建梵净山学派、培育梵净山学的基础

第一，已有一定的人才队伍规模。铜仁学院现有教职工 967 人，其中，专任教师 560 人，具有博士学位教师 149 人，硕士学位教师 392 人，教授 106 人，副教授 318 人，“双师双能型”教师 320 人，教师中获国务院特殊津贴专家有 2 人，国家 863 计划首席专家 1 人，省级千创人才 1 人，贵州省核心专家 1 人，省管专家 2 人，贵州省高校哲学社会科学学术带头人 5 人，贵州省优秀青年科技人才 1 人，贵州省十百千人才 9 人，铜仁市市管专家 10 人，省内外高校专、兼职硕士生导师 52 人。铜仁学院的人才队伍虽然总量不大，高端人才也较少，但是最近几年增长速度很快，规划在“十三五”末，博士将达到 260 人、教授达到 200 人，加上铜仁学院以外的铜仁市其他高校和科研院所人才的增长，会为梵净山学派的人才队伍建设奠定良好的基础。最近几年，通过铜仁学院及社会各界的联络，省外关心关注梵净山研究的专家学者日益增多，比如中国社会科学院范子烨教授在帮助《铜仁学院学报》主持编辑“梵净国学”和“梵净古典学”专栏的同时，通过组建“梵净山”微信群汇聚了北京大学傅刚、复旦大学陈尚君、南京大学胡阿祥、上海师范大学曹旭、首都师范大学赵敏俐、中南民族大学段超、内蒙古大学高建新、湖北大学黄柏权、中国艺术学院刘梦溪，以及美国哈佛大学宇文所安、美国堡垒州立军事学院南恺时、国立新加坡大学苏瑞隆等国内外名家近百人。这些专家学者都是创建梵净山学派、培育梵净山学强有力的人才支撑。

第二，已形成学术研究机构的框架。铜仁学院专门研究梵净山的科研机构有“梵净民族文化研究院”“梵净山佛教文化研究院”“梵净教育研究院”和“梵净生态研究院”。铜仁学院武陵民族文化研究中心成立于 2011 年 10 月，是在原黔东文化研究中心和武陵民族文化研究院等科研机构基础上建立的科研机构，后更名为“梵净民族文化研究院”，致力于梵净山片区民族文化与文化遗产保护开发研究、梵净山片区民族文化生态与经济发展研究、梵净山片区宗教文化变迁与社会发展研究。2013 年 10 月，武陵民族文化研究中心通过了省

高校人文社科研究基地评估专家组的验收，获批为省高校人文社会科学研究基地。2012 年 11 月，铜仁学院还与贵州省社会科学院联合成立了“梵净山佛教文化研究院”，专注于梵净山佛教文化的研究。梵净高等教育与职业教育研究院成立于 2016 年 9 月 21 日，后更名为“梵净教育研究院”，旨在立足于梵净山自然保护区及其周边区域和学校实际，就区域教育改革发展的实践问题、区域教育的教育教学质量建设与质量保障、教育基本理论与体系等开展研究，为地方大中小学包括职业院校的改革和发展提供智力支持和政策咨询。梵净生态研究院成立于 2017 年 7 月 6 日，围绕梵净山自然保护区及其周边区域的自然生态进行研究，产出成果。

第三，已有一定科学研究成果的积累。从 2010 年至 2017 年，铜仁学院获批冠名“梵净山”的科研项目共有 145 项，其中省部级有 31 项，主要是黄尚文的省长资金专项项目、高宇琼等主持的省科技厅社会发展攻关项目、罗静等主持的省科技厅农业攻关项目、杨建等主持的省科技厅科学技术基金项目、梅杰等主持的铜仁学院与科技厅联合基金项目等。① 自 1990 年周政贤、杨业勤的《梵净山研究》出版以来，已有谢家骅等《贵州梵净山科学考察集》、邓应明等《中国梵净山佛教文化文物研究》、龙海碧《梵天佛地——中国梵净山佛教文化研究》、吴恩泽《庄严佛国——梵净山》、黄尚文《梵净山佛教文化研究》和王路平《贵州佛教文化的典型图像——梵净山佛教文化研究》等以“梵净山”冠名的著作出版。通过中国知网查阅，自 1959 年至 2018 年 7 月，以“梵净山”冠名的学术期刊论文共计 592 篇，而且主要集中在 2008 年以后，每年在 20 篇左右，2013 年超过 40 篇，2014 年达到了 73 篇。铜仁学院自 2010 年到 2017 年共发表关于梵净山的研究论文 22 篇。还值得一提的是，已经有王敏的博士论文《黔东北梵净山地区晚元古代岩浆活动及其大地构造意义》和杨海龙的《贵州梵净山国家级自然保护区黔金丝猴生境分析》等多篇硕士学位论文出现。可以说，梵净山自然保护区及其周边区域正在成为人们关注和研究的热点。

第四，已有事象陈列馆正式开放。铜仁学院建立了梵净山人文生态馆，2017 年 12 月正式对外开放。全馆占地 3 亩，有 10 个分区，其中 8 个主题厅，由“序”“山水神灵”“梵净生态”“红土热土”“翰墨流韵”“茶香沁脾”“文明与创造”“江山代有”组成。全馆收藏物品丰富，已有 2000 多件，还处

① 张学飞．铜仁学院关于梵净山相关研究项目表［Z］．铜仁：内部资料，2017.

在不断添加之中。① 梵净山人文生态馆，是一座综合反映梵净山自然保护区及其周边区域历史、社会、文化、艺术、生态，具有浓郁厚重地方特色的综合性博物馆。此外，在梵净山自然保护区还新建了梵净山申遗馆，对梵净山生物多样性和梵净山自然遗产名录申报过程的相关情况进行了展示。

此外，铜仁学院还搭建了中国梵净山生态文明与佛教文化论坛等中外学者学术交流平台。中国梵净山生态文明与佛教文化论坛作为生态文明贵阳国际论坛的分论坛，自 2013 年召开以来，到今年为止，已经成功举办了五届，其影响在日益扩大，逐步打造成了梵净山文化学术交流的品牌。

五、创建梵净山学派、培育梵净山学的思路

（一）制定目标，作出规划

要创建梵净山学派、培育梵净山学首先要有明确的目标。这个学派发展的远景如何，其规模有多大，将产生什么成果，等等，都需要组织人进行研究并作出回答。目标不能明确，其激励导向的作用就不大，人们努力的方向也不明确。就像打仗，首先是进攻的目标要明确，没有进攻的目标，还打什么仗？有了目标，还不够，还需要对达到预期的目标进行规划，最好是能够对梵净山学派下的分支学派也能够作出子规划，比如梵净山民族文化学派、梵净山佛教文化学派、梵净山古典学派、梵净山教育学派、梵净山环境资源学派、梵净山林业学派等子规划，如果能够一并拟定，必将大力推动梵净山学派的形成与发展。创建梵净山学派、培育梵净山学不是一天两天就能够完成的事，需要比较长的时间，甚至几代人的努力，才能逐步形成气候，成为特色鲜明、影响深远的学派。因此，如果没有一个好的发展规划，要想达到创建梵净山学派、培育梵净山学的目的是难以想象的。

（二）拟订方案，分步实施

创建梵净山学派、培育梵净山学是一件牵涉面很广的事业，仅仅有了规划，还不够，还需要具体的实施方案，并提出分步实施的办法，勾画出一幅有章可循的线路图。这个方案至少要对如何引进和培育学术名家、如何打造学术精品、如何建设理论阵地、如何搭建学术研究平台、如何分步实施或分阶段推

① 陈曦．梵净山人文生态馆：留存铜仁记忆　积淀文化自信［N］．贵州日报，2018-05-11.

进、如何营造良好学术氛围和研究环境等方面，提出具体的推进方法。没有这样一个切实可行的实施方案，再好的理念、目标和规划都只是一张废纸。

（三）健全机构，提供保障

在对梵净山的研究方面，铜仁学院已经先后成立了“梵净民族文化研究院”“梵净山佛教文化研究院”“梵净教育研究院”和“梵净生态研究院”等研究机构，但是还不够，亟须整合资源，成立“梵净山研究院”，将所有研究梵净山的机构统一在一个大的具有更大学术权威机构的名分之下，以便整合资源，形成学术研究的合力，研究有关梵净山的重大课题，攻克科研的难关，取得重大研究成果。目前对梵净山虽有一定研究，但成果分散，除杨业勤研究员所带团队取得比较大的影响外，其他研究均未形成规模，其集聚效应还未凸显。所以，组建梵净山研究院迫在眉睫！同时，需要在研究经费上给予保障。没有科研经费，创建梵净山学派、培育梵净山学也是一句空话。在这方面，铜仁学院可以在有限的经费里挤出一部分用于梵净山的研究，但毕竟很有限，更多的还是需要政府和社会各界给予支持。

新的时代有新的要求，也孕育着新的希望——在新的时代，梵净山学派和梵净山学也能够横空出世，带着铜仁学院及铜仁整个高等教育走向未来！带着梵净山入列世界文化遗产的梦想走向未来！

（本文原载《铜仁学院学报》2018 年第 7 期）

高等教育研究更需要跨学科

教育关乎青年的成长和发展，关乎文化血脉的传承和创新。教育学学科的社会影响力和关注度越来越高，涉及的问题越来越复杂，很多问题仅凭教育学学科本身已经不能够完全解决，迫切需要多学科的介入和参与。随着高等教育的进一步发展，尤其是由社会边缘逐步走向社会的中心，高等教育的发展不仅与其所处区域，甚至与国家、民族的命运紧密相连。习近平总书记说得好：高等教育发展水平是一个国家发展水平和发展潜力的重要标志。我们对高等教育的需要比以往任何时候都更加迫切，对科学知识和卓越人才的渴求比以往任何时候都更加强烈。高等教育发展到今天，可谓牵一发而动全身，存在的问题也就更加复杂，必须要多学科研究才能解决。

虽然多学科研究早在20世纪初法国哲学家埃德加·莫兰就开始在教育研究领域运用，但是引起高等教育研究者的关注和重视，则是在20世纪50年代以后，因为此时才开始发现“高等教育各方面的问题是如此之多，又如此多样化，任何一位作者都难以孤军作战”。① 于是，多学科研究逐渐进入西方高等教育理论研究者的视野，并成为一种浪潮。美国高等教育理论家伯顿·克拉克于20世纪80年代主编的《高等教育新论——多学科的研究》一书，是高等教育多学科研究理论的经典之作。他认为：“没有一种研究方法能揭示一切，宽阔的论述必须是多学科的。”② 2001年，我国高等教育学的创始人潘懋元在其主编的《多学科观点的高等教育研究》一书中进一步指出：“高等教育学的独特的研究方法可能就是多学科研究方法”，③ 并系统介绍了高等教育的社会学观点、政治学观点、管理学观点、系统科学观点、比较教育学观点等。

---

① ［美］约翰·S. 布鲁贝克．高等教育哲学［M］. 杭州：浙江教育出版社，1987：138.

② ［美］伯顿·克拉克．高等教育新论——多学科的研究［M］. 王承绪，等，译．杭州：浙江教育出版社，2001：2.

③ 潘懋元．多学科观点的高等教育研究［M］. 上海：上海教育出版社，2001：4.

伯顿·克拉克和潘懋元等关于高等教育多学科研究的理论，为我国高等教育研究创新提供了新思路，催生了一大批高水平理论研究成果的产生。

但是，高等教育多学科研究发展到今天，由于其研究视角的分散和割裂，已经不能适应高等教育理论研究的需要了。作为当今其他学科广泛运用的研究范式——跨学科研究，得到越来越多的现代学科的青睐，并被确定为其发展的基本路径。因而“高等教育研究应尽快实现由多学科研究向跨学科研究的转向，并以此方法论推动学科建设发生根本性突破”。①

何谓跨学科研究？G. 伯杰克指出，跨学科研究是指“两门或两门以上的学科之间紧密的和明显的相互作用，包括从简单的交换学术思想，直至全面交流整个学术观点”。② 因而，高等教育跨学科研究就是指紧紧围绕高等教育的某一具体问题，使用其他学科的理论或研究方法，进而冲破学科壁垒、打破学科界限的整合性研究。

最近，华中科技大学老校长李培根院士在上海大学和智慧树网联合主办的“创新教育国际论坛”上谈到跨学科研究生态时认为，未来颠覆性的原始创新一定发生在不同学科交叉的边缘上。我很赞同这种看法。在高等教育内部寻求原始创新点，空间很小，难度很大。我相信，未来高等教育颠覆性的原始创新也一定是发生在高等教育与其他学科交叉的边缘地带，而不会是中心位置。

（本文原载《铜仁学院学报》2017 年第 5 期）

① 汤晓蒙，刘晖．从“多学科”研究走向“跨学科”研究——高等教育学科的方法论转向［J］．教育研究，2014（12）．

② 金吾伦．跨学科研究引论［M］．北京：中央编译出版社，1997：1.

本科职业教育要不要搞科研

自从国务院《关于加快发展现代职业教育的决定》指出要“引导一批普通本科高等学校向应用技术类型高等学校转型，重点举办本科职业教育”之后，“本科职业教育”一下子引起了人们的高度关注。那么，本科职业院校有无科研问题？如果有的话，教学与科研的矛盾又怎样处理？

本科职业教育属于高等教育，既然它属于高等教育，本科职业教育就有科研问题。钱伟长院士曾说过：“你不教课，就不是教师；你不搞科研，就不是好教师。”本科职业教育也一样，不搞科研的教师不可能成为好教师。雅斯贝尔斯也曾说过：“只有自己从事研究的人才有东西教别人，而一般的教书匠只能传授僵硬的东西。”要想有东西教给学生，就应该进行科研，这是对本科职业教育教师的基本要求。

在高等学校，教学与科研的关系是对立统一的关系，既存在斗争性，又存在同一性。在人文主义者看来，科研的目的是为了发现真理，教学则是培养发现真理的人才，两者天然地存在着广泛的一致性，因此，要辩证地看待和审视高等学校教学与科研的关系。从世界高等教育发展的历史来看，教学与科研经历了分分合合的过程。在古希腊、古罗马时期，大学的教学与科研可以说是浑然一体。到了现代大学萌芽与创建时期，大学的教学与科研出现了分离。直到现代大学进入繁荣时期，教学与科研才又走向统一。随着时代的发展，现在教学与科研的关系则进入了合作与博弈的阶段，在不同类型的高校中有不同的表现。在研究型大学中，教师往往把科研看得比教学重，科研严重挤压了教学的空间；在教学型大学中，尤其是一些新建高等院校中，教师由于科研基础薄弱，有淡化科研的倾向。这两种现象都有可能使教学与科研的矛盾尖锐化。

本科职业教育属于高等教育的范畴，首先应该遵循高等院校教学与科研关系的一般规律。而本科职业教育又属于高等教育中职业教育的特殊类型，应该具有这种特殊类型所具有的特殊规律。本科职业院校绝不能因为其职业性、应用性而矮化科研，正因为强调其职业性、应用性，证明其所进行的科研不是摆设，更不是花架子，在某种意义上，这种特殊类型的高校还应该更加重视科研，尤其是新建本科职业院校，科研基础薄弱，不把科研摆在突出的位置，科研水平和科研能力很难提高，这样大学也就不成其为大学。

本科职业院校在科研方面，应该体现应用型地方高校的特色。具体而言，主要表现在：一是在科学研究方面，本科职业院校更加重视应用研究。认识自然、揭示自然规律的基础研究，是任何高校都应该做的，包括本科职业院校，排斥或拒绝基础研究都是不对的，但是肩负基础研究重要使命的主要还是研究型大学。本科职业院校在力所能及地进行基础研究的同时，主要任务还是进行能够将理论发展成为实际运用的应用研究。如果说研究型大学主要进行知识创新的话，那么，本科职业院校就主要进行技术创新和工程创新，其目标是“应用”和“市场”，进行应用研究是本科职业院校其应用型高校类型的内在要求。由于本科职业教育与经济社会发展的联系更加紧密，因此进行应用研究有着天然的优势。同时，由于本科职业院校属于教学型或教学服务型大学，又必须关注教学，研究教学，本科职业院校不仅要重视应用的学术研究，还应该重视教学的学术研究。二是在课题来源方面，本科职业院校更加重视横向课题的争取。建议本科职业院校也要尽可能地争取国家纵向课题，以提高自己的科研水平和影响力。当然，本科职业院校的主要任务还是面向地方争取横向课题，研究地方经济社会发展中出现的各种各样的问题，尤其是为行业、企业攻克技术难题，凸显本科职业教育的应用性特色。三是在服务面向方面，本科职业院校更加重视为地方服务。作为社会主义国家的大学，都应该为社会主义国家服务，这是毫无疑义的，但是本科职业院校由于身处地方，为国家服务的落脚点也应该在地方，即通过为地方服务达到为国家服务的目的。

还应该指出的是，不同本科职业院校教学与科研的关系是不一样的，不能一概而论，要根据其具体情况而定，尤其要注意“度”的把握。总之，本科职业院校教学与科研的关系，既要遵循一般高校教学与科研关系的规律，也要考虑本科职业院校教学与科研关系自身所具有的特殊性，这样才能真正把握其教学与科研关系的内在规律。

（本文与罗静合著，原载《中国教育报》2015 年 1 月 12 日。）

文化建设

论高校校园文化起源与变迁

党的十七届六中全会召开之后，如何繁荣高校校园文化，推进高校校园文化大发展，已成为摆在人们面前的重要课题。

一、高校校园文化起源

高校校园文化涉及大学，当然其起源也涉及大学起源。由于校园文化依附于校园，“一部校园史实质上就是一部校园文化史”;① 一部高校校园史实质上也就是一部高校校园文化史。因此，可以得出这样的推论：高校校园文化起源与大学起源是同一的，即大学起源也就是高校校园文化起源。

那么，大学起源是怎样的呢？

中国、印度、古埃及等国家都是高等教育的发源地，古希腊、古罗马、拜占庭等国家也都建立了比较完备的高等教育体制。也有人把这些看成大学，但是大多数学者认为这些不是真正意义上的大学，真正意义上的大学起源于欧洲中世纪，欧洲中世纪大学才是现代大学的源头。但是欧洲中世纪各国的大学也不是在同一时间产生，也有先后之分。只不过，大致产生在这一时期。欧洲中世纪最早的大学就是“行会组织”，“大学”一词原意就是指“行会”“社团”等组织，只是后来才专指12世纪末在欧洲出现的高等教育机构。12世纪在意大利、法国、英国出现了世界上最早的大学，其中，最有代表性的是意大利的博洛尼亚大学、萨莱诺大学，法国的巴黎大学，英国的牛津大学以及剑桥大学。博洛尼亚大学被公认为“最古老的欧洲大学”。有的学者认为博洛尼亚大学早在公元423年由罗马帝国皇帝狄奥多西（Theodosius）创办。博洛尼亚大学的最大特点就是以其学生管理著称于世，学生可以“组建自己的团体、自行选举校长，并授权学生选举一名市长专门为大学的利益而服务，甚至学生还获得了任命教师的权利”。② 博洛尼亚大学的创建就标志着校园学生型文化管

---

① 侯长林．校园文化略论［M］．贵阳：贵州教育出版社，1991：161.

② 贺国庆．欧洲中世纪大学起源探微［J］．河北大学学报，2007（6）.

理模式的诞生。这种独特的校园学生型文化管理模式对意大利、法国以及西班牙和葡萄牙的大学都曾经产生过比较深远的影响。萨莱诺大学具体创建的时间已无法考证。传说最初的学校是由一位希腊人、一位拉丁人、一位犹太人和一位阿拉伯人创办的，他们四位都是医生。因此，自12世纪以来，萨莱诺城就一直是欧洲大陆最著名的医学中心，不过，“尽管萨莱诺在医学史上占据着很重要的地位，但对大学组织的发展却没有什么影响”。① 直至13世纪后期，萨莱诺大学才逐步符合当时的大学标准，尽管如此，萨莱诺大学在世界高等教育中的地位仍然不能忽视，它是阿拉伯医学和科学向西欧转移的一个中介，奠定了中世纪大学医学课程的基础。后来的萨拉曼卡大学、蒙彼利尔大学医学院等都是根据萨莱诺大学的办学模式建立的。巴黎大学的前身是位于西岱岛上的巴黎圣母院大教堂学校，也是逐步形成的，具体创建时间也无法考证。巴黎大学自己选择的诞生年是1200年，因为巴黎大学在这一年获得了其第一份皇家特许状。中世纪巴黎大学非常重视神学，神学的地位在巴黎大学高于其他学科，因而人们把巴黎大学称之为“高深科学的夫人”。②这正是巴黎大学校园文化的特色之所在。巴黎大学对后世的影响特别大，以至威尔·杜兰写道：“自亚里士多德以来，没有一个教育机构能与巴黎大学所造成的影响相比拟。”③ 它的影响波及法国北部以及德国和英国的大学。牛津大学也是逐步发展起来的大学，其创建的具体时间也是一个谜。1167年，英格兰国王亨利二世召回了当时在巴黎大学的英国师生。这批师生来到牛津，使牛津大学迅速成为英国经院哲学教学和研究的中心，于是牛津大学开始出现。因此，一般认为牛津大学是按照巴黎大学的办学模式创建的。其实，并不完全是这样，因为牛津大学本身经历了一个逐渐发展、演变与进步的过程，“巴黎移民学者所做的贡献只是整个12世纪牛津大学不断发展过程中的重要一环”。④ 牛津大学比较重视数学和自然科学，曾经是欧洲数学和自然科学研究的中心，其学院制是牛津大学的重要特色。此外还有剑桥大学。1209年，牛津大学的一批师生因骚乱而迁往剑桥，剑桥大学才逐渐发展起来。因此，有人把剑桥大学看做牛津大学的派生物。剑桥大学同样是古老大学中的佼佼者，同样是欧洲中世纪大学校园文化的

① ［意］卡斯蒂廖尼．医学史（上册）［M］．程之范，译．桂林：广西师范大学出版社，2003：248.

② ［美］威尔·杜兰．世界文明史信仰的时代（下卷）［M］．幼师文化公司，译．北京：东方出版社，1999：1285.

③ 时丽颖．法国巴黎大学：古典与现代的完美结合［J］．教育与职业，2012（7）.

④ 贺国庆．欧洲中世纪大学起源探微［J］．河北大学学报，2007（6）.

发源地之一。

欧洲中世纪大学校园文化的许多特征都保留到现在，现代大学校园文化的基本制度来源于中世纪大学。中世纪大学为现代世界大学的发展奠定了坚实的基础，开创了传统，无论是最年轻的大学还是历史最悠久的大学都是这个共同传统的继承者。显然，这里所指的大学传统就是典型的大学校园文化。所以哈斯金斯说："尽管中世纪大学与现代大学差别巨大，但中世纪大学是现代大学的源头和基础。"① 的确，今天的大学与中世纪大学相比，有比较大的差别，比如在整个启蒙时期，由于物质匮乏，中世纪的大学比较简陋，没有图书馆、实验室或博物馆，也没有捐赠和自己的建筑物，但是谁也不能否认它们是现代大学的源头和赖以发展的基础。现代大学与中世纪大学的基本组织结构相同，并且其历史的连贯性从未间断，即中世纪大学到现代大学是一脉相承的。

尽管中世纪大学开启了现代大学校园文化的先河，但是中世纪大学校园文化也有许多局限，比如在中世纪大学中宗教神学非常强势，在一定程度上禁锢了科学在大学的生长，尤其是崇尚权威、关注思辨而不重事实的学风导致了教育的墨守成规，以及缺乏质量和效益观念的大学管理等。②

纵观中世纪大学校园文化的创建与发展，中世纪大学校园文化产生的原因和背景主要体现在以下几个方面：一是城市的发展，经济和贸易的繁荣，为大学及大学校园文化的产生奠定了物质基础。二是 12 世纪的文艺复兴，为大学的产生创造了知识基础。大学兴起之时，也是学术复兴之时。在这个时期，新的知识大量传入欧洲，比如亚里士多德、欧几里得等人的著作，以及希腊医生的著作等，如果没有这些新知识，或者说，只要知识仅仅局限于中世纪早期的文科七艺范围之内，大学就不可能产生。三是中世纪社会的进一步发展为大学及大学校园文化的产生提供了客观需要。

二、对高校校园文化变迁的认识

"文化变迁"是一个关于文化进化的概念，这个概念在西方的文化史上使用的频率比较高。早在 19 世纪 60 年代，斯宾塞、摩尔根等人就开始研究人类文化的进化规律。不过，他们并未使用"文化变迁"一词。直到 19 世纪末与 20 世纪初，随着反进化论思潮的兴起，"文化变迁"一词才开始出现。"文化

① Charles Homer Haskins. *The Rise of Universities* [M]. New York: Henry Holt and Company, 1923.

② 宋文红．欧洲中世纪大学的演进［M］．北京：商务印书馆，2010：335.

变迁”一词产生之后，传播很快，但人们对它的理解则是仁者见仁智者见智，比如德国社会学家普查夫认为“文化变迁可以理解为社会结构的变化和社会制度的变化”。① 美国人类学家克莱德·伍兹认为文化变迁是“一个民族的生活方式所发生的任何变更，不论这种变更是内部发生的，或者是由于不同生活方式的民族之间的相互交往而产生的”。② 我国学者周建新认为文化变迁是“文化内容的增量或减量所引起的结构性变化”。③应该说，这些关于文化变迁的定义，都从不同的角度揭示了文化变迁的本质和规律。但是笔者比较赞同将文化变迁定义为文化的波浪式发展或文化的渐变与突变。因为，笔者是想从文化变迁的角度对校园文化的发展进行研究，借此了解高校校园文化发展的大动态、大趋势，把握高校校园文化发展、演变的总规律。

高校校园文化随着世界上第一所高等学校的出现而产生，有大学就开始有大学文化，即大学的源头就是大学文化的源头。世界上第一所现代大学诞生在意大利。意大利的博洛尼亚大学被公认为“最古老的欧洲大学”。那么，最古老的大学文化就应该是博洛尼亚大学文化。从博洛尼亚大学文化到萨莱诺大学文化，再到法国巴黎大学文化和英国牛津大学文化以及剑桥大学文化的相继产生，中世纪欧洲大学校园文化的百花园就开始形成。这一时期的高校校园文化，由于办学条件比较简陋，没有图书馆、实验室或博物馆，校园物质文化环境相对不足，用法国神学家帕斯奎·夸斯内尔的话说：中世纪大学是由人建成的，这时的大学没有董事会，没有体育，没有校园新闻，没有戏剧表演，“没有任何今天美国大学中一切作为校内无活动的替代品的那些‘校外活动’”。④因此，可以推断那时的高校校园文化更多的是教师文化和学生文化。博洛尼亚大学就是学生文化占主流的文化。当然高校校园文化的主体是教师文化和学生文化，没有大学教师文化就没有大学文化，没有大学学生文化也不可能成其为大学文化。大学教师文化和学生文化是大学文化中的基本元素。只具有这些基本文化元素，也是中世纪欧洲大学校园文化的一大特色。英国牛津大学纽曼眼中的大学校园文化主要是以培养绅士为主，其绅士文化和教学文化的

① ［美］普查夫．现代化与社会转型［M］．陆宏成，等，译．北京：社会科学文献出版社，1998：156.

② ［美］克莱德·伍兹．文化变迁［M］．施惟达，译．昆明：云南教育出版社，1989：36.

③ 周建新．民族学概论［M］．南宁：广西教育出版社，1998：211.

④ ［美］查尔斯·霍默·哈斯金斯．大学兴起［M］．梅义征，译．上海：上海三联书店，2007：1-2.

特征比较明显；德国洪堡眼中的大学校园文化，不仅保留了良好教学文化的传统，而且开创了科研文化的先河；美国学者克尔眼中的现代大学校园文化则是一个五光十色的“城市”了，即现代大学校园文化非常丰富，是各种文化交汇的结果。高校校园文化从以培养绅士为主的校园文化发展到不仅有教学文化而且有科研文化的校园文化的阶段，再到具有五光十色的校园文化的今天，就是高校校园文化变迁的结果。

那么，什么是高校校园文化变迁呢？笔者以为所谓高校校园文化变迁主要就是指高校校园文化的波浪式发展或渐变与突变。

三、我国高校校园文化的变迁

（一）我国高校校园文化的波浪式发展

我国现代高校校园文化变迁有比较明显的三个阶段，最能够体现波浪式发展的特征。这三个阶段是高校校园文化的初创时期、高校校园文化的低谷时期、高校校园文化的恢复及全面发展时期。

第一，高校校园文化的初创时期。由于著名教育家和民主主义革命家蔡元培倡导“循思想自由原则、取兼容并包义”的办学思想，使得北京大学思想非常活跃，学术出现了繁荣的局面。因此，一般认为自蔡元培于1917年出任北京大学校长开始，我国的现代大学就已经产生。所以，我国现代大学的初创时期，就包括蔡元培主政的北京大学时期及1949年中华人民共和国成立至1966年过渡时期。蔡元培主政的北京大学思想解放，学术文化活跃，其校园文化很有特色。延安抗日军政大学的“团结、紧张、严肃、活泼”的校风，是革命根据地高校校园文化兴盛的集中概括，为后来的高校校园文化建设树立了一面旗帜。因此，“抗战时期，解放区的校园文化呈繁荣之势，如延安抗日军政大学等开创了新时代校园文化的先河”。① 中华人民共和国成立初期，我国的高校校园文化制度，实际上存在两个系统：一是解放区高校校园文化制度，另一个就是接受下来的经过初步改造了的旧的高校校园文化制度，直到1951年才建立新的高校校园文化组织系统。新型高校校园文化组织系统建立后，我国的社会主义高校校园文化得到了迅速发展，取得了很大成绩，出现了50年代高校校园文化的兴盛时期。当时的高校“校园内弥漫着一种‘牺牲小我，奉献国家’的精神氛围，从上到下一鼓作气为建设、搞建设，此番景象

① 侯长林．校园文化学导论（修订版）［M］．南昌：江西人民出版社，2018：86-87.

催人奋进，净化心灵”。①

第二，高校校园文化的低谷时期。1966年至1976年的十年，是“文化大革命”时期。在这一时期，我国的政治斗争一浪高过一浪，经济处于崩溃的边缘，学校停课，高校也非常混乱，“读书无用论”的思想在高校盛行，高校校园文化遭到严重摧残，“此时的校园文化被扭曲，被无休止的政治狂热和无情的批判斗争所取代”。② 这是中华人民共和国成立后高校校园文化处于最低谷的时期。

第三，高校校园文化的恢复及全面发展时期。1977年恢复高考，一批求知若渴的大龄青年走进大学校园，给高校校园文化带来了“振奋”的景象。“学习求知”成为那一时期高校校园文化的特点。因为，“发奋读书、立志成才、实现自我”成为那一时期各高校校园文化的主旋律，“大学生主体意识的形成和逐渐成熟，为校园文化的创新和发展创造了必要条件”。③ 尤其是“校园文化”概念被正式提出之后，“校园文化空前繁荣，各种形式的学生沙龙、学生社团、学生刊物应运而生，文化节、艺术节、电影首映式和名片回顾展应接不暇”。④ 不过，高校校园文化内容却鱼龙混杂、喜忧参半，其中那些介绍“西方思潮的学术、人文讲座很有市场，使大学生的天真与非理性激情膨胀。一浪高过一浪的西方社会思潮影响了这一时期的校园文化”。⑤ 20世纪90年代中期，由于“市场经济建立，知识经济兴起，校园文化进入全面重建阶段”。⑥ 此时的高校“校园里弥漫着求真求善求美的文化氛围，大学生追求自我完善和自我价值的实现，努力学习科学文化知识，以便更好地奉献社会”。⑦

① 曾长秋，程玮．回顾与展望：建国后高校校园文化的发展［J］．湖南第一师范学院学报，2009（6）．

② 曾长秋，程玮．回顾与展望：建国后高校校园文化的发展［J］．湖南第一师范学院学报，2009（6）．

③ 曾长秋，程玮．回顾与展望：建国后高校校园文化的发展［J］．湖南第一师范学院学报，2009（6）．

④ 曾长秋，程玮．回顾与展望：建国后高校校园文化的发展［J］．湖南第一师范学院学报，2009（6）．

⑤ 曾长秋，程玮．回顾与展望：建国后高校校园文化的发展［J］．湖南第一师范学院学报，2009（6）．

⑥ 曾长秋，程玮．回顾与展望：建国后高校校园文化的发展［J］．湖南第一师范学院学报，2009（6）．

⑦ 曾长秋，程玮．回顾与展望：建国后高校校园文化的发展［J］．湖南第一师范学院学报，2009（6）．

21 世纪初我国的高校校园文化继续发展，尤其是随着“中国加入世贸组织，高等教育改革的深入和市场经济对高素质人才的需求，直接影响到校园文化，刺激了学生们的求知欲”。① 所以，这一时期，对知识的崇拜与渴望成为高校校园文化的主要特色之一。历史进入 21 世纪，高校校园文化发展出现了欣欣向荣的局面，普通高校在“985”高校、“211”高校的带领下，高职高专在国家示范性高职院校和国家骨干高职院校的带领下，出现了前所未有的良好的发展势头，其政治文化、职业文化、学术文化、娱乐文化、教师文化、学生文化、知识文化、技术文化、大学精神文化、校园环境文化等，都得到了很大的发展，出现一派繁荣的景象。当然在这种一派繁荣的校园文化之中，不是没有一点问题，比如近几年来在高校中不断发生的学术腐败现象，就是高校校园文化中的“毒瘤”，不彻底铲除，高校学术文化就会失去其学术的尊严，没有学术的尊严学术文化也就不成其为学术文化，没有学术文化又哪里还有高校校园文化应有的理性？没有理性的高校校园文化当然也就不成其为高校校园文化。不过，近几年高校校园文化发展的主流是好的，尤其是中共中央十七届六中全会召开以后，在全国文化大发展大繁荣的背景下，高校校园文化必将迎来新的发展机遇。

（二）我国高校校园文化发展历程的原因分析

第一，高校校园文化受政治的冲击最大。自中华人民共和国成立以后，我国高校校园文化就是社会主义文化的一部分。作为社会主义文化一部分的高校校园文化就必须坚持社会主义方向。所以，“中国特色社会主义校园文化的基本性质，无疑是社会主义的，同样，资本主义国家的校园文化性质，也无疑是资本主义的”。② 因此，社会主义中国的校园文化，就必须是属于社会主义性质的有中国特色的校园文化。这就决定了高校校园文化必然受制于社会主义文化。中华人民共和国成立初期，我国高校校园文化的主要内容和表现形式，都与社会主义建设的需求与发展相一致；“文革”时期，由于受社会主流文化的影响，尤其是把知识分子当成“臭老九”，打倒资产阶级知识分子，使高校校园文化遭到了严重的破坏；改革开放后，社会发展的重点转移到以经济建设为中心，这就对人才发展提出了需要，“知识就是力量”越来越成为人们的共

① 曾长秋，程玮．回顾与展望：建国后高校校园文化的发展［J］．湖南第一师范学院学报，2009（6）．

② 侯长林．校园文化学导论（修订版）［M］．南昌：江西人民出版社，2018：21-22．

识，高等教育的发展引起了党和国家领导人的高度重视，高校校园重新燃起了希望，高校校园文化进入了恢复发展时期。这一时期，“文化大革命”的结束虽然打破了教条主义的精神枷锁，人们思想比较活跃，高校校园文化也同社会文化一样得到了一定的发展，但是“这一时期的高校校园文化表现出自发性、无序性特点”。①

第二，高校校园文化受经济发展的影响。政治、经济、文化本身就既相互区别又相互联系、相互影响。社会经济发展是文化发展的物质基础，当然也是高校校园文化发展的物质基础。没有资金的保证，难以建成现代化的大学校园，没有现代化的大学校园，高校校园文化的发展就缺乏一定的物质基础。中华人民共和国成立初期的高校校园文化与今天高校校园文化相比，一个重要的条件，就是物质基础不同。改革开放以来，尤其是20世纪90年代以后，我国高校校园文化进入了深化发展的时期，其主要原因，就是因为这一时期的经济发生了历史性的变化，这种变化深刻地影响了人们的世界观、人生观和价值观。同时，“这种影响也不可避免地作用到高校中，推进高校校园文化的深化发展”。②

第三，高校校园文化受自身发展的限制。在同一个国家同一时期的不同高校校园文化为什么会有比较大的差异？其重要的原因就是每所高校校园文化自身发展的历史不同，历史文化条件不同、现状不同，必然对其校园文化的发展产生重大影响。我国高等教育中的“211”大学与一般普通高校校园文化建设水平的差异，主要就是其自身历史文化发展的不同；清华大学与北京大学校园文化的差异，也主要是两所大学校园文化自身发展所走的历史路径不同所致。

（本文原载《学术探索》2012年第7期）

① 夏立军．改革开放以来高校校园文化的发展轨迹［J］．广西青年干部学院学报，2009（5）．

② 夏立军．改革开放以来高校校园文化的发展轨迹［J］．广西青年干部学院学报，2009（5）．

高校校园文化的理论研究

随着我国大学逐步由社会的边缘走向社会的中心，以及新的形势所赋予大学新的使命，高等教育发展的深刻变革，高校校园文化建设实践和理论发展的内在需要，给高校校园文化基本理论研究提出了更高的新的要求：不仅要对高校校园文化的本质、结构、价值、发展、建设等基本理论进行比较深入的研究，解决其关键性的问题，同时要努力构建高校校园文化基本理论体系，形成一套能够指导建设实践的比较完整的高校校园文化基本理论，而这一点正是我国高校校园文化研究所欠缺的。

一、高校校园文化基本理论研究的价值

20 世纪 80 年代，随着“文化热”的兴起，人们开始对高校校园文化的概念、特点、功能和结构等进行讨论。所以，从总体上看，我国高校校园文化理论研究相对滞后。不过，我国高校校园文化理论研究起步之后，却发展很快。到目前为止，已经出现了一定数量的理论研究成果。只不过，这些理论研究成果中水平较高的不多，总体层次还不高，也未能形成比较成熟的理论体系。从对我国校园文化研究的具体内容看，主要集中在校园文化建设方面，且零星的经验性的研究较多，系统的理论性的研究较少。我国校园文化虽然存在多个层次，有高校校园文化、中等学校校园文化、小学校园文化之分，但是主要的仍然是高校校园文化问题。从对高校校园文化研究的具体情况看，也同样是关于建设实践经验性的文章较多，研究基本理论的少。在中国知网中，也很难检索到相关论文。这说明从基本理论的角度研究高校校园文化仍属空白。

目前，高校都在积极主动地全方位地进行校园文化建设。但是客观地说，除少部分院校的校园文化品位较高、特色比较鲜明以外，我国相当一部分高校校园文化建设的水平很一般，有的院校甚至还处在比较浅的层次上，没有规划，没有积淀，没有特色，还处在一种自然发展的状态上。如何把我国高校校园文化建设引向深入？仅仅有对高校校园文化建设重要性的正确认知和建设热情是不够的，必须要有理论的指导。由于各高校校园文化建设已经不再停留于校园

文化活动的层面上，而是要进行全方位的校园文化建设，这种实践发展的新阶段就必然需要有比较全面系统的高校校园文化基本理论进行指导，否则，零星的、单方面的高校校园文化理论，是难以适应高校校园文化全方位发展需要的。

二、高校校园文化基本理论的内涵

要回答什么是高校校园文化基本理论，得先对“基本”二字有一个比较准确的认识。正如瞿葆奎在《教育基本理论之研究》的前言中所说：“‘教育基本理论’的涵盖范围很广，目前尚少统一的认识。我们力求在‘基本’的框架内搜集、分析材料，把研究的脉搏跳动在‘基本’的节奏上。”① 只有把握了事物发展的“基本”节奏，才能进一步把握蕴含在事物发展内部的“基本理论”的内涵。基本问题一般具有“稳定性”“根本性”“纲领性”的特点，它的变化、发展对其他问题的变化和发展起决定作用。属于高校校园文化的“稳定性”“根本性”“纲领性”等基本问题的则主要有本质问题、结构问题、价值问题、发展问题、建设问题五大问题，与此相对应的就是本质理论、结构理论、价值理论、发展理论、建设理论五大理论。这些是高校校园文化的基本理论。

本质理论。所有研究文化基本理论的人首先需要讨论的就是文化的本质问题，对高校校园文化基本理论的研究也不例外，也首先必须对其本质问题进行讨论。要讨论高校校园文化本质问题，又必须先对高校校园文化的内涵有一个基本认识。高校校园文化是高校校园物质文化和高校校园精神文化的总和，但高校校园文化主要还是指高校校园精神文化，当然，也包含一定的校园物质文化的内容。对高校校园文化的内涵有一个基本认识，只是对高校校园文化本质研究的第一步，还必须从高校校园文化自身的本质特征和本质属性进行研究。高校校园文化的本质特征指向促进青年大学生的成长与发展，高校校园文化本质属性在于促进学生的全面发展。从高校校园文化与人的关系看，高校校园文化本质在“化人”即促进青年大学生的全面发展。本质是事物存在的依据，它决定了事物的存在。促进青年大学生的全面发展问题即人才培养问题，是不是高校校园文化本质，就要看这一问题是不是高校校园文化存在的依据。我们知道，大学的产生、存在是为了培养人才，大学文化同样如此，它也是因为人才的培养而出现、存在的，其本质只能和必然是促进青年大学生的成长与全面发展。

---

① 瞿葆奎，郑金洲．教育基本理论之研究［M］．福州：福建教育出版社，1998：21.

结构理论。“校园文化结构分析是研究起点，只有明确校园文化的结构及结构性要素，才能对校园文化进行识别”,① 才能进一步把握高校校园文化的本质，认识高校校园文化的运行机制和一般规律，从而更好地建设高校校园文化。高校校园文化像一座大厦，走入其中呈现在人们面前的首先就是其内部结构。所以，分析其内部结构是研究高校校园文化的起点。高校校园文化结构理论是高校校园文化的基本理论之一。高校校园文化是一个多方面、多层次、非常复杂的系统，从不同的角度进行划分，可以得出不同的结构分类。高校校园文化的主体结构、层次结构、状态结构是主要的几种结构分类方式。高校校园文化主体结构主要是针对创造高校校园文化的主体而言的，包括大学生文化、大学教师文化和大学管理者文化三大部分。可以说，整个高校校园文化就是由学校的学生、教师和管理者共同创造的，没有他们的存在，也就没有高校校园文化的存在，也正因为他们的存在，在高校校园文化中就形成了大学生文化、大学教师文化和大学管理者文化三种不同的文化形态。这三种不同的文化形态共同构成高校校园文化整体。在众多分类方法中，高校校园文化层次结构是最基本的，也是被广泛采用的分类，可分为物质文化、制度文化、精神文化三个层次，并形成以精神文化为深层文化、制度文化为中层文化、物质文化为表层文化的同心圆结构。此外，还有高校校园文化的状态结构和心理结构等。

价值理论。对高校校园文化本质、结构的研究，都是针对高校校园文化内部而言的，从高校校园文化的外部关系看，就不得不研究高校校园文化的价值。要研究高校校园文化价值，首先需要研究高校校园文化的功能，因为高校校园文化功能是高校校园文化潜价值。从目前的研究现状看，高校校园文化的功能主要有教育功能、导向功能、约束功能、凝聚功能、创新功能等。其次需要研究高校校园文化力，它是高校校园文化的显价值。高校校园文化价值就是那些凝结在高校广大师生员工通过实践活动所创造的物质和精神产品中，并能够满足他们物质和精神文化需要的价值，包括对人和社会的生存及发展所具有的作用、影响和意义，就是文化对人和社会的生存与发展所具有的功效、能力。高校校园文化价值还可以划分为高校校园物质类型的文化价值和高校校园精神类型的文化价值。高校校园里那些能够满足其物质需要的文化价值，比如能够满足高校校园人的衣、食、住、行、用等物质需要的就是物质类型的文化价值；凝结在校园人通过精神生产活动所创造的精神产品中能够满足其精神需要的价值，就是高校校园文化精神类型的文化价值，包括学术价值、道德价值

① 贾九斌．论高校校园文化的结构识别［J］．黑龙江高教研究，2010（1）．

和审美价值，内涵十分丰富。

发展理论。从高校校园文化的历时性看，需要研究高校校园文化的起源、传播、变迁和发展的一般动因及规律。要研究高校校园文化的起源，又需要研究文化的起源和大学的起源。现代大学产生的源头实际上就是高校校园文化的起源所在。从发生学的角度看，西方大学校园文化属于“内生型”，中国大学校园文化属于“外生型。”在明确了高校校园文化起源之后，就要研究高校校园文化变迁，研究高校校园文化发展的方式和动力机制。高校校园文化变迁的内涵十分丰富，但这里主要应该研究的是校园文化的大动态、大趋势，把握校园文化发展、演变的方向和总规律，所以对高校校园文化发展方式及动力机制的讨论，就成为高校校园文化发展所要研究的主要内容。

建设理论。高校校园文化建设理论重在对高校校园文化建设对策方案的设计。在高校校园文化建设中，需要研究的是高校校园文化建设的原则和对策。遵守的原则主要有方向性原则、系统性原则、开放性原则、连续性原则、创新性原则等。高校校园文化建设对策，是建设理论的重点，其操作性、应用性很强，不同的高校有不同的建设方案，应该说，关于高校校园文化建设理论的研究还很不够，当然，由于每一所高校的具体情况不同，其建设的对策也不一样，再加上每一所高校都是发展变化的，其各个发展阶段所采取的对策也不一样，这在客观上给高校校园文化建设的研究带来了一定的困难。

三、高校校园文化基本理论的内在相关性

（一）从高校校园文化的共时性和历时性看其基本理论的内在联系

所谓共时性与历时性，就是分别从静态与动态、横向与纵向的维度对文化及其形态进行考察。共时性侧重于以特定文化运动的系统以及文化系统中要素间相互关系为基础，从而把握文化；历时性侧重于以文化运动的过程以及过程中的矛盾运动发展的规律为基础，从而把握文化形态。哲学研究告诉我们，运动是永恒的，静止是相对的，运动通过静止得以表现，在相对静止中隐藏着永恒的运动。因此，共时性与历时性两者之间是辩证统一的关系。

高校校园文化具有“双重性”。这双重性就是根据共时性与历时性的双重角度而得出的：从共时性角度看，高校校园文化虽然因国别地域和时间发展阶段的不同而有所不同，但是必有其恒久的本质共通性，以及因此而拥有的共同的结构、价值；从历时性角度看，高校校园文化又不是静止的、顽固不变的，它必须随着时代的发展而发展，顺应历史的进步而进步。因而，高校校园文化

又必然隐含着一定的规律，并在发展进步的过程中必然表现出一定的问题，需要主动建设而不是简单适应。因此，通过共时性角度研究高校校园文化，我们接触到的是高校校园文化的本质核心，以及结构、价值问题，它们“将作为大学存在合理性的根本前提和旨归而存在”,① 即高校校园文化作为合理性客观存在具有本质、结构和价值问题；从历时性角度看，我们接触到的是高校校园文化的历史展现逻辑和发展规律，从而为我们思考甚至进而创造性地建设高校校园文化准备好理论与现实的条件。

（二）从在高校校园文化中的地位和作用看其基本理论的内在联系

“校园文化的本质是校园文化学理论大厦的基点。”② 没有这个“基点”，也就没有校园文化学的理论大厦。所以，对校园文化本质进行研究就是构建这座大厦的必然选择，“校园文化学首先要对校园文化本质做规范性的阐释。对校园文化本质的分析研究，为人们正确地理解多姿多彩的校园文化现象和校园文化系统内部结构层次差异，提供认识框架”。③

文化结构是文化学的学术概念，其实就是指文化系统中诸要素的集合，是文化内部许多文化特质组成的相对稳定的关系。这种相对稳定的关系从不同的角度划分，会得出不同的结论。按照文化三结构说的划分，校园文化结构是校园文化系统建构的骨架与校园物质文化、校园制度文化和校园精神文化等系统要素的关系形式，它能表明不同校园文化与系统之间的有机关联与转承机制。高校校园文化本质是非常抽象的东西，不易把握，而研究校园文化结构及其表现形式，可以使人们将视线从文化的抽象思辨转到具象认识的层面或境界。

高校校园文化价值是校园文化学大厦中至关重要的问题，它有着丰富的内容和多样化的形式，既有物质的价值，也有精神的价值，是比较抽象和复杂的。高校校园文化价值是高校校园文化本身所具有的功效能力的外化，是高校校园文化的外部关系问题，但它是由高校校园文化本质决定的。所以，研究高校校园文化价值有利于人们进一步认识高校校园文化本质和高校校园文化结构。同时，校园文化学理论要揭示校园文化价值体系的每一要素，判明它们对人的全面发展的意义。研究校园文化的价值功效，能够引起人们对校园文化理论和建设实践的重视。

---

① 李守明．从共时性与历时性视角解读大学理念［J］．前沿，2010（24）．

② 侯长林．关于校园文化学科建设的探讨［J］．贵州高教，1995（9）．

③ 侯长林．关于校园文化学科建设的探讨［J］．贵州高教，1995（9）．

高校校园文化是一个动态的过程，要想使高校校园文化发展得既快又好，就必须研究高校校园文化发展问题，摸清高校校园文化发展、变化的规律，并最后落实到实践建设上来。高校校园文化建设理论所要回答的正是如何把高校校园文化建设得更好的问题。

（本文原载《中国高等教育》2013 年第 23 期）

高职院校的大学精神与区域社会经济发展

从20世纪90年代以来，人们对大学精神的关注和思考，表现出了很大的热情，大学精神成为高等教育研究领域中的热点之一，但是，对早已成为高等教育半壁河山的高职院校的大学精神，则研究得不够，对高职院校的大学精神与区域社会经济发展的研究，更是少而又少，到目前为止还没有专文论及。而高职院校与区域社会经济发展的关系则非常紧密。由此，对高职院校的大学精神与区域社会经济发展进行研究，就成了摆在我们面前十分重要的课题。

一、高职院校的大学精神

最近一两年来，开始有人讨论高职院校的大学精神，但更多的只停留在对高职院校作为大学所具有的共性的大学精神层面的研究上，有少数几篇文章开始讨论高职院校所具有的大学精神，这对高职院校大学精神的认识来说，显然远远不够，尤其是从讨论的文章看，基本上都只看到高职院校大学精神的单个层面。而笔者认为高职院校大学精神具有四个层面的内容，缺一不可，否则在认识上就是模糊的。

第一个层面：应该包括人文精神、科学精神等一般大学所应具有的大学精神。那么，作为一般大学共性的大学精神如何？我以为，大学精神虽然有许多定义和多种表述，但是“作为一种办学理念和价值追求，大学精神的核心就是人文和科学精神”。① 这种核心和主体的精神，也就是所有大学都必须具备的精神，即大学精神的共性特征。因为没有人文就没有大学，没有人文的关怀就没有大学的精神；没有科学精神，一所大学当然也算不上真正的大学。而有的人认为高职院校不是大学，就是因为有的高职院校，只重视学生技能的培养，而忽视人文和科学精神的培育。学校缺乏人文和科学精神，即使有大学之名，也无大学之实，算不上真正的大学。所以，高职院校在建设和提炼大学精神的时候，决不能忽视对人文和科学精神的追求。

---

① 侯长林．大学是对人文和科学精神的追求［J］．教育·高教观察，2008（12）．

第二个层面：应该是高职院校所要求的大学精神。高职院校是现代大学的一种新类型。高职院校既然是一种新的类型，就有其类型的特征。高职院校虽然对传统意义上的大学有许多借鉴，但在人才培养目标、办学模式以及人才培养模式和承担的育人使命等方面与传统大学差异较大。正因为有差异，才造成了高职教育在传承大学精神方面产生很多文化变数，需要高职院校自身在建设、发展的过程中找寻、培育乃至重构一种具有高职院校类型自身特性的大学精神。那么，高职院校这种类型自身特性的大学精神是什么？我以为主要是它的职业精神。职业精神应该是对高职院校的最好概括。创业精神、技术精神和经世致用精神等，都只是职业精神的一部分。但是，我并不主张每个高职院校都用“职业”来表示其大学精神，而是应根据学校自身的特点进行选择。

第三个层面：高职院校所处的区域精神。高职院校的大学精神在其形成过程中不可避免地会受到学校所处地域的历史、文化、地理环境等因素的影响，打上区域精神的印记。从我国来看，疆域辽阔，区域间的差异很大。高职院校一般是本区域为数较少的院校，是本区域传统精神与现代文明积淀、传承、发展创新的基地，应当提炼出富有特色的区域精神，使之成为大学精神的重要组成部分。如果这点做得好做得到位，这所高职院校大学精神的区域特色就十分鲜明。这是使高职院校大学精神具有个性的最重要的因素之一。

第四个层面：包括具体学校自身在历史发展过程中所形成的传统精神。每所高职院校所经历的历史过程和发展阶段，是形成大学精神最重要的因素。尽管在同一个区域，会有几所高职院校，但是，就每一所具体的高职院校而言，它们各自的发展历程绝对是唯一的。这种唯一性，就是形成高职院校大学精神特征最重要的元素。所以，如果忽视了这一点，就不可能提炼出具有本校特色的大学精神。

这四个层面的大学精神，是由共性到个性层层递进的。一般大学所应具有的大学精神与高职院校的大学精神，是共性和个性的关系；高职院校所处的区域与具体学校自身在历史发展过程中所形成的传统精神，又是共性与个性的关系。

二、高职院校是大学中与区域社会经济发展最紧密的院校

从大学发展的历史看，是由远离社会到走向与社会融合的过程。在西方高等教育历史上，从中世纪大学产生到 19 世纪中后期，除英国的格雷沙姆学院和苏格兰的格拉斯哥大学等少数大学外，高等学校基本上处于远离社会

的封闭状态，以至轰轰烈烈的英国工业革命居然发生在牛津大学和剑桥大学的门外。由于受根深蒂固的“博雅教育”传统的影响，在牛津大学和剑桥大学的教师眼中，科学是学术，技术则被排斥在学术之外，认为仅仅是工匠、工人的玩意，不能登大雅之堂。直到19世纪70年代，由剑桥大学的詹姆斯·斯图尔发起的大学推广运动，才逐步打开大学通向社会的大门。但是高等学校的社会服务职能，无论在观念还是在实践上，都是在美国产生的。经济合作与发展组织的教育研究与革新中心的报告指出：“从历史上看，大学为社区服务的观念源自美国赠地学院创办的时代。”1904年，深受进步主义影响的范·海斯就任威斯康星大学校长，他把大学的社会服务向前推进了一大步。他曾明确提出“教学、科研和服务都是大学的主要职能。更为重要的是，作为一所州立大学，它必须考虑每一项社会职能的实际价值。换句话说，它的教学、科研、服务都应当考虑到州的实际需要。大学为社会，州立大学要为州的经济发展服务”。① 至此，高等学校社会服务职能逐步明朗化。尽管人们对此尚有不同的看法，“然而随着20世纪的进展，越来越多的人谈到大学实际提供服务的问题。大学越来越经常地被喻为‘服务站’。不仅如此，在政府和企业的规划中，大学也名列前茅”。② 不过，时代发展到今天，高等学校社会服务职能已经被大家所接受，美国几乎每所院校的办学宗旨都不只包括教学与研究，还包括服务。当然，并不是所有的大学都能够在教学、研究和服务三个方面都做得很好，而是有所选择与侧重，正如原香港中文大学校长金耀基所说：“大学的功能已高度分化……有的大学可以在教学、研究和服务三方面都做，但大多数的大学则只能偏重其中一方面或两方面。此所以当今大学出现了各种的性格和形态，如综合性大学、研究型大学、教学型大学、博雅学院和社区学院等。加州大学有九个校区，都是以教学与研究为主的，是综合性/研究型的大学，加州州立大学则以教学为主，是教学型大学，而社区学院则以学习技能为主。”③ 显然，研究和教学型大学与社会的距离要远一些，服务型大学与社会的距离要近一些。地方高职院校虽然也重视研究和教学工作，但主要还是属于服务型的。所以，高职院校是大学中与

① 大光. 范·海斯的高等教育思想 [J]. 高教文摘，1990 (5).

② [美] 约翰·S. 布鲁贝克. 高等教育哲学 [M]. 王承绪，郑继伟，张维平，译. 杭州：浙江教育出版社，2002：16.

③ 金耀基. 大学之理念 [M]. 北京：生活·读书·新知三联书店，2008：178-179.

区域社会经济发展最紧密的院校。甚至有的高职院校还提出了与社会经济发展的零距离对接或无缝对接的口号。对这种大学与社会高度融合的观点，当前还有不同的看法。不过，我以为，研究型大学以及研究与教学并重型大学与社会保持一定的距离，是有必要的，但对服务型大学而言，要想搞好服务，就必须尽可能地缩短与社会的距离，才能真正把服务工作做好，充分凸显服务社会的职能。

三、高职院校的大学精神和区域社会经济发展的关系

（一）高职院校的大学精神是区域社会精神的“时代表征”或集中表现，区域社会的历史文化积淀是高职院校大学精神形成的基础和前提

（1）高职院校的大学精神是区域社会精神的“时代表征”或集中表现。任何一所学校都是社会的组成部分，大学在社会组成中的地位随着时代的发展变得越来越重要，尤其是在一定区域中的大学往往是这个区域各种元素的最集中的表现。比如国外就有学者明确指出：“大学是一种极有韧力的组织，但大学的生命与发展毕竟与其社会息息相关。总体看，在19世纪之前，大学在社会上只处于边缘性的地位，但是进入20世纪以后，大学在社会上的地位越趋重要，已经成为社会的中心。”① “许多大学已经发展为区域性的中心。”② 随着我国高等教育大众化进程的加快，不仅像北京、上海等大中型城市的大学已经成为“社会的轴心”，而且地方高校也已经开始成为其所处区域的社会轴心。高职院校更加明显，因为高职院校与区域社会经济发展的关系更紧密，许多专业都是根据区域社会经济发展的主导产业设置的，与区域社会经济发展实行“零距离”对接。这种零距离对接必然使区域社会经济发展的各种因素像水一样渗透到大学中来，并通过大学精神得到集中表现。其实，美国大学的先驱佛兰斯纳早就强调大学应该是时代的表征。

（2）区域社会的历史文化积淀是高职院校大学精神形成的基础和前提。任何一所大学的精神，都不可能凭空产生，都是在其所处社会区域的历史文化

① KERRC, etc. *Higher Education Cannot Escape History* [M]. New York: State University of New York press, 1994: 43-44.

② ［美］菲利普·G. 阿特巴赫. 比较高等教育：知识、大学与发展［M］. 人民教育出版社教育室，译. 北京：人民教育出版社，2001：39.

精神积淀的基础上形成的，只不过有些大学所依托的社会面宽一些，比如牛津大学、剑桥大学依托的基本上是英国整个国家的精神，哈佛大学和北京大学、清华大学等也同样如此。大学所依托的社会面的大小，是与其社会影响和办学特色相联系的。一所大学的精神，如果影响比较大，大到能够代表一个国家，那它所依托的社会面肯定就比较宽，是这个国家所有社会面精神元素的最集中表现；如果影响次之，能够代表一个省，那它所依托的社会面相应就窄一些，它就只能是这个省的所有社会面精神元素的最集中表现，以此推之，如果影响比较小，那就只能代表其所处的小的区域，有的甚至在其所处的区域中都没有影响，那所代表的社会面就更窄，有的院校甚至根本就不重视大学精神的培育，那就无所谓代表不代表了。高职院校就是比较典型的地方性、区域性的大学，它所依托的社会面就只是它所在的那个社区。总之，从大学精神形成、建构的一般规律来看，无论是一所大学的整体，还是一所大学的精神，要发展尤其是要想形成自己的独特个性，都必然而且必须要在其所处的社会区域的特定文化氛围中去吸取丰富的营养，获得生成的根基和进一步发展的基因。当代大学精神的形成，虽然要从传统大学精神的历史昭示中汲取养料，但是更应当以当下社会的现实呼唤为生成的直接背景。在一定意义上，社会区域的精神是其所处大学尤其是高职院校的大学精神的土壤和源泉，但是大学精神又绝不只是一定社会区域的精神的简单融合或叠加，而是在自身发展过程中所形成的历史文化传统的基础上，经过与社会精神碰撞、融合和互动之后所形成的一种新的精神，而且这种精神应该是独有的。任何大学精神的形成，都需要一个较长的过程，需要经历“提出—认同—传承—再凝练—再认同—再传承”这样一个反复的过程。

（二）高职院校的大学精神对区域社会经济的发展有引领、示范作用，区域社会经济的发展对高职院校大学精神的形成有促进或延缓的作用

（1）高职院校的大学精神对区域社会经济的发展有引领、示范作用。既然高等学校已经由社会的边缘走到社会的中心，尤其是地方高职院校与地方的联系更为密切，可以说每所地方高校都是所在地区教育的核心，并对其所处地区的政治、经济、文化、生活、人口等各方面产生重要的影响。在我国，高职院校由于出现较晚，本身没有老牌大学“象牙塔”的优越，所以，比一般大学更为开放。正像纳伊曼所说的，当代“高等教育机构既是社会经济发展的

轴心又是文化发展的轴心，也应该成为周围社会的源泉，因此应该完全向社会开放”。① 大学的围墙一旦打开，显然，其观念理念的优势、人才的优势、文化积淀的优势等，都将对社会起到引导的作用。

（2）区域社会经济的发展对高职院校大学精神的形成有促进或延缓的作用。区域经济状况是地方高校基础设施提升和进行科学研究的基础和前提。经济发展快，可提供用来建设高校和高校用于科学研究的资金就多，校园就能够建设得更标准，仪器设备就更多更好，无论是人文的还是科技的研究项目就能够获得更多的资助，科研的水平也就更高，整个大学的学术气氛就更浓。显然，这对高校的人文和科学等大学精神的形成有着十分重要的作用。当然，地方经济即使发展较快，也不会平白无故地将资金投向高校，这就需要高校在课程设置、专业规划、人才培养目标、资源利用等方面认真细致地研究，勇于突破传统，积极面对社会，做到与地方经济发展“无缝接轨”。虽然高校已经由社会的边缘走到社会的中心，但是决不能高高在上，以自我为中心，而应该树立以地方为中心的“他方中心论”的新观念。美国乔治·梅肯大学副校长韦德·吉利就曾经提出，美国相互作用大学（Interactive University）要坚持以社会为中心的“他方中心论”的核心精神，并积极谋求与地方共生。大量的事实表明，地方高校选择与地方共生是实现其持续快速发展的必由之路。比如，曾经被人讥讽为“放牛娃学院”的美国农工学院等一大批曾经是赠地学院的学校，现已成为举世闻名的名牌学府，还包括威斯康星大学、加利福尼亚大学、伊利诺斯大学等。所以，只有真正赢得地方的尊重，地方高校才有发展自己的丰厚的生存土壤，才能拓展自身的生存空间，提高教育教学质量。反之，如果地方经济落后，就难以拿出资金支持高校的建设，其文化精神的形成肯定要受到制约和影响，那就必然延缓其大学精神的培育与形成。

[本文与周鸿合著，原载《高等教育研究》（武汉）2009 年第 9 期；中国高等教育学会主编的《中国高等职业教育研究精品文选》（科学出版社，2010 年版）全文转收；《职教论坛》2009 年第 23 期转摘。本文获第三届贵州省高校人文社会科学研究优秀成果三等奖。]

① ［南斯拉夫］德拉高尔朱布·纳伊曼．世界高等教育的探讨［M］．令华，严南德，译．北京：教育科学出版社，1982：167.

技术创新文化：高职院校核心竞争力培植的生态基础

高职教育，在过去的十余年间虽然得到了快速发展，但是目前却面临着国内总体生源逐步萎缩、国际教育对生源的争夺和本科毕业生对就业市场的占领等多方面的压力。面对“出口”和“入口”的双重压力，部分实力薄弱的高职院校被淘汰出局将不可避免。因此，如何培育和提升高职院校核心竞争力已成为教育行政管理部门和高职院校十分关注的重要课题。

一、高职院校技术创新文化与核心竞争力的关联性

培育和提升高职院校核心竞争力，最重要的当然是基础，从生态学的角度看，就是生态基础。因此，要培育和提升高职院校核心竞争力，就必须努力建设能够为其提供养分和土壤的文化生态基础。依据人类文化可以分为知识文化、技术文化和观念文化三大部分的划分，也可以将创新文化细分为知识创新文化、技术创新文化和观念创新文化三大范畴。如果说一般普通高校主要属于知识创新文化的范畴，那么，高职院校就主要属于技术创新文化的范畴。所以，培育和提升高职院校核心竞争力的文化生态基础，其实就主要是技术创新文化生态基础。为什么说技术创新文化是高职院校核心竞争力的生态基础？让我们从分析高职院校技术创新文化与核心竞争力的关联性入手。

（一）高职院校技术创新文化是高端技能型人才培养力提升的“土壤”

高职院校核心竞争力就像一棵树，它生长在高职院校的校园里，如果要想使这棵树枝繁叶茂，就必须有良好的生态基础，比如肥沃的土壤、丰富的养料、充足的阳光、适宜的空气等良好的生态条件。否则核心竞争力这棵大树就难以长成，更谈不上枝繁叶茂。那么，高职院校核心竞争力的生态基础是什么？笔者认为它的生态基础只能是技术创新文化。其理由如下：

第一，高职院校技术创新文化是高端技能型人才成长的技术知识生态基础。从创新人才培养的角度看，高职院校肩负着培养高端技能型创新人才的使

命。高端技能型创新人才的创新人格体系、创新知识体系和创新能力体系所包含的技术创新的知识、能力从哪里来？当然来源是多方面的，尤其是网络信息非常发达的今天，整个世界已经成为“地球村”，但是主要还是从校园来，从校园的文化中来，尤其是从校园的技术创新文化中来，因为技术创新文化首先就是一个创新的知识体系，这个知识体系就是一个比较完整的知识生态系统，尤其是作为高等学校的高职院校更是如此。从知识生态系统的理论来看，高职院校本身就是一个很好的“场”，即个体或组织之间所存在的一定的知识空间或知识场。这些知识空间或知识场正是高职院校的特点和优势，里面蕴涵着各种类型的丰富的技术理念、技术知识。因此，可以说高职院校就是“技术知识库”，里面储存着各种专业技术知识。从生态学的角度看，高职院校丰富的知识生态尤其是创新的技术知识生态就像校园里的自然生态一样，按照其固有的规律，生长在高职院校的知识空间或知识场里。可见，这些丰厚的知识资源尤其是创新的技术知识土壤自然为高端技能型创新人才的成长奠定了技术知识生态基础。没有这些技术知识生态基础，高端技能型创新人才所必需的技术创新的知识、能力等，就无从获得。

第二，高职院校技术创新文化是高端技能型人才成长的观念生态基础。在技术创新文化里除了基础性的知识生态系统外，还有观念性生态系统，比如技术创新的理念、技术创新的精神、技术创新的思维、技术创新的价值观等。“适宜创新的观念文化其自身也必定是一种创新，它使人有一种广博的思维视角，有一种海纳百川的宽广胸怀，从而使人具有博采众长的技艺。”① 也就是说，能够决定高端技能型创新人才进行技术创新活动的观念文化本身就是技术创新文化，因而也正好印证了创新文化尤其是技术创新文化是高职院校高端技能型创新人才成长的观念生态基础的观点。其实，技术理念和技术知识是紧密相连的，它们共同存在于高职院校的知识场里，并且在这个知识场里相互碰撞、相互交流，不断产生新的技术理念的火花。因此，从一定程度上说，高职院校也是一个新技术文化观念诞生源。这种创新的技术文化观念自然就为高端技能型人才的成长奠定了观念生态基础。

第三，高职院校技术创新文化是高端技能型人才成长的制度生态基础。在技术创新文化生态系统中还有重要的一个子系统，就是技术创新制度生态系统。所谓技术创新制度文化就是指高职院校有关技术创新的政策、体制、机制中的文化因素，是技术创新活动开展的社会环境。创新的制度，一旦上升为学

---

① 金吾伦．创新文化的内涵及其作用［N］．光明日报，2004-03-16.

校的意志，内化为一种文化，将对其创新活动的开展具有很强的正导向性与激励性，非常有助于高职院校高端技能型创新人才的成长。但是在我国的高职教育管理体制中，由于教育行政部门对高职院校管得太宽、统得过死，各高职院校自主权缺乏，只能在其统一规定的办学模式中运行和发展。这必将在一定程度上影响各高职院校创新性、积极性和主动性。各高职院校没有创新性、积极性和主动性，哪来创新可言？各高职院校不能根据自身的特点进行自主创新，怎么能够按照自身的特点培养高端技能型创新人才？所以，我们必须对阻碍创新的机制、体制障碍下决心进行改革，打破“坚冰”，建立一系列有助于高端技能型创新人才培养的创新制度、机制和体制，形成良好的制度生态基础，才有利于高职院校高端技能型创新人才的培养，即有利于高职院校核心竞争力的提升。

（二）高职院校技术创新文化是技术研发力提升的生态前提

为什么这样说呢？因为：第一，技术原创力是核心竞争力的重要元素。技术原创力属于科学技术力的范畴，是科学技术力的最重要和最核心的内容。在高职院校核心竞争力的元素中除了人才培养力之外就是技术研发力。这是由高职院校的使命所决定的，因为高职院校的最大使命是高端技能型人才的培养，其次就是技术的研发。第二，技术原创力缘于技术创新文化。那么，技术研发力从哪儿来？应该说它从技术原创力那儿来。什么是技术原创呢？所谓技术原创，就是指在技术研发中所进行的原始性创新，即原始创新力。原创性的特征是首创性，即见人之所未见，开学术风气之先。造成我国技术原创能力缺失和不足的原因是什么？人们讨论得很多，归纳起来，除了经费投入外无非有两点：一是制度文化创新不够，二是观念文化创新不够。科学技术原创力的不足是缘于科学技术积累不够，也是缘于创新文化建设不够；技术原创力的不足是缘于技术积累不够，缘于技术创新文化建设不够。因此，可以说技术原创力缘于技术创新文化。第三，技术原创文化能够提升技术原创力。所谓技术原创文化是指在“技术创新文化”概念的基础上提炼的一个概念，是与技术原创力相对应的一个概念，就是指“学术共同体开展原始创新活动过程中所积淀形成的共有的理念、价值、规范、精神气质的总和，是学术文化和学术精神的精髓”。① 高职院校作为技术类高校必然具有技术原创文化。技术原创文化在追

① 吴海江．原创文化：科学原创力的文化生态基础［J］．科技进步与对策，2010（18）．

求学术原创时更容易催生出技术的原创力，提升技术的原创力。

二、高职院校核心竞争力培植之文化生态重构的思想基础

高职院校核心竞争力培植的技术创新文化生态基础存在的问题虽然很多，牵涉到学校发展的很多方面，但是其主要问题则是校园文化生态失衡和技术创新文化薄弱。高职院校校园文化生态是一个非常复杂的文化生态系统，在这个系统中有若干子文化生态系统，各子文化生态系统之间以及高职院校校园文化生态系统与其周围环境之间时刻都处在平衡与不平衡的运行之中。针对校园文化生态失衡和技术创新文化薄弱的现状，要重构高职院校核心竞争力培植之文化生态，就必须首先考虑其思想基础，更新其思想观念。

（一）高职院校核心竞争力培植之文化生态重构中思想观念更新

首先，要更新传统技术观。从总体看，我国高职院校目前还停留在仅仅从技术本身来谈技术的阶段，往往只注意到单纯的自然科学的技术内容。这种传统技术观只看到技术而没有看到技术文化。而技术文化同一般文化一样，具有丰富的内涵和多方面的教育价值，高职院校在重构核心竞争力培植之文化生态时，一定要转变思想观念，而不能只就技术而技术，要充分发掘技术的丰厚的文化意蕴和教育的价值，只有这样，我们的“高职教育在增进个人的幸福和社会的福祉中才能担当其应有的使命，这或许也是我们探讨技术文化的意义之所在”。① 其次，坚持技术文化与新人文主义的统一。传统人文主义把科学及其价值单纯地归结为“实证主义”或“功利主义”，而新人文主义的核心则是对人性的尊重，关注人的价值与尊严，重视人的欢乐和痛苦以及人的思想境界的提升，注重人的精神培育，尤其是非常强调科学的人文意义和人文价值。为此，新人文主义教育观主张：“加强文学、艺术、伦理、社会、历史、地理等人文学科的教学；把价值教育放在整个教育的首要地位”，② 并“将人性教育贯穿于教育的全部过程中，使整个教育人性化；加强自由与责任的教育，将自由与责任视为现代伦理生活的核心价值”。③ 因此，高职院校在重视技术文化的同时要倡导新人文主义，这对促进学生人文素质的提升，对调和高职院校人

① 陈向阳，等．技术文化视域中高职教育价值的再审视［J］．中国高教研究，2010（10）．

② 张晓荣．新人文主义视野下的科学教育理念［J］．山西师大学报，2007（7）．

③ 张晓荣．新人文主义视野下的科学教育理念［J］．山西师大学报，2007（7）．

文生态与技术生态间的平衡，意义重大。

（二）高职院校核心竞争力培植之文化生态重构的价值取向

高职院校作为高等教育的一种类型，其核心竞争力之文化生态重构的价值取向不能雷同于普通高校，应该有其自己的价值选择。当前高职院校核心竞争力之文化生态失衡的关键，就是价值取向的偏离。所谓文化生态重构的价值取向是指对文化生态重构的主体在进行文化生态建设实践时产生导向性的价值观。高职院校核心竞争力之文化生态重构的价值取向主要表现在高端技能型创新人才核心培养力和技术创新研发力两个方面。高职院校的培养目标是高端技能型人才，其进一步的要求就是培养高端技能型创新人才。而高端技能型创新人才，必然是具有技术发明创新能力及创业能力的人。而具有技术发明创新能力的人，首先必须懂技术，其次必须具有创新能力和创业能力，这是基本条件。因此，从技术创新人才的角度看，技术培养力和创新培养力以及创业培养力是其重中之重的核心培养力。所以，高职院校要培养高端技能型创新人才，对学生创新能力的培养和提升，同专业技能包括专业核心技能培养力的提升一样，是其必然的价值选择。高职院校的创新，不同于普通高校的创新。普通高校的创新主要偏重于知识的创新，而高职院校由于属于技术类高校，其创新主要偏重于技术创新。同时，社会经济的快速发展，尤其是技术密集型和创新密集型时代的到来，给技术创新研发力的提升提出了更高也更为紧迫的要求。因此，技术创新既是人才培养力提升的需要，也是时代发展的需要。高职院校如果只传授知识和技能，不进行技术创新研发工作，那就不是高职院校了。高职院校要进行技术创新就必须具有较强的技术研发的能力，但是目前我国的高职院校对此普遍重视不够，学校教师的科研主要还是以科学研究为主，对技术研发参与不多，积极性不高，这是价值取向的偏离。显然，要凸显高职院校技术类高校的特征，提升技术创新水平，就亟待改变现状，重视技术创新研发力的提升。这种价值取向是高职院校技术创新文化建设的需要，是高职院校作为技术类高校办学的内在要求。

三、高职院校核心竞争力培植之技术创新文化提升的路径

（一）唤醒高职院校主体技术创新文化的自觉

从创新的角度看，文化自觉是文化创新的基础和前提。高职院校要想使其技术创新文化迅速提升，培植其核心竞争力，就迫切需要对自身的文化和文化

建设有一个新的认识并“达到一个新的高度，以达‘文化自觉’，尤其是要将创新文化作为学校发展的近义词或同义词，作为学校生存与发展战略”。① 所以，要培植高职院校技术创新文化，必须首先唤醒其自身的文化自觉。但是，遗憾的是我国许多高职院校还没有认识到文化建设尤其是技术创新文化的重要性，还处于“文化不自觉”之中。因此，唤醒高职院校主体技术创新文化的自觉，就成了当务之急。

（二）重塑高职院校大学精神文化生态

高职院校校园精神文化生态是学校高端技能型人才培养竞争力和技术创新研发力提升的重要方面，是高职院校技术创新文化中观念文化的重要内容。但是，我国高职院校普遍对校园精神文化生态尤其是大学精神生态的培育重视不够，以致造成校园精神文化建设“被搁置一旁甚至被根本忽略，这导致校园文化中精神文化的地位旁落与价值淡化，校园生态文化格局严重失衡”。② 对校园精神文化生态的忽视，必然导致对大学精神生态的忽视。一所高职院校没有自己的大学精神，怎么发展？怎么创新？那么，什么是大学精神？当前还没有统一的看法，不过，笔者认为大学精神其实就是大学的办学理念和价值追求。不过，高职院校作为高等教育的一种类型，其大学精神又具有自身的特殊性。高职院校的大学精神至少应该包括四个层次：一是基于大学共性层面的人文和科学精神等；二是高职院校自身所要求的大学精神，即职业精神、技术精神等；三是高职院校所处的区域精神；四是高职院校个体自身所形成的传统精神。③ 因此，根据技术创新文化的要求，高职院校必须根据高职教育类型要求，以技术创新理念为核心，坚持以技术精神为重点，以校训建设为载体，以文化传统为基础重塑高职院校大学精神，才能进一步促进其技术创新文化的提升。

（三）加强高职院校技术创新和谐团队建设

师资队伍建设的统一规划是构建高职院校技术创新和谐团队的基本前提。

---

① 明兰，等．新建本科院校创新文化建设存在的问题及对策［J］．科技创新导报，2009（36）．

② 刘春花．文化生态视野下的大学校园文化建设［J］．湖南文理学院学报，2007（5）．

③ 侯长林，周鸿．高职院校的大学精神与区域社会经济发展［J］．高等教育研究，2009（12）．

从文化生态的角度看，教师技术创新研发力的提升主要就是和谐团队建设的问题，和谐出生产力，和谐出技术创新研发力。和谐表现在师资队伍建设的方方面面，但从整个团队的和谐建设看，笔者以为主要应该抓好专职教师和兼职教师队伍建设，并考虑专职教师和兼职教师队伍的优势互补与协调发展。这就需要对专职教师和兼职教师队伍建设提出不同的要求，从总体设计上进行统一规划。

在我国高职院校中尽管有不少兼职教师参与教学，但专职教师仍然是教师团队的主体，并且专职教师队伍是相对稳定的，兼职教师队伍则处在不断变化之中，不够稳定，所以，专职教师是构建高职院校技术创新和谐团队的基础。因此，要提升高职院校高端技能型创新人才培养力和技术研发力，就必须首先加强校内专职教师队伍建设，同时，也要重视打造动手能力较强的兼职教师队伍的建设，因为兼职教师队伍是构建高职院校技术创新和谐团队的有力补充。

（四）改善高职院校技术创新文化生态环境

"办大学就是办一种氛围。"① 可见，加强技术创新文化生态环境建设多么重要。而在技术创新文化生态环境建设中，学术文化生态环境建设又具有极为特殊的意义。在高职院校创新文化生态园里，技术创新文化生态是其中重要的一支。因为就"创新"而言，更多地应该是指其技术文化的创新。既然高职院校是一个技术创新文化生态系统，就要特别重视良好技术创新文化生态环境的营造。那么，什么是高职院校技术创新文化生态？所谓高职院校技术创新文化生态就是指高职院校客观存在的技术创新文化状态，主要由"技术""人"和"环境"三个要素组成。高职院校技术创新文化生态系统的主体、客体和环境三要素之间相互区别、相互影响和相互联系，便构成了一个既有别于自然生态又有别于其他社会生态的特殊而又复杂的技术创新文化生态系统。高职院校要繁荣技术创新文化生态，学校管理者和教师应静下心来，以理智的态度进行反思，重构适于技术创新文化生长的制度文化生态体系，坚持以人为本，包容不同的学术思想和学术观点，对高职院校原有不适合技术创新文化生长的土壤进行改良，建立创新的生态，尤其是具有创新精神的技术文化生态，才能创造新型的独特的高职院校技术创新文化。因此，对高职院校来说，其技术创新文化生态的培养就显得尤为重要。

---

① 何频，等．如何推进大学文化的生态建设［N］．光明日报，2011-07-14.

（五）培植高职院校良好的地缘文化生态

每一所高职院校都处在一定的地域之中，都与其周围有着千丝万缕的联系，而且“高职院校是大学中与区域社会经济发展最紧密的院校，甚至有的高职院校还提出了与社会经济发展的零距离对接或无缝对接”口号。① 这种特殊的紧密的联系，必然使双方互相渗透、互相影响。良好的技术创新文化背景十分有利于高职院校技术创新文化生态的培育。因为高职院校“校园文化并不是与世隔绝的‘形而上’文化，把地缘文化‘去粗取精’，汲取精华，会使校园文化更具独特魅力”。② 所以，在建设高职院校技术创新文化生态时，必须考虑其地缘文化的因素，并对其进行培植。

（六）重视高职院校技术创新文化特色凝练

高职院校近几年在国家示范性高职院校建设项目的带动下，许多高职院校开始意识到特色建设问题。但是高职院校技术创新文化建设要想上新的台阶，提升水平，也必须实施“特色”战略，进行特色凝练，否则没有特色的技术创新文化一定难以达到比较高的层次，没有较高层次的技术创新文化必然难以产生较强的核心竞争力。任何一所高职院校技术创新文化的特色形成，都不可能一蹴而就，需要在其长期的办学过程中逐步形成。这就需要提前规划，早作安排，否则，说凝练高职院校技术创新文化的特色，就会落空。

（本文原载《中国高等教育》2012 年第 12 期）

---

① 侯长林，周鸿．高职院校的大学精神与区域社会经济发展［J］．高等教育研究，2009（12）．

② 何小忠，等．文化生态视野下大学新校区的校园文化现状和建设对策［J］．黑龙江高教研究，2006（11）．

名校启示

精致化发展：高水平应用型高校建设的策略

——基于四所袖珍型世界名校的考察

《关于深化产教融合的若干意见》明确提出，要开展高水平应用型本科高校建设试点。而要建设高水平的应用型高校，必须放眼世界，学习世界名校的发展经验。普林斯顿大学、巴黎高等师范学校、加州理工学院、浦项科技大学四所袖珍型世界名校虽然均为研究型大学，但是我们对其形成与发展进行考察，发现其对我国建设高水平应用型高校也有很多借鉴和启示。其实，研究型和应用型不是互相排斥的，许多世界名校都是从一般应用型高校发展而来的，并且现在仍然是应用型高校，只不过是研究型高水平应用型高校。普林斯顿大学、巴黎高等师范学校、加州理工学院和浦项科技大学就属于这种研究型高水平应用型高校的类型。当然，这里所谈的应用型是广义的应用型，包括师范类院校，以及其他定位在服务地方的文科类或综合类院校等，而非狭义的科学技术的应用型。我国目前正在朝应用型方向转型发展的高校还不敢对这些研究型高水平应用型世界名校望其项背，但是不等于今后的发展没有这种可能。我国高水平应用型本科高校建设试点，也不会排除这种发展模式的选择。因为高水平应用型本科高校建设模式应该是多元的，沿着重视应用理论研究及应用学科方向发展的院校就有可能最终建成研究型高水平应用型高校。何况，不同类型的高校之间也是可以相互学习和借鉴的，作为应用转型的高校更应该有海纳百川的胸怀和气度。

一、四所袖珍型世界名校的基本情况

普林斯顿大学、巴黎高等师范学校、加州理工学院、浦项科技大学的办学历史不同，但均为袖珍型研究型世界名校。在这四所世界名校中，普林斯顿大学的办学时间最长，已有 272 年的历史。在雪莉·蒂尔曼校长的任期内，普林斯顿大学的地位得到了迅速提升，从 2001 年到 2008 年，在美国大学综合排行榜中，连续 7 年位居全美第一。巴黎高等师范学校创建于 1794 年，几乎与法兰西共和国同龄，到现在已有 225 年的历史。巴黎高等师范学校作为法国学术

与科技的中心，学生培养质量很高，享誉全球，比如路易斯·巴斯德、罗曼·罗兰、让·佩兰、皮埃尔·布尔迪约等众多法兰西的精神领袖、政治首脑、科学巨匠，都是巴黎高等师范学校的校友。加州理工学院创建于 1891 年，到现在已有 128 年的办学历史。在 20 世纪 90 年代后，加州理工学院已经走在美国一流大学前列，尤其是其物理专业在全美大学研究生院中排名第一，生物学排名第五，数学排名第八，计算机排名第十一。韩国浦项科技大学创建于 1986 年 11 月 25 日，在短短 30 多年的发展历程中，浦项科技大学已跻身于世界著名研究型大学的行列，展现了强大的发展潜能。

二、四所袖珍型世界名校的核心竞争力探究

普林斯顿大学等四所袖珍型世界名校，之所以能够在激烈的竞争中成功崛起，成为世界一流大学，其成功的秘诀就是都非常注重核心竞争力的打造。所谓核心竞争力，就是指“那些最重要、最关键、最本质的能使整个学校保持长期稳定的竞争优势的竞争力”。① 那么，普林斯顿大学等四所袖珍型世界名校的核心竞争力主要体现在哪些方面？笔者对其进行探究，认为其核心竞争力主要体现在以下六个方面。

（一）“小而精”的办学理念

普林斯顿大学等四所袖珍型世界名校对其办学理念表述各有不同，但都有一个共同点，那就是“小而精”的办学理念。“小而精”的办学理念主要体现在学生规模和学科建设两方面。

1. 学生规模小

在 2018 年 5 月，根据其官网发布的数据：普林斯顿大学学生人数为 8013 人，教师人数为 1238 人，师生比为 1∶6；浦项科技大学学生人数为 3619 人，教师人数为 270 人，研究员 630 人，师生比为 1∶4；巴黎高等师范学校学生人数为 2400 人，教师人数为 800 人，师生比约为 1∶3；加州理工学院学生人数为 2100 人，教师人数为 300 人，研究员 600 人，师生比约为 1∶3。较高师生比的师资队伍使学校能够做到“一生一导”制，保证教师有充足的时间和精力对学生进行学术指导。

2. 学科普遍不多不全

① 侯长林．技术创新文化：高职院校核心竞争力培植的生态基础［M］．北京：科学出版社，2012：28.

这些袖珍型世界名校虽然学科普遍不多不全，但是特别重视主干学科建设，力求做精。普林斯顿大学在学科建设方面，一直坚持自身优势，坚持做精做细，其数学研究为其赢得了良好的声誉，被誉为世界“数学之都”，物理学研究也处于世界领先水平，“这两大基础学科的优势渗透到各个院系，成为普林斯顿大学的骄傲”。① 巴黎高等师范学校同样重视主干学科和跨学科发展，在创办之初便对学科设置格外重视。其文理兼备，主要包括数学、化学、文学、地理、哲学、历史等。文理平衡的学科建设思路，是巴黎高等师范学校学科建设的一大特色。加州理工学院从不盲目增加学科及学科方向，始终坚守理工学院的本质，决不增加教育学、农学、军事学等学科，即使在理学与工学方面也不随意增加，坚持要做就要做到最好，重点打造生物学、数学、物理学、化学与化工、天文学、地质学等学科，但是也有侧重，比如 20 世纪 20 年代学科建设重点是发展天文学、物理学和生物遗传学，随着第二次世界大战的爆发，学校将学科建设的重点放在国防科学上，20 世纪 50 年代后，又将空间科学与技术方面的研究列为重点。浦项科技大学设有数学、物理、化学、生命科学 4 个学科部门和材料科学与工程、工业与管理工程、机械工程、电气工程、化学工程、创造性信息技术工程（CITE）、计算机科学与工程 7 个工程部门，以及 1 个人文社会科学系，秉承“重点研究领域”学科发展的理念，精心挑选了工程技术、物理科学、生命科学及钢铁技术研究等领域作为学科发展的重点。综合性大学一般都拥有文、理、法、农、工、医、管理、商、教育、艺术等十大学院，学科门类齐全，但是相比之下，普林斯顿大学等四所世界名校的学院设置都不多，且学科都不齐全。

学生规模小，学科少，容易把事情做好做精，正如普林斯顿大学校长蒂尔曼所说：“小即是美。正因为不需要所有都做，我们才能够集中精力和资源。”② 做想做的事，并努力做到极致，这是四所名校的办学特色。

（二）一流的师资队伍

1. 对教师队伍建设投入较大

普林斯顿大学等四所世界名校都把延揽一流教授作为学校发展的重要战

① 陈梦．普林斯顿大学核心竞争力发展及其启示研究［D］．华中科技大学，2010：26.

② 陈梦．普林斯顿大学核心竞争力发展及其启示研究［D］．华中科技大学，2010：37.

略，并且不遗余力。比如普林斯顿大学的威尔逊校长走马上任时，学校的基金总额只有 380 万美元，只能维持正常运转，但是，威尔逊却拿出了 320 万美元的预算来延揽一流教授的方案，更让人想不到的是，他一上任还提出了一项庞大的开支计划，耗资高达 1250 万美元，是当时年度预算的 25 倍以上。这确实是惊人之举，但他也是不得已而为之，因为当时的普林斯顿大学办学水平比较低，不仅远远落后于耶鲁和哈佛，而且落后于约翰·霍普金斯、哥伦比亚和芝加哥等大学。他这样做，是期望把学校彻底改变成一所具有现代意义的大学。

2. 教师队伍中名人多，教授、博士占比较高

巴黎高等师范学校拥有国内外一流的专家和学者，其教师队伍建设的一个经验是，每年都要诚邀近百余名其他高等院校或者国家科学研究中心的教学或研究人员到校讲学。在 1990 年，加州理工学院共有专任教师 314 名，100%具有博士学位，教授占 72%。优秀教师队伍是浦项科技大学的自豪和骄傲，以 2008 年的数据为例，学校有全职教师 230 名，不仅博士学位教师高达 100%，而且其中 60. 6%的教师是在世界排名前 100 位的大学获得博士学位，在本国获得博士学位的只有 19. 1%，从本校获得博士学位的只占 1. 9%。可见，在短时间内要提升学校的办学水平，用重金招聘世界一流的教授来提高自身的水平是这些高校普遍采用的办法和手段。

3. 严格的教授评估制度

浦项科技大学从 2010 年起学习借鉴美国哈佛大学的教授业绩评价制度，建立了自己的教授评估标准。在评估中，严格实行“同行评议”的审查制度。该审查制度规定：委托 5 名以上的学者推荐，遴选出与接受审查的教授相同专业的世界排名前 20 名大学的 5 名教授来比较学术成果，以及发展潜力等科研能力；新教师在工作 7 年内须接受终身职位评估，未通过评估的必须在一年内离开学校。

（三）关注学生培养质量远胜关注学生数量

1. 在质量和规模之间，选择质量

普林斯顿大学在学生培养方面的价值观是：质量远比数量值得关注。这是普林斯顿大学对其人才培养进行反思的结果。在历史上，普林斯顿大学曾有因为盲目追求规模扩张而导致人才培养质量下滑，使学校发展出现危机的经历。在 1888—1902 年间，普林斯顿大学入学人数从 600 人一下增加到 1300 多人，学校从“学院”升格为“大学”。但是人才培养质量则每况愈下，曾一度引起了学生和社会的强烈不满。于 1902 年上任的威尔逊校长，对普林斯顿大学办

学规模进行了较大幅度的缩减，并且连续5年削减招生数。在质量和规模之间，普林斯顿大学选择了质量。

2. 实施导修制和导师制

为了确保人才培养质量，普林斯顿大学实施了导修制。学校基础课程基本都是在大礼堂上大课，学生人数在100~150人之间，每周学生都参加由教授或是助教带领的小班，人数在10~15人，任务是复习一周之内所学的课程，形式主要是讨论。教授通过讨论给学生提供了更大的空间去理解课堂所学的理论。普林斯顿大学的这种“导修制”深受本科生喜爱，有人认为是“最具普林斯顿特色的教学方法，是普林斯顿大学的标志”。① 巴黎高等师范学校和浦项科技大学等均实施与普林斯顿大学导修制相近的导师制，由于学生少，教师对学生进行一对一的指导，增强了教师指导的针对性，并有利于学生个性的发展。

3. 重视课程管理

一是严格课程审批程序。普林斯顿大学成立学习课程委员会专门负责课程审批，并介绍或发布本科课程的变化情况及其管理本科生项目的有关政策。课程审批严格按照程序进行：第一步，课程变更的提案提交学习课程委员会；第二步，学习课程委员会对提案进行审核；第三步，学习课程委员会将审核同意推荐的提案提交教职员工月会让所有教师进行投票表决。加州理工学院的课程设置主要由课程委员会和注册办公室两个机构来负责。二是力主教授授课。巴黎高等师范学校、加州理工学院和浦项科技大学由于规模不大，所有本科生课程都由教授亲自讲授。

此外，普林斯顿大学等四所世界名校由于均是研究型大学，都要求本科学生参与教师的科学研究项目，培养学生的研究能力。

（四）强调服务社区或国家乃至世界

每一所学校都十分重视大学社会服务职能的发挥，并有自己明确的社会服务理念。在庆祝250周年校庆期间，普林斯顿大学将其校训确定为：“培养具有世界眼光和胸怀的一流学者和学生，以引领世界发展来服务于世界。”② 巴

① 唐勇．专访普林斯顿大学校长雪莉·蒂尔曼［EB/OL］．［2011-12-26］．http：//world．people．com．cn/GB/1032/4366737．html．

② 李石，陈桂云，韩立新．大学办学理念及其发展方略研究——以普林斯顿大学为例［J］．扬州大学学报（高教研究版），2016（3）．

黎高等师范学校作为一所高等师范学校，担负着服务法国基础教育的责任和使命，其建校法令明确写道："为了使知识浸透在共和国的每一个角落……使得这纯净、充裕、光明的知识源头，从共和国的先人那里一步步地传遍整个法兰西。"① 加州理工学院对社会服务特别重视，并且成效显著，强大的教学研究团队和先进的科研设备，既使加州理工学院有很强的研究开发能力，又为其进行有效的社会服务创造了良好的条件。二战期间，加州理工学院的教师根据国家的需求，全部转向为战争服务。据统计，在二战期间，美国使用的火箭，有90%以上是加州理工学院的教师研发的。② 浦项科技大学建校初期就"明确提出发展科学前沿、服务于韩国和全世界进步的办学宗旨"。③

（五）不断突破的国际教育

开放办学，重视国际教育，也是普林斯顿大学等四所世界名校的共识。普林斯顿大学把"让所有的学生都能拥有出国留学的经验"④ 看成是学校重要的教育目标，为了帮助本科生建立国际联系，学校实施了留学计划和国际实习计划。巴黎高等师范学校通过设立联合培养课程等形式来进行国际交流与合作，与世界上 60 多个国家的高校建立了密切的合作关系，并鼓励学生到国外进一步深造。在国际教育方面，浦项科技大学致力于打造一支国际化的优秀教师团队，面向全世界大量引进最优秀的韩裔科学家回国工作，提高大学科研的国际化水平，鼓励教师在国际期刊上发表论文，2013 年，全校 270 名教师共发表学术论文 2262 篇，其中在国外学术期刊发表论文 2078 篇，占总数的 91.8%。⑤

（六）独特的文化氛围

普林斯顿大学等四所世界名校在其发展的历史中都积累并形成了自己独特

① 胡凯．巴黎高等师范学校的人才培养对我国教育部直属六所师范院校的启示［J］．高等理科管理，2013（1）．

② 李硕豪．加州理工学院成功的原因及其启示［J］．长春工业大学学报（高教研究版），2003（3）．

③ 李明忠．"小而精"：后发新兴世界一流大学的特色发展战略——以韩国浦项科技大学为例［J］．中国高教研究，2012（8）．

④ 别敦荣，陈梦．普林斯顿大学的发展历程、教育理念及其启示［J］．现代教育管理，2012（6）．

⑤ 姚云，唐艺卿．浦项科技大学"弯道超车"发展分析［J］．大学（研究版），2014（12）．

的文化，比如普林斯顿大学的下午茶就很有特色。普林斯顿大学的下午茶通常分为两种：一种是比较正式的教授聚会，一种是学生聚会。教授聚会每逢周三下午在西休息室进行，学生聚会课余时间在东休息室进行。教授聚会比较正规，系主任及其他教授和夫人都要戴着白手套，穿着长礼服，用英国骨瓷茶具和考究的银壶招待大家；学生聚会，教授们几乎都会参加。参会者谈天说地，或讨论数学问题，或互通有关消息，非常自由，学生们聚会还会玩各种牌局游戏，这就使沉闷、紧张的教学和科研生活得以放松，给人以心灵的抚慰。

三、四所袖珍型世界名校对我们的借鉴和启示

四所袖珍型世界名校关于核心竞争力的打造，对我国大学发展均有启示，尤其是对建设高水平应用型高校有很多值得借鉴的地方。

（一）追求卓越，聚焦高水平

我国许多新建本科院校由于办学时间短、底子薄，不敢在办学定位上有更多的想法，这是不利于学校发展的。办学定位过高，高得不切合实际，肯定不行。但是“不想当将军的士兵不是好士兵”，不想成为“一流大学”的学校也是难以成为好大学的。要想成为“一流大学”，就要有追求极致的理念，就要有梦想。浦项科技大学作为韩国的第一所研究型大学，其办学的初衷就是“服务国家，为世界科学事业作贡献”。我国新建本科院校在未通过国家合格评估前，不敢提更高的办学目标，是可以理解的。但是经过合格评估后，这些本科院校仍然沿袭过去比较低的办学目标定位，可能就不符合新的发展实际，尤其是起步相对较早的学校已经走过了十七八年的办学历史，完全可以在更高的层次上进行办学了。因此，笔者以为，我国部分新建本科院校已经发展到“追求卓越，聚焦高水平”的阶段了。每个学校的发展目标可以有不同的内涵和不同的表述，但是，追求卓越，聚焦高水平，应该是我国大多数新建本科院校的选择。办学目标随着办学水平的提升不断调整，也是世界名校发展的成功经验。加州理工学院最初只是一所职业艺术工艺学校，后才改称为色罗珀工艺学院，在创办之初的15年里，其办学的目标就仅仅定位在为社区服务，并且当时还有小学、中学、商业学校和教师培训等项目，直到1907年这些项目才被取消。加州理工学院追求高水平的办学目标，是在1911年3月21日西奥里多·罗斯福总统到校发表演讲后才确立的。罗斯福总统在演讲中表示，希望看到学校培养出来的每100名学生中有99名比一般人做得更好，希望看到有能够在国内兴建大型水利工程比如开凿巴拿马运河的人，“更希望看到剩下的那

第100位学生受过良好的科学文化熏陶，成为像你们伟大的天文学家海勒那样的人”。① 学校受罗斯福总统演讲的影响很大，不久就将培养罗斯福所说的那“第100位学生”作为自己的目标。普林斯顿大学用卓越的学术水平与本科教育服务国家的“追求卓越、止于尽善的精英教育”② 的办学理念，也不是在办学之初就确定的，而是在威尔逊教授出任校长后才提出的。可见，我国部分办学实力较强的新建本科院校根据新的办学实际确立“追求卓越，聚焦高水平”的办学目标，是符合教育规律，也是切实可行的。当然，新建本科院校所追求的卓越更多的是应用型高校的卓越，聚焦的高水平更多的是应用型高校的高水平，而不是基础研究型高校的卓越和高水平。新建本科院校的应用转型，不是低水平的应用转型。《关于深化产教融合的若干意见》已经明确提出了要开展高水平应用型本科高校建设试点。这就是说，党和国家所期待的应用转型，是高水平的应用转型。何谓高水平？不同学者对此有不同的理解，但是人才培养的高水平、科学研究的高水平、社会服务的高水平、文化传承与创新的高水平等，无疑是应用型本科院校建设与发展的重要选择。

（二）调整规模，关注质量

我国部分新建本科院校要追求卓越，聚焦高水平，实现更高的办学目标，最佳的选择就是“小而精”的发展模式。其实，随着生源的逐步萎缩，继续走“大而全”的发展道路，也是不可持续的，因为未来生源萎缩首先受到影响和冲击的将是新建本科院校。要走“小而精”的发展模式，必须从调整规模入手。我国新建本科院校在规模方面存在的问题是：

第一，学生规模偏大。2018年5月，笔者根据我国新建本科院校官网进行统计，在432所新建本科院校（不含独立院校）中，师生比普遍偏低，平均为1∶18.43，其中，我国中部最低，130所平均为1∶20.21；东北次之，47所平均为1∶19.25；东部148所平均为1∶18.36；西部最高，107所平均为1∶15.91。而普林斯顿大学等四所世界名校其师生比均在1∶6以上。就拿我国师生比最高的西部1∶15.91来说，与1∶6也有较大的差距。新建本科院校转型发展所要建设的应用型大学绝不是低水平的大学，不管怎么发展，其终极

① 蓝劲松．小而精的学府何以也成功——对加州理工学院崛起的分析［J］．复旦教育论坛，2013（1）．

② 李石，陈桂云，韩立新．大学办学理念及其发展方略研究——以普林斯顿大学为例［J］．扬州大学学报（高教研究版），2016（3）．

目标都是要走向“高水平”，走向“一流”。要走向“高水平”，走向“一流”，首先需要调整发展战略，由重视学生规模转向关注学生培养质量。

第二，学科全、专业多。学科“全”、专业“多”，也是我国绝大多数新建本科院校存在的问题。许多学校升本的前十年，由于办学经验缺乏，没有学科专业规划，盲目上马了一大批专业。就拿铜仁学院来说，现有本科专业46个，分别属于31个专业门类，涵盖教育学、文学、法学、理学、工学、农学、管理学、历史学、艺术学、经济学十大学科门类。一个地方新建本科院校办如此多的专业和专业门类，以及那么多的学科，学校的资源无法支撑，有限的资源也不知道如何投放。显然，要建高水平应用型高校就需优化学科专业结构，按照学科专业一体化的建设原则，聚焦主干学科和主干专业，促使其率先发展，对当前呈“五指张开状”的学科专业，要坚决“握拳”，该合并的合并，该裁减的裁减，促使学科专业结构更加优化。

（三）引进和培养并重，打造高水平的教学科研团队

要建主干学科和主干专业，就要努力打造一批高水平的教学科研团队。经过十多年的发展，我国新建本科院校师资队伍建设的数量问题基本解决，但由于办学水平低，高层次的大的科研平台少，吸引不了高层次人才。这就需要院校大力引进人才，尤其是延揽各主干学科专业的带头人及学术和教学骨干。没有高水平的学科专业带头人及学术和教学骨干，要想建高水平的学科专业，几乎是不可能的。因为学科是跟着人走的。爱因斯坦在欧洲工作，世界物理学的中心在欧洲，他被普林斯顿高等研究院聘请到美国工作后，世界物理学的中心就转移到了美洲。同时，更要加大对学校自身人才的培养。只有引进与培养并重，才能逐步提升师资队伍建设水平。此外，新建本科院校也可以学习巴黎高等师范学校的做法，每年聘请一定数量的科学家等高水平研究和教学人才到校讲学，弥补自身高层次人才不足的现状。不过，要特别注意的是，作为应用型高校，虽然同研究型大学一样，打造高水平的教学科研团队离不开对高水平师资的引进和培养，但是其所引进和培养的重点是能够从事高水平应用型科学研究和培养高素质应用型人才的师资。

（四）重视本土国际化，营造国际氛围

我国新建本科院校对国际教育普遍重视不够，有相当一部分新建本科院校至今没有招收留学生。这主要还是理念的问题，认为自己是新建本科院校，加上一般建在地州市，主要服务地方，办不办国际教育影响不大。其实，这是错

误的认识，笔者曾经说过，“没有国际教育的大学在当今高度开放的时代很难立足，甚至算不上真正的大学”。① 世界高水平大学也没有一所不是高度国际化的大学，普林斯顿大学等四所袖珍型世界名校无一不把国际教育作为自己的价值追求。高水平应用型高校一定是开放的，国际教育不是办不办的问题，而是如何办好的问题。国际教育当然离不开招收留学生，但更重要的还是国际教育氛围的形成，让我们中国的学生在国际氛围中开阔视野、提升素质。这就是所谓本土国际化的问题，即“让更多的没有机会出国的学生获得国际化的经验，从而推动本土国际化的发展”。② 本土国际化，在欧洲一些高校已经成为一条重要的办学经验，我国高校近几年也开始在这方面进行探索。

（五）培育特色文化，建设精神家园

普林斯顿大学的下午茶已经成为其独特的文化风景，对其人才培养和科学研究发挥了极为重要的作用。新建本科院校因为建校时间短，本科办学的积淀不多，加上有的学校对文化建设的重要性认识不到位，总体来看，文化建设的路还很长。如何建设大学文化？有不同的路径和方法，但是对特色文化的打造，是所有学校的努力方向，高水平应用型高校建设也不例外。建设特色文化，要结合学校的办学实际，尤其是结合自身的历史文化传统和所处的特殊的地域文化。学校的不同，根本的还是文化的不同。新建本科院校一定要在特色文化建设上下功夫，努力形成自己的文化品牌，把自己的精神家园建设好，才能不断提升办学水平，最终成为高水平应用型高校。

（本文原载《教育学术月刊》2019年第1期）

① 侯长林．没有国际教育的大学算不上真正的大学［J］．铜仁学院学报，2017（1）．

② 侯长林，罗静，陈昌芸．地方院校“双一流”建设的策略［J］．高教发展与评估，2017（6）．

“康奈尔计划”对新型大学建设的启示

我国新建本科院校随着应用转型的不断深入，正在走向新型大学，即新型大学在我国现阶段所指的就属于应用型大学。这种新型大学，在我国不仅包括应用技术类大学，也包括服务类大学。不管是应用技术类大学还是服务类大学，都是应用型大学。说应用技术类大学是应用型大学好理解，说服务类大学是应用型大学似乎让人感到有些唐突，但是只要想到，服务是需要应用的，即“服务”与“应用”是紧密相连的，也就不难理解了。其实，服务类大学不仅是一种以服务为宗旨的应用型大学，而且是典型的新型大学。因为在我国服务类大学出现较晚，从刘献君在2007年提出“教学服务型大学”算起，到今天为止，也才短短十年的时间。当然，说教学服务型大学是新型大学，主要还是在于其内涵的“新”，发展模式的“新”。我国由新建本科院校发展而来的应用型大学，无论是应用技术类大学，还是服务类大学，作为一种新型大学，其内在特质是，通过培养应用型人才和进行应用研究服务社会，重视与经济社会发展需求相对接，强调大学社会服务职能的发挥。谈到大学社会服务职能，人们想到的大多是美国重视社会服务职能发挥的“威斯康星理念”，但实际上自从美国《莫雷尔法案》颁布以后，康奈尔大学（Cornell University）作为美国赠地学院的杰出代表，在创建之初就率先“提出了很多革命性的现代大学办学理念，其中包括社会服务的思想，威斯康星大学正是在吸收了康奈尔大学办学思想的基础上，将其进一步发扬光大”① 的。康奈尔大学这些服务理念基本上都体现在“康奈尔计划”之中，即“康奈尔计划”在一定程度上代表了康奈尔大学的办学思想和理念。因此，探究“康奈尔计划”会对我国新型大学的建设有启发和借鉴作用。

---

① 董泽宇，李莉．美国康奈尔大学社会服务机制研究［J］．兰州学刊，2010（5）．

一、“康奈尔计划”的形成与发展

（一）“康奈尔计划”形成的背景

19世纪中后期美国正处在大发展阶段，尤其是工农业的快速发展，迫切需要大学培养大量实用型的专业人才。为此，美国联邦政府在1862年出台了《莫雷尔法案》，支持高等教育中的农业和工业学院，要求在每个州至少建立一所农工学院。投资者伊兹拉·康奈尔和第一任校长安德鲁·D. 怀特就是借助《莫雷尔法案》的支持，于1865年4月27日创建了康奈尔大学，1868年开始招生，即康奈尔大学真正招生办学是从1868年算起的。与此同时，“康奈尔计划”也开始启动。康奈尔不仅提供资金资助，而且在办学理念上也作出了巨大贡献。他在康奈尔大学首届开学典礼上宣称：“我们要创办这样一所大学，在那里，任何人都可以获得任何学科的教育。”① 即他要创办的是一所人民的、平等、实用的大学，即康奈尔大学面向所有人，造福社会大众，满足美国各阶层人民接受高等教育的需要。他的这句话，后来成为康奈尔大学的校训和办学宗旨，并贯穿在“康奈尔计划”和办学实践中。康奈尔的实用办学理念深深地影响了“康奈尔计划”的启动与实施。怀特则进一步阐释、细化并具体落实了康奈尔的办学宗旨，提出了五大办学理念：一是“基础思想”，即大学应将自由教育与实用教育紧密结合等基本理念；二是“构成思想”，即学校开设的所有课程具有同样重要的地位等构成理念；三是“治理思想”，即保持大学董事会以及校友委员会的持续创新等管理理念；四是“全面或荣誉思想”，即让学生懂得在个人发展中劳动与奉献是个人的本质和能量等褒扬理念；五是“淘汰思想”，即戒除在治学上不严谨和迂腐的学风等惩戒理念。② 他尤其强调学生个人的自由以及通识性与专业性的课程等，并亲自提出了“康奈尔计划”（Cornell Plan）。他在1866年向大学董事会提交的《大学组织规划》以及他和投资者康奈尔的大学教育思想的综合被“后来称之为‘康奈尔计划’的原型”。③“康奈尔计划”的形成，也与欧洲近代大学先进的教育

① Paul Westmeyer. *An Analytical History of American Higher Education* [M]. Springfield, Illinois: Charles C. Thomas Publisher, 1997: 66.

② Morris Bishop. *A History of Cornell* [M]. Ithaca, New York: Cornell University Press, 1962.

③ 朱鹏举. 美国康奈尔计划发展研究——大学服务职能的视角 [D]. 河北大学, 2014 (5): 21.

思想在美国逐渐引入有关。据统计，从1814年起至第一次世界大战前，到德国大学学习的大约有一万名美国人。这些人回到美国后，成为德国现代大学教育思想的主要传播者，怀特就是其中之一，他的教学和科学研究不应分开等教育观念和思想就直接来源于德国。

（二）“康奈尔计划”的主要内容

“康奈尔计划”虽然从字面上看，是一个计划，但并不是一个真正的计划文本。因为“康奈尔计划”是怀特结合投资者康奈尔的办学思想和他本人在1868年康奈尔大学开学典礼上的就职演说提出的，其含义已经远远超出了原本“康奈尔计划”所包含的内容。

关于“康奈尔计划”的主要内容，于1985年出版了《美国高等教育史》（*A History of American Higher Education*）的作者维斯特迈将其总结概括为以下几个方面：第一，一种“全目标课程”（an allpurpose curriculum），也有人翻译为“全方位课程”，是由康奈尔和怀特共同提出的课程理念，是“康奈尔计划”中最为核心的一部分，即学校课程和专业设置主要由普通课程和专业构成，具体为“5种普通课程+9个专业”课程体系。第二，所有学科、专业和课程在地位和权利上都是平等的，无差别的，学习某一学科的四年与学习另一学科的四年是一样的。第三，重视科学研究，并注重对学生科研能力的培养。第四，通过开展商业、管理和人际关系的科学研究服务社会。第五，对所有学生开放，具体包括高中毕业的学生可进入大学学习，成绩优秀的高中毕业生可获得大学奖学金，杰出的大学毕业生，不论是留在康奈尔大学继续研习还是到其他任何地方深造都可获得三年以上学业的学术奖学金、顶尖的研究学者可获得特殊津贴等。维斯特迈所概括的“康奈尔计划”主要内容是在对康奈尔和怀特的大学理想进行历史性描述和分析的基础上，对康奈尔大学主要特点进行的概括性描述。因此，“康奈尔计划”的主要内容也是康奈尔大学创建者康奈尔和怀特所提出并遵循的建校理念，体现了他们关于大学教育实用与服务的思想。也有学者认为，“康奈尔计划”的主要内容还不止维斯特迈提出的五点，它的内容更广泛，包括学校管理、治校原则、大学董事会构成、教授聘任及管理、学科课程设置、学期构成、学费收取、学生劳动与体育、学业考核以及大学与州立学校系统之间的关系等38个项目，其主要内容至少有自由教育与实用教育紧密结合、涵盖多种学科的“通用课程”体系和有限度的选修制度、大学开展科学研究、通过对商业管理和人际关系领域的研习来服务社会、宽松民主的教师管理和客座教授制度、平等开放的招生策略、通过奖学金制度与州公共教育系统建立密切联系、大学教育无宗派化八个方面。① 其实，无论是五个方面的看法，还是八个方面的概括，“康奈尔计划”主要内容都已经得到了很好的展示，其中最具特色的是，康奈尔大学在学科课程设置上，反对美国高等教育中当时普遍存在的课程差别对待的做法，认为学校开设的各门课程同等重要，没有等级差别，并提倡在学校设置多种专业课程，以便让学生可以根据自己的需要进行自由选择。

（三）“康奈尔计划”的实施及拓展

“康奈尔计划”的提出和实施确实是革命性的，它体现了两位创办者的办学思想，改变了美国传统院校只注重人文教育的办学模式，冲破了传统的束缚，使大学不再是固步自封的“象牙塔”，积极与社会相融合，适应了美国当时工业化社会对实用专业人才的迫切需求。但是“康奈尔计划”的有效实施和进一步拓展，则是在后来的办学进程中逐步完成的。在“康奈尔计划”的实施及发展中，不得不提到除怀特之外的第二任校长亚当斯和第三任校长舒尔曼。怀特在他的任期内提出了“康奈尔计划”，但只是初步实践，而使得“康奈尔计划”进一步实施和使大学服务社会的理念变成现实，则是在亚当斯和舒尔曼的任期内完成的。亚当斯于1885年至1892年在康奈尔大学担任校长，他在任期内借助《哈奇法案》和《第二莫雷尔法案》的颁布与实施，建立了农业实验站，创立了农业“推广项目”，成立了农民协会，开办了暑期学校，从而使学校的一批专家、学者走出校门，与社会紧密融合，并重组了农业学院，提高了拨款额度。舒尔曼是在1892年接替亚当斯成为第三任校长的，在他的任期内，舒尔曼加强了专业学院的建设，成立了医学院，拓展了康奈尔大学社会服务的领域，加大了农业科学技术研究，创建了与纽约州共同举办“契约性学院”的合作模式，制定了“成人教育计划”，开展了专门针对校外社会人员进行的大学课程与社会专业的培训。到1920年舒尔曼离任，康奈尔大学已经一跃成为美国乃至世界的著名大学。其后，尤其是二战结束后，“康奈尔计划”还得到了进一步拓展，使社会服务办学模式走向多样化，主要表现在：第一，组建了新的与社会联系更加密切的学院。康奈尔大学在1945—1949年就新成立了工商公共管理学院、化学矿冶工程学院、营养学院、工业劳资关系学院、护理学院、航空工程学院，以及核研究实验室等。第二，加大

① 李文英，朱鹏举．美国“康奈尔计划”的发展与影响［J］．河北大学学报，2012（4）．

了与政府、社区和企业的合作，形成产学研一体化，并成为美国政府与纽约州的“智囊”。第三，重视国际化办学，形成了一整套系统而独特的国际化办学模式。

二、我国新型大学建设的现状及困境

（一）由新建本科院校走向新型大学

“新型大学”一词，并非今天才有，一些老牌大学在起步发展阶段也提出过要创建新型大学的口号。但这里所讨论的新型大学则是专指由新建本科院校应用转型发展而来的新的大学。

我国新建本科院校的出现可以追溯到 1998 年。在这一年，我国高等教育管理体制改革取得突破性的进展，其标志就是经教育部批准在襄阳师范专科学校、襄樊教育学院、襄樊职业大学合并组建襄樊学院和在淄博师范专科学校、淄博教育学院、山东建筑材料工业学院分院、淄博大学、淄博市职工大学、淄博广播电视大学、淄博职业技术学院基础上组建淄博学院。这两所高校均由省人民政府领导，实行省市共建、以省为主的办学管理体制。正是这两所高校的合并组建拉开了我国新建本科院校蓬勃发展的序幕。之所以说这两所高校的合并组建只是拉开了新建本科院校发展的序幕，是因为新建本科院校成批量诞生是在 1999 年。在这一年，国家以师范院校为突破口，开始将本科院校的设置向地级市倾斜，先后批准设置了黄冈师范学院、临沂师范学院、湖北师范学院等 10 所师范类新建本科院校；2000 年，新建本科院校设置的步伐加快，先后批准设置了宜春学院、内江师范学院、黔南民族师范学院等 41 所；2001 年，组建了涪陵师院、遵义师范学院、渝西学院等 9 所新建本科院校；2002 年，批准设置了白城师院、合肥学院、怀化学院等 33 所新建本科院校。此后，国家按照“一年西部，一年中东部，一年民办院校”的审批进度，又相继批准设置了一批新建本科院校。贵州省的铜仁学院、安顺学院、凯里学院就是正值“西部年”的 2006 年被批准升格为本科的。

新建本科院校办学历史短，是劣势，也是优势。其优势是，没有历史包袱，可以轻装上阵，“有利于新型发展道路的选择，从而办成新型的大学”。①关于新建本科院校的发展，国家已经明确提出要引导朝应用型大学方向发展。目前，关于要不要应用转型，已经基本达成共识，不转型肯定不行，尤其是

① 侯长林．教学服务型大学是典型的新型大学［J］．铜仁学院学报，2017（2）．

《教育部关于“十三五”时期高等学校设置工作的意见》明确将我国高等教育总体上分为研究型、应用型和职业技能型三大类型之后，还在犹豫的新建本科院校已经没有退路，走研究型大学之路达不到要求，职业技能型高校是专科层次教育，唯一可供选择的就是应用型高校发展方向。关于应用型高校的办学定位，《教育部关于“十三五”时期高等学校设置工作的意见》也有明确规定：“主要从事服务经济社会发展的本科以上层次应用型人才培养，并从事社会发展与科技应用等方面的研究。”① 其实，这就是我们目前所说的新型大学的内涵和要求。

何谓新型大学？我国对此进行讨论时，最先使用的概念是“新大学”。比如柳友荣曾经发表《“新大学”去同质化发展的策略》（2011 年）《百校调查：中国“新大学”发展研究》（2012 年）《国内外“新大学”研究的回顾与展望》（2012 年）等文章和出版《中国“新大学”的崛起》（2013 年）一书，对“新大学”进行阐释。从其对新大学的理解看，他眼中的新大学也就是我们今天所讨论的新型大学，具体也是指 1998 年至今设置的新建本科院校，主要从事本科教育，“面向区域经济社会，以学科为依托，以应用型专业教育为基础，以社会人才需求为导向，培养高层次应用型人才的新型的院校”，② 其基本内涵是：“需求导向，突出应用，校地联合，科教结合，产教融合，校企合作，协同育人，转化成果，主动服务，支撑发展，办出特色，做出贡献。”③

（二）由“新建”到“新型”跨越存在的问题

关于新型大学建设，早在 2013 年 11 月召开的全国新建本科院校联席会议暨第十三次工作研讨会上，教育部高教司张大良司长就已经提了出来，他说：“要科学把握从‘新建’到‘新型’的改革与发展大势，在服务与促进地方经济社会发展中，去实现全国新建本科院校由‘新建’到‘新型’的跨越发展。”④ 新建本科院校要走向新型大学，实现由“新建”到“新型”的跨越发展，确实还存在很多问题，主要表现在以下几个方面：第一，对新型大学的前

① 教育部关于“十三五”时期高等学校设置工作的意见［EB/OL］．［2019-08-02］．http：//www. gd. gov. cn/zwgk/zcfgk/content/post_2521455. html.

② 柳友荣．中国“新大学”：概念、延承与发展［J］．教育研究，2012（1）．

③ 张大良．对焦需求聚焦服务变焦应用把新建本科院校办成新型本科院校［J］．中国大学教学，2016（11）．

④ 张大良．对焦需求聚焦服务变焦应用把新建本科院校办成新型本科院校［J］．中国大学教学，2016（11）．

景认识模糊。2014年2月26日召开的国务院常务会议作出引导一批普通本科高校向应用技术类转型发展的决定以后，有的新建本科院校对应用转型有畏难情绪，甚至产生恐惧心理。中国人民大学刘振天还专门撰写题为《地方高校转型发展要克服恐惧症》的文章，对其进行讨论。笔者认为，之所以会对应用转型产生恐惧，原因是多方面的，但是最关键的还是对应用转型所要建设的新型大学了解不多，不知道新型大学为何物。第二，对学校未来发展缺少思考和规划。我国新建本科院校校长具有教育学学习背景的比较少，具有高等教育学学习背景的更少，对世界高等教育的发展、演变及其规律认识不足，对新建本科院校的创建及发展缺少思考和长远规划。第三，服务地方能力不强。绝大多数地方新建本科院校由于建校时间短，应用型人才培养的质量不高，服务社会的能力很有限，地方的一些工程技术项目承担不了，技术支撑不够。第四，科学研究水平不高。新建本科院校由于学科基础薄弱，学科生态位定位不准，学科群落没有形成，造成科学研究的能力不强。① 此外，还有课程体系与应用型人才培养不适应、学生视野不开阔等问题。这些问题不解决，建设新型大学的目标将很难实现。

三、“康奈尔计划”对新型大学建设的启示

（一）新型大学建设要有信心和决心

以新建本科院校为主体正在建设的新型大学越来越引起人们的重视，尤其是教育部高教司司长张大良和评估中心主任吴岩于2016年10月29—30日在成都召开的全国新建本科院校联席会议暨第十六次工作研讨会上，分别作了题为《对焦需求聚焦服务变焦应用把新建本科院校办成新型本科院校》和《从新建大学走向新型大学——中国新建本科大学应用型发展道路》的专题报告后，新型大学的建设更加引起社会的关注。但客观地说，有的新建本科院校之所以在应用转型的过程中犹豫、观望，原因是多方面的，主要还是对建设新型大学信心不足或者看不到希望。如果研究并且领悟了“康奈尔计划”的真正内涵，尤其是了解了康奈尔大学早期发展与我国当前新建本科院校的关联之后，一定会有新的认识和感悟。新建本科院校一般建在地级城市，肩负着为地方经济社会发展服务的责任和使命，强调应用人才培养和应用型科学研究。康奈尔大学建在纽约州的伊萨卡市，也属于地方性管理的大学，从创建之初，就

① 罗静．教学服务型大学学科生态化发展探讨［J］．贵州社会科学，2015（12）．

特别重视培养与工业化社会需求相适应的实用专业人才和农业科学技术的推广。康奈尔大学既是典型的服务型大学，也是典型的应用型大学。康奈尔大学是在应用型服务型大学的道路上成为世界名校的，这种发展的模式和路径自然会给我国正走在建设新型大学的新建本科院校以信心和力量。更何况，“康奈尔计划”中非常清楚明白地提出要建“一所无愧于我们这块土地和时代的新型大学”。我们要建的新型大学与“康奈尔计划”中提到的新型大学方向基本相同、内涵基本一致，这难道不会让我们在其中得到一些启示，找到一些勇气和决心？

（二）新型大学建设要有自己的“计划”

康奈尔大学从创办至今仅有152年的历史，仅仅从办学历史看，远远不能与欧洲的一些古老大学相比，但是谁也不能否定它是世界最著名的大学之一，无论是人才培养质量、科学研究水平，还是社会服务能力都堪称世界一流。康奈尔大学成功的因素很多，但是离不开创办之初提出并不断完善的“康奈尔计划”。康奈尔大学的发展基本上是按照“康奈尔计划”中对其所作的规划进行的。康奈尔大学的发展规划及发展路径有三个明显的阶段：第一个阶段即“康奈尔计划”的初步实施阶段（1868—1885年）。在这一阶段的17年中，康奈尔大学主要通过创设实用性的课程培养专业人才对社会进行服务。第二阶段即康奈尔大学走向正统与规范阶段（1886—1913年）。在这一阶段的27年中，康奈尔大学在继续重视培养应用性专业人才的同时，将社会服务的重点转移到通过强化科学研究为其所在的州进行社会服务。第三阶段即一跃成为美国乃至世界著名学府阶段（1914—1949年）。在这一阶段的35年中，康奈尔大学励精图治，在人才培养、科学研究和社会服务等方面都得到了长足发展。回顾康奈尔大学发展的历史，重新审视“康奈尔计划”，不得不佩服康奈尔大学的创始人和继任者们先进的办学理念，以及超前的谋划和对大学发展的精心设计。我国正在朝新型大学发展的新建本科院校是不是对未来都有规划？其规划是不是都内在包含了先进的办学理念？笔者没有调查，不敢妄断，不过，可以得出的基本判断是，不排除新建本科院校中有做出高水平规划的，但相当一部分新建本科院校即使有规划，其规划的质量和水平都是可想而知的。铜仁学院对未来的发展及其规划是重视的，但是也仅仅是在“十二五”规划的基础上做了一个“十三五”发展规划，“十四五”“十五五”规划乃至更长一点的规划，还根本没有思考。这就是我国新建本科院校走向新型大学，与康奈尔大学当初建设新型大学的差距。

（三）新型大学建设要强化社会服务职能的发挥

新建本科院校在走向新型大学的过程中，不管是建设应用技术大学，还是选择教学服务型大学或创业型大学，都属于应用型大学的发展范畴。应用的目的就是进行社会服务。因此，建设新型大学其社会服务的大学职能都需要强化。“康奈尔计划”特别强调的就是社会服务。康奈尔大学逐步构建了系统完备的社会服务网络。今天的康奈尔大学社会服务项目众多，已经形成了康奈尔合作推广系统、工业与劳工关系系统和康奈尔公共服务中心三大系统，其中规模最大的是康奈尔合作推广系统，因为其英文为 Cornell Cooperative Extension，故简称为 CCE 系统。CCE 系统成立于 1913 年，面向都市和农村提供农业与食物系统、营养与家庭健康、社区与经济活力、青少年成长、灾难预防和园林园艺、能源与气候变化、环境与自然资源等领域的服务。康奈尔大学社会服务的面很宽，并将社会服务与人才培养、科学研究紧密结合，成为世界上人才培养、科学研究与社会服务融合的典范。康奈尔大学在科学研究方面似乎没有柏林大学有名，在社会服务方面比不上威斯康星大学，因为柏林大学奉行科学研究至上，威斯康星大学奉行社会服务至上，但是其办学理念的“融合”精神，则不仅成为美国高等教育的典范，也是世界高等教育的典范，很值得学习和借鉴。应该说，我国新建本科院校在建设新型大学的过程中都注意到了社会服务的大学职能，每当谈到大学职能时也都把社会服务与人才培养、科学研究等大学职能相提并论，但是落实不够，比如人才培养和科学研究等大学职能都有相应的教务处、科研处等办事机构，而社会服务职能是悬空的，没有对应的职能部门，绝大多数学校基本上还停留在口头上重视阶段。同时，对社会服务与人才培养、科学研究的融合与融通的意识还没有形成。其实，融合与融通在一定程度上比单个方面的作用和意义更大。法国著名的社会学家迪尔凯姆就曾经说过：“青铜的硬度并不存在于形成它的铜、锡、铅等具有柔韧性的物质之中，而是存在于它们的合成物之中。”① 同理，大学教育的价值，并不存在于“人才培养”“科学研究”和“社会服务”单个方面之中，而是存在于“人才培养”“科学研究”和“社会服务”的深度融合之中。不过，铜仁学院已经开始注意到了这些问题，2016 年，在学校层面设立了校级社会服务中心，在专业学院设立了社会服务科，负责抓社会服务工作，并且初见成效，仅 2016 年社

① ［法］迪尔凯姆．社会学方法的准则［M］．狄玉明，译．北京：商务印书馆，2011：12.

会服务项目经费就突破了1000万元，还进行了社会服务反哺教学和科学研究的探索，开设了与社会服务紧密相连的项目课程。

（四）新型大学建设要更加重视科学研究

在新建本科院校应用转型的过程中，有人提出不要科学研究，淡化学科的想法。正因为有这种观念的存在，2016年有省级应用转型试点高校在国家自然科学基金项目的申报中出现了“零”的空白。当然，应用转型的高校应该以应用研究为主，重在横向项目的争取，但是不至于一所高校在全国自然科学基金项目中一个成功申报的项目也没有。一个国家自然科学基金项目也没有申报成功，虽然不能说这所高校一点科学研究也没有，但至少可以说科学研究不强或对科学研究重视不够。“康奈尔计划”则大力倡导开展科学研究。怀特非常重视科学研究，认为“大学教授要具有两种品性：发现真理和传播真理”。① 怀特制定的全职教授和客座教授管理制度规定：除客座教授只是做讲座或报告外，全职教授既要上课又要做科学研究。在怀特亲自指导下，康奈尔大学创建之初，就开设了研究生课程。在他看来，知识的实用价值固然重要，但是不仅仅取决于实用性，更取决于知识本身的逻辑价值，大学价值体现在实用性的课程和研究两个方面。康奈尔大学积极为学生提供科研项目、科研信息和科研机会，并在1879年建立伊萨卡农业试验站。伊萨卡农业试验站既是农业科学和机械技术的推广站，也是其进行教学和研究的工作站。同时，在怀特的领导下康奈尔大学还建立了化学、农学以及摄影实验室等一批应用科学实验室。通过建立实验室来进行科学研究的方式在当时还是非常罕见的，截至1872年，全美国也只有六所学院开始采用这种方式进行科学研究。② 康奈尔大学今天能够具有极高的学术声誉和影响，成为全球公认的研究型大学，与发展初期就重视科学研究分不开。因此建设新型大学不是不要科学研究，反而应该更加重视科学研究，加强学科建设，把科学研究作为强化社会服务和提升人才培养质量采取的重要途径和手段。只不过，科学研究的重点应该放在应用研究方面，学科建设的重点应该放在应用学科建设上。

（五）新型大学建设要构建相应的课程体系

“康奈尔计划”的核心是“5+9”课程体系。康奈尔大学在教学管理方面

---

① Morris Bishop. *A history of Cornell* [M]. Ithaca: Cornell university press, 1962: 88.

② Edward D Eddy. *Colleges for Our Land and Time* [M]. New York: New York press, 1957: 74.

设普通科学文学与艺术部（学院）和特殊科学与艺术部（学院）两个部（或学院）。普通科学文学与艺术部（学院）主要负责通识课程（公共课）的教授。通识课程（公共课）包括普通课程、科学课程和选修课程三大类。其中，普通课程由人文与古典课程、哲学与文学课程、科学与文学课三种课程组成，再加一种科学课程和一种选修课程，共计5种普通课程。而特殊科学与艺术部（学院）主要负责为学生提供面向社会的职业教育。特殊科学与艺术部（学院）下设农业、土木工程、制造艺术、矿业、教育、公共法学政治与历史学、法律、医药与治疗、商业与贸易9个院系。这就是康奈尔大学著名的“5+9”课程模式。“5+9”课程模式很好地体现了自由教育与实用教育以及通用课程与学科平等统一等康奈尔大学独特的教育理念，为康奈尔大学人才培养质量的提升，甚至包括康奈尔大学的迅速崛起找到了重要的路径。有的新建本科院校认为，应用转型就是要大力提倡实用，通识课程不能解决现实问题，因而就将其放在了可有可无的位置。这种做法显然是错误的。康奈尔大学的基调是实用，但是非常重视通识课程（公共课）的开设。在怀特看来，通识课程（公共课）虽然不能直接解决现实问题，但是可以帮助学生熟悉人文、社会科学、数学和自然科学等不同学科领域的知识、方法和较好地掌握一门外语，了解文化的广度（包括地理和历史的），培养学生有效的写作能力和数量分析能力，以及创造力和批判性思维能力。康奈尔大学既重视实用教育又重视通识教育的做法，难道不能给我们以启示吗？不过，我国新型大学的建设，关键还是要建立与之相适应的课程体系，形成独特的稳定的应用型人才培养模式。新建本科院校的应用转型，转到最痛苦的地方是教师，转到最深处是课程，最难处也是课程。教师不转，应用转型主体缺失；课程不改，应用转型落不了地。因此，新建本科院校能不能最终走向新型大学，关键还是课程体系的构建和课程模式的形成。

（六）新型大学建设要走国际化道路

新建本科院校走向新型大学，要对接地方，服务地方，彰显区域特征，是不是与举办国际教育有冲突？“康奈尔计划”给出了很好的回答。康奈尔大学虽然地处纽约州的伊萨卡市，但是一开始办学就确立了国际化办学的思路，注重培养学生的国际意识，采取了一系列激发创造力的国际化办学举措，比如鼓励学生和不认识的室友一起生活，倡导在美国之外以及在有不同观点的环境里生活，重视营造多元化、国际化的氛围。新型大学是地方性大学，但不是封闭性大学。在某种意义上，正因为身处地方，身处不发达地区，更应该开放，更应该举办国际教育。在今天这样一个高度开放的时代，“没有国际教育的大学算不上真正的大学”。①

（本文原载《铜仁学院学报》2017 年第 4 期；中国人民大学复印资料《高等教育》于 2017 年第 11 期全文转载。）

① 侯长林. 没有国际教育的大学算不上真正的大学［J］. 铜仁学院学报，2017（1）.

教育理性

深刻的思想探索成就了一部伟大的作品

——《爱弥儿》的价值探究

卢梭一生创作了《论人类不平等的起源和基础》《社会契约论》《忏悔录》《新爱洛伊丝》《植物学通信》等影响世界的名著，但是他自己认为——"我的所有作品中最好、最重要的一部"则是《爱弥儿》。社会反响也同样如此，甚至评价还在作者本人的预料之外。据说，200多年前，在德国东普鲁士柯尼斯堡一条栽种着菩提树的幽静的小道上，德国古典哲学的伟人伊曼努尔·康德每天午后三点半，总会准时从家里走出，到那里散步一小时，风雨无阻，"可是有那么几天，邻居们没有准时看到他的出现，都为他担心。怎么回事呢？原来他在那几天沉浸在卢梭的《爱弥儿》里，以至于忘了时间，忘了自己"。① 夏多布里昂说："人人必读的书在全世界也许只有五本，《爱弥儿》就是其中之一……如果我不谈一下《爱弥儿》对我们这个世界产生的影响，我将犯下一个不可饶恕的罪过。"②

《爱弥儿》创作于1757年，1762年第一次在荷兰的阿姆斯特丹出版。《爱弥儿》是卢梭"花了二十年心血思考和三年时间"③ 精心创作的作品。《爱弥儿》在我国也有许多读者，有人把它当成一部教育学著作来读，也有人把它看成是哲学著作。其实，从作品的形式看，它首先还是一部文学作品，是一部长篇小说，只不过，是一部很特别的长篇小说。《爱弥儿》虽然讲述了爱弥儿和他的家庭教师的故事，但是不重故事，不重文学艺术形式，而是以其对教育、哲学和教育小说的深刻探索见长。因而，从作品所表现的思想内容来看，又完全可以将其视作教育学、哲学论文。所以，就作品总体而言，应该说，卢梭的《爱弥儿》既不仅仅是长篇教育学、哲学论文，也不仅仅是长篇小说，

---

① 采薇．话说"爱弥儿"及其创造者卢梭［J］．教育实践与研究，2010（10）．

② 李平沤．法国散文选［M］．太原：北岳文艺出版社，1999：233．

③ 李平沤．如歌的教育历程——卢梭《爱弥儿》如是说［M］．济南：山东人民出版社，2008：2．

而是教育学、哲学论文与长篇小说的有机结合。因此，单从教育学或哲学或文学的维度讨论《爱弥儿》的价值，都是不完整的，应该从教育学、哲学和文学三个维度对其价值进行考察，才能比较全面地揭示其价值内涵。

一、教育学维度：构建了卢梭的自然主义教育思想体系

卢梭的《爱弥儿》是一部鸿篇巨制，分5卷，但是贯穿整部著作的思想则比较集中，那就是他的自然教育思想。所谓自然教育思想，就是指在儿童成长的过程中，不能违背自然的法则和规律，坚持以儿童为本，顺应儿童的天性。卢梭的《爱弥儿》之所以一出版就引起了轰动，甚至有人说卢梭在教育领域引起了一场哥白尼式的革命，就在于他提出了“把孩子看做孩子”① 的新的儿童本位观，否则就会影响孩子的成长与发展。为此，他还进一步指出：“大自然希望儿童在成人以前就要像儿童的样子。如果我们打乱了这个次序，我们就会造成一些早熟的果实。”② 可当时的社会并非如此，人们并不了解儿童，总把小孩子当大人看待。其实，孩子就是孩子，孩子的柔弱，孩子的天真，孩子的无知，都是正常的，而且是非常可贵的。因为这些都是他们那个人生成长的阶段所应该具有的，是他们作为孩子的天性使然。因此，“把孩子看做孩子”观点的提出，在教育界确立了以儿童为中心的思想，同时也影响了近现代一批教育家，比如裴斯泰洛齐、康德、杜威等。在他们的带动下，研究儿童、关注儿童还引发了一场声势浩大的教育改革，波及世界各地，到杜威时代达到了高潮。人们把卢梭与哥白尼相比，就在于“哥白尼的地动说动摇了传统地心说的权威，而卢梭的‘儿童中心’论则撼动了以成人为施教标准的传统教育”。③ 卢梭通过《爱弥儿》一书的写作，构建了他的自然教育思想体系。这个思想体系主要包括自然教育的目的、内容和方法。

1. 教育目的

卢梭在他的《爱弥儿》中，试图实施新的教育方案，采取新的教育模式，以期培养社会“新人”。这种“新人”就是“自然人”，即不受社会干预，在自然的环境中自由成长，身心协调发展，摆脱了传统束缚，并且能够自食其力，适应社会生活的一代新人。卢梭笔下的“自然人”具有不受传统的影响和束缚，不依附于他人，能够适应社会，身心健康，能够自食其力和独立思

① ［法］卢梭．爱弥儿［M］．李平沤，译．北京：商务印书馆，1978：43.
② ［法］卢梭．爱弥儿［M］．李平沤，译．北京：商务印书馆，1978：91.
③ 杨光富．重温卢梭：教育史上的“哥白尼”［J］．上海教育，2005（7B）.

考，有一定的社会责任感等特征。卢梭认为，教育的首要任务是培养学生，使其“成人”。他说：“从我的门下出去，我答应你，他将既非僧侣，也非武官，他将首先是一个人。”① 这个人不一定是僧侣，也不一定成为医生、法官，但他首先是一个平平常常的“自然人”。不过，这个自然人“并不是一个奔逐荒野的野蛮人，他是一个要在城市中居住的野蛮人”。② 也就是说，这种“自然人”，是生活在社会中的自然人，是能够尽到社会职责的社会成员。

2. 教育内容

卢梭认为，为了培养“自然人”，教育应该顺应自然，在不同时期进行不同的教育。

第一，要对儿童进行感觉教育。2~12 岁的儿童处于“理性睡眠时期”，即这一阶段的儿童在智力上还处于睡眠状态，缺乏思维能力。不过，处在这一发展阶段的儿童，他们的身体活动能力和语言能力以及感觉能力已经有了一定的发展，具备了进行感觉教育的基本条件。因此，卢梭认为在儿童的这一阶段，可以进行感觉教育了。在感觉教育上，卢梭指出，首先是进行触觉教育，然后是进行视觉教育，再次才是进行听觉教育。

第二，要对少年进行智育和劳动教育。在卢梭看来，处于 12~15 岁的少年，由于他们已经接受了良好的感觉教育和体育锻炼，身体有了一定的基础，理性开始觉醒，对事物有了一定的辨别能力，并通过感官的感受获得了初步的人生经验，因而具备了进行智育和劳动教育的基础。正如卢梭在第三卷的开篇中说：“作为成人，他还很柔弱，但作为孩子，他就是非常的强壮了。”③ 不过，卢梭认为，在进行智育时，不要期望值太高，“企图在这段时间把一个孩子培养成一个很有学问的人，实在是一种妄想”。④ 可见，在卢梭看来，激发学生对所学知识的兴趣和热情比系统科学知识的获得更重要。当前，我国的一些中小学，采取满堂灌和题海战术，确实向学生灌输了很多知识，但是把学生学习的兴趣和热情弄丢了。没有了学习的兴趣和热情，也就丧失了学习的主动性和积极性。这实际上是很可怕的事情，遗憾的是，现实中的许多人并不明白这个道理。卢梭在智育方面还特别强调知识学习的有用性，他说：“问题不在

① ［法］卢梭．爱弥儿［M］．李平沤，译．北京：商务印书馆，1978：5.
② ［法］卢梭．爱弥儿［M］．李平沤，译．北京：商务印书馆，1978：27.
③ ［法］卢梭．爱弥儿［M］．李平沤，译．北京：商务印书馆，1978：130.
④ ［法］卢梭．爱弥儿［M］．李平沤，译．北京：商务印书馆，1978：137.

于他学到的是什么样的知识，而在于他所学的知识要有用处。”① 此外，卢梭非常重视劳动和劳动教育。他认为：“劳动是社会的人不可避免的责任。”② 当然，他的话有些极端，不劳动的不一定是流氓，但是在这里可以看出卢梭对劳动的重视。卢梭比较推崇手工劳动，因为“手工业者所依靠的是他的手艺，他是自由的”。③ 所以，他说：“我要求你的不是才能，而是一种手艺，一种真正的手艺，纯粹的机械的技术。”④

第三，要对青年进行道德教育。由于青年人处于激动和热情的阶段，“他急躁不安，但又不知道急躁不安的原因”，⑤ 青年人容易激动，也容易忧伤，需要用道德来调节和约束，以帮助他们处理好各种关系。在卢梭看来，进行道德教育，就要努力使孩子的“心中产生善良、博爱、怜悯、仁慈以及所有一切自然而然使人感到喜悦的温柔动人的情感”，⑥ 还要培养孩子的正确的判断和坚强的意志。而孩子坚定的意志的培养需要通过各种善行练习，即通过道德的实践来进行。卢梭反对对孩子进行空洞的道德说教，反对把孩子当道德家来看。

此外，卢梭还非常重视对儿童进行挫折教育，他说，要“教他经受得住命运的打击，教他不要把豪华和贫困看在眼里，教他在必要的时候，在冰岛的冰天雪地里或者马耳岛的炽热的岩石上也能够生活”。⑦ 女子教育，也是卢梭所关注的。

3. 教育方法

卢梭非常重视教育方法，他倡导的教育方法主要有：

第一，十分重视直观教学法，主张采用实物教学的感官教育。在他看来，“由于所有一切都是通过人的感官而进入人的头脑的，所以人的最初的理解是一种感性的理解”。⑧ 即是说感官是知识的门户，知识是从感官这个通道来的。因此，他主张在教育过程中要采用实物实景，其目的是让儿童身心的各个官都能够活动起来。他甚至认为，对实际事物直接观察才是最有效的方法。

① [法] 卢梭. 爱弥儿 [M]. 李平沤，译. 北京：商务印书馆，1978：131.
② [法] 卢梭. 爱弥儿 [M]. 李平沤，译. 北京：商务印书馆，1978：162.
③ [法] 卢梭. 爱弥儿 [M]. 李平沤，译. 北京：商务印书馆，1978：162.
④ [法] 卢梭. 爱弥儿 [M]. 李平沤，译. 北京：商务印书馆，1978：163.
⑤ [法] 卢梭. 爱弥儿 [M]. 李平沤，译. 北京：商务印书馆，1978：178.
⑥ [法] 卢梭. 爱弥儿 [M]. 李平沤，译. 北京：商务印书馆，1978：190.
⑦ [法] 卢梭. 爱弥儿 [M]. 李平沤，译. 北京：商务印书馆，1978：14.
⑧ [法] 卢梭. 爱弥儿 [M]. 李平沤，译. 北京：商务印书馆，1978：345.

第二，身教重于言教。洛克强调教育孩子要用理性，而卢梭则反对任何形式的理性教育。他非常尖锐地指出："人们就企图用理性去教育孩子，这简直是本末倒置，把目的当作了手段。"① 因此，卢梭非常强调经验的作用，认为："应该使他们从经验中去取得教训。"② 为什么呢？因为孩子对"他们所做的和别人替他们做的事情，就不容易忘记了"。③ 卢梭进一步指出：真正的教育不在于口头怎么说而在于身教，要用经历和事实而不以说教去指导孩子。

第三，给孩子适当的自由。教育孩子就和放风筝一样，何时收紧、何时该松是教育的大学问。卢梭认为，每个孩子都有渴望飞向高远天空中的自由，老师应该适当放手，给孩子一定的自由。他说："我们要让孩子享受天赋的自由。"④ 但是，卢梭又非常明确地认为，这种自由不是无限的，他说："你天生的体力有多大，你才能享受多大的自由，不要超过这个限度。"⑤ 所以，孩子的自由应该适当、节制。

二、哲学维度：深入阐述了卢梭的性本善思想以及自然神学观

卢梭的自然教育思想不是凭空产生的，来源于他的独特的人生经历和他的哲学思想。卢梭的自然教育思想是在他青年时的多次远途旅行中逐步形成的。1724年，卢梭因为无法忍受侮辱而辞掉了工作。后来卢梭被他舅舅送到一个匠人手下学雕刻手艺，但由于师傅比较专横，卢梭最终弃业出走，开始他亲近自然的远途旅行。此后他又多次旅行。每次旅行，他都会被旅途中的美景所陶醉。卢梭热爱自然、亲近自然的人生经历，为他后来的自然教育思想的产生打下了底色。在这期间，卢梭开始阅读欧洲各国思想家的著作，并进行研究与思考，逐步形成了他的哲学思想。他的哲学思想的主色调就是由"自然""自由""人""平等"这些概念涂抹成的。他的《论人类不平等的起源和基础》一文所揭示的就是自然与文明的对立。在文章中，他高扬"自然"的旗帜，认为人类的历史进程，同其他所有事物一样，都是按照自然的法则和顺序进行着的，并且仍将回到新的自然自由的状态中。卢梭相信人的自由是天赋的，即"天赋人权"，他认为，每一个人生来都是自由、平等的，没有高贵和低贱之

① ［法］卢梭．爱弥儿［M］．李平沤，译．北京：商务印书馆，1978：90.
② ［法］卢梭．爱弥儿［M］．李平沤，译．北京：商务印书馆，1978：94.
③ ［法］卢梭．爱弥儿［M］．李平沤，译．北京：商务印书馆，1978：107.
④ ［法］卢梭．爱弥儿［M］．李平沤，译．北京：商务印书馆，1978：88.
⑤ ［法］卢梭．爱弥儿［M］．李平沤，译．北京：商务印书馆，1978：79.

分。他的《社会契约论》一书就正是为保证人的自然天赋的自由而设想的理想蓝图。他的自传体《忏悔录》一书是他作为人的自然情感和内心世界的自然流露和剖白，通篇浸透着人的个性自由和人的解放。他的《新爱洛伊丝》是书信体小说，书中对大自然美的细腻观察和优美描写，成了世界浪漫主义文学发展的重要标志，其中也蕴含着要求个性解放和对人的自由的追求。《爱弥儿》中所阐释的自然教育思想显然就是从他的这些著作中所蕴含的哲学思想中来的。

但卢梭在《爱弥儿》中又不仅仅是对其哲学思想进行简单的借用和移植，而是通过对其哲学思想的讨论和研究，进一步归纳、拓展和升华了他的哲学思想。正如有学者说："在卢梭的著作中，《爱弥儿》是他哲学思想的一部集大成的著作。"①《爱弥儿》在哲学思想方面的贡献具体表现在：

第一，深入地阐述了他的"性本善"哲学思想。卢梭认为，在人的天性中有两个截然不同的本原：一个本原"是人去研究永恒的真理，去爱正义和美德，进入智者依然沉思的领域；而另一个本原则是人故步自封，受自己的感官的奴役，受欲念的奴役"。② 卢梭的一生受柏拉图思想影响很大，在某种程度上，他的"人的两个本原说"就是接受了柏拉图的关于灵魂和肉体的学说，但不是简单地继承。他同时认为：在地球上，只有人才能认识所有生物及其相互间的关系，也只有人才能认知何为秩序、美与道德，并喜爱善德和善行。卢梭在这里虽然没有直接说他是性善论者，但是从他的这些认识中已经能够明显地感受到他的性善论思想了。不过，在《爱弥儿》中就不同，卢梭在开篇中就说道："出自造物主之手的东西都是好的，而一旦到了人的手里就全变坏了。"③ 可以说，这是卢梭的性善论思想的最直接的阐释和表述。后来，他还说道："本性的最初的冲动始终是正确的，因为在人的心灵中根本就没有什么生来就有的邪恶。"④ 他的性善论应用到教育上，便成为尊重儿童的天性和要求率性发展。卢梭呼吁教师必须仔细研究儿童的本性，以及他们的优缺点和发展的可能性，教师应该是为儿童服役的人，教师不是教育的主人，教育的真正主人是儿童。卢梭认为，人性本善，其恶是因为腐化的社会使人丧失其天性造

① 李平沤．如歌的教育历程——卢梭《爱弥儿》如是说［M］．济南：山东人民出版社，2008：19.

② ［法］卢梭．爱弥儿［M］．李平沤，译．北京：商务印书馆，1978：379.

③ ［法］卢梭．爱弥儿［M］．李平沤，译．北京：商务印书馆，1978：1.

④ ［法］卢梭．爱弥儿［M］．李平沤，译．北京：商务印书馆，1978：95.

成的，因此他提出，教育的根本任务就应该是使人“返回自然”，恢复人本身所具有的善良的自然的本性。他在《卢梭审判让·雅克：对话录》中这样阐述《爱弥儿》一书的宗旨：“它不在于医治人类心中的恶念，因为人类天生是毫无恶念的，而是阻止这些恶念产生，而且要将恶念进来的大门紧紧关闭。”卢梭的性善论阐明了人的天性发展与后天环境的关系，指出了社会环境对人的天性发展的影响，特别是私有制造成了人类的不平等，损坏了人类的天性。因此，有人认为：“卢梭思想的核心命题是：人的本性是善良的，而在文明社会中却遭到败坏。”① 可见，《爱弥儿》一书中所阐释的性善论在卢梭思想中有着极其重要的地位。

第二，“自然教育”是卢梭自然神学观的延伸。在欧洲启蒙运动时期，由格劳秀斯与斯宾诺莎提出的天赋人权论，经霍布斯与洛克的发扬光大，到卢梭等人时已经基本形成系统的理论体系。卢梭在《社会契约论》中认为，人生下来是自由的，因而是平等的。在他的眼里，自由、平等是每一个人在自然状态下普遍享有的、天赋的权利。这是人人都平等享有的自然权利，包括生命权、财产权、自由权等。卢梭是个自然神论者。他承认大自然中存在着一种“必然法则”，并且宇宙的运行都受制于“必然法则”——“这个宇宙是运动着的，而且在它秩序井然、快慢均匀的运动中是受着固定不变的法则的约束的。”② 但是他认为这个“法则”不是宇宙天体本身所固有的，而是掌握在一个无形的精神实体即“上帝”的手里。因为在他看来，“世界是由一个有力量和有智慧的意志统治着的”。③ 在《爱弥儿》中，他还认为，上帝具有最高的智慧，是永恒的、万能的、善良的、公正的。卢梭的这种自然神学观反映在他的教育思想中就是他的自然教育思想。因此，可以说，“自然教育”是卢梭自然神学观的延伸。

三、文学维度：提升了教育小说的影响力

教育小说产生于德国启蒙运动时期。“教育小说”概念源于德语“Bıdungsroman”一词，又译“成长小说”。它主要是围绕一位（通常是年轻人）主人公的成长、发展经历来叙述，因而往往带有自传性的色彩，并具有一定的教化作用。

---

① 于漪．树魂立根，植根学生的理想信念［EB/OL］．［2015-03-21］．http：//baike.baidu. com/view/308267. htm.

② ［法］卢梭．爱弥儿［M］．李平沤，译．北京：商务印书馆，1978：242.

③ ［法］卢梭．爱弥儿［M］．李平沤，译．北京：商务印书馆，1978：394.

歌德的《威廉·迈斯特的学习时代》开启了德国教育小说的先河。在这部小说中，歌德创建了一个“教育省”，倡导培养以集体主义为自我发展与人格修养依托的健全的人。瑞士的德语作家凯勒完成的《绿衣亨利》，是歌德之后教育小说的典范之作。此外，德国小说家拉贝的《饥饿牧师》和瑞士作家戈特赫尔夫的《农民的爱情》也是影响较大的教育小说。从此，由德国作家开创的教育小说作为一种新的小说文体在世界传播开来，如法国小说家巴尔扎克，英国小说家狄更斯，俄国小说家果戈理，美国小说家马克·吐温，我国现代作家叶圣陶等，都受到了教育小说文体形式的影响。

卢梭通过《爱弥儿》比较系统地阐释了他的教育和哲学思想，同时，也把教育小说这种新的文体推向了新的高峰。为此，有学者认为：“真正使教育家教育小说得以产生深厚影响并成为教育思想载体及接受文体的则是法国的让·杰克·卢梭的《爱弥儿》《新爱洛伊丝》，尤以《爱弥儿》为重。”① “纵览西方文学史的漫漫长河，卢梭的《新爱洛伊斯》和《爱弥儿》也许是最著名的教育小说和教育论文。”② 应该说这些评价都是中肯的。

卢梭的《爱弥儿》对教育小说的重要贡献具体表现在：

第一，《爱弥儿》开创了教育小说重视在小说文本中对大自然和人的天性进行热情讴歌的风气。在《爱弥儿》中，通篇都充满着卢梭对自然和人的天性的满腔热情的赞美，他赞美自然的法则、自然的语言、自然的情感、自然的环境和自然的教育，以及人的善良的天性。他的这种小说创作的风格，对后世影响很大，正如有的学者所说，歌颂大自然和人的自然本性，“这个风气的开创当推稍后于歌德的法国启蒙作家卢梭”。③《爱弥儿》通过对爱弥儿成长的描述，完整表达了卢梭的自然教育思想。对爱弥儿的教育，是按照事先拟定好的学习计划进行的。卢梭给爱弥儿设置的“世界”是人类的“自然环境”。考察教育小说的发展，能够非常清楚地看到卢梭《爱弥儿》对后世的影响。可以说，《爱弥儿》就像一道光焰，照亮了教育小说前行的路，“自卢梭以后，‘回归自然’和表现大自然对人的陶冶教育作用，几乎浸透在每一部教育小说

① 王兆璟．教育小说：流变及省察［J］．教育理论与实践，2003（9）．

② 潘一禾．文学家笔下的教育——外国教育小说一瞥［J］．浙江大学学报，1996（1）．

③ 潘一禾．文学家笔下的教育——外国教育小说一瞥［J］．浙江大学学报，1996（1）．

和涉及教育的小说里”。①

第二，《爱弥儿》体现了卢梭独特的崇尚自然的文艺评价标准。卢梭的《爱弥儿》名为小说，其实并不把小说创作的框框当回事，论说占据了大量篇幅，找不到连贯的叙述和完整的故事，以致有人说它并不是小说而是长篇教育和哲学论文。这些显然违背了小说创作的一般规律，但又有谁敢说卢梭的《爱弥儿》不是伟大的长篇小说？不过，卢梭并非孤立地、无根据地否定一切艺术形式，而只不过是站在一个道德家的立场上。《爱弥儿》的创作就是严格按照这一道德标准来进行的。卢梭在《爱弥儿》中所描述的人的情感的自然流露是受到道德理性的约束和规范的。爱弥儿和苏菲的婚姻最终是按照苏菲父母的意志决定的，并不是任其按照自然情感的方向发展，他们两人的结合是理性压倒天性思想的具体表现，因此，可以说小说中强调自由与人的独立性，而处处又以美德或理性来加以规约。

此外，《爱弥儿》作为文学作品，以它对教育和哲学的深刻探索赢得了世界对它的认同。这难道不该引起我们深思吗？《爱弥儿》的成功是不是告诉人们，从文学的内容入手，从其思想性入手，也能够创作出优秀的作品，甚至能够创作出更加特别更加优秀的文学艺术作品。所以，我们不要看不起思想性强的文学艺术作品。我们虽然不能说艺术形式的学习比较容易，但是艺术内容的学习确实很难，尤其是深刻的思想，没有艰辛的探索是不可能达到的。艺术形式可以模仿，思想的深刻是没有办法模仿的。

（本文原载《贵州社会科学》2015 年第 4 期）

① 潘一禾．文学家笔下的教育——外国教育小说一瞥［J］．浙江大学学报，1996（1）．

康德教育哲学思想及其启示

谈到伊曼努尔·康德（Immanuel Kant，1724—1804），许多人只知道他是17世纪伟大的哲学家。因为他建立的先验主义的批判哲学体系，开创了德国古典哲学的先河，在哲学史上实现了“哥白尼式革命”，尤其是他的被称为“三大批判”的《纯粹理性批判》《实践理性批判》和《判断力批判》三部著作在哲学界影响很大。其实，他也是伟大的教育理论家。他的《论教育学》一书虽然是他的学生林克根据他生前曾数次在柯尼斯堡大学讲授教育学时留下的，包括他在当时通行的教材之外添加的一些反映自己想法的笔记等授课材料，进行整理出版的著作，并非他专门撰写的，但其丰富的教育学思想，像光芒四射的火焰照亮了世界教育学的天空，使教育学从此开始以学科的身份步入学术的殿堂。所以，康德在教育学学科发展史上占有特殊的地位，其对教育学的贡献也是不可忽视的。事实也确实如此，康德的教育哲学思想影响深远，最直接的受益者是赫尔巴特和费希特。赫尔巴特以康德哲学中的“统觉”心理学思想为基础，吸取康德教育哲学思想中研究教育的哲学思维方式和道德范畴的教育目的论等最核心的内容，建立了他的比较完善的教育学思想体系。费希特对康德教育哲学思想的继承，主要表现在他将康德的教育价值论运用于解决当时德国的社会现实问题，撰写了一本《论学者的使命、人的使命》一书。这是他直接受到康德教育哲学思想影响的结果。

康德的《论教育学》一书包括“论教育学”和“系科之争”两部分：“论教育学”是他在柯尼斯堡大学开设教育学讲座的讲义，“系科之争”是他在不同时期撰写的三篇论文的汇编。康德的教育哲学思想就主要体现在他的“论教育学”和“系科之争”中。因此，这两部分作品是我们学习研究康德教育哲学思想的基本材料。

一、康德教育哲学思想产生及其历史渊源

康德的教育思想，带有浓厚的哲学思辨的色彩，因而许多人干脆把他的教育思想归为教育哲学的范畴，也即是说，他的教育思想既有哲学的渊源，也有

教育的渊源，是教育和哲学的联姻。

（一）哲学渊源

康德作为哲学家，走进教育领域，在谈论教育时自然离不开哲学。事实上，他的教育思想确实与他的道德哲学、历史哲学，甚至与他的人类学研究都有着极为密切的关系，正如《论教育学》一书的中文版译者赵鹏所论及的："如果说启蒙意味着人类摆脱自己施加给自己的'不成熟状态'，那么教育学则指出如何把这种'成长'落实到具体的个人身上。"①

考察康德整个思想体系，不难发现教育思想在其整个思想体系中的特殊位置。如果说康德在《道德形而上学原理》一书中主要是通过对如何建立道德的最高原则进行论述以说明实践理性的存在，在《实践理性批判》中是通过对自由同理性关系的全面论述来解决道德哲学基础性构建问题，在《道德形而上学》一书中是通过对道德哲学思想的全面开展完成其道德哲学体系的建立，在《实用人类学》一书中是通过对人本主义的强调将其道德形而上学建立在一种能够体现人的自由能动性的人性论基础之上，那么《论教育学》一书则"不仅是康德将其德性理论在教育学领域内对人的培养方式进行研究的一次尝试，更是透彻出康德德性理论自身对'人是什么'这一最终问题的回归"。②

纵观学科发展历史，无论西方还是东方，哲学都是学科之母。教育学也是从哲学中分离和发展起来的。康德时期，德国高等教育有两大明显的变化：一是德国高等教育开始发展壮大，尤其是哈勒大学和哥廷根大学这样一批杰出大学的出现，使大学逐步由社会的边缘走向社会的中心，即大学的影响力越来越大。二是原本不能与神学系、法学系和医学系相提并论的属于下一级系科的哲学系的学术地位及其影响力开始上升，并逐渐成为大学教育改革的热点和中心，有的大学的哲学系后来还成为了各系科的核心，占据了学科发展的天时地利，其哲学系不仅开设逻辑学、伦理学、天文学、物理学，还讲授历史学、美学、教育学等课程。柯尼斯堡大学哲学系就是在这样的背景下决定开设教育学讲座的。这个教育学讲座取名为"理论与实践的讲座"。该讲座由哲学系全体

---

① ［德］伊曼努尔·康德. 论教育学［M］. 赵鹏，何兆武，译. 上海：上海人民出版社，2005：152-153.

② 胡君进. 德性与教育：康德德性理论与教育理论的关系探究［J］. 中国人民大学教育学刊，2014（2）.

正教授轮流担任主讲教授，每位教授主讲一个学期。按照当时大学教学章程的规定，教授公开的讲座必须要有指定的教科书，康德指定的教材是当时的教育学家巴泽道的书。康德不仅做学问一丝不苟，而且敬畏课堂教学，尤其重视备课，并习惯于把自己的想法随手记录在教科书的边角和所有空白的地方，包括正文的字里行间。这次讲授教育学也一样，他在巴泽道所著的这本教材上也写下了自己的体会、感受和看法。这些体会、感受和看法，包括他的学生林克所记的康德讲课的笔记就成为了《论教育学》一书的重要材料来源。康德以哲学教授身份主讲的教育学，开了在大学讲授教育学的先河，至此教育学开始在西方学界成为一门独立的学科，他也因此成为西方大学教育学讲座的创始人之一。所以，“在一定程度上，18 世纪德国大学的哲学系也成为德国近代教育学诞生的母胎”。①

据有关资料记载，自 1776 年开始讲授教育学后直到 1787 年的 11 年间，康德曾四次主讲过教育学，而这个期间正是他撰写、修改和出版并再版《纯粹理性批判》一书的时期，即这个阶段是他构建其批判哲学体系的重要时期。在这个重要时期，他多次讲授教育学，就意味着“作为哲学家的康德与作为教育家的康德在思想上是有内在联系的，甚至可以说康德的教育学说是其哲学体系中一个不可忽视的组成部分”。② 正因为如此，就有学者将康德的教育学说成是“哲学的教育学”或“教育哲学”。其实，从现代教育哲学发展的现状看，康德的教育学就是教育哲学，并且是比较典型的教育哲学。笔者之所以会这样认为，是因为“康德的教育观是其哲学观在教育上的应用”，③ 而教育哲学就是“哲学的一般原理或方法在教育中的运用与体现”。④可见，如果说康德的教育学还不是教育哲学的话，我们的教育学世界中也就没有真正的教育哲学了。

（二）教育学渊源

一个教育思想体系的形成是多方面教育思想影响的结果。康德的教育哲学思想体系的建立也不例外。有学者认为，虔信派伦理学、洛克和泛爱派教育思

① 肖朗. 康德与西方大学教育学讲座的开设［J］. 华东师范大学学报（教育科学版），2003（1）.

② 肖朗. 人的两重性和教育的两重性——康德教育哲学思想探析［J］. 南京大学学报（哲学·人文科学·社会科学版），2003（1）.

③ 王坤庆. 现代教育哲学［M］. 武汉：华中师范大学出版社，1996：3.

④ 冯建军，等. 教育哲学［M］. 武汉：武汉大学出版社，2011：12.

想等，都对康德教育哲学思想的形成产生过影响。但是对康德教育哲学思想影响最大的还是卢梭。康德在《论优美感和崇高感》一书的后记中曾写道："我天生是个求知者……我鄙视一无所知的乌合之众。卢梭在这方面纠正了我的错误，消除了我的盲目偏见，我学会了尊重人。"① 康德非常喜欢《爱弥儿》一书，到了入迷的程度，相传在他阅读该书的那几天，竟然打破了他长期坚守的作息制度，没有按时出来散步。由于对卢梭教育思想的认同，"在整体上，康德接受了卢梭关于教育价值的看法，认为人只有通过接受教育才能成其为人"。② 但是"康德从未盲从卢梭"，③ 比如康德同卢梭一样，对个人价值持肯定态度，认为人是作为目的本身而存在的。但是，在具体论述上，两人有所不同：卢梭的"人"是指自然人，康德的人则是指文明人；卢梭认为人性本善，康德则认为人性中有善也含有恶等。不过，卢梭对康德的影响是客观存在的。

二、康德教育哲学思想的主要内容

康德的《论教育学》一书中的教育学包括导论和正文两部分，其中导论主要阐释的是教育问题，正文阐释的是教育学问题，再加上"系科之争"所阐释的高等教育学，这三部分就构成了康德的整个教育思想体系。关于康德教育哲学思想已有一定的研究，比如姜文闵认为康德教育思想包括人性论、知识论和和谐论，④ 洪港认为康德教育哲学主要包括人性论、认识论和道德论，⑤ 王坤认为康德教育思想包括教育目的、教育价值及教育的发展方向等，⑥ 张飞认为康德教育思想最核心的部分是道德教育，⑦ 王建斌认为康德道德教育的本质在于实现人的自由，⑧ 刘江红认为康德教育思想更多地将教育的目的引向了

① ［美］曼弗雷德·库恩. 康德传［M］. 黄添盛，译. 上海：上海人民出版社，2008：166-167.

② 王坤庆. 论康德对教育学的贡献［J］. 教育研究与实验，2001（4）.

③ ［美］曼弗雷德·库恩. 康德传［M］. 黄添盛，译. 上海：上海人民出版社，2008：167.

④ 姜文闵. 康德教育思想管窥［J］. 河北大学学报，1988（4）.

⑤ 洪港. 康德教育哲学思想新探［J］. 江南大学学报（教育科学版），2007（1）.

⑥ 王坤. 康德教育思想探究［J］. 河南机电高等专科学校学报，2007（6）.

⑦ 张飞. 从《论教育学》来看康德的教育哲学思想［J］. 吉林广播电视大学学报，2012（1）.

⑧ 王建斌. 道德教育的本质在于实现人的自由——康德道德教育哲学思想探析［J］. 贵州师范大学学报（社会科学版），2013（3）.

对人的启蒙,① 但笔者认为，康德教育哲学思想主要体现在以下三个方面。

(一) 教育的目的是发展人的天性

教育的目的是什么？我们为什么要发展教育事业？这是教育理论及其实践都必须回答的问题，也是教育学最基本的问题。

康德认为，“人类应该将其人性之全部自然禀赋，通过自己的努力逐步从自身中发挥出来”。② 这句话有两层含义：一是人类最美好的发展景况应该是其全部自然禀赋能够得到充分发挥，只有全部而不是部分的自然禀赋得到了发挥，人性之美才能得到充分的展现。二是人类自然禀赋的发挥需要通过自己的努力。人性的内涵十分丰富，人类怎么才能够让自然禀赋得到均衡的发展，“让人性从胚胎状态中展开，使人达到其本质规定”,③如何真正成为人？康德认为是教育，因为“人的天性将通过教育而越来越好地得到发展，而且人们可以使教育具有一种合乎人性的形式”,④ 并且他还认为“人是惟一必须受教育的被造物”,⑤ 也就是说，其他的被造物是不需要接受教育的。

为什么说人是唯一必须接受教育的被造物呢？因为在康德看来，教育是指“保育（养育、维系）、规训（训诫）以及连同塑造在内的教导”,⑥ 即教育包括“保育”“规训”和“教导”三种教育形式，并认为这三种不同形式的教育是与人所依次经历的婴儿、儿童和学生这三个成长阶段相对应的。康德对“人是惟一必须受教育的被造物”论断正确性的证明，就是从“保育”“规训”和“教导”这三个方面来进行的：第一，人需要保育。康德认为，人类为了使孩子不会有害地应用其能力，父母需要采取各种预防措施来进行保护，即保育，如此孩子才能生存下来。动物则不需要保育，因为它们能够合乎规律

① 刘江红. 康德教育哲学思想探析［J］. 太原理工大学学报（社会科学版），2014（4）.

② ［德］伊曼努尔·康德. 论教育学［M］. 赵鹏，何兆武，译. 上海：上海人民出版社，2005：3.

③ ［德］伊曼努尔·康德. 论教育学［M］. 赵鹏，何兆武，译. 上海：上海人民出版社，2005：6.

④ ［德］伊曼努尔·康德. 论教育学［M］. 赵鹏，何兆武，译. 上海：上海人民出版社，2005：6.

⑤ ［德］伊曼努尔·康德. 论教育学［M］. 赵鹏，何兆武，译. 上海：上海人民出版社，2005：3.

⑥ ［德］伊曼努尔·康德. 论教育学［M］. 赵鹏，何兆武，译. 上海：上海人民出版社，2005：3.

地以不会对自己产生危害的方式运用其所具有的各种能力，比如刚刚孵出的雏燕，眼睛还未睁开，凭着与生俱来的本能，就知道要把粪便排泄在巢穴外。因此，康德得出结论："大多数动物确实需要喂养，但却不需要保育。"① 第二，人需要规训。康德认为，人是野蛮地来到这个世界的，有与生俱来的动物的本能冲动，即伴随着人性来到这个世界的还有野性。不除去野性，就难以成为真正的合格的社会人。而要除去野性，就需要进行规训，因为规训就是为了防止人由于动物性的驱使而偏离人性，使其不会野蛮鲁莽地冒险，所以，规训或训诫是纯然否定性的，即除去人身上野性的活动。而动物由于有其本能的存在，则不需要规训，因为有一个外在的理性已经把一切都安排好了，所以，就没有接受规训的必要了。第三，人需要教导。康德认为，人需要保育与塑造。康德在这里所谈的塑造既包括规训也包括教导，即人不仅需要保育而且需要教导。所谓教导，就是培养。培养自然包括道德陶冶，但是这些动物都不需要。唯一例外的是，康德承认鸟儿的唱歌是需要学习的，他还列举了麻雀学习金丝雀唱歌的例子进行证明，所以，他说：除了鸟儿学习唱歌之外，没有哪种动物能从其长辈那里学到更多的东西。

在讨论教育与人的关系时，康德使用了"动物性"与"人性"和"野性"与"天性"两组相对应的词语来进行描述，很准确地表达了他的教育哲学思想。一个人野蛮地来到这个世界，其动物性与人性、野性与天性并存，教育中的规训就是要防止人由于动物性的驱使而偏离人性，并把动物性转变成人性。要把动物性转变成人性，康德认为就要除掉人身上与生俱来的野性，而且除掉人身上野性的活动还要趁早施行，晚了就难以达到预期的目的，因为幼年时期形成的生活方式日后会很难得到改变。他甚至认为：如果人在幼年时期放任自流而不加限制，"那他就会终身保有某种野性"。② 为此，康德认为，耽误规训比耽误培养更糟糕，因为规训中的过失是无法补救的，而培养中的疏忽却可以弥补。一个人要成其为人，仅仅靠除去野性是不够的，因为除去野性不是最终目的，最终目的是要在除去野性的同时努力使人性更加完满，即人性的完满性得到充分的展现，这样才能逐步实现其动物性向人性的转变。要使人性的完满性得到更进一步的展现，就需要促进人的天性的发展。天性和人性不是

① [德] 伊曼努尔·康德. 论教育学 [M]. 赵鹏，何兆武，译. 上海：上海人民出版社，2005：3.

② [德] 伊曼努尔·康德. 论教育学 [M]. 赵鹏，何兆武，译. 上海：上海人民出版社，2005：4.

同义语，人性的天地更宽，它包含天性，也就是说，天性是人性之天性，只不过，天性是人性百花园中最美的花朵。因此，良好的教育就是康德所说的“存在着关于人类天性之完满性的伟大秘密”。① 康德对教育的未来充满信心，他相信人类的教育会越来越好，会越来越有利于其完满性的展现。

如何使教育能够充分地发挥作用，促进人之天性走向其完满性？在康德看来，就应该将教育上升到艺术，他认为，教育“是一门艺术”。② 康德还认为，教育艺术的完善需要经由许多世代的努力才能逐步完成。教育艺术具体体现在以下四个方面：第一，教育应该首先发展其向“善”的禀赋。教育最重要的是发展人的天性。那么，天性是什么？康德没有明说，但通读《论教育学》一书，我们就会明白，天性其实就是指自然禀赋。他说：“人性中有很多胚胎，我们现在要做的是让自然禀赋均衡地发展出来，让人性从胚胎状态展开，使人达到其本质规定性。”③ 康德相信：每一代人都会推进一种均衡且合目的地有利于一切自然禀赋发展的教育。康德虽然提倡人的自然禀赋要均衡发展，但是他并不否定有的合目的的自然禀赋要优先发展。为此，他特别强调：“人应该首先发展其向‘善’的禀赋。”④ 第二，教育艺术应该是裁断性的。所谓机械性的就是指教育这门艺术的起源及其进步缺少规划，完全依据其所偶然经验到的某物形成的环境，而裁断性的则是指“从一定的理念、规划出发进行的教育”。⑤ 机械性的教育艺术，由于缺少规划，必然带有诸多错误或缺陷，因此必须把教育艺术中机械性的东西转变成科学性的东西，否则就会影响其连贯性，甚至可能会出现某一代人由于其认知或行动的失误将前人已有的成果全部或部分毁掉等情况。第三，教育要具有超前性。康德认为，教育艺术的一个重要原理是，要想把孩子们教育得更好，期望可能在将来出现一个更佳的状态，在作教育规划时就应该注意：不是以人类当前已有的状况，而是应该以

① ［德］伊曼努尔·康德. 论教育学［M］. 赵鹏，何兆武，译. 上海：上海人民出版社，2005：6.

② ［德］伊曼努尔·康德. 论教育学［M］. 赵鹏，何兆武，译. 上海：上海人民出版社，2005：7.

③ ［德］伊曼努尔·康德. 论教育学［M］. 赵鹏，何兆武，译. 上海：上海人民出版社，2005：6.

④ ［德］伊曼努尔·康德. 论教育学［M］. 赵鹏，何兆武，译. 上海：上海人民出版社，2005：7.

⑤ ［德］伊曼努尔·康德. 论教育学［M］. 赵鹏，何兆武，译. 上海：上海人民出版社，2005：143.

人类将来可能出现的更加美好的状况为依据进行教育。要做到这一点，需要克服父母只关心孩子在世上过得好不好、王侯只把臣民看做达成自己各种意图的工具等障碍，因为他们都不把世界之至善及人性之完美性作为终极目的。世界之善是由邦国之善组成的，邦国之善是由个人之善组成的。但是就个人之善的形成来说，世界更加美好的状况更有利于个人的成长和发展，那种孤零零立于空旷田野中的树木，由于周围缺少扶持与阻碍，必然会长得歪歪扭扭，乃至枝蔓旁生；相反，树林中的树，由于有邻近树木的遮挡，必然会尽可能向上生长，时间一长，就会长得高耸挺拔，因为只有不断向上生长，才能获得其上方的阳光雨露。因此，康德认为："只是通过那些有着更广泛禀赋的人——他们关注世界之至善，而且能够具有那种关于一个未来的更佳状况的理念——的努力，人类之本性才可能逐渐接近其目的。"① 第四，教育要促使服从于法制的强制与运用自由的能力走向结合。强制是必须的，是不能丢弃的手段。怎么通过强制培养出自由？这是教育中的最大问题之一。康德认为应该注意以下几点：一是从孩子童年时代开始，只要他不影响别人的自由，就应该在各方面尽可能给他以自由；二是要让孩子明白只有让别人也实现了自己的目的时他才能达到自己的目的，别人的目的如果达不到，自己的目的也很难达到；三是还要让孩子懂得对其采取一定的强制措施，其目的是为了有朝一日能够获得自由。

（二）教育学是由自然性教育和实践性教育两大体系组成的

在康德看来，人具有二重性：一是自然的存在，二是理性的存在。作为自然存在物，必然受自然法则的支配；而作为理性存在物，则以理性为最高准则。自然法则是人必须服从的法则，不遵从就要受到自然的惩罚，甚至难以生存；而理性法则是人从道义上说应该遵从但在实践中却不一定遵从的法则。人的二重性决定了教育的二重性，即人需要自然性教育和实践性教育。康德在《论教育学》一书的正文中明确指出，教育学是"关于教育的学说，或者是自然性的，或者是实践性的"。② 这就告诉我们，康德的教育哲学理论体系就是从自然性教育和实践性教育两方面进行建构的。

1. 自然性教育是关于人和动物共有的教育

① ［德］伊曼努尔·康德. 论教育学［M］. 赵鹏，何兆武，译. 上海：上海人民出版社，2005：9.

② ［德］伊曼努尔·康德. 论教育学［M］. 赵鹏，何兆武，译. 上海：上海人民出版社，2005：15.

人首先是自然的人，即是自然王国的存在物，要在自然王国里存在与发展，就需要接受自然性教育。所谓自然性教育就是指关于人和动物共有的教育，即把人看做与动物一样的自然存在物。既然是自然存在物，就应该按照自然的规律进行教育。康德把自然性教育也称为养育，并对自然性教育作了进一步的划分：消极的自然性教育和积极的自然性教育。消极的自然性教育是指对儿童身体的保育，积极的自然性教育指对儿童心灵能力的锻炼。

康德深受卢梭自然主义思想的影响，认为儿童身体的保育应该遵从自然所规定的喂养孩子的方式进行，比如母亲应该亲自哺育，不要用酒、调料、盐等刺激性的东西喂养孩子，不要让孩子接触太热的食物包括饮料，也不要让孩子穿得太暖，提倡让孩子睡比较凉而硬的床，不要把孩子包得像木乃伊一样，动弹不得，那会让孩子变得胆小怕事，甚至产生某种绝望。康德还反对使用摇篮，也不赞成用牵引带和学步车来教孩子学走路等人为措施，“因为它们与自然在一个有机的理性存在者中的目的正好背道而驰，按照这个目的，这种存在者应该保有自由以学会运用其能力”。① 总之，康德虽然认为幼儿需要保育，但是他反对人为的保护措施，认为所有人为的保护措施都是不好的，有害的，在儿童的最初教育阶段要尽可能让其更多地自己学习，越少使用器具越好，因为工具不仅不会帮助儿童发展反而会毁掉其天然的能力。最初的教育必须是否定性的，即否定性的塑造。

康德认为，人与动物是不同的，在自然性教育的肯定方面就是培养，而这种培养又主要在于对其心灵能力的锻炼。在身体教育方面，康德认为跳远、负重、举重、投掷、定位抛掷、赛跑、摔跤等体育锻炼活动，对人的成长是非常有益的。因为这些体育锻炼活动不仅会使孩子获得自我控制身体机能的能力，还能够促进身体素质与心理能力的协调发展。康德还指出，在身体方面的教育中应该引起注意的是，它可能是与有意识的运动有关，可能是与感觉器官有关，具有不确定性。

康德还把灵魂的培养看做自然性的培养。他认为，自然与自由不同，法则给予的自由和对自然加以塑造是两回事，但是身体和灵魂在自然性方面具有一致性，因此完全可以把对灵魂的塑造和对身体的塑造一样看成是自然性的。不过，康德认为，这种自然性塑造不同于道德塑造，因为道德塑造是以自由为目的，而自然性塑造的目的则仅仅在于自然。康德认为，灵魂培养还包括以孩童

---

① ［德］伊曼努尔·康德. 论教育学［M］. 赵鹏，何兆武，译. 上海：上海人民出版社，2005：21.

游戏为主要形式的自由灵魂培养和校园的灵魂培养两种方式。康德对心灵能力的自由培养十分重视，认为必须不断将其引向深入，但是心灵的各种能力的培养不能单独进行，而是要与其他方面联系起来才能进行，比如我们对想象力的培养就是为了使知性能力得以增进和提升。关于人的心灵能力的培养，康德有很多论述，他特别强调："培养人心灵能力的最佳方式，是让一个人自己去做他想做到的事。"① 这也与他接受卢梭的自然主义教育思想是一脉相承的。

2. 实践性教育是那种把人塑造成生活中的自由行动者的教育

自然性教育只能解决人在自然王国生存所需要的基本知识和技能的学习问题，但是人终究是要由自然王国进入到自由王国的，自由王国生存发展所需要的知识和能力从哪儿来？康德的回答是：从实践性教育中来。何谓实践性教育？康德认为，实践性教育就是指那种把人塑造成在生活中能够自由行动的教育，即以自由行动者为培养目标的教育。可见，道德教育的本质不是别的而是实现人的"自由"。康德认为实践性教育有三种表现形式：技能、世故、道德性。

技能。康德在这里所指的技能不是自然性教育所培养的与身体机能相关的需全部均衡发展的肤浅的基础技能，而是一种精深的技能，并且指出：技能不仅必须精深，还要逐渐成为思维方式中的习惯。因为这对于一个人的品格而言，是本质性的东西，它关乎人的天赋发挥。

世故。康德把世故看成是艺术，即是指"把我们的技能施之于人的艺术"。② 如何才能使孩子变得"世故"？康德认为，应该学会掩饰，不仅使自己不会被别人看穿，相反还要能够洞察他人。要洞察他人是很不容易的，正因为不容易，这才是生活的艺术，这个道理必须让孩子明白。掩饰虽然与虚伪只有一步之遥，但毕竟不是虚伪，它是一种不得已的手段。这种手段首先要用在品格方面，即必须在品格方面要进行掩饰。康德把世故看做一种培养性情的方式，比如他认为：世故意味着人既不能轻易动怒，也不能太无动于衷；既不能过于激烈，也不能放弃积极进取的态度。

道德性。康德认为，道德性的培养首先是为了塑造品格的需要。要塑造一种优良的品格，康德认为就必须消除激情，并学会承受匮乏。这不仅有益于人

① ［德］伊曼努尔·康德. 论教育学［M］. 赵鹏，何兆武，译. 上海：上海人民出版社，2005：29.

② ［德］伊曼努尔·康德. 论教育学［M］. 赵鹏，何兆武，译. 上海：上海人民出版社，2005：40.

的品格培养，还能够促使人的判断力得以彰显和提升。此外，康德还提出了“品格奠定”的新概念，其内涵是指一个人办事要有坚定的信心和决心，并能将其付诸实践。承诺了的事，就要信守；决定了的事，不付诸行动，就会丧失信心。道德性塑造是实践教育中最重要的环节，是指从自身内在的准则出发，基于自己的理性自由做出的选择和判断，其最终目的是达至道德上的自由，即“自由”是康德实践教育所要追求的最高目标。在儿童身上确立道德品格，康德认为应该注意的是：人们应该尽可能多地通过榜样和规定等方式使儿童意识到其所负有的义务。这种义务包括两个方面：一是对自身的义务，即一个人要有自己特定的尊严；二是对他人的义务，即让孩子懂得敬畏和尊重他人的权利，并付诸行动，而不仅仅是停留在理念或口头上。

（三）高等教育既要理性地服从政府的决定又要坚守学术自由

“系科之争”的三篇论文虽然是康德在不同时期、出于不同目的撰写的，但却是一个成系统的整体，它通过对大学高等系科与低等系科内在关系和大学学者共同体与外在事物关系的论述，系统地阐释了康德以理性服从政府决定为基础的大学学术自由观。

低等系科哲学系是举着火炬走在高等系科这位“尊贵夫人”前面的“婢女”。中世纪大学一般内设四个学院，即神学院、法学院、医学院和哲学院。神学院、法学院、医学院是高等系科（院），哲学系是低等系科。在传统观念中，高等者，高贵也，即高等系科是通向尊贵的特定职业的专门学院，扮演的是大学专深教育的角色；低等者，地位地下者也，即低等系科只是传授包括文法、修辞、逻辑、几何、算术、天文和音乐在内的“七艺”等基本技能，扮演的是基础性入门教育的角色。而康德则不这样认为，在他看来，高等系科与低等系科之分，不是指学者的等级之分，而是指它们与政府的关系问题。高等系科因为其学说内容和应否公开宣讲为政府所关切，而低等系科所宣讲的学说政府并不关切。高等系科的学说由于政府关切，其研究对象就要以政府最关切的问题为准，高等系科的学说要由政府批准，与政府观点不一致的就会被排斥。低等系科由于政府不关切，其学说的批准完全由学者群体的理性决定，因而低等系科可以选择任何它认为是好的命题进行研究和宣讲。就大学来说，康德认为，必须有一个在其学说上能够独立于政府命令有比较大的学术自由的系科，这个系科虽然并不发号施令，但是它拥有追求真理的自由；假如没有这样的系科，真理将难见天日。这种系科就是哲学系。哲学系既然有如此大的优点，为什么还被列为低等？康德认为，其“原因在于人的那种天性：一个能下命令的人，即使是另一个人的恭顺仆人，也认为自己比一个自由却无人可命令的人优越”。① 康德认为，大学可以把哲学系称为低等系科，但是大学里必须要有哲学系，因为对于其他三个高等系科来说，哲学系的作用在于可以在一定程度上控制它们，并因此对它们有用，因为一切都得相信真理并取决于真理；而高等系科之于政府的有用性，则是居于第二位的环节。也就是说，高等系科的有用性必须服从低等系科的真理性。因此，哲学系要致力于为各门学科的生存和发展寻求真理，并把寻求得来的真理交给高等系科进行运用。所以，康德说：就算哲学系是神学系的“婢女”，“不过总是会有这个问题：她究竟是举着火炬走在这位尊贵夫人前面，还是提着她的拖裙跟在后面”。② 显然，哲学系这个“婢女”是举着火炬走在神学系这位“尊贵夫人”的前面的，尽管如此，但是在康德的眼里它毕竟只是“婢女”。

学者共同体确实需要服从政府的决定，但也要坚守自己的学术自由。康德认为，大学就是学者“结合成的一种自治的学者共同体”，③ 这个学者共同体与政府的关系是：一方面，康德承认政府有权决定高等系科的学说，即大学高等系科要按照政府批准的学说进行宣讲。他还进一步指出，高等系科还要为政府的法规进行辩护。另一方面，学者共同体要坚守自己的学术自由，“在与真理有关的问题上，还必须有一个反对派（左派），这就是哲学系科的位置”。④ 康德认为，政府虽然有权决定批准高等系科的学说，但是不能干预哲学系科的学术活动，因为哲学系科是以追求真理为旨归的，就是与政府紧密相连的高等系科，政府也只能批准或审议其学说，而不能直接去传授这种学说。因此，大学这个学者共同体既要服务政府，接受政府对其宣讲的学说进行审查的行为，又要坚持真理，坚守大学的学术自由。

① ［德］伊曼努尔·康德. 论教育学［M］. 赵鹏，何兆武，译. 上海：上海人民出版社，2005：63.

② ［德］伊曼努尔·康德. 论教育学［M］. 赵鹏，何兆武，译. 上海：上海人民出版社，2005：69-70.

③ ［德］伊曼努尔·康德. 论教育学［M］. 赵鹏，何兆武，译. 上海：上海人民出版社，2005：61.

④ ［德］伊曼努尔·康德. 论教育学［M］. 赵鹏，何兆武，译. 上海：上海人民出版社，2005：75.

三、康德教育哲学思想的启示

（一）教育要回归本真发展人的天性

人类的教育发展到今天，取得了辉煌的成就，但是往教育里塞的东西越来越多，使真正属于教育的空间被大量挤占，以致不断有专家学者呼唤教育要回归本真。比如我们的教育中有的直接把培养学生的技术技能作为目的，有的直接把使学生获得更多的知识作为目的，等等。这些做法，到底对不对？康德曾明确指出，人类“每一个理性存在者，都是作为自身即是一目的而存在着，而不仅仅是作为由这个或那个意志随意使用的一个手段而存在着”，① 这就是康德有名的“人是目的，而不仅仅是手段”的命题。按照康德的人才是目的的观点，教育的目的就是促进人的发展，尤其是促进人的天性的完满。客观地说，我们今天的教育对人的关注还是不够的。技术技能和知识等重不重要？重要，但毕竟不是人本身。随着社会的进步与发展，尤其是人工智能的发展，其会对技术技能教育和知识教育等产生重大冲击，“迫使其从传统技能教育、知识教育和智慧教育的空间和领地中撤离出来，把教育重心转移到人工智能不能进入的人的精神和情感世界中来”。② 因此，教育回归本真，将发展人的天性作为其重要责任和使命的时代已经到来。作为教育工作者，我们对此要有清醒的认识。

要发展人的天性，就需要教育强化人的品格塑造，促使其不断摆脱野蛮走向文明。康德强调规训的目的正是对野性的抑制，教化的目的是使人摆脱野蛮走向文明。如何做一个文明的人？康德指出要强化品格塑造。康德认为，即使一个人可能得到了很好的自然性的培养，并在精神上受到了很好的教化，但如果在道德上出了问题，他仍然是一个顽劣的被造物，算不上一个文明人。所以，要想培养一个文明的人，仅仅重视知识教化还不够，还要进行道德教化。通过道德教化，塑造道德品格，而道德品格的确立需要通过人本身的道德生活才能实现。正如康德所说，儿童“必须学会以对丑恶和不和谐的反感来取代

① ［德］伊曼努尔·康德．道德形而上学基础［M］．孙少伟，译．北京：九州出版社，2007：83.

② 侯长林．人工智能，推动教育关注人［N］．光明日报，2018-05-24.

仇恨，要让他们达到的，是内在的敬畏”。① 康德还指出，要在儿童身上确立道德品格，不仅要关注自身的义务，还要关注他人的义务。但是，我们在道德教化方面还存在很多问题。北京大学钱理群教授在 2012 年 4 月 22 日由武汉大学老校长刘道玉召集的“‘理想大学’专题研讨会”上曾十分痛心地说道，我们的一些大学“正在培养一些‘精致的利己主义者’”。② 至于培养“精致的利己主义者”的量有多大，我们没有考证和测算，说不出具体的数据，但是这种现象肯定是存在的，这应该引起我们高等教育工作者的反思！

（二）教育学要致力于服务全民终身学习教育体系的建构

教育学有两大任务，一方面要为教育学理论体系添砖加瓦，另一方面要致力于解决教育实践中的具体问题，但不管是教育理论还是教育实践都需要建构体系。党的十九届四中全会就明确提出了构建服务全民终身学习教育体系的要求。这种服务全民终身学习的教育体系怎么构建？康德从人的“二重性”出发所提出的教育二重性，给我们以启示，即教育不仅仅是自然性教育，也不仅仅是实践性教育，而是自然性教育与实践性教育的统一。然而，在我们的教育实践中，缺乏教育整体性思考的现象普遍存在。比如为了强调学校教育，就大讲特讲学校教育的重要性；为了强调继续教育，就大讲特讲继续教育的重要性。就拿在我国流行很广的“孩子不能输在起跑线上”的教育理念来说，其实这个理念是不对的，因为一味地强调超前教育并不好。孩子有孩子成长的规律，家长应该尊重规律，尽可能让孩子在合适的年龄做合适的事情，这才是最佳选择。康德说过：“最好的食物乃是那些最适合她的东西。”③ 适合教育强调遵循人的成长成才规律并顺天致性的理念，讲的也是这个道理。曾任腾讯副总裁的著名搜索专家吴军也认为，人生的路很长，是一场马拉松赛跑，起跑的优劣其实无关紧要，至关重要的是让他们养成终身学习的习惯，“教育是一辈子的事情，笑到最后的人是一辈子接受教育的人”。④ 所以，每个阶段每个方

① ［德］伊曼努尔·康德. 论教育学［M］. 赵鹏，何兆武，译. 上海：上海人民出版社，2005：46.

② 钱理群. 北大清华再争状元就没有希望［N］. 中国青年报，2012-05-03.

③ ［德］伊曼努尔·康德. 论教育学［M］. 赵鹏，何兆武，译. 上海：上海人民出版社，2005：17.

④ 前腾讯副总裁为女儿访遍英美名校，发现好学校只教这一件事！［EB/OL］.［2019-12-22］. https：//page. om. qq. com/page/OrurIZmMQedskH8a9u8WxtPw0? source = omapp&from = timeline&ADTAG = tgi. wx. share. timeline.

面的教育都很重要，这就需要对教育进行全面而深入的分析，从整体上进行把握，综合考虑各方面的因素，才能逐步构建服务全民终身学习的教育体系。

（三）大学要积极推进治理现代化

党的十九届四中全会已经明确提出，要推进国家治理体系和治理能力现代化。2018 年 5 月 2 日，习近平总书记在北京大学师生座谈会上指出："高等教育是一个国家发展水平和发展潜力的重要标志。"① 因此，高等教育在国家推进治理体系和治理能力现代化的进程中不仅不能缺位，而且应该起带头作用。更何况，我国高等教育要由大国走向强国，也必须高度重视大学的治理问题。没有大学治理的现代化，我国高等教育的强国梦就不可能实现，更谈不上建设世界一流大学。因为没有哪一所世界著名大学不是治理高度现代化的大学。康德研究的高等系科与低等系科的关系，以及大学这个学者共同体与外部的关系等问题，就是典型的大学内部治理和外部治理问题。康德大学治理思想对我们的启示是多方面的，比如哲学系对于大学办学的不可缺失、大学高等系科的学说应该接受政府的管理、在学术追求方面的选择或决策应该交给学者的理性等观点，都对我国建设高水平大学有借鉴意义。当然，我国高等教育中没有高等系科与低等系科之争，但高校内部的行政权力与学术权力、学校职能部门与二级院系，以及学校办学自主权与政府管控等矛盾，还是十分明显的。这些问题如何解决？专家们呼吁了多年，也有不少高校在积极寻找解决的办法与方案，但总体来看效果并不佳。其根本原因在于，这些问题涉及学校内外的方方面面，需要通盘考虑，精心谋划，即需要提升到系统治理的高度，才能逐步得以解决。系统治理，就是治理现代化的问题。所以，积极推进治理现代化，不仅仅是国家发展的要求，更是高校自我发展的需要。我们不能等待，谁先迈入治理现代化的轨道，谁将抢占发展的制高点！

（本文原载《铜仁学院学报》2020 年第 1 期）

① 习近平：在北京大学师生座谈会上的讲话［EB/OL］．［2019-12-22］．http：//www.gov.cn/xinwen/2018-05/03/content_5287561．htm．

卡西尔符号人学对高等教育人才培养的启示

恩斯特·卡西尔（Ernst Cassirer，1874—1945）是20世纪德国著名的思想家、哲学家，尤其是他的符号人学思想，不仅在西方现代哲学史上占有极为重要的地位，而且对教育包括高等教育也产生了广泛而深远的影响。因为教育学其实就是教育符号人学，高等教育学就是高等教育符号人学。卡西尔在《符号形式的哲学》和《人论——人类文化哲学导引》两书中对符号人作了精辟的解读和论述，尤其是蕴含在对符号人的讨论中关于“人”的层次性的思想，对高等教育人才培养有着重要启示。

一、卡西尔眼中的“人”的层次性

卡西尔在其人学研究中发现了符号对于人的特殊的意义，因而提出了“符号人”的概念，但是他的符号人学理论并非只停留在符号人的概念上，而是对符号人进行了深入的研究，揭示了符号人的层次性。虽然在他的著作中没有直接提到人的层次性问题，但是从他对符号人的总体阐释中可以非常明显地感受到四个不同层次的符号人的存在，即能够识别符号的人、能够利用符号的人、能够创造符号的人和能够持久地不间断地创造符号的人。我们都是人，但人是有差异的，是分层的。在卡西尔的眼里，能够持久地不间断地创造符号的人更接近于人的本质，或者说，更能够彰显人的本质属性，更像一个人。他还认为，人性并非一种实体性的存在，而是一种自我塑造的过程，与人的无限的创造性活动紧密相连。也就是说，人的本质在于创造，并且是持久地不间断地创造。客观地说，按照卡西尔的关于人的本质的要求和标准，很多现实生活中的人都难以达到。那么，现实生活中不能创造或不能持久地不间断地创造的人，就不是人了吗？显然并非如此，在卡西尔看来只要能够识别符号的都是人。只不过卡西尔认为，人是分层的。他的关于持久地不间断地创造的人的观点的提出，是对较高层次的符号人的要求，是对人类精英的期望和美好愿景。

（一）能够识别符号的人

什么是人？这确实是一个非常难以回答的哲学问题，曾经被人们称为斯芬克司之谜，可以说，至今这个问题依旧在困扰着人们，以致卡西尔在《人论——人类文化哲学导引》一书中感叹："当代尽管科学昌盛、技术发达，但人的问题不但没有真正解决，相反倒是处在深刻的危机之中。"①

对什么是人的回答，首推智者学派的"人是万物尺度"② 一说。这种把哲学宇宙论归结为人的问题，突出了人的作用和功能，但是并没有解决人之所以为人的最基本的问题——把人与动物区别开来。人是高级动物。人与一般动物的区别，就成了回答什么是人首先需要解决的问题。古希腊哲学家亚里士多德提出的"人是理性的动物"，③ 把古希腊哲学对人的本质的研究推向了最高峰，认为理性是人的本性所在，理性能力是人的最高能力，但是其难以证明一般的动物没有理性，更何况人不仅仅是理性的动物，也是非理性的动物，应该是理性与非理性的统一体，所以，卡西尔明确指出："对理解人类文化生活形式的丰富性和多样性来说，理性是个很不充分的名称。"④ 但是，丰富多彩的人类文化形式都是符号形式，比如语言、宗教、艺术、科学都是人自己建造的符号的宇宙，因此，他认为我们应当把人定义为符号的动物而不应该把人定义理性的动物，"只有这样，我们才能指明人的独特之处"。⑤

为什么说符号世界是人建构并且为人所独有呢？卡西尔就此对信号（signs）和符号（symbols）之间的区别进行了考察，认为动物能够识别信号和信号系统，甚至有些动物尤其是经过人工驯化的动物对信号还十分敏感，但是这些远远不能说是对符号的理解，因为符号是人类意义世界的一部分，是"指称者"（designators），仅有功能性的价值，而信号则是物理世界的一部分，是"操作者"（operators），有着某种物理或实体性的存在。卡西尔还认为，不

① ［德］恩斯特·卡西尔．人论——人类文化哲学导引［M］．甘阳，译．上海：上海译文出版社，2013：5.

② 北京大学哲学系．古希腊罗马哲学［M］．北京：商务印书馆，1982：138.

③ ［古希腊］亚里士多德．政治学［M］．吴寿彭，译．北京：商务印书馆，1985：385.

④ ［德］恩斯特·卡西尔．人论——人类文化哲学导引［M］．甘阳，译．上海：上海译文出版社，2013：45.

⑤ ［德］恩斯特·卡西尔．人论——人类文化哲学导引［M］．甘阳，译．上海：上海译文出版社，2013：45.

能用是否能够使用和制造工具来作为划分人与动物区别的根本标准。他承认有的动物很聪明，具有实践的想象力和智慧，不仅能学会使用工具，还能够为了自己的目的发明简单的工具，但是“只有人才发展了一种新的形式：符号化的想象力和智慧”。① 也就是说，对人界定的最低标准是能够识别人类所创造的符号。不了解人所创造的符号，就不能进入人所构建的意义世界，比如不熟悉人类的语言符号，就无法进行正常的学习和交流。因此，能够识别符号是人能够生存的最基本的要求，也是人与动物的最根本的区别。能够识别人所创造的符号，就意味着从动物的物理世界进入了人的意义世界，但是仅仅只是能够识别人所创造的符号或部分符号，只是卡西尔符号人的最低要求，即第一个层次的要求。

（二）能够利用符号的人

一个人如果只仅仅认识一点或部分人类的符号，并能够理解符号所包含的意义，只是初步成为了人，比如印度“狼孩”卡马拉被救回人类社会时已经八岁，不会说话。经过四年的教育训练和与人类共同生活，他才学会说 6 个单词，六年后会说 35 个短句，到 17 岁死去时，只会说 45 句常用的话，还谈不上灵活运用，基本上只能算得上是能够识别 45 句常用的符号。这样的“狼孩”，不能说不是人，其毕竟能够识别人类少量的符号。只要“狼孩”能够识别人类的语言符号，哪怕只是一个符号，就证明其已经进入了人类的世界。正常的孩子在成长的过程中，第一次喊出“妈妈”或“爸爸”时，作为父母为什么会那么欣喜？因为孩子在成人的过程中已经迈出了进入人类世界的关键的第一步。作为身体已经发育成人而智力上仅仅能够识别部分符号的人，只是极少数，绝大多数是不仅能够识别符号并且能够利用符号进行劳作的人。所以，劳作成了人的主要特征和标志。正如卡西尔所说：“人的突出的特征，人与众不同的标志，既不是他的形而上学本性，也不是他的物理本性，而是人的劳作。”② 人的劳作体现人的本质，彰显人的属性。因此，能够利用符号进行劳作的人，是卡西尔符号人中的重要群体和主要层次。

卡西尔的人的本质在于劳作的观点与马克思主义的有关劳动的论述是一致

① ［德］恩斯特·卡西尔．人论——人类文化哲学导引［M］．甘阳，译．上海：上海译文出版社，2013：56.

② ［德］恩斯特·卡西尔．人论——人类文化哲学导引［M］．甘阳，译．上海：上海译文出版社，2013：115.

的。不过，卡西尔的劳作概念不能与马克思主义的“劳动”概念画等号，因为卡西尔的劳作是指运用符号从事语言、宗教、艺术、哲学、科学等文化活动，主要属于人的精神活动的范畴，而马克思主义劳动的核心内容是指人类改造自然、征服自然的实践活动，是人的本质力量的对象化，主要属于物质活动的范畴。卡西尔撇开物质世界把劳作仅仅局限在文化世界里，割裂了物质创造活动与文化创造活动的关系，以致当他在谈到“符号”的来源时，不得不说：“我们不能不认定，在人的意识结构中有一种‘自然的符号系统’即先验的符号构造能力。”① 按此推理，人类的全部文化都只是人的意识的先验构造，而不是现实劳作的产物，也不是历史的创造，从而使他的哲学走向了唯心主义，背离了符号产生的客观现实。事实上，任何符号都不可能是先验的，而是源于人类的实践。印度“狼孩”能够识别少量的单词和能够说45句常用的话，就从反面证明了符号是在后天实践中逐步习得的。

（三）能够创造符号的人

人类的进步与发展，离不开创造。如果一个群体，只能够识别并利用符合进行劳作，这个群体将停滞不前，甚至倒退或走下坡路。同时，没有创造，语言、神话、宗教、艺术、哲学、科学、历史等人类文化，就不可能产生，也就没有“符号世界”或“文化世界”。可以说，人类所有的活动，归根到底，都是人创造自己历史的文化活动。因此，从事历史创造活动的人，不管其具体情况如何，“但都必然地趋向于一个共同的总的目标、总的结果、总的过程——在创造文化的活动中必然地把人塑造成了‘文化的人’”!②

在人类群体中，有仅仅能够识别符号的人，更多的是不仅能够识别符号而且能够运用人类所创造的符号进行劳作的人，还有能够在运用符号的过程中创造新的符号的人。在人类群体中，能够有少量创造或在短期内能够创造的人，也是比较多的，不同的群体比例不一样，但是就人类总体而言，可能仅仅次于能够利用符号进行劳作的人。这种人虽然在数量上不是很多，但是比仅仅利用符号进行劳作的人能够更加体现人的本质。按照卡西尔的观点，创造才是人的本质。

① ［德］恩斯特·卡西尔．人论——人类文化哲学导引［M］．甘阳，译．上海：上海译文出版社，2013：13.

② ［德］恩斯特·卡西尔．人论——人类文化哲学导引［M］．甘阳，译．上海：上海译文出版社，2013：9.

（四）能够持久地不间断地创造符号的人

人的本质在于创造，但是在能够创造符号的人之中除了能够有少量创造或在短期内能够创造符号的人外，还有一种人一生都在劳作，都在创造，从未间断。这种人一生都充满生命的激情，是卡西尔符号人中最能够体现人的本质的人。在卡西尔看来，人性是一个自我塑造的过程，是不断发展变化的，永恒不变的人性是不存在的，“真正的人性无非就是人的无限的创造性活动”。① 也就是说，有限的创造性活动只能体现人的有限的本质属性，而要彰显人的所有的本质属性则需要通过人的无限的创造性活动才能完成。为此，卡西尔认为，“人的本质是永远处在制作之中的，它只存在于人不断创造文化的辛勤劳作之中”。②

在卡西尔四个层次的符号人中，能够持久地不间断地创造符号充满生命激情的人，居于最高层次，是人类群体中的精英，他们最具创造力，也最能够体现人的本质，彰显人的本性。人类的语言、神话、宗教、艺术、哲学、科学、历史等人类文化，尤其是其中的优秀文化，绝大部分都是这些人创造的。

在这里还需要说明的是，卡西尔符号人的层次边界，并不是泾渭分明的，所以，在现实生活中，如果要对符号人进行具体的层次归属划分，只能看其主要方面，比如主要是识别符号而利用符号不多的人应该划归能够识别符号的人的层次，其他以此类推。

二、高等教育应该主要培养能够创造符号的人

中国特色社会主义已经进入了新时代，尤其是“中国制造 2025”“大数据”“互联网+”等重大战略的提出与实施，除了创新驱动发展，我们已经别无选择。

卡西尔符号人学关注的重点就是人的创造，并且认为只有不间断地创造才能更加充分地体现人的本质。这正好与我国建设创新型国家的大趋势相契合。一个国家和民族要创新，必然需要大量的各级各类创新型人才。全社会都可以培养创新型人才，但是高素质创新型人才培养的主阵地还得依靠高等教育。因

① ［德］恩斯特·卡西尔．人论——人类文化哲学导引［M］．甘阳，译．上海：上海译文出版社，2013：8.

② ［德］恩斯特·卡西尔．人论——人类文化哲学导引［M］．甘阳，译．上海：上海译文出版社，2013：8.

为中小学虽然也是进行创造符号的教育，但是主要的任务还是进行识别符号和利用符号的教育。因此，卡西尔符号人学观对我国高等教育的最大启示是，应该将人才培养的目标定位调整为主要培养能够创造符号的人。

（一）培养能够创造符号的人

从现代大学发展的历史看，在18世纪以前，大学的职能比较单一，主要是通过教学进行人才培养，大学教师基本上不做科学研究。大学教师不做科学研究，学生就不可能在科学研究方面得到训练。因此，在这一个阶段，大学主要培养的是能够识别符号和利用符合的人。历史发展到19世纪末，威廉·洪堡创办柏林大学，提出了“教师的首要任务是自由地从事于‘创造性的学问’”,① 以及学生“应该至少在日益增大的‘知识金殿’上置放一块砖石”② 等理念之后，大学的人才培养目标随着大学科学研究职能的出现发生了重大变化，即开始重视学生科学研究能力的训练与培养。正如德国哲学家、教育家雅斯贝尔斯所说：“创立大学的初衷不仅是传授学问的场所，更重要的是，在大学里面，学生可以积极主动地参与科学研究，并凭借这个经验获得终身受用的学术训练和指导。”③ 随着历史的演进与发展，尽管大学新的职能在不断产生，但是科学研究始终是与人才培养、社会服务并列的最基本的大学职能，没有哪一所大学不做科学研究。大学是教师和学生组成的学术共同体，是专门从事精神生产的社会组织，尽管大学有类型和层次的差异，但都离不开高深知识的生产与传播。

我国教育家蔡元培改革北京大学就是按照德国柏林大学的模式进行的。所以，科学研究在我国高等教育中一直占有比较高的地位。1998年8月29日第九届全国人民代表大会常务委员会第四次会议通过的《中华人民共和国高等教育法》就明确规定：高等教育的任务是培养具有创新精神和实践能力的高级专门人才，发展科学技术文化，促进社会主义现代化建设。该法对创新的要求还不仅仅是停留在一般意义的阐释上，在高等学历教育的学业标准中，明确提出：本科学生应当具有从事本专业实际工作和研究工作的初步能力；硕士研究生应当具有从事本专业实际工作和科学研究工作的能力；博士研究

---

① 金耀基．大学之理念［M］．北京：生活·读书·新知三联书店，2008：4.

② 金耀基．大学之理念［M］．北京：生活·读书·新知三联书店，2008：4.

③［德］雅斯贝尔斯．大学之理念［M］．邱立波，译．上海：上海人民出版社，2007：20.

生应当具有独立从事本学科创造性科学研究工作和实际工作的能力。这就告诉我们，我国高等教育尤其是本科以上层次的高等教育不能仅仅培养能够识别、利用和传播符号的人，还要培养能够创造符号的人。可以预测：随着创新驱动发展战略的进一步实施和创新型国家建设步伐的加快，我国高等教育将会越来越重视能够创造符号的人的培养。因为只有能够创造符号的人越来越多，创新型国家才能形成。尽管能够创造符号的人各行各业都能够培养，但是主要还得依靠高等教育，也就是说，高等教育是培养能够创造符号的人的主要阵地。因此，高等教育就应该积极主动地承担起培养能够创造符号的人的责任和使命。

（二）培养能够持久地不间断地创造符号的人

人类的符号世界是每一个人日积月累不断创造积累的结果。没有每个个体的创造，就没有今天这样一个由符号所构建的丰富的意义世界，卡西尔所论及的语言、神话、宗教、艺术、哲学、科学、历史等均是每一个个体在人类的历史长河中不断创造所建构起来的。人与一般动物的根本区别，就在于人不仅可以在物理世界中生存，还拥有自己创造的意义世界，“没有符合系统，人的生活就一定会像柏拉图名著比喻中那洞穴中的囚徒，人的生命就会被限定在他的生物需要和实际利益的范围内，就会找不到通向‘理想世界’的道路——这个理想世界是由宗教、艺术、哲学、科学从各个不同的方面为他开放的”。①所以，创造符号构建意义世界，是人摆脱生物性能够成为人的最重要的标志。这个“符号世界”和“意义世界”之所以叫“世界”，是因为卡西尔认为它们应该是浩瀚无垠的，需要许多“符号”和“意义”去填补、丰富和完善。就每个人的生命而言是短暂的有限的，但是人的想象力、创造力是无限的，真正的人性是人的无限的创造性活动，只有这种无限的创造力才能最充分地彰显人的本质。因此，卡西尔认为人的本质永远处在创造的过程之中，是不断创造的结果。创造能够体现人的本质，但并不是说一次创造就能够体现人的所有的本质。人的本质不是一次性“消费品”，只需要创造一次就把人的所有的本质都体现出来了，而是需要人不间断地创造才能逐步彰显人的本质。事实上只有那种一生都充满生命的激情并不断辛勤创造的人，才能最大限度地展示人的本质。当然，这种人在我们的现实生活中并不多，属于能够创造符号的人中的少

① ［德］恩斯特·卡西尔．人论——人类文化哲学导引［M］．甘阳，译．上海：上海译文出版社，2013：70.

数；这些人越多，人类文化就发展得越快，国家和民族就越有希望。卡西尔就属于这样的人！我们的高等教育就应该努力培养这样的人！

三、我国高等教育培养能够创造符号的人的路径

高等教育肩负着培养创造符号的人的责任和使命，不同的高校由于其发展历史和现实状况不一样，培养创造符号的人的路径也应该各有不同，但是其基本的路径是一致的。

（一）哲学基础：植入创造论并在条件成熟时将其上升到统摄性的地位

自美国高等教育理论家约翰·S. 布鲁贝克对高等教育的哲学基础进行探讨以来，尤其是1987年他的《高等教育哲学》一书在我国翻译出版后，我国高等教育理论界对此进行了比较深入的研究，在认识论、政治论的基础上提出了“生产力论”“知识论”“人本论”“生命论”“道德论”“资本论”“智慧论”“文化论”等多种哲学基础观。

人的本质在于创造，高等教育是人才培养的最高层次，因此其主要任务就是要培养能够创造符号的人。我国各高等院校由于办学水平和特色发展各不相同，其哲学基础也有很大差异，比如清华大学、北京大学等更多地坚持认识论哲学基础，而像铜仁学院这样的地方院校坚持的是政治论哲学基础。在建设创新型国家这样一个新时代，不管是像清华大学、北京大学这样坚持以认识论为主的学校，还是像铜仁学院这样坚持以政治论为主的学校，都要在其哲学基础中植入创造论，并逐步提升创造论在其哲学基础场域中的位置。因为高等教育发展到今天，每一所大学都有多个目标和多个职能，其所对应的哲学基础也是多元的，大学的不同不仅仅在于哲学基础组成要素的不同，更主要的是其哲学基础组成要素在哲学基础场域中所占的位置不同。也就是说，在当今的大学中，其哲学基础的组成要素相同者较多，比如都要追求真理即均有认识论的哲学基础、都要重视人才培养即均有人本论的哲学基础、都要服务国家和社会即均有政治论的哲学基础、都要进行文化传承即均有文化论的哲学基础等，但是不同的大学其哲学基础要素在内部场域中所占的位置是不一样的。植入创造论就要在大学哲学基础场域中腾出空间并明确其相应的位置。

随着“大众创业，万众创新”氛围的进一步形成，尤其是创新型国家建设力度的加大，各级各类高等教育都肩负着培养能够创造符号的人的责任和使命。这就要求我们的高等教育要进一步强化创造论哲学基础，甚至条件成熟的大学可以将创造论上升到统摄性的地位，即大学更加关注的是知识的

创造。创造知识是大学的理想，培养能够创造符号的人才是大学最重要的责任和使命。

（二）培养目标：明确培养创造符号的人的层次定位

世界高等教育发展的水平和目标各不一样，一些世界名校在人才培养方面的目标定得比较高。比如日本东京大学为了创建世界级顶尖大学，其人才培养的目标定位是："培养出具有国际视野、开拓精神和社会责任感的综合素质高及创新能力强的顶尖人才。"①《东京大学宪章》明确规定："东京大学以基于学术的自由，追求真理的探究和知识的创造，维持、发展世界最高水平的教育、研究为目标。"② 美国加州理工学院更是把精英人才的培养作为自己神圣的使命。据记载，1911 年 3 月 21 日，罗斯福总统到加州理工学院访问时表示：希望看到美国高等学校培养出的学生，每 100 位中有 99 位能够很好地出色地完成本职工作，比一般人做得更好，还希望看到有能力开凿巴拿马运河和在国内兴建大型水利工程的人，但是"更希望看到剩下的那第 100 位学生受过良好的科学文化熏陶，成为像你们伟大的天文学家海勒那样的人"。③ 罗斯福总统的演讲对加州理工学院的学生培养目标定位影响很大，从此加州理工学院下决心放弃培养出色的 99 位技术人员的人才培养目标，而专注于培养像伟大的天文学家海勒那样具有无限创造力的第 100 位学生。而我国高等教育在人才培养的目标定位方面关于创造或创新的要求大都不是很明确，比如像复旦大学这样的名校除了提出的"宽口径、厚基础、重能力、求创新"的理念中涉及创新外，而在"要着眼国家和民族的未来，培养具有人文情怀、科学精神、国际视野、专业素养的领袖人才"④ 的人才培养目标中，则只有"科学精神"与创造或创新有关。铜仁学院的人才培养目标定位是：理论基础坚实，实践能力较强，具有创新精神和社会责任感的高素质应用型人才。铜仁学院虽然在人才培养目标中有"创新精神"的表述，但没有明确的层次划分，证明我们管理者在创造符号的人的培养目标定位上，还仍然没有明确的目标层次划分，只是笼统地提出要求。这种笼统的要求其实就是目标不清晰，还处于比较模糊的

---

① 郭丽．东京大学的世界性教育［J］．考试研究，2013（1）．

② 郭丽．东京大学的世界性教育［J］．考试研究，2013（1）．

③ 蓝劲松．小而精的学府何以也成功——对加州理工学院崛起的分析［J］．复旦教育论坛，2013（1）．

④ 复旦大学网站·人才培养［EB/OL］．［2017-10-21］．http：//www.fudan.edu.cn/2016/channels/view/49/．

阶段。目标由模糊到清晰不是简单的事，更不是可有可无的事，它关乎高校人才培养目标定位的精准。因此，我们高等院校应该在认真调研和科学分析的基础上，努力找准能够创造符号的人的目标定位。办学水平较高的学校，培养能够创造符号的人的能力较强，目标层次自然较高，反之则较低。所以，一所高校培养能够创造符号的人的层次目标，到底确定在哪一个层次，高校一定要组织团队认真研究，切不可随意指定，因为确定高了低了都不利于高校创造符号的人的培养。当然，培养能够创造符号的人的层次目标选择，不一定非要按照卡西尔的能够创造符号的人的层次划分进行定位，卡西尔的观点只是一个参照，不过，目标定位一定要有层次感并且清晰，目标层次越明确越清晰，操作性就越强，也就越有利于抓具体抓落实，否则，培养能够创造符号的人的目标就会落空。

（三）培养方案：使能够创造符号的人的培养层次目标具体化

高校培养能够创造符号的人的层次目标一旦确定，就要根据这个目标的层次定位制定具体的人才培养方案。人才培养方案是人才培养目标的具体化。美国大学在这方面做得比较好，不仅关注人才培养目标，而且重视人才培养目标的具体标准，比如普林斯顿大学为了落实创新人才培养目标，在本科生培养方案中就明确提出了创新人才培养的12项标准：一是具有清楚的思维、表达和写作的能力；二是具有以批评的方式系统地推理的能力；三是具有形成概念和解决问题的能力；四是具有独立思考的能力；五是具有敢于创新及独立工作的能力；六是具有与他人合作的能力；七是具有彻底理解某种东西的能力；八是具有辨识重要的东西与琐碎的东西、持久的东西与短暂的东西的能力；九是熟悉不同的思维方式；十是具有某一领域知识的深度；十一是具有观察不同学科、文化、理念相关之处的能力；十二是具有一生求学不止的能力。① 这些标准的提出，就使普林斯顿大学创新人才培养目标更加明确和具体化。我国高等院校人才培养目标的不足表现在：一是人才培养目标本身比较模糊；二是人才培养方案不对人才培养目标进行细化。所以，要想将能够创造符号的人才培养层次目标落到实处，各高校在制定人才培养方案时就要努力将目标细化、具体化。

---

① 眭依凡．大学：如何培养创新型人才——兼谈美国著名大学的成功经验［J］．中国高教研究，2006（12）．

（四）评价体系：以完善培养能够创造符号的人的评价机制为导向

我国高等教育能不能将创造符号的人的培养落到实处并长期坚持，需要以完善培养能够创造符号的人的评价机制作为制度保障。每一所高校由于其对培养创造符号的人的层次定位不一样，评价机制的要求也不一样，但是其评价体系的基本内容和原则是一致的，主要表现在两个方面：一是建立鼓励教师培养创造符号的人的评价体系。要建立或改革教师奖惩机制，平衡良好教学和良好科研之间的关系，引导教师把更多的时间和精力放在人才培养方面来，尤其是放在培养能够创造符号的人的方面来，扭转“重科研、轻教学”和“重一般识别符号的人的培养、轻能够创造符号的人的培养”的倾向。二是建立以创造符号为导向的学生评价体系。首先，评价体系要有利于激发创造意识、形成创新氛围。要让学生明白：人人可以创新，事事可以创新，时时可以创新，处处可以创新。其次，要建立能够更好地刺激并挖掘学生内在创造潜力的激励机制，这就要求考核办法和评价体系要多样化和个性化。

（五）环境氛围：使能够创造符号的人得到成长与发展

环境氛围，是隐性的教育力量，像空气一样时刻弥漫在我们的周围。为此，有学者认为：“大学教育质量的好坏，很大程度上依赖大学创设的教育环境。”① 需要培养什么样的人就应该创设什么样的环境；我们要培养能够创造符号的人，就应该努力营造有利于能够创造符号的人的成长与发展的环境氛围。那么，如何营造这样的环境氛围呢？首先，要努力形成“追求科学、崇尚真理”的价值导向。如果没有对科学和真理追求的价值导向，又有多少教师能够安心进行科学研究？教师不安心科学研究又怎么能够培养能够创造符号的学生？其次，要努力营造鼓励创新的文化氛围。营造鼓励创新的文化氛围不能是空话，要具体体现在鼓励首创精神和培育想象力等能够激发创造活力的文化氛围上。英国教育家怀特海就特别强调首创精神和想象力的培育，他认为：“教育必须超越以被动的方式接受他人的思想，必须加强首创精神”，② 并且

---

① 眭依凡．大学：如何培养创新型人才——兼谈美国著名大学的成功经验［J］．中国高教研究，2006（12）．

② ［英］怀特海．教育的目的［M］．徐汝舟，译．北京：生活·读书·新知三联书店，2002：67．

指出教师应该“以充满想象力的方式传授知识”。① 总之，要努力形成有利于能够创造符号的人成长与发展的良好环境氛围。

（本文原载《贵州社会科学》2019年第10期）

① ［英］怀特海．教育的目的［M］．徐汝舟，译．北京：生活·读书·新知三联书店，2002：112.

雅斯贝尔斯大学整全人教育思想探讨

卡尔·雅斯贝尔斯（Karl Jaspers，以下简称雅氏）是德国哲学家和心理学家，也是教育家。他的《什么是教育》《大学之理念》是世界著名的教育学著作，尤其是其中提出的大学整全人的教育思想，对我国今天高等教育改革尤其是人才培养具有十分重要的意义。但是，我国对雅氏大学整全人教育思想的研究不多，除有一篇专论外，① 均是零星的，虽然不乏真知灼见，但不够深入。因此，对雅氏大学整全人教育思想进行系统研究十分必要。

一、雅氏大学整全人教育理论的追溯

雅氏大学整全人教育思想不可能凭空产生，是有历史轨迹的。

（一）雅氏大学整全人教育思想的历史渊源

雅氏大学整全人教育思想可以追溯到古希腊时期。亚里士多德提出的使自由人的心灵得到自由的“自由民”教育，强调人的心灵自由，在本质上体现了整全人教育思想。中世纪大学的“七艺教育”和文艺复兴时期人文主义教育家维多利诺、拉伯雷和蒙田等从人性出发提出的将人的身心全面发展作为人才培养目标的教育，逐步成为大学人才培养的传统价值取向。18 世纪法国启蒙思想家和教育家卢梭关于培养自然人的自然教育理论成为整全人教育理论的肥沃土壤。18 世纪下半叶，康德在构建其以人为目的的批判哲学体系的同时，提出了他的完全人的教育思想。他认为，人是有理性存在的，是自由的，道德原理在他心中享有崇高的地位。因此，他所说的教育主要是人格教育，即旨在教人如何做人。在此基础上，他主张教育的根本目的在于使人的各种潜能得到全面、充分及和谐的发展，并且认为它们与人的主观世界有关联，其所追求的目标就是把人培养成完全的人。19 世纪初，在德国兴起的新人文主义教育特

---

① 方晓青. 大学使命：整全人的培养——雅斯贝尔斯《大学之理念》解析［J］. 皖西学院学报，2010（4）.

别关注人、重视人，提倡人的尊严、自由与责任，主张加强文学、艺术和伦理等人文学科的教学，其代表人物洪堡也明确提出培养完人的教育目标。19世纪英国教育家约翰·亨利·纽曼认为，大学教育真正的目的不是学问而是建立在知识基础之上的思想，不是美德而是智慧，大学的功能是理智培育。因此，他认为，大学教育的主要目标就是为了培养良好的社会公民。所谓良好的社会公民就是充满智慧，富有勇敢、正直和宽容等社会优良品质的完人。

马克思构建了人的全面发展教育思想，并提出了“每个人的自由发展是一切人的自由发展的条件”。① 20世纪二三十年代，美国芝加哥大学校长赫钦斯指出，大学教育的目的应该着眼于人性，促进人的道德和精神力量的充分发展，培养有学识、有智慧的完人，而不是片面发展的工具。亚里士多德、康德、洪堡、纽曼、马克思、赫钦斯等人关于完人的教育思想都可以在雅氏大学整全人教育思想中找到影子。比如亚里士多德提倡“自由”、康德的人格全人、洪堡重视人文教育、纽曼的知识的整体性和普遍性、马克思的人的全面发展、赫钦斯重视人性等，都可以在雅氏大学整全人教育思想中找到相对应的理念。只不过，有的比较一致，有的有一定差异。可见雅氏大学整全人教育思想绝不是从天上掉下来的，是由这些教育思想发展而来的。

（二）雅氏大学整全人教育思想的哲学基础

大学整全人教育思想的提出是源于雅氏哲学思想。哈佛大学罗伯特·尤里斯在《大学之理念》一书英译本编者前言中说道，尽管在《大学之理念》一书里雅氏没有明确提到存在哲学，但细心的读者对他的存在主义哲学思想仍然是可以体会得到的。在《大学之理念》的扉页上，雅氏首先交代了整部书的主旨，即大学是探索真理和传播真理的地方，同时也是一个必须被允许通过真理的思考和生活来发现自我的地方。这就告诉我们，雅氏的存在主义哲学和其大学教育思想的关系是多么紧密。

雅氏作为德国著名的存在主义哲学家，他丰富的哲学思想为其大学整全人教育思想提供了理论背景。

第一，雅氏大学整全人教育思想是其全人哲学观在其教育领域的再现和延伸。雅氏生存哲学的核心词是“存在”，他围绕人这一终极问题进行思考，特别关心人在危机中的生存问题。可以说，他的存在主义哲学也是研究人的哲学。我们知道，教育就是关于人的教育，因此，他的关于人的哲学就自然与教

① 马克思恩格斯选集（第1卷）[M]. 北京：人民出版社，2012：422.

育有十分紧密的联系，尤其是他的全人哲学观为其大学整全人教育思想奠定了基本格调。雅氏认为，我们所称的存在即是指“大全”或无所不包者。雅氏的“大全样式”有三个层次：世界、一般意识和超越存在。在雅氏看来，“大全”是一个完整的存在，并且认为只有认识到超越存在并使人们成为自己的主人时，才是生存，才能成为存在主义意义上的全人，人生的意义就在于通过对真理的不断追求以达到真正的存在。大学是一个追求真理的共同体，真理是无限的，没有止境的，人可以无止境地认识真理和接近真理，但是从来没有人能够完全把握真理和认识真理，每一个学者只有在自由和平等的交流中，在和谐的氛围中，才能实现对真理的追求。由此可见，雅氏的大学整全人教育观就是其全人哲学观在其教育领域的具体体现。

第二，雅氏大学整全人教育思想中的自由观直接来源于其自由哲学。雅氏之所以称自己的哲学为生存哲学，就在于他认为生存首先是自由的，因为存在本身就是自由的，自由是存在的必经之路。正是在这个意义上，他的生存哲学也被人们称之为自由哲学。雅氏认为，大学应注重人性的自由生成，所以他特别强调师生的自由。他说，教师的传授是自由的，由教授自己决定，学生的学习也应该由他们自己决定，因而也是自由的。他还认为，学生总是可以自由地决定其在多大范围内向老师学习，自由地选择时间独立地阅读其喜欢的文献。更为重要的是他认为，精神和人的存在及反应的理性构成了生活的全部内容。而大学师生要在知识和精神上得到发展，需要大学提供自由的氛围，同时大学师生本身要拥有一种精神上的自由状态，这样才算是一个真正自由的大学。

总之，雅氏从其存在主义哲学出发，对自由大学进行了深入的探讨，并指出，大学师生发展成为整全人是大学的最终目的，这就使他的自由观在其对大学理念的构想中得到了体现与落实。正是基于他的存在、自由和超越的哲学思想，从而在一定程度上呼吁了人的生存信仰和自由对人的意义，调动了人的主观能动性，弘扬了人的主体价值，这就构成了雅氏存在主义教育思想的基础。

二、雅氏大学整全人教育思想体系

雅氏在他的著作中虽然没有专章或专节系统地论述大学整全人教育思想，但是他的大学整全人教育思想是成体系的，是完整的，即围绕他的大学整全人培养的目标，明确提出了教育的内容、途径和方法。

（一）雅氏的大学人才培养目的：整全人

关于大学，雅氏认为，“它是一个由学者与学生组成、致力于寻求真理之事业的共同体”。① 面对真理的追求，大学需要整全人的全身心投入。同时，大学除了传授单纯的事实和技巧外，还应该在教学和科研上有更多的追求，其目标就应该是塑造整全的人。他还指出职业训练、整全人的教化和科学研究三件事情是大学必须做的。

雅氏并没有明确界定整全人的概念，也没有明确勾勒整全人的个性特征，但是可以从他的关于大学教育理念的零散论述中得出整全人的基本形象：第一，是具有整全知识的人。既然是整全人，其所学习和掌握的知识面肯定比较宽，比较全，即知识要渊博，要有整全的意识，尤其是真正的学者或科学家，在努力从事特殊工作时，不丧失整体眼光。这就要求大学必须灌输一种对追求知识整体性的忠诚，既给学生传授其研究领域的特殊知识，也传授涵盖所有知识门类的整全意识，使学生能够接受并坚守整体的理念，积极投身于寻求整体的实践，成为具有整全知识的人。第二，是具有基本科学态度的人。雅氏认为，大学教育的特色在于其科学性，强调培养学生基本的科学态度。这种科学态度表现在能够暂时撇开自我价值评价，超越学派自身的局限。在此基础上，雅氏还进一步指出，科学立场的特点就是要始终都能辨别已知和未知，且其论点随时准备接受批评。要达到这样的要求，就必须灌输一种对于科学观念毕生的忠诚，要处理好科学与诚实的关系，并明确指出科学源于诚实并且也造就诚实。第三，是具有责任意识的人。雅氏强调大学生拥有学习的自由，但同时要有自我负责的观念，自由与责任同在。他说，大学的基本原则是经过思考去运用所有手段和人的一切潜能，让学生自己做出抉择，并意识到自己所肩负责任的意义。第四，是人性和谐的人。雅氏认为，要把一个学生培养成为整全人，其人性必须是和谐的。

（二）雅氏培养大学整全人的教育内容

雅氏认为，全部教育的关键在于选择完美的教育内容。在他眼里大学应该是一个“大而全的宇宙”。② 当然，这个宇宙不是自然的宇宙，而是“知识的宇宙”。③ 所谓知识的宇宙，应该是一个无所不包的知识存在，是一个所有学

① ［德］卡尔·雅斯贝尔斯．大学之理念［M］．邱立波，译．上海：上海人民出版社，2007：19.

② ［德］卡尔·雅斯贝尔斯．大学之理念［M］．邱立波，译．上海：上海人民出版社，2007：75.

③ ［德］卡尔·雅斯贝尔斯．大学之理念［M］．邱立波，译．上海：上海人民出版社，2007：121.

科门类的知识大全，它包括从中世纪的文、法、神、医到当今的理论学科与实践学科、经验学科与纯粹理论学科、自然学科与文化学科、关于探求普遍规律的学科与历史学科、基础性学科与辅助性学科，等等。学科知识相互交融、相互发展的结果是“将各个学科融会成为一个宇宙，这个宇宙在统一的科学视野中，在神学中，在哲学中，达到了极致”,① 进而成为学科的宇宙或科学的宇宙。在雅氏的“知识宇宙”中，他还专门讨论了专业知识和专业技能与整体知识的关系问题。他承认专业知识和专业技能的存在，但是他认为技术只是人类潜能王国里的一片领地，其实用性均有其局限。因而他指出，应该把实用知识收纳在整体知识范围之内，大学的任务是在专业技能与整体知识的范围内完成的。其实，大学存在的事实本身就说明了所有知识是一个统一的整体，具有统一性和整体性。这就是说，大学是以整体性知识的形式存在的，只有整体性的知识才能培养出整全的人。

（三）雅氏培养大学整全人的途径

从雅氏关于大学整全人教育的讨论中，可以明显地看出其培养途径有两条：一是专业技能教育，二是人文教育。这两条培养途径缺一不可，因为每一条培养途径所对应的都是整全人素质的重要方面，即专业技能和人文素养。只有既具备一定的专业技能，又有一定的人文素养的人才称得上是一个整全人，否则，则是残缺的人或半人。

第一，专业技能教育。雅氏虽然把教育定义为人与人之间灵魂的交流，但是他并不排斥专业技能教育。他在《什么是教育》一书中就职业教育与整体性知识进行了专门讨论。他认为专业技能教育和整体性知识教育是大学的两项重要任务。大学生不是圣人，毕业后都要从事一定的职业，才能养家糊口，才能生存。因此，他强调，每一个时代的大学都必须重视实际应用，满足学生实用职业的要求，为将来从事某一门职业作好准备。他认为职业训练是与整全人的教化和科学研究融为一体的，任何一个方面都不能从另外两个当中简单地分离出来，如果简单地分离都会损害大学的精神实质和这个被剥离出来的方面本身。当然，过度强调专业技能教育，也是不对的。其实，大学只能为职业的训练奠定基础，只能尽最大可能为学生的进步与发展提供条件，欲完全掌握还是要靠实践的。在雅氏的大学整全人教育中，有一部分教育就是专业技能教育，

① ［德］卡尔·雅斯贝尔斯．大学之理念［M］．邱立波，译．上海：上海人民出版社，2007：21.

要想培养大学整全人，这部分教育是不可缺少的。雅氏之所以提出整全人教育观，不是完全否定专业技能教育，而是感到人们在大学里过度强化了专业技能教育，以致使大学生变成了工具，成了只懂得专业技能的半人。

第二，人文教育。雅氏的生活时代，科学技术已经进入了比较发达的时期，他既看到了科学技术给人们带来的巨大贡献，也看到了科学技术带来的负面影响。比如，随着机械作用的越来越大，人越来越被自己创造的物质的东西所左右。技术统治了人类，技术主宰我们的一切。于是，雅氏就提出了人文教育的问题。他在《大学之理念》中对文化进行了专门讨论。他认为文化是一种后天习得的状态，构成了人的第二自然，他指出人文学科是有其教育价值的，体现在它们允诺了一种对传统的参与和对人类历史实质的领悟，尤其是一种对人类潜能的广阔性的认知。在人文科学里，他特别重视哲学教育，因为哲学是完整的，它可以光照人类的一切经验，尤其是哲学的思考，它能够使人找到自我，抵达人的心灵深处，改变人的精神世界，并唤醒人的原初的自我意识。人文学科的这些作用，专业技能教育是无法完成的，尤其是人的精神的培养，是专业技能教育的最大缺失。而人的精神在雅氏眼里，则是创造的动力源泉，科学离开了想象，就会变得死气沉沉，没有生气。因此，大学要培养整全人，就必须重视大学生的精神培养。精神是人的理念的支撑，一个人的精神没有了，也就不成其为人了。雅氏认为，人文科学的长处就在于研究人的精神。为了做好人文教育，雅氏认为要重视大学精神的培育，不能忽视大学精神的价值，因为离开了大学精神，单纯的知识和技能是没有价值的。所以，雅氏认为，大学的精神生活十分重要，因为它是大学安身立命之根本所在。

（四）雅氏培养大学整全人的方法

雅氏关于培养大学整全人教育方法的论述，内容丰富，且自成体系。重视选拔是重视大学整全人教育的第一道关口。他认为，培养求知欲是在选好大学整全人教育苗子的前提下，调动大学整全人教育主体自身内在动力的方法。只有教育主体自身的积极性和主动性被调动起来了，内在的作用发挥出来了，才能使教育主体自觉地成为整全人。他认为，强化交流为大学整全人搭建了探索真理的平台，讨论和讲座等交流方式是探索真理的重要方法。他重视科研，尤其是重视科研与教学的结合，认为这有利于大学师资水平的提高，从而更好地带领学生朝着整全人的方向发展。他提倡自由，认为它可为大学整全人的成长营造良好的外部环境。雅氏培养大学整全人的具体方法如下。

第一，重视选拔，即为培养大学整全人选好苗子。雅氏清楚地意识到，大学要培养出合格的整全人，必须选拔出优秀的年轻人。为此，他明确说，大学的目标是帮助优秀学生能够自由地发展。雅氏认为，首先要对人的能力进行分类。他认为，人的能力大致可分为四类：一类是不同的天资倾向：记忆、观察与能力，对训练的适应能力，集中注意力的能力，等等；二类是智力本身，包括发现各种不同事物之间的关系或联系的能力、适应性和判断力等；三类是精神灵性，包括动机、对工作的专心、诚实、学习的积极性等；四类是创造力。以上四种能力，他认为只有第一种是可测试的，而其余三种是难以测试的。其次，要真正按能力来进行选拔。为了把最优秀的学生挑选出来送到大学深造，雅氏认为，大学之门不是某些阶层的私有物，而应该为全体公民中有能力的人敞开。最后，要坚持选拔程序。由于为大学挑选新生的因素是极端复杂的，要做到真正公平合理地选拔很困难，但这项工作又不能不做。在雅氏看来，要决定一个人是否可以成为大学生，主要的办法也只有通过考试，通过某种选拔的方式来决定，这是没有办法的选择，但要不断改进考试技术，尽可能少地进行考试和等级划分，以有利于选拔真正的人才。

第二，激发求知欲，即调动整全人的内在动力。学生通过选拔来到学校，学校就要想办法调动其学习的积极性和主动性，而求知欲的激发则是关键，因为学生求知欲是学生主动学习知识的动力。雅氏所要培养的整全人主要是未来的学者和研究者。他知道本真的科学研究工作是一项寂寞的艰苦事业，真正献身于学术研究的人是需要勇气的，只有极少数人甘愿选择它。因此，他认为，科学的危机其实质就是人的危机，就是人的求知欲的危机。关于培养学生的求知欲，雅氏认为，应要求学生主动求知，要学会发问，但最重要的是要培养学生坚定不移的求知意志。

第三，强化交流，即为整全人搭建探索真理的平台。大学是探索真理的地方，是作为不同学科与世界观交汇的场所。雅氏认为，交流其实就是探索真理的一条途径。因此，为了让整全人更好地在探索真理的过程中成长，大学应该为学者和学生提供开展直接讨论和交流的条件。

第四，重视科学研究，提升整全人师资水平。雅氏认为，一方面，科学研究是大学的职责，是与职业训练、整全人的教化同等重要的三大任务之一。另一方面，培养大学整全人的目的本身就是想为科学研究培养后继人才。雅氏并不要求每个大学生将来都去从事科学研究工作，但是他认为，大学主要还是培养科学研究人才的。所以，大学必须高度重视科学研究，尤其要重视科学研究与教学的结合，他甚至认为，大学至高无上而不可替代的基本原则就是科研和教学的结合，因为最优秀的科研人员同时应该是首选教师，也只有这样的教师才能很好地引导学生接触到真实的求知过程。“只有自己从事研究的人才有东西教别人，而一般的教书匠只能传授僵硬的东西。”①

第五，提倡自由，为整全人成长营造良好的环境。倡导自由是大学的传统，因为良好的自由环境有利于学生成长成才。雅氏认为，大学既然是一个探索真理的场所，就要创造一个能够让教师和学生自由探讨真理，尤其是通过个人的自我教育可以获得内在的、自由的环境和氛围。因此，他认为，大学生拥有学习的自由，大学教师拥有教学的自由。当然，大学也要有自由，并且他还认为自由是其生命的首要原则。不过，他特别强调大学自由是有限度的，学术自由并不意味着每个人都有权发表任何他高兴说的话，乱说是不行的，学术自由并没有赋予大学教师和学生高于其他公民的任何特权，也没有赋予任何人可以在公共事务活动中随意说不负责任的话的权力。

三、雅氏大学整全人教育思想的当代价值及反思

雅氏大学整全人教育思想在当代仍然有极为重要的理论意义与现实意义，其当代价值主要表现在两个方面：

一是雅氏大学整全人教育思想对全人教育理论有积极意义。雅氏大学整全人教育思想是对亚里士多德、康德、洪堡、纽曼、赫钦斯等人关于完人教育思想的继承和完善，同时，也对印度克里希那穆提的完整人的教育及美国隆·米勒的全人教育等有积极影响。

二是雅氏大学整全人教育思想对当代中国高等教育改革尤其是对地方本科院校进行应用型人才培养和高职院校进行技能型人才培养具有重要指导意义。雅氏对德国大学整全人教育问题的反思，其目的是想让重建中的德国大学人才培养重新回归正轨，回归大学教育的本真，让德国的大学教育真正培养出整全人。当今我国高等教育的改革同样面临着卓越人才培养问题。“钱学森之问”已经引起了我国教育界包括高等教育界的高度重视。我国地方本科院校应用型人才的培养以及高职院校技能型人才的培养，所出现的重物轻人、重技术技能传授轻人文素质教育、重教学轻科研等现象，其实就是不懂整全人培养的道理。总之，雅氏大学整全人教育思想对我国高等教育改革

① ［德］卡尔·雅斯贝尔斯．什么是教育［M］．邹进，译．北京：生活·读书·新知三联书店，1991：152.

尤其是对地方本科院校进行应用型人才培养和高职院校进行技能型人才培养具有多方面的启示。

当然，雅氏大学整全人教育思想中有些看法值得商讨。比如他过分强调通过个人自觉努力逐渐达到全人以及存在主义哲学的非理性、个人主义倾向性和唯心主义的神秘色彩等，都有其历史的局限性。

（本文与罗静、郑国桂合著，原载《教育探索》2016 年第 1 期。）

人全面发展途径的教育选择

“人的全面发展”是古往今来人们永恒的价值追求。人要想自由而全面发展，涉及的不仅仅是生物人的成人问题，更重要的是精神人的成人问题。而人的精神成人离不开教育，尤其离不开灵性教育的介入与参与。

灵性处于人的心灵深处，是人的精神内核之所在。灵性教育是提升和拓展人之灵性的教育，自然与人的全面发展有着十分紧密的联系。围绕灵性教育与人的全面发展进行讨论，有利于人们进一步认识灵性教育的价值和意义。

一、人的全面发展的概念及内涵阐释

（一）人的全面发展

1. 人的全面发展的提出

人的全面发展是人类的共同理想。早在文艺复兴时期，人文主义者就高举反封建的旗帜，主张一切以“人”为本，反对神的统治和权威，肯定现世生活，要求个性解放，追求人的价值和人的全面发展。19世纪的德国古典哲学家也非常关注人的问题。在康德的整个哲学体系中，“人是什么”等问题占据着十分重要的地位，尤其是他的“人是目的”的论断对后世影响很大。他说：在行动中，要把自己人身中的人性及他人人身中的人性，在任何地方，“在任何时候都同样看成是目的，永远不能只看成是手段”。① “人是目的而不是手段”将人的价值与尊严等属性鲜明地提了出来并置于人们视野的中心地位，使社会更加重视人、关注人。康德哲学的最伟大的贡献就是高扬人文精神旗帜，为此，有学者指出：“只要我们一想起他的‘人是目的’的伟大口号，就感到振奋不已！”②

① 康德．道德形而上学原理［M］．苗力田，译．上海：上海人民出版社，1986：81.

② 俞吾金．从康德到马克思［M］．桂林：广西师范大学出版社，2004：84-85.

另一位思想巨擘黑格尔则把人视为“世界精神的实体性事业的活动工具”,① 即理性实现的工具。不过，在黑格尔看来，同“世界精神”相比，民族、国家与个人一样都是理性的工具。马克思、恩格斯正是在这些前人研究的基础上，对人的全面发展理论进行了科学的阐释。人的全面发展问题贯穿着马克思、恩格斯研究的始终，尤其是从《1844 年经济学哲学手稿》到 1875 年的《哥达纲领批判》，关于人的全面发展问题讨论得比较多。

马克思在《1844 年经济学哲学手稿》中，认为人是一种类存在物，因为人无论在实践还是理论上都把其自身所归属的类以及其他事物的类当做自己认识和工作的对象。在此基础上，马克思把生产劳动规定为人的本质力量的对象化，认为“正是在改造对象世界中，人才真正地证明自己是类存在物”。② 马克思还进一步认为：共产主义不是为了单纯地占有物本身，更重要的还是为了人自身本质的重建，即“人以一种全面的方式，也就是说，作为一个完整的人，占有自己的全面的本质”。③ 马克思在这里提出的“完整人”就是全面发展的人，并且直接触及了人的全面发展问题的实质和核心。

在 1846 年的《德意志意识形态》中，马克思、恩格斯在对社会与个人的发展进行考察的基础上指出：个人的全面发展，“只有到了外部世界对个人才能的实际发展所起的推动作用为个人本身所驾取的时候，才不再是理想、职责等等，这也正是共产主义者所向往的”。④ 这就为我们描绘了共产主义社会个人全面发展的美好蓝图，充分肯定了个人的作用和价值。马克思、恩格斯在《共产党宣言》中更是明确指出：在共产主义社会，一切人的自由发展是以每个人的自由发展为条件的，没有每个人的自由发展就没有一切人的自由发展。在《资本论》中，马克思还谈到，共产主义是以每个人的全面而自由的发展为基本原则的社会形式。

重温马克思主义关于人的全面发展的论述，在进一步厘清人的全面发展理论提出的脉络和线索的同时，我们教育工作者更是深感肩上责任的重大。因为教育的全部目的就是促进人的全面发展。离开了人的全面发展，教育也就无所谓教育。

2. 人全面发展的含义

① 黑格尔．法哲学原理［M］．范扬，译．北京：商务印书馆，1982：354.
② 马克思恩格斯全集（第 3 卷）［M］．北京：人民出版社，2002：274.
③ 马克思恩格斯全集（第 42 卷）［M］．北京：人民出版社，1979：123.
④ 马克思恩格斯全集（第 3 卷）［M］．北京：人民出版社，1960：330.

马克思主义关于的人的全面发展理论内涵十分丰富，主要包括以下三个方面的含义：

第一，是人的劳动能力的全面发展。这是人的全面发展的最基本含义。在马克思的眼里，人的全面发展首先是人的体力、智力，个性和交往等方面活动能力的全面发展，而不是单方面能力的提升。因为在共产主义社会里，所有的人都没有特殊的活动范围，都可以在任何地方任何部门内寻求发展，整个生产由社会进行调节，因而使个体的人“有可能随自己的兴趣今天干这事，明天干那事，上午打猎，下午捕鱼，傍晚从事畜牧，晚饭后从事批判”。① 共产主义社会，是物质财富极大丰富的社会，也是人的活动能力尤其是劳动能力全面发展和提升的社会，只有这样才能随着自己的兴趣想干什么就干什么，而不是只能从事某一方面单一的工作。

第二，是人的社会关系的全面形成。人的本质是什么？马克思说得好：“在其现实性上，它是一切社会关系的总和。”② 即每一个人都是生活在一定的社会关系之中并且由社会关系决定的。社会关系越丰富，人的发展空间越大，可能性就越大。因此，完全可以说：“社会关系实际上决定着一个人能够发展到什么程度。”③ 既然社会关系决定人的发展程度，那么社会关系的全面性也就在一定程度上决定了人的发展的全面性。所以，马克思才明确指出：“个人的全面性不是想象的或设想的全面性，而是他的现实关系和观念关系的全面性。”④

第三，是人的个性的自由发展。马克思所指的“人的全面发展”中的人，是社会和现实中的具体的活生生的人，而不是孤立的抽象的人。每一个人都与他人紧密相连，并且其发展取决于和他直接或者间接发生关系的其他一切人的发展，社会的解放是以每一个人的解放为前提的。因此，马克思的人的全面发展，“不仅意指‘全面’，而且包含着‘自由、充分、和谐发展’”。⑤ 即每个人的全面发展，也就是人的“自由个性”的发展。当然，人要达到其全部才能的“自由发展”，难度肯定很大，但这是马克思、恩格斯对人类未来的展望，是对人的全面发展的期盼。

---

① 马克思恩格斯选集（第1卷）[M]. 北京：人民出版社，2012：165.
② 马克思恩格斯选集（第1卷）[M]. 北京：人民出版社，2012：139.
③ 马克思恩格斯全集（第3卷）[M]. 北京：人民出版社，1960：295.
④ 马克思恩格斯全集（第46卷）[M]. 北京：人民出版社，1980：36.
⑤ 吴向东. 论马克思人的全面发展理论 [J]. 马克思主义研究，2005（1）.

（二）灵性教育

1. 灵性教育的提出

灵性教育是为了人的灵性的提升与拓展。那么，何为灵性呢？要回答这个问题，还得对“灵性”的研究与认识进行考察。

在西方，“灵性”（Spirituality）一词出现得较早，出自拉丁语 Spiritus，其原意为“呼吸”。早在公元5世纪，基督教中就开始使用“灵性”一词，意思是指上帝包括神灵对人类生活所产生的影响。12世纪以后，灵性的意义发生了一定的变化，主要是指一种无形的精神的存在。历史进入21世纪，灵性已经在医学、心理学、教育学、社会学等领域引起人们的普遍关注，他们把灵性描述成与上帝合一、与万物和谐等意义，或者认为灵性是个体与超自然神圣力量关系的经验层面的东西，等等。

我国对“灵性”的研究也较早，古汉语中的灵性主要是指精神、精气，包括人的聪明，以及对事物的感受与理解能力和对宗教的悟性等含义。

在西方，关于灵性教育可以追溯到德国哲学家、教育家雅斯贝尔斯。他认为，教育不是别的，而是灵魂的教育。有的人可能会说，灵魂的教育不完全是灵性教育。确实灵魂的教育不能与灵性教育完全画等号，但是比较接近，都是关于人的心灵的教育，而且都是关于人的心灵深处的教育。如果说灵魂的教育与灵性教育毕竟还有其中所包含的“魂”和“性”的差别的话，雅斯贝尔斯在“教育活动关注的是，人的潜能如何最大限度地调动起来并加以实施，以及人的内部灵性与可能性如何生成”① 等论述中，就直接谈到灵性教育的问题了。因为人的内部灵性如何生成的问题，就是教育的问题。这种教育不是一般的教育，而是关于人的内部灵性如何生成的教育，即灵性教育。德国史丹纳（Rudolf Steiner）创办“华德福”教育的宗旨就是发展儿童的生命潜能以及丰富人的心灵生命。因为在他看来，“教育需要照顾孩子身、心、灵的整体发展，以扩展每一个孩子的生命内在潜能，这样才能为一个更美好的人类未来奠基”。②

我国对“灵性教育”的研究则比较晚。查阅资料发现，我国最早提出“灵性教育”的是华南师范大学的高岚教授。她饱含深情地说道：“对于灵性

① ［德］雅斯贝尔斯．什么是教育［M］．邹进，译．北京：生活·读书·新知三联书店，1991：4.

② 高岚．关于“灵性”教育的思考［J］．学前教育研究，2003（6）.

的呼唤发自人类内心深处，在历史中久久回荡，从未间断”,① 并进一步指出，“在我们对于灵性教育的思考中，文化以及文化传统，是其中最重要的一种资源”。② 此后，秦德君、朱新卓、傅凌海、丁瑾靓、汪丽华、何仁富、杨颖东、郝志军等相继发表论文对灵性教育进行讨论。随着物质文化生活水平的提高，人们会更加关注人的全面发展，更加重视人的心灵、人的价值、人的精神生活，灵性教育也就会得到越来越多人的认可。

2. 灵性教育的含义

灵性之于人类的客观存在性没有人怀疑，因为灵性在人类社会中有各种各样的现实表现，比如思维灵性、社会灵性、艺术灵性、科技灵性、课堂灵性等，但是动物有没有灵性？要回答这一问题，还得看对灵性怎么理解。

从广义的角度看，灵性包括技能、知识和智慧，以及自然生态和人文环境所具有的灵气。动物经过驯养、训练后有可能获得一定的技能、知识和智慧。按照广义灵性观的标准进行理解，动物自然是有灵性的，甚至良好的自然环境和人文环境也是有可能存在灵性的。但是广义的灵性观有泛化之嫌，所以，笔者比较赞同从狭义的角度去认知灵性，即将灵性定义为“人的心灵层面中居于高端的、具有超越性且能够创新技能和知识，能够产生智慧的存在、状态或力量”。③ 灵性至少有三方面的涵义：第一，从物质和精神两大领域的划分看，灵性不是物质而是精神层面的东西，是人的心灵层面的存在、状态或力量；第二，从所处的位置看，灵性不是一般精神层面的东西而是心灵中居于高端且具有超越性的存在、状态或力量；第三，从能力和效应看，灵性不是技能、知识和智慧，而是能够创新技能和知识，能够产生智慧的存在、状态或力量，即能够创新技能和知识，能够产生智慧的能力。

其实，灵性的价值也正在于此。灵性是人心灵层面中居于高端的、具有超越性的存在，也就是说，对其进行培育、拓展和提升，就能够使人格更加健全，精神更加丰盈，一句话，可以促进人走向“完人”，成为全面发展的人。

更为重要的是，灵性还具有能够创新技能和知识，能够产生智慧的能力。这种能力的存在，就代表创造力存在；没有这种能力，创新就成为无源之水无本之木。一个只懂技术而没有灵性的人，哪怕其技术再精湛也只会重复地使用技术而不能够创新技术，如果一旦能够创新技术，那一定是灵性参与了其中，

---

① 高岚．关于“灵性”教育的思考［J］．学前教育研究，2003（6）．

② 高岚．关于“灵性”教育的思考［J］．学前教育研究，2003（6）．

③ 侯长林，张新婷．论大学之灵性［J］．教育研究，2016（7）．

即是灵性之人。一个只懂知识和智慧的人同样如此。所以，要想创造技能、知识和智慧，必须涵养灵性。因为灵性是技能、知识和智慧之源，它像大地母亲孕育万物一样孕育技能、知识和智慧。爱技能、知识和智慧，就要爱灵性。那么，能够创造技能、知识和智慧的能力从哪儿来？当然从教育中来，培养这些能力的教育就是灵性教育，即灵性教育就是传授使学生能够创新技能和知识，能够产生智慧的能力的教育。

二、人是灵性教育与人全面发展研究的对象

马克思主义关于人的全面发展研究的对象是人而不是物，并且是围绕“人”而展开的，具体体现在以下三个方面：第一，劳动能力的全面发展是“人”的劳动能力的全面发展；第二，社会关系的全面形成是“人”的社会关系的全面形成；第三，个性的自由发展是“人”的个性的自由发展。

在马克思看来，人既是其哲学的理论出发点，又是其哲学的理论归宿。马克思一生都非常重视人、关注人，并且把人作为研究对象，始终将现实的人的生存、发展和解放作为自己的理论主题，在批判、继承前人关于人学研究优秀成果的基础上，结合社会的发展与人的发展状况，创立了崭新的实践唯物主义人学理论，实现了人学理论的革命性变革，从根本上变革了人学的理论基础，改变了人学的理论范式和理论功能，尤其是变革了人学理论的基本内容，比如“改变了人学理论的逻辑起点，即从抽象的人变为现实的具体的人”① 和“将个人的自由而全面的发展与人类解放作为人学理论的价值目标”② 等。

教育是什么？教育是人的教育，是“培养人的社会实践活动，人是教育的对象，教育的根本职能是培养人，教育之所以成为教育，全赖乎于此”。③ 因此，完全可以说，教育的中心问题就是人的问题，人既是教育的出发点，也是教育的归宿。苏联作家高尔基曾经提出过“文学就是人学”的命题，但是文学与人学还是有很大的差距。其实，“教育学才是真正的人学”。④ 因为所有的人都是教育学研究的对象，没有人能够例外，同时，教育学研究的是人从出生到死亡的整个生命历程。灵性教育是教育的一种类型，自然也是以人为研究对象的，是研究人的精神中的一个点——灵性，即灵性教育是以人的灵性提

① 赵士发. 马克思主义人学观的历史变革及其当代启示 [J]. 武汉大学学报，2009 (2).
② 赵士发. 马克思主义人学观的历史变革及其当代启示 [J]. 武汉大学学报，2009 (2).
③ 扈中平. 人是教育的出发点 [J]. 教育研究，1989 (3).
④ 张文质. 教育学才是真正的人学 [J]. 教师教育论坛，2017 (4).

升和拓展为具体的研究对象。

由此可见，马克思主义关于人的全面发展研究的对象是人，灵性教育研究的对象也是人。人是二者共同关注的对象。只不过，马克思主义关于人的全面发展所研究的人的领域更宽广、内容更丰富，涉及人的方方面面，而灵性教育研究的人的领域相对较窄，只是人的心灵深处和人的精神内核的灵性问题。因为人这个共同的研究对象，马克思主义关于人的全面发展与灵性教育呈现出了整体和局部的关系：如果说马克思主义关于人的全面发展研究的是一座山，灵性教育研究的就是山上的一块石头；马克思主义关于人的全面发展研究的是一棵树，灵性教育研究的就是树枝上的一片绿叶；马克思主义关于人的全面发展研究的是一片湖，灵性教育研究的就是湖面上的一朵浪花……总之，灵性教育与马克思主义关于人的全面发展因为其研究对象都是人，二者因此拉近了距离，发生了关联，并共同推进人的进步与发展。

三、灵性教育与人全面发展的耦合

灵性教育与人的全面发展因为其共同的研究对象而紧密地联系，相互作用，相互影响，耦合发展。但是在这一对耦合关系中，人的全面发展是主导和引领，灵性教育是协同和支撑。

（一）人的全面发展是灵性教育的最高理想

“人的全面发展”是马克思、恩格斯一生追求的崇高理想，并且在《共产党宣言》中明确指出：“代替那存在着阶级和阶级对立的资产阶级旧社会的，将是这样一个联合体，在那里，每个人的自由发展是一切人的自由发展的条件。”①

共产主义有两大特征：一是物质财富的极大丰富；二是人的全面的发展。马克思、恩格斯将人的全面发展作为共产主义两大蓝图之一进行描绘，可见人的全面发展就是他们的最高追求和最终目标。当然，人的全面发展也是马克思主义人学和马克思主义社会发展理论的最终结果和必然归属。同时，人的全面发展也是我们中国共产党领导的革命、建设和改革的伟大实践。

中国共产党历代主要领导人都非常关注、重视人的全面发展问题。毛泽东对人的全面发展的总体要求是德、智、体全面发展。1957 年，他在《关于正

① 马克思恩格斯全集（第 39 卷）[M]．北京：人民出版社，1974：189.

确处理人民内部矛盾的问题》一文中就已指出："我们的教育方针，应该使受教育者在德育、智育、体育几方面都得到发展，成为有社会主义觉悟的有文化的劳动者。"① 邓小平将毛泽东德、智、体全面发展的目标进一步具体化，提出了"要努力使我们的青少年成为有理想、有道德、有知识、有体力的人"②的要求。习近平则从以人为本的视角和高度强调："发展不能脱离'人'这个根本，必须是以人为本的全面发展，这是发展的终极目标。"③ 这就为我们的社会主义事业包括教育事业的发展指明了方向。

随着经济社会的进一步发展，尤其是在社会物质财富极大丰富的条件下，人的心灵成长和精神状况在人和社会发展中的地位将日益凸显，其价值取向也更加明显，即日益指向人的全面发展。因此，人的全面发展也是教育的最终归宿和崇高理想。灵性教育作为关注人的心灵深处和精神内核的教育，其责任和使命就是促进人的心灵和精神成长，并走向极致——人的全面发展。因此，人的全面发展更是灵性教育的最终归宿和崇高理想，也是灵性教育的价值取向。

此外，由于人的全面发展思想体系完整、内涵丰富，是成熟的科学理论，而灵性教育因提出时间短、研究不深入，至今还处于草创阶段，特别需要向人的全面发展理论吸取营养，尤其是寻求方法论的指导。

（二）灵性教育是促进人全面发展的重要途径

人的全面发展是指人的全方位的发展，包括人格、体力、智力、能力和创造力等各方面，既包括物质生活，也包括精神生活，比如世界观、人生观、价值观等，而且这些方面不是孤立的，而是内在统一、不可分割的。马克思主义虽然认为每个人自由全面发展只有在共产主义社会才能实现，充分肯定了物质基础的重要作用和意义，但同时认为对全体社会成员进行全面发展的教育也是必不可少的。

尽管灵性教育与人的全面发展的作用相比，是微不足道的，但其通过对人的灵性的提升与拓展进而丰富人的精神世界，对人的全面发展的支持作用也是不可忽视的。

所以，尽管促进人的全面发展有多条路径，但是灵性教育是其中重要的一条。因为人的心灵深处和精神内核的问题没有解决，就谈不上人的全面发展。

① 毛泽东文集（第7卷）［M］. 北京：人民出版社，1999：226.
② 邓小平文选（第2卷）［M］. 北京：人民出版社，1994：369.
③ 习近平. 之江新语［M］. 杭州：浙江人民出版社，2007：116.

而灵性教育就是解决人的心灵深处和精神内核问题的最好方式之一。灵性教育关注的是人的灵性品质及其创造技能、知识和智慧的能力问题。笔者以为，灵性品质是人类最优秀的品质之一。比如政治家、军事家、经济学家、企业家、科学家、艺术家、文学家，以及技术发明家等，由于各自的专长不同，其所拥有的技能、知识甚至智慧都不一样，但是这些成功人士有一点是相同的，那就是都具有灵性且灵性品质和能力均得到了充分的彰显。

不同的成功人士可以有不同的品质和能力，但其共性的品质主要有“品格纯正、信念坚定”“心智健全、情感丰富”“珍惜生命、热爱生活”等，共性的能力主要有“勇于创新、生生不息”“想象丰富、思维活跃”“善于合作、圆润通达”等。① 以上的共性品质就是灵性品质，共性能力就是灵性能力。

灵性教育就是围绕灵性品质和灵性能力展开的，主要包括灵性的三大品质教育和三大能力教育。灵性的三大品质教育是指灵性品德教育、灵性人文教育、灵性生命教育；灵性三大能力教育是指灵性创造力教育、灵性想象力教育和灵性适应力教育。灵性品德教育的责任和使命是使学生成为品格纯正和信念坚定的人，灵性人文教育是使学生成为心智健全和情感丰富的人，灵性生命教育是使学生成为珍惜生命和热爱生活的人；灵性创造力教育是使学生成为勇于创新和生生不息的人，灵性想象力教育是使学生成为想象力丰富和思维活跃的人，灵性适应力教育是使学生成为善于合作和圆润通达的人。这些品质和能力都是全面发展的人不可缺少的，甚至可以这样说，没有这些品质和能力，就算不上真正全面发展的人。但是，灵性教育的三大品质教育中灵性品德教育，以及三大能力教育中的灵性创造力教育又是处于灵性教育的最高端的教育。

四、结语

灵性品德是人的品质中最核心的问题，如果一个人在灵性品德方面出了问题，那就是最大的问题。适应力、想象力对人而言都很重要，但是相比之下创造力则更重要。德国著名哲学家恩斯特·卡西尔（Ernst Cassirer）说得好：“人只有在创造文化的活动中才成为真正意义上的人，也只有在文化活动中，人才能获得真正的‘自由’。”② 在这里，卡西尔对创造力之于人的作用和价值作了充分的肯定，并进一步强调人的本质永远处在制作和辛勤的劳作之中。

① 侯长林．大学灵性教育的理论探讨与实践策略［J］．重庆高教研究，2017（6）．

② 恩斯特·卡西尔．人论——人类文化哲学导引［M］．甘阳，译．上海：上海译文出版社，2013．

所以，在灵性教育中要特别重视灵性品德教育和灵性创造力教育。

总之，灵性教育所期望解决的人的心灵深处和精神内核的这些问题都是人的全面发展的关键问题，因此，说灵性教育是促进人的全面发展的重要途径，一点也不为过。

[本文原载《宁波大学学报（教育科学版）》2018 年第 1 期]

大学灵性教育的理论探讨与实践策略

我国高等教育正处在一个重要变革时期，600 多所新建本科院校如何发展？国家已经明确提出要引导其走应用型大学发展之路，这是新建本科院校发展的大方向，既符合我国经济社会发展需要，也符合我国高等教育发展的实际。但是，应用转型不能丢了大学的根本，我们在把眼光转向“技能人”的同时，不能忽视“知识人”乃至“智慧人”和“灵性人”的培养。“知识人”是对普通本科院校的要求，要想把应用型大学办出水平和特色，不能把人才培养的目标只定位在“技能人”和“知识人”上，而要在此基础上兼顾“智慧人”“灵性人”的培养。老牌地方高校包括定位为研究型的国家重点大学，不能只重视“知识人”的培养，也要兼顾“智慧人”“灵性人”的培养。关于“技能人”“知识人”和“智慧人”的问题研究颇多，这里不再讨论。本文主要讨论大学“灵性人”的培养问题，即大学灵性教育问题。

一、灵性教育的作用和价值

（一）我国早期研究者对灵性教育的评价

我国对“灵性”的研究较早。古汉语中的“灵性与精神、精气”含义相同，包括人所具有的聪明才智和对事物的感受与理解能力，以及对宗教的悟性等。在现代汉语中，对灵性的解释有两种：一指聪明；二指动物在驯化后具有的智能。

我国对“灵性教育”的研究则较晚。第一个在我国提出灵性教育的是高岚。她在《学前教育研究》2003 年第 3 期发表的《关于“灵性”教育的思考》一文中认为，我国教育的弊病在于习惯往孩子的头脑里塞东西，似乎塞得越多越好，而对其精神的需求往往关注不够，尤其是不能“尽心地帮助儿童满足其天性的灵性的需要”。① 秦德君在《教育的灵性》一文中认为，如果

① 高岚．关于“灵性”教育的思考［J］．学前教育研究，2003（6）．

教育培养的人只有知识没有知性、只有智商没有情商、只有心跳没有心灵、只有思维没有思想、只有畸形的知识结构而没有智慧与灵性，那么学校充其量只不过是工厂，课堂只不过是工匠化的作坊罢了。为此，他呼唤教育的灵性，认为教育者的灵性与教育本身的灵性是一致的，这是“教育的真正价值，教育不应对人过度‘型号化’‘工具化’，把人熔铸为巨大工业文明结构中的‘单向度人’”。① 朱新卓对灵性教育作了进一步研究。他的《教育的本体性功能：提升人的灵性》一文是关于灵性教育研究的代表性论文。他认为人生而具有灵性的“种子”，并且内在蕴含着广阔的发展空间和可能性，但是灵性发展空间的拓展和可能性的实现需要适宜的条件。由于现实的社会条件良莠不齐，每个人所面对和生活的环境也不一样，甚至差别很大，这就导致了灵性发展程度的差异。要想使更多人灵性中蕴含的无限可能性得到充分实现，就需要从人一生下来就进行教育，顺应灵性发育、生长的逻辑，才能使人性得以全面生成。朱新卓进一步认为，人的灵性潜能由可能变为现实需要教育，人要成其为人也只有经由教育全面占有灵性才能达到目的，“教育的任务就是发展人的灵性，让灵性全面丰满地在每一个个体身上展开，让社会上的人都因为全面占有灵性而真正达到人的水平”。② 在朱新卓看来，教育促进人的灵性发展还必须走向彻底，走向至善。教育的责任和使命就是促进人的全面而彻底的发展，只不过现实中的教育并没有把人的彻底的发展包括灵性的彻底发展做到位。越优秀的教育，可以说就是促使人的灵性发展走向越彻底的教育。朱新卓关于灵性发展的教育思想很值得我们深思。傅凌海在其硕士学位论文《大学生灵性与自我和谐的关系研究》中认为，“灵性是根植于个体人格之中的，与生命自身、人类社会、超自然力量相联系的体验性态度及统合性的和谐感”。③ 2014年，他与丁瑾靓还对大学生的灵性现状进行调查，得出的结论是：大学生的灵性指数总体上水平较高，其中，文科生、女生和来自城市的学生的灵性水平高于其他群体，而生活乐趣感更强的是独生子女和来自城市的大学生，超越性体验较多的是具有宗教信仰的大学生。

（二）灵性教育是对技能教育、知识教育和智慧教育的超越

笔者在《论大学之灵性》一文中提出了对大学灵性和灵性教育的看法，

① 秦德君．教育的灵性［J］．教育发展研究，2005（7）．

② 朱新卓．教育的本体性功能：提升人的灵性［J］．教育研究，2008（8）．

③ 傅凌海．大学生灵性与自我和谐的关系研究［D］．福州：福建师范大学，2011：19．

认为大学是充满灵性的有机体，是灵性智慧的丰满场域，灵性则是大学创造的源泉动力和大学存在的有机基础，因此“灵性教育是大学最高境界”。① 我们对大学教育可以有多种理解，但是不管怎么理解，无非包括技能教育、知识教育、智慧教育和灵性教育 4 个方面。从大学发展的历史来看，以纽曼为代表强调的是智慧教育，古希腊柏拉图把智慧教育看得很重要，甚至把智慧的传授看成学校的核心职能和使命。德国洪堡强调的是知识教育。在洪堡看来，现代大学应该是知识的总和，“不断地研究、追寻学问是大学必须坚持的原则”，②并且认为大学是以知识传授为最终目的，大学教师不仅传授知识而且要发展知识，即教学与研究统一。雅斯贝尔斯也说大学是“知识的宇宙”。③ 与其说这一阶段是大学科学研究职能产生的阶段，倒不如说是知识教育的阶段。以美国威斯康星大学校长范·海斯为代表的教育家为技能教育的存在与发展找到了理由和依据。虽然不能把范·海斯“为州服务”的理念直接说成是技能教育的观念，但是要为地方服务必然需要技能和技术。中华民族是充满灵性的民族，当代中国高等教育已经进入世界高等教育大国，并正在走向高等教育强国，在这样一个历史时期，关注灵性教育，可以使我国的高等教育在世界高等教育百花园中具有特殊的地位，从而促进世界高等教育理论的创新与发展。我国高等教育要想超越世界，首先必须要有高等教育理论的创新，并且这种理论也要具有超越性。既然灵性教育是“传授使学生能够创新技能、知识，能够产生智慧的能力，能够产生这种能力的教育”，④是在生态位上居于技能、知识和智慧教育之上的教育，这种教育自然就是具有超越性的教育。我国高等教育人才培养要上水平出特色，需要大力倡导灵性教育，使学生不仅有技能、有知识、有智慧，还要有灵性。灵性教育可以在一定程度上对我国高等教育尤其是高等职业教育和应用技术大学教育过度强调技术技能起到一定的纠偏作用。一个人只有灵性得到充分拓展，才可能真正变得强大起来。灵性的拓展依赖于教育，我们关注技能教育、知识教育和智慧教育，但是对灵性教育重视不够。因此，我国高等教育要实现由教育大国走向教育强国，要实现“世界一流大学，一流学科”的目标，就应该重视灵性教育，把灵性教育提上议事日程，像英国重

① 侯长林，张新婷．论大学之灵性［J］．教育研究，2016（7）．

② 骆四铭．洪堡理念与德国高等教育发展［J］．高等工程教育研究，2010（5）．

③ ［德］卡尔·雅斯贝尔斯．大学之理念［M］．邱立波，译．上海：上海人民出版社，2007：121．

④ 侯长林，张新婷．论大学之灵性［J］．教育研究，2016（7）．

视智慧教育、德国重视知识教育、美国重视技能教育一样重视灵性教育，这样在高等教育人才培养的目标和规格上才有可能超越“智慧人”“知识人”和“技能人”，从而找准我国高等教育在世界高等教育人才培养和教育境界方面的生态位。

二、灵性教育的内容

技能教育、知识教育和智慧教育涉及的内容均是博大精深的，能够创新技能和知识、产生智慧的能力的教育，即产生或拓展灵性的教育，其内容自然不会少，而且教育的难度也会更大，以至今天人们对灵性教育的认识还比较模糊。要把握灵性教育的内容还得先明白灵性人的内涵。何谓灵性人？既然灵性是高于技能、知识和智慧之上的存在或状态，灵性人就应该是层次较高的理想类型的人。这种理想类型的基本内容和要求是：第一，品格纯正、信念坚定。这是灵性人在品德方面的基本要求，属于品德的范畴，但不是品德的全部，只是品德中的灵性部分，即灵性品德。品格不纯正、信念不坚定之人，算不上灵性之人。第二，心智健全、情感丰富。心智和情感是灵性的重要表现。灵性之人在这些方面应该有比较高的要求。第三，珍惜生命、热爱生活。有生命才有灵性，所以灵性之人理当敬畏生命、珍惜生命，并积极投身火热的生活，才能焕发生命的活力，使灵性得以呈现。第四，勇于创新、生生不息。没有创新就没有创造力，没有创造力就谈不上灵性。灵性是能够创造技能、知识和智慧的灵性，因此，创造力也是灵性人的基本要求。第五，想象丰富、思维活跃。有想象力才有创造力，思维的活跃是创新的关键。第六，善于合作、圆润通达。一个灵性之人应该从大处着眼而不斤斤计较，坚持原则而不死板，如果不懂合作与变通，不明白刚柔相济的道理，就很难适应社会的发展，也就无所谓灵性。

要达到品格纯正、信念坚定，心智健全、情感丰富，珍惜生命、热爱生活等灵性人的要求，需要开展品德教育、人文教育和生命教育。因为品德教育导人向善，并且能够抵达灵性的深处，关涉一个人良好品格、人格的形成；人文教育使人心智健全，情感丰富，是人的灵性生长的土壤；生命教育使人懂得生命的可贵和生活的美好，只有使学生懂得了生命的价值和意义，才谈得上灵性的拓展和延伸，即灵性教育才有可能。不过，与灵性人理想类型要求相对应的品德教育、人文教育和生命教育又不完全是这些教育的本身，而是品德教育、人文教育和生命教育中具有灵性的部分，即灵性品德教育、灵性人文教育和灵性生命教育。

既然灵性人是勇于创新、生生不息的人，是想象丰富、思维活跃的人，是善于合作、圆润通达的人，与此相对应，就应该进行创造力教育、想象力教育和适应力教育。因为灵性人“共同的特征应该是充满想象力、创造力和具有很强的适应力”。① 在适应力、想象力和创造力三者中，适应力是最低层次的要求。如果一个人连起码的灵活等适应性都没有，显然不是灵性之人。想象力位于适应力和创造力之间，属于中性能力，既是适应力的升华，也是创造力的基础。创造力是居于高端的能力，是灵性最亮丽的风景线。并不是所有的创造力教育、想象力教育和适应力教育都属于灵性教育的范畴，灵性教育与这些教育的区别在于灵性教育是这些教育中比较高端的教育，即创造力教育中能够体现培养勇于创新、生生不息的人的教育才属于灵性创造力教育，想象力教育中能够体现培养想象丰富、思维活跃的人的教育才属于灵性想象力教育，适应力教育中能够体现促进人善于合作并使其做人圆润、做事通达的教育才属于灵性适应力教育。具体来说，包含以下 6 个方面：

一是灵性品德教育。灵性人首先是品格纯正、信念坚定的人。灵性作为人精神层面的东西，其内核是“我们的信念信仰系统”。② 因为信念信仰是人的品德中最深处的状态和存在，也是品德的最后堡垒和最后防线。品格纯正，缘于内心的和谐和向善。内心和谐与向善，不排除善端的因素，但更多的还是后天教育的结果，所以导人向善是灵性教育最本真的期望和最基本的要求。正因为如此，才有学者认为发展人的灵性与教育的本体指向是一致的，教育的责任和使命是拓展人的灵性，并使人的灵性得以生成，最终走向至善，即“灵性的至善就是教育的终极目标”。③ 大学生品德教育的内容十分宽泛，要进行灵性品德教育，需要对大学生品德教育进行梳理，找出其中能够促进人的品格纯正、信念坚定的品德教育内容，比如品格教育内容、信念教育内容、和谐教育内容、善的教育内容等，才能实施灵性品德教育。需要特别指出的是，我们所讨论的灵性教育是社会主义中国的灵性教育，因此，在对学生进行灵性教育包括灵性品德教育时要坚持正确的立场、观点和方法，努力培养学生的政治智慧和灵性。

二是灵性人文教育。灵性人应该是心智健全、情感丰富的人。人文和科学

① 侯长林，张新婷．论大学之灵性［J］．教育研究，2016（7）．

② 汪丽华，何仁富．大学生的生命教育与灵性教育［J］．南昌大学学报（人文社会科学版），2011（3）．

③ 朱新卓．本真生存与教育［D］．武汉：华中科技大学，2006：137．

创造有着十分紧密的联系。有美国学者认为，苏联的科学技术之所以发达，就是因为俄罗斯的文学艺术水平很高，俄罗斯的文学艺术哺育了一代科学家。考察欧洲经济的复兴也会看到人文的带动作用，所以说，“人文是引领科学的东西”。① 我国高等教育在大众化和普及化的过程中，专业教育得到了强化，人文教育却普遍不受重视，因而才有人感叹大学精神的失落和呼吁大学人文精神的重构。如何加强人文教育？首先，应该培育大学精神，重视大学观念系统的建构。其次，重视人文课程的开设。每所大学都开设有人文课程，但真正重视人文课程的并不多，这主要是认识不到位造成的。最后，营造良好的人文教育环境。校园人文环境对学生人文素质的提升和灵性的拓展意义重大。学生长期生活在校园环境之中，良好的人文环境和氛围，必然对其产生潜移默化的作用，春风化雨、润物无声说的就是这个道理。当然，不是所有的人文教育都能够促进人的灵性的拓展和提升，需要选择能够促进人的心智健全、情感丰富的人文教育内容。

三是灵性生命教育。灵性的人应该是珍惜生命、热爱生活的人。灵性孕育于生命，没有了生命，何来灵性？可见灵性与生命紧密相连。有学者认为，人的生命中有身、心、灵三个层面的客观存在，相应地，人的生命成长也必然要经历“生理断奶”“心理断奶”和“精神断奶”三个明显的成长阶段。大学阶段正处于生命成长的“精神断奶”期，“精神断奶”的根本任务就是让学生的灵性觉醒，从而促进学生精神“成人”。要重视灵性教育需重视生命教育。关于生命教育与灵性教育的关系已有较多的研究。例如，汪丽华和何仁富曾经以《大学生的生命教育与灵性教育》为题对灵性教育进行过探讨，朱新卓的博士论文《本真生存与教育》也从生命的角度对灵性进行了探讨，认为灵性“是人的生命中先天蕴含的倾向”。② 当然，这些研究仅仅是一个开端，从灵性教育的角度探讨生命教育仍然是一个值得关注的课题，里面还有许多盲点和模糊地带，需要逐步厘清。我国对个体生命价值的认识或多或少还存在一定的问题，尽管前几年在大力提倡“以人为本”，但要改变整个社会对人的个体价值的偏见还需要时间，需要过程，甚至是比较长的过程。灵性生命教育不是生命教育的全部，在实施灵性生命教育时要对生命教育的内容进行选择。

四是灵性创造力教育。灵性的人应该是勇于创新、生生不息的人。大学灵

① 张楚廷．大学人文教育与人的解放［J］．高等教育研究，2011（2）．

② 朱新卓．本真生存与教育［D］．武汉：华中科技大学，2006：1．

性是“大学内在具有的能够创新技能和知识，产生智慧的存在、状态或力量”。① 佐哈与马歇尔对人的智力进行研究，将其分为逻辑智力、情感智力和灵性智力三种。逻辑智力指的是逻辑的、理性的和受一定规则约束的思维；情感智力指的是具有联想特征的、受习惯约束和一定模式认可的情感思维；灵性智力指能够进行富有洞察力的、具有创造性的、可以制定规则和敢于打破规则的转变性思维。总之，“灵性智力是那种可以用来重新构筑和改变我们以前思维的思维”。② 佐哈与马歇尔在这里所谈的灵性智力和我们讨论的大学之灵性比较接近，是一种具有创造力的存在。所以，大学之灵性不是大学所拥有的技能、知识和智慧本身。获取技能、知识和智慧的能力从生活中来，从教育中来，更多地从灵性教育中来。因为灵性教育是传授使学生能够创新技能和知识，能够产生智慧的能力的教育。既然灵性教育是能够使学生创新技能和知识、产生智慧的教育，那么这种教育必然内在地将创造力作为其主要的内容。对学生进行创造力的培养也正好与国家倡导的创新创业教育相契合。一个没有创新精神和创造力的人很难说有灵性，同样的，一个没有创新精神和创造力的民族很难说是有灵性的民族。因此，大力开展创新创业教育意义重大，不仅关乎国家经济的发展与腾飞，还牵涉中华民族技能、知识的创新和智慧的产生。创造力有多种，这里关注的是能够创新技能和知识，能够产生智慧的创造力，即灵性创造力。灵性创造力教育就是指能够创新技能和知识，能够产生智慧的创造力的教育。

五是灵性想象力教育。灵性的人应该是想象力丰富、思维活跃的人。因此，灵性想象力教育就是指能够使人想象丰富、思维活跃的教育。一切创造活动都离不开想象，尤其是在人类跨越思维障碍、从事科学研究以及文学艺术的创造过程中其具有十分重要的作用。事实证明，非凡的想象力是科学发展的重要推动力，是促成科学发现和创造发明的重要条件。没有想象力就没有创造力，创造力从想象力中产生。在康德的眼里，想象力是一种潜藏在心灵深处的艺术。感性的创造力包括构成的感性创造力、联想的感性创造力和亲和性的感性创造力三种类型，不管何种类型，都是创造的源头。灵性教育要想达到预期的目标，需要借助有利于培养能够创造技能、产生知识和智慧的能力的相关教育。想象力教育是这些相关教育中的最相关者。在剑桥大学、伦敦大学和哈佛大学从事过多年教育管理工作和教育理论研究的怀特海特别重视想象力教育，

① 侯长林，张新婷．论大学之灵性［J］．教育研究，2016（7）．

② 钟启泉，安桂清．课程灵性与人格建构［J］．全球教育展望，2006（1）．

他对教育中思想的呆滞、知识的僵化和向学生灌输死板的知识特别反感，认为“囿于这种思想的教育不仅毫无价值，还极其有害”。① 怀特海认为，教育的核心问题是使知识充满活力，教育的主题是五彩缤纷的生活，教育的目的是使人的智慧活跃。为此，他进一步认为“大学的恰当的作用是用充满想象力的方式去掌握知识”。② 一所大学如果没有想象力便什么也不是，什么也不像。要使大学充满想象力，教师要充满想象力地探索知识和充满想象力地传授知识，才能培养充满想象力的学生。“没有想象力的高职教育必然是暮气沉沉、呆板的，缺乏想象力的学生难有技术革新的思维，更不要说有技术创新的成果。”③ 那么，如何培养学生的想象力？最重要的是回归教育的本真，重视学生心灵和精神成长，因为心灵和精神成长是想象力产生的源头活水。高职教育要重视技术技能教育，但是“真正的高职教育必须超越技术技能教育，上升到培养人的智慧、活跃人的思维、丰富人的想象、安顿人的心灵的高度”，④ 否则就远离了教育的本质和教育的本真。此外，还要打造充满想象力的教师团队和营造充满想象力的校园环境。

六是灵性适应力教育。灵性的人应该是善于合作和圆润通达的人。灵性适应力教育就是指能够促进人善于合作并使其做人圆润、做事通达的教育。一个充满灵性的人不仅要具有一定的创造力和想象力，还要有比较强的社会或环境适应力。在日常生活中，一个人不会拐弯，不懂变通，不能适应复杂多变的环境，很难说这样的人是灵性的。大学不仅仅要适应社会的变革与发展，更要肩负起引领的职责和使命。大学引领社会主要靠教师，优秀的充满灵性的学生是引领社会发展的火种，当其跨出校园植入社会土壤之中慢慢长大，某一天就会成为社会精英，引领时代风潮。从这个意义上说，学生在灵性教育中不仅仅是适应力教育的问题，还要培养其能够引领社会的能力。遗憾的是，在我国大学教育中，谈得比较多的却仅仅是大学生生涯适应力教育问题。从灵性教育的角度来看，大学生的适应力不仅仅是生涯规划的问题，而是人本身的发展问题，是灵性人的培养问题。对学生适应力的培养，教给学生新技术、新技能和新知识固然重要，但教给学生变通、灵活、圆润、合作等思想观念更重要。一个善

---

① ［英］怀特海．教育的目的［M］．徐汝舟，译．北京：生活·读书·新知三联书店，2002：2.

② ［英］怀特海．教育的目的［M］．徐汝舟，译．北京：生活·读书·新知三联书店，2002：118.

③ 侯长林．高职教育也该充满想象力［N］．光明日报，2015-10-04.

④ 侯长林．高职教育也该充满想象力［N］．光明日报，2015-10-04.

于倾听、善于学习、善于与人合作的人的社会适应性更强，这样的人在社会生活中也会成长得更快。一个人的灵性就是从这些观念中成长与发展起来的，传授这些思想观念的教育就是灵性适应力教育。

三、灵性教育的实践策略

（一）开展灵性教育的原则

灵性教育是一项全新的事业，没有现成的经验可以借鉴，同时，由于灵性教育牵涉面广，具体实施难度较大，不同的学校需要根据其历史传统和现实情况制定不同的方案，但开展灵性教育的基本原则是一致的。

1. 不能将灵性教育神性化和宗教化

在“灵性”一词的使用过程中，西方对其有过比较深入的研究。基督教早在公元5世纪就用“灵性”来指称上帝及神灵对人类生活的影响。我们倡导的灵性是社会主义中国的灵性，所进行的灵性教育是社会主义的灵性教育。不能因为目前对灵性及灵性教育认识不清和不到位，灵性及灵性教育还存在一定的模糊性，就强化其神秘性，我们所理解的灵性及灵性教育与宗教没有关系。正是由于对灵性及灵性教育研究不够，才有人认为灵性是神秘的。灵性确实是关乎人的精神层面的东西，在认识上有一定的难度，目前给人的印象还比较朦胧甚至混沌，但并不等于是神秘的、不可认识的。随着我国物质文化生活水平的不断提高，人的精神成长与发展问题会越来越突出，人的灵性教育问题就是其中之一，所以回避是不行的，而必须面对。研究灵性及灵性教育同研究其他教育问题一样，要坚持马克思主义的指导地位，这是基本的原则和立场，因此，我们研究和倡导的灵性及灵性教育也是马克思主义的灵性及灵性教育。

2. 不能只对灵性教育作理论探讨

我国对灵性及灵性教育理论虽然研究不够，但还是有一定的积累，遗憾的是对灵性教育实践的探索太少。铜仁学院自2015年就开始了对灵性教育的实践，比如校园环境建设有灵性因素的思考，人才培养目标把“灵性人”提了出来，学生文化修养活动规划中有灵性拓展的考虑等，但还远远不够。理论联系实际是教育的基本原则之一。灵性教育同其他教育一样，也要坚持理论联系实际的原则，不能仅仅就理论而谈理论。在构建灵性教育理论体系的同时，要大力提倡灵性教育实践。应该说，灵性人的培养更多的是实践，只有把灵性教育的理论研究与实践相结合，才能体现灵性教育理论研究在人才培养中的作用和价值。同时，灵性教育理论也只有在实践中才能得到提升与发展。

3. 不能只考虑灵性教育的整体性

灵性教育的启动，需要从学校层面进行整体设计和规划，需要明确灵性教育的目的、原则、途径和方法。如果没有学校灵性教育的整体推进，灵性教育就会落空。由于灵性是个体之灵性，更多地需要考虑学生个体灵性的差异，有针对性地实施灵性个体教育，因材施教原则就灵性教育而言显得尤为必要。大学教育的小班制、讨论课、茶研会，以及个别交流与沟通等是灵性教育的最佳选择。当然，灵性教育的整体性和个体性不能截然分离，两者应该紧密结合。

4. 不能把灵性教育与其他教育割裂开来

灵性教育虽然被单独提了出来，要求构建单独的灵性教育的理论体系和实践教育体系，但是并不等于灵性教育的实施要完全独立开展。为了有利于灵性教育的发展与提升，把灵性教育作为一个项目单独制定方案进行专项推进是有必要的，有利于促进灵性教育目的的实现，提升学生的灵性指数，拓展学生灵性的边界。但由于灵性教育涉及面比较宽，涉及的因素比较多，仅仅凭单项项目的推进难以达到预期目的，需要与其他教育融合进行，尤其需要把灵性教育融入技能教育、知识教育和智慧教育之中，做到你中有我我中有你，相互渗透，联动进行。其实，把灵性教育单列出来也只是为了认识和讨论的方便，要想在实施的过程中完全分离出来是不可能的，甚至可以说只属于某一种教育类型的纯教育活动是不存在的，尤其是智慧教育与灵性教育两者的边界更模糊，要把两者分开更困难，因为学校的各种教育本来就是相互渗透、相互交融的。

（二）实施灵性教育的途径

1. 确立灵性教育的理念

灵性教育是一种新的教育理念。当前，高校的教师和管理人员对其价值、意义及内容等的了解不多，更谈不上对其精髓和要义的认识与把握。所以，要开展灵性教育，首先要对灵性教育有所认识，并接受灵性教育的理念。只有接受了灵性教育的理念，才可能将灵性教育纳入学校总体教育目标之中并作为任务进行分解与安排。

一种新的教育理念的落地生根不是简单容易之事，需要设计与谋划，尤其需要专家的推动和领导的认同。比如编印灵性教育的宣传资料、开展灵性教育的讲座、培养灵性教育的骨干等均是一所高校确立灵性教育理念的措施和办法。但如果能够通过校长报告、教职工代表大会讨论等正式程序确立，将更加深入人心，更有利于灵性教育的实施。在灵性教育理念确立的过程中，要充分发挥校长的作用。铜仁学院自 2015 年 9 月在学校新生开学典礼上正式提出

“灵性的教育才是教育的最高境界”① 之后，相关领导除公开发表关于灵性教育的研究文章外，还在不同场合多次阐释对灵性教育的认识与看法，并将灵性教育相关内容写进学校教职工代表大会校长工作报告。灵性教育实践逻辑的展开，需要对灵性教育理念的理解与认同。这是开展灵性教育的基础和前提，没有这个基础和前提，灵性教育实践逻辑的展开将举步维艰，甚至一起步就会夭折。

2. 制定灵性教育实施方案

确立灵性教育理念只是开展灵性教育的第一步。要使灵性教育得以顺利实施，需要对灵性教育进行规划并制定实施方案。灵性教育不是单一的工作项目，它牵涉学校的方方面面，甚至牵涉校外的行业、企业、政府等社会各界，是多个相关单位或个人共同作用才能完成的复杂事业。灵性教育不是短期内可以完成的，只要有人才培养的需求，灵性教育就将长期存在，并会随着人们对灵性教育价值和意义认识的提升而强化。所以，要开展灵性教育，就需要将其纳入学校总体教育规划并制定切实可行的实施方案，“仅把灵性指标列入人才培养目标远远不够，还要制定灵性教育的具体实施方案，使灵性教育渗透到学校教育的方方面面”。② 制定灵性教育实施方案，要将灵性教育列入学校的“专业人才培养方案”中。专业人才培养方案作为学校人才培养的总体设计和具体实施方案，是实现人才培养目标的首要环节和学校人才培养的“法律”，教学内容的安排、教学活动的组织及有关工作的开展都应以其为基本依据。铜仁学院《2016 版本科人才培养方案的指导意见》将人才培养目标明确表述为：“培养适应区域经济社会发展需求，人格品质健全、专业知识坚实、技术技能较强，具有智慧灵性和国际视野及创新精神的高素质应用型人才。”与此同时，该方案还规定要“根据专业培养目标对本专业人才培养提出基本要求，围绕人格品质、专业知识、技术技能、智慧灵性设定培养的具体要求，并以矩阵的方式列出模块化课程对实现具体培养要求的支撑”，将灵性教育落到实处。

3. 开设灵性教育课程

学生的成长成才是多因素共同作用的结果，但是课堂教育始终是主渠道，大学生灵性的拓展与成长也不例外。课程是“滋养和提升人的灵性成长的精

① 侯长林．走向大学深处［M］．湘潭：湘潭大学出版社，2016：87.

② 侯长林，张新婷．论大学之灵性［J］．教育研究，2016（7）.

神食粮源泉”。① 铜仁学院《2016 版本科人才培养方案的指导意见》明确提出：“通识教育平台是面向全校各专业学生搭建的平台，主要负责培养学生的人格品质、智慧灵性，设置公民教育、科学精神、艺术审美、哲学智慧、国际交流、教师教育等 6 个模块。”学生的智慧灵性通过设置通识教育模块得以培养。

通过课程教育培养学生的灵性，需要考虑以下几个方面的问题：

第一，构建灵性教育课程体系。我国正在实施的高等教育课程体系，由于没有专门考虑灵性教育这一块，难以有效满足当代大学生灵性素质的拓展与成长的需求，迫切需要增加以灵性素质培养为目标的课程体系。构建课程体系需要考虑重构课程的功能定位、课程内容选择上的全面和平衡，以及克服片断化、碎片化的课程建设方式等问题，需要重点探究灵性教育理论课程体系和灵性教育实践课程体系的建构问题。灵性教育既涉及理论教育又涉及实践锻炼，只有灵性教育的理论课程体系和实践课程体系都建构起来了，灵性教育的课程体系才完整，也只有完整的灵性教育课程体系才更加有利于大学生智慧灵性的培育与生长。

第二，开发灵性教育教材。没有灵性教育的教材，开展灵性教育就只是一句空话。灵性教育教材的开发需要根据对灵性教育内涵的理解与把握进行选择，即围绕“品格纯正、信念坚定”“心智健全、情感丰富”“珍惜生命、热爱生活”“勇于创新、生生不息”“想象丰富、思维活跃”“善于合作、圆润通达”等灵性人的基本要求，选择相关材料进行整理与编排，形成灵性品德教育、灵性人文教育、灵性生命教育、灵性创造力教育、灵性想象力教育和灵性适应力教育等教材，据此开展灵性教育。

第三，培训灵性教育的师资。要培养灵性的学生首先需要有灵性的教师。没有灵性的教师，灵性的课程开发及灵性教学模式的建构和灵性教学任务的实施等均无法完成，只有使教师充满灵性，“学校教育才能产生强大的内在力量，进而才会对学生的灵性成长发挥实质性影响”。② 但是，对教师进行培训，重点还是要努力唤醒教师灵性的自觉，使其具有灵性自我觉醒的意识，“灵性自我觉醒意识越强烈，其灵性潜能的发挥和拓展就越彻底；反之，其本身所具有的灵性矿藏就难以开发和利用，更谈不上灵性的拓展与提升”。③

① 杨颖东，郝志军．灵性教育的价值追求与实践方式［J］．教育研究，2016（12）．

② 杨颖东，郝志军．灵性教育的价值追求与实践方式［J］．教育研究，2016（12）．

③ 侯长林，张新婷．论大学之灵性［J］．教育研究，2016（7）．

第四，探索灵性教育的方法。每一种教育的具体实施都应该既有属于共性的教育方法，也有自己独特的教育方法。灵性教育的实施应该采取哪些方法？目前还难以明确，仍需要在灵性教育具体实施的过程中进行探索，其具体的教育方法“可以是多元的，既可以是课堂讲授教学，也可以是团体辅导，还可以是现实活动体验，学校和老师可以根据具体情况选择进行”。①

4. 建设灵性的校园文化

灵性是需要文化涵养的。大学生的灵性自然也离不开校园文化的滋润和影响。灵性的内核是人的信念信仰系统，大学精神等校园精神文化直接影响人的心灵结构，与灵性紧密相连。大学精神文化的意义和价值已经成为共识，在此不再赘述，这里重点谈谈大学管理者文化和大学人文环境。

这里所说的大学管理者是指学校领导、中层干部及一般管理者。大学管理者文化是指这些管理者在长期的管理工作中形成的领导风格、思维方式、价值观和管理行为方式等。大学管理者文化与教师和学生的灵性紧密相连。充满灵性的大学管理者文化，像阳光一样温暖，给人以心灵的抚慰。中山大学校友申请回母校拍婚纱照，校长办公室在审批申请时没有用公文中的规范词语“同意”，而是写了简单而温馨的3个字——“祝幸福！”这3个字让校友感到亲切，还发微博称赞母校，这就是灵性的管理者文化所产生的作用和效益。相反，缺乏灵性的管理者文化则会给人留下机械和生硬的印象。比如有的校园草坪边或道路旁插着“严禁践踏草坪，违者罚款10元”“校外车辆严禁停放，违者罚款”“此路段严禁摆摊设点，违者重罚”等类似内容的牌子。暂不说作为学校有没有罚款的权力，就算有，这些话也太硬。还有的高校校园内建有道路指示系统，路名或体现学校历史，或彰显特色学科专业，但道路指示牌高度与人的身高相当，轮廓呈刺尖状，一是有安全隐患，二是让人感觉紧张，不寒而栗。再如学校会议通知：“明天下午三点召开中层干部会……不按时参加会议者，后果自负。”口气咄咄逼人，就是按时参加会议者心里也不舒服。这些牌子和通知所折射的管理者文化就没有灵性，这样的管理者文化也不利于学生灵性的生长，可见灵性的管理者文化的培育还任重道远正因为如此，对管理者文化中存在的这些问题不能熟视无睹，要积极引导，努力匡正。

大学人文环境是大学灵性的重要表现之一。良好的人文环境“尽显精致、

① 汪丽华，何仁富．大学生的生命教育与灵性教育［J］．南昌大学学报（人文社会科学版），2011（3）．

典雅、充满灵性”。① 一些著名大学都比较注重校园人文景观的建造。耶鲁大学校园里的美国民族英雄内森·黑尔的雕像、哈佛大学校园里的“谎言塑像”等，给人启示，让人回味。最能彰显灵性的还有校园建筑。牛津大学校园中随处可见的古建筑和古遗迹，尤其是中世纪哥特式建筑楼群，很容易使人想到大学之灵性。校园湖也是大学灵性的重要载体，如北京大学的未名湖、厦门大学的芙蓉湖、铜仁学院的明德湖等，也都充满灵气，尤其是湖中游弋的鸳鸯、野鸭、白鹭，以及偶尔浮在水面的锦鲤、白鲢等，往往吸引师生驻足观望，成为学校独特的风景。大学之美，美在校园生态的和谐，美在如春风化雨般孕育其中的灵气与灵性。

5. 建立灵性教育的评价机制

灵性教育能否取得成效，评价机制是导向和风向标，评价机制的建立至关重要。评价指标要涵盖管理者、教师和学生 3 个群体，只有这 3 个群体的心里都有灵性教育的位置，把灵性教育看得比较重，灵性教育才能顺利实施。灵性教育的评价制度本身要尽可能具有灵性。评价制度不能僵硬、死板，既要有原则性，又要有灵活性，是原则性与灵活性的高度统一。同时，评价方法、手段不能单一，要多元化。只有建立了有利于灵性教育开展的制度和机制，灵性教育才能可持续地进行，一批批学生才可能“怀揣灵性而去”。②

（本文原载《重庆高教研究》2017 年第 6 期）

① 侯长林，张新婷．论大学之灵性［J］．教育研究，2016（7）．

② 侯长林．走向大学深处［M］．湘潭：湘潭大学出版社，2016：87．

人工智能　推动教育关注人

有人担心教育会被人工智能取代，这是对人工智能的误读而产生的错误判断。不过，人工智能的发展必然会对教育产生影响，甚至会引发教育全面的革命性的变革。因此，我们需要把握未来教育发展的大趋势，促使教育通过变革回归本真，为应对人工智能的未来挑战作好准备。

一、人工智能必然影响教育

“人工智能”的概念并非是一夜之间才冒出的新事物，但是这十余年来的发展确实非常迅猛，尤其是人机象棋、围棋大战机器胜出带给人们的震动很大。同时，人工智能产业的快速发展也让人们比较直接地感受到了人工智能席卷而来的时代气息。

人工智能时代的到来，对人类生活的影响是多方面的，对教育的影响也显而易见。有学者认为人工智能将改变教学形态，提高教育效率、管理水平和改善教育的评价方式；有专家认为未来学习中心将会出现走向个性化、丰富化、弹性化、定制化、混合化、多元化、双轨化、过程化、开放化和幸福化十大特征；也有人认为人工智能将对教师的教学方法、学生的学习方法和学校的教育体制产生冲击；等等。

而现实的学校教育已经明显地受到人工智能的巨大冲击了，比如人工智能实验室、智慧课堂、智慧校园的打造，以及在线课堂、个性化电子辅导、电子书包等，已经如潮水般涌进校园，在各个方面影响和改变着我们的教育。学生的手机，既给学生的学习带来了便利，可以随时查阅各种资料，也给课堂教学管理带来了挑战。有的学校要求学生在上课前将手机关机或调成静音放在统一定制的手机袋里，有的干脆规定不准把手机带进校园等，这至少告诉我们：智能通信设备给我们的教育管理带来的影响是实实在在的，而且正在改变着我们的教育。

二、促进教育重心转移

首先，人工智能对技能教育的冲击和影响。人工智能的发展给技能教育带来的冲击最大。人工智能的关键技术主要有计算机视觉、机器学习、自然语言处理、机器人和语音识别。技能教育中所涉及的技能及其传授方法，应该都是机器人能够学习和掌握的，并且会比人类本身掌握得更精准。职业技能教育的核心是培养和传授一定的职业技术和能力，比如设施农业专业的核心是传授设施农业机械运用与维修的基本技能，茶叶生产加工技术专业的核心是传授茶树栽培、育种、茶叶加工及品质检验的基本技能等。职业技能教育所传授的这些基本技能，人工智能很容易做到。

其次，受到冲击的是知识教育。普通小学教育、初中教育和高中教育以传授知识为主。中考、高考虽然也考思维训练情况，但主要还是考学生对各门学科知识点的掌握。因为人工智能的发展，在知识储备量、知识传播速度、教学方法与手段方面将带来新的可能，并超越人类的力量。从这些发展趋势推测，知识教育中有关知识及其传授工作都可能被机器人取代。

最后，受到冲击的是智慧教育。“人工智能”中的“智能”二字体现的就是对人的智慧的学习和模仿。智慧高于一般技能和知识，但是来源于技能和知识。根据《新一代人工智能发展规划》，人工智能将在教育、医疗、养老、环境保护、城市运行、司法服务等领域广泛应用，其中智能机器人产业是大力发展的人工智能新兴产业之一。也就是说，机器人可以学习技能和知识，也可以学习人的智慧。智慧教育所涉及的智慧及其传授智慧的方法，机器人也可以取代。

如果未来的技能教育、知识教育和智慧教育还像今天这样把主要的精力都放在对学生进行技术、知识和智慧的传授方面，那确实没有存在的必要了。但是只要我们调整教育的工作重心，做教育能够做而人工智能不能做的事，那么人工智能不仅不会取代教育，反而会进一步促进教育的发展——“人工智能是辅助工具，其使命不是取代教师，而是让教师腾出更多的时间和精力，创新教育内容、改革教学方法，把教育做得更好。”

三、推动教育回归人的本真

人工智能的发展可以帮助学生越来越轻松地学习技术、知识和智慧，从而逐步占领技能教育、知识教育和智慧教育的空间与领地，迫使学校从传统技能教育、知识教育和智慧教育的空间和领地中撤离出来，把教育重心转移到人工智能不能进入的人的精神和情感世界中来。也就是说，人工智能时代将推动教育关注人，尤其是关注人的情感交流和精神成长。

关注人，尤其是关注人的情感交流和精神成长，其实就是教育的本真。在教育过程中，学生最重要的不是掌握多少技能、知识和智慧本身，而是充实其精神世界。教育的价值就主要体现在对人的重视与关注上，可以说“教育中没有什么比对人的关注、对灵性的培育和养护更具有价值”。

现实中确实还有很多非本真的教育现象存在。对教育本真的回归，也一直是我国教育理论家们的期盼和希望。客观地说，尽管教育理论界不断有学者批评教育的工具化，呼吁教育重视人，渴望教育回归本真，但是收效不大，其原因是多方面的，有一部分原因是教育惯性使然，过去干得好好的，凭什么要改变。不过，技术、知识和智慧的传授确确实实在当前还是教育所要肩负的重要职责和使命，如果人工智能能够帮助学生很快掌握其生存发展所需要的基本技术、知识和智慧，教育就可以不在这些方面花更多的精力，就有时间关注学生的精神成长。

当然，教育重心由人工智能可以占据的领域向其目前不能到达的领域转移，不是一蹴而就的，而是一个比较漫长的过程。当人工智能时代真的到来，开始推动教育重心转移到关注“人”本身时，教育的新时代也将来临。

（本文原载《光明日报》2018 年 5 月 24 日）

人工智能时代将呼唤灵性教育

当前，关注人工智能的学者比较多，并有多篇文章就人工智能与教育进行专题讨论。有人担心教育会被人工智能取代，这是对人工智能的误读而产生的错误判断。不过，人工智能的发展必然会对教育产生影响，甚至会引发教育全面的革命性的变革。关于教育，可以有不同的理解，“但是不管怎么理解，无非包括技能教育、知识教育、智慧教育和灵性教育四个方面。”① 因此，笔者想从人工智能发展与教育这四个方面的关联入手进行讨论，把握未来教育发展的大趋势，促使教育通过变革回归本真，以引起人们对人的精神成长及其灵性教育的重视，为应对人工智能的未来挑战作好准备。

一、人工智能发展将促进技能、知识和智慧教育重心的转移

“人工智能”（Artificial Intelligence）的概念自斯坦福大学计算机科学家约翰·麦卡锡（John McCarthy）于1955年在达特茅斯会议首次提出之后，已走过了60多年的历程，并非一夜之间才冒出的新事物。当然，人工智能引起人们广泛注意确实是最近几年的事，尤其是人机象棋、围棋大战机器胜出带给人们的震动很大。比如1999年IBM深蓝机器人战胜了当时的象棋世界冠军卡斯帕洛夫、2016年谷歌围棋人工智能Alpha Go战胜韩国棋手李世石等，给人们以巨大的冲击。同时，人工智能产业的快速发展也让人们比较直接地感受到了人工智能席卷而来的时代气息。据艾媒咨询数据显示，中国人工智能产业在2016年已突破100亿元，其增长率达到了43.3%，2017年和2018年是人工智能快速增长的时期，预计在2019年有可能增长至344.3亿元，为此，2016年被人们称为“中国人工智能元年”。② 中国对人工智能的发展高度重视。在2017年7月20日，国务院印发了《新一代人工智能发展规划》，描绘了我国未来十几年人工智能发展的宏伟蓝图，提出了面向2030年我国新一代人工智

① 侯长林．大学灵性教育的理论探讨与实践［J］．重庆高教研究，2017（6）．

② 人工智能时代世代来临中国或领跑世界［N］．人民日报（海外版），2017-05-30．

能发展的总体思路、主要任务和保障措施。由此看来，不管对人工智能如何看待，承不承认，接不接受，人工智能时代已经实实在在地到来了。

人工智能时代的到来，对人类生活的影响是多方面的。比如有的专家预测：人类所从事的大多数工作，如 IT 行业、编辑行业、肿瘤手术、生产操作等，在未来都将有可能被机器人代替。应该说，这些预测，有一定的道理。美国麻省理工学院人工智能试验室教授罗德尼·布鲁克斯曾经说过："人们总是担心机器会抢走人类的工作，但实际上机器只是填补人类不想要的工作岗位的空缺。除此之外，智能革命也会带来大量的新职业。"① 所以，认为人工智能的进一步发展有可能毁灭人类等观点，就有些杞人忧天了，正如美国脸书首席执行官扎克伯格在谈及伊隆·马斯克等人担心未来机器将取代人类等忧虑时说："这些担忧毫无依据。"② 人工智能的发展及其对人类未来的影响，都只能是推测，未来到底怎么样，只有等未来变成了现实，才能盖棺定论。不过，人工智能再发展再先进，都是由人所创造并由人所掌管，主宰人工智能的是人。同时，也应该相信，人也会随着人工智能的进步而进步、发展而发展。人工智能还有广阔的发展空间，人的发展潜能何尝不是如此呢？人工智能的研发有可能会出现个别失控的现象，导致人工智能个别技术的异化甚至个别人或少数人的异化，但总体而言，应该相信"人类有本事去利用创新创造出人工智能，那么，无论如何，这方面，相信创新的能力，人类还是更胜一筹的"。③ 所以，我们应该对人类自身充满信心。

人工智能的发展对未来教育的影响也是多方面的，但是笔者以为冲击最大的首先是技能教育。因为人工智能本身就是技术，即人工智能技术。人工智能的关键技术主要有计算机视觉、机器学习、自然语言处理、机器人和语音识别，与互联网一样，智能技术向几乎所有旧产业渗透，教育也不例外。比如智能导师辅助个性化教与学、教学机器人助手、儿童居家学习伙伴、学情分析与智能诊断、实时跟踪与反馈的智能测评、教育数据的挖掘与智能化分析等。机器人能够学习和掌握象棋、围棋等高超的棋艺，技能教育中所涉及的技能及其传授方法，应该都是能够学习和掌握的，并且会比人类本身掌握得更精准。也

① 社会达尔文主义视角下的"无用阶层"，会不会在人工智能时代出现．http：//it. sohu. com/20170719/n502851638. shtml.

② 扎克伯格打脸马斯克：人工智能威胁论就是发神经［EB/OL］. http：//help. 3g. 163. com/16/0303/02/BH6SMHJI00964L9E. html，2017-07-26.

③ 武晨．人工智能时代哪些行业将会被取代［EB/OL］. http：//news. china. com/tech/11184589/20170703/30894496_all. html，2017-07-26.

就是说，我们今天职业技术教育所传授的技术及其传授的方法，有一天机器人都可能取代。那么，我们的职业技术教育做什么？其次，受到冲击的是知识教育。在德国洪堡看来，大学既是传授知识的地方，也是发展知识的地方，大学是学科的宇宙，知识的宇宙，即大学教育是知识的教育。如果说，我国初等职业教育、中等职业教育和高等职业教育主要以传授技术为主，那么，我国普通小学教育、初中教育和高中教育就主要以传授知识为主。中考、高考虽然也考思维训练情况，但主要还是考学生对各门学科知识点的掌握，即我国普通小学教育、初中教育和高中教育也主要是知识教育。知识教育所涉及的知识及其传授方法，机器人是不是可以学习和掌握呢？从人工智能教育应用发展的趋势看，回答是肯定的。因为人工智能的进一步发展，有可能在知识储备量、知识传播速度，以及教学方法与手段等方面将带来新的可能，并超越人类的力量。据专家预测，人工智能技术的进一步发展，在教育方面，将出现为每位学习者提供个性化学习机会，促进学习者能力的获得，实现对学习环境中交互性数据的分析，支持全球课堂的普及，支持人们的随处学习和终身学习等趋势。① 从这些发展趋势推测，知识教育中有关知识及其传授工作都可能被机器人取代。那么，这些工作被机器人取代后，我们的知识教育做什么？最后，受到冲击的是智慧教育。"人工智能"中的"智能"二字体现的就是对人的智慧的学习和模仿。智慧高于一般技能和知识，但是来源于技能和知识。机器人可以学习技能和知识，也可以学习人的智慧。也就是说，智慧教育所涉及的智慧及其传授智慧的方法，机器人也可以取代。同样，智慧教育中的这些内容被机器人取代后，智慧教育教什么？

综上所述，技能教育、知识教育和智慧教育中所涉及的有关技术、知识和智慧及其传授的方法等都有可能被人工智能取代。这样一来，是不是技能教育、知识教育和智慧教育就没有存在的价值和意义了呢？肯定不是！但是如果未来的技能教育、知识教育和智慧教育还像今天这样把主要的精力都放在对学生进行技术、知识和智慧的传授方面，那确实没有存在的必要了。但人工智能的发展绝不会取代教育本身，只会进一步促进教育的发展，或者说，人工智能发展带给教育的不是威胁而是更多的机遇。正如电子科技大学讯飞股份有限公司高级副总裁杜兰所说："人工智能是辅助工具，其使命不是取代教师，而是

---

① 闫志明，唐夏夏，秦旋，张飞，段元美．教育人工智能（EAI）的内涵、关键技术与应用趋势——美国《为人工智能的未来做好准备》和《国家人工智能研发战略规划》报告解析［J］．远程教育，2017（1）．

让教师腾出更多的时间和精力，创新教育内容、改革教学方法，把教育做得更好。”①

因此，我们有理由相信，面对人工智能的发展，通过对传统技能教育、知识教育和智慧教育内容的创新及教学方法的改革，会逐步实现教育重心的大转移，把我们的教育办得更好。

二、灵性是人工智能发展很难抵达的彼岸

人工智能的发展速度很快，尤其是人工智能对人脑神经元网络的模拟，引起了人们的广泛关注。

模拟人脑的神经元网络是人工智能技术研究的一个重要领域。人工智能技术中的联结主义就是模拟人脑的神经元网络。人工智能神经元网络的研究有三个重大的发展阶段，这三个阶段被人们称为神经元网络发展的三次浪潮。1957年，康奈尔大学教授 Frank Rosenblatt 在 Warren Mc Culloch 和 Walter Pitts 的将神经元网络作为一个计算模型的理论基础上提出了“感知器”模型。感知器模型的建立具有划时代的意义，因为它是第一个具有自组织自学习能力的数学模型，是第一个用算法来精确定义的神经元网络。同时，还因为这项技术的诞生使人工智能在20世纪60年代出现了第一个高潮。人们惊呼：人工智能到来了！但是感知器技术在1969年遭到了 Marvin Minsky 和 Seymour Papert 两人的质疑和批判，认为单层的神经元网络无法解决不可线性分割的问题等。这些先天的缺陷导致人工智能在1974年到1980年间出现了停滞。Hinton 和 David Rumelhart 合作提出的应用反向传播算法，以及 Yann Lecun 关于“卷积神经网络”技术的运用等，把人工智能的发展带到了第二个高潮。但是由于这些技术未能真正进入人类日常生活之中，尤其是个人电脑的出现，在1987年到1993年间人工智能再次归于沉寂。第三次人工智能浪潮的兴起，是由于深度学习技术突破后带来的结果。2006年，Hinton 借用统计力学里的“玻尔兹曼分布”概念，使用“限制玻尔兹曼机”（RBM）来进行研究，加拿大的蒙特利尔大学学者 Xavier Glorot 和 Yoshua Bengio 使用一种称为“修正线性单元”（rectified linear unit，RELU）的激励函数，以及 Hinton 采用的被称为“丢弃”（dropout）的算法等改进算法，把人工智能推向了第三次浪潮。

今天人工智能在图像识别、语音识别和艺术创作等诸多方面都取得了重大进展，开始在医疗、金融、数字个人助理、新闻、律师、保险等现代服务业中

① 人工智能催生教育革命［N］. 人民日报（海外版），2017-06-03.

逐步占据中心地位，不过，它依旧还处在婴幼儿时期：以深度学习为驱动力的人工智能技术绝大部分仍然停留在分类、聚类和预测阶段，具有能够完全复制人的独立学习和决策能力等智慧在内的所谓通用人工智能，还仅仅停留在理论假设和想象阶段，距离具体实施还相当遥远；人工智能技术中的联结主义方法虽然很强大，可谓无坚不摧，但是它仍然有重大缺陷，即“没有坚实的理论基础，通过仿生学和经验积累得到的突破，依然无法得到透彻理解和预测”。①

从目前人工智能的发展情况看，尽管机器人非常强大，它可以把技术、知识和智慧都放进去，但是“机器在目前还不能够把情感、哲学放进去”。② 因为人工智能“不懂什么是情感，什么是意义，不能理解哈姆雷特爱情的内涵，也无法体会蒙娜丽莎微笑的美感”。③ 至于美国人史蒂文·斯皮尔伯格所拍电影《人工智能》中想确认“他”是跟人一样有情感、有自我意识存在的机器人小孩，毕竟只是科幻作品而不是客观存在。扎克伯格相信在人类基本的听、说、读、写等核心感知力方面，计算机在未来5~10年一定能做得比人类自己更好，但是他也明确表示：“我的意思不是说计算机就能够思考了。”④ 他还以围棋高手Alpha Go为例说明他的观点：尽管机器人已经能够在棋类游戏中打败人类，但是这个机器人不能中途停下来写诗或描述它的棋风，也不会自己就会下其他种类的棋。美国人写过一篇很有名的小说，描写了宇宙中一个智力极其发达的高级的生物，但最后发现他只不过是一只只能在黑屋子里面把信息传输出来而没有任何思维的图灵机。笔者以为这是对人工智能发展的形象生动的解读。而人与机器的最大区别就在于人是有精神、有情感的，是能够进行哲学思考的。

人工智能既然还没有走进人的精神和心灵世界，还不能进行思考，人工智能自然也就谈不上对人的灵性的培育与拓展。因为人之灵性是精神之灵性，它是“指人的心灵层面中居于高端的、具有超越性且能够创新技能和知识，能够产生智慧的存在、状态或力量”。⑤ 具体包括三方面的含义：一是人的心灵层面的存在、状态或力量；二是居于高端且具有超越性的存在、状态或力量；三是能够创新技能及知识和智慧的存在、状态或力量。这就是说，灵性首先属

① 顾险峰. 人工智能的历史回顾和发展现状［J］. 自然杂志，2016（6）.

② 褚君浩. 迎接智能时代［J］. 华东师范大学学报（教育科学版），2017（4）.

③ 王作冰. 人工智能时代的教育革命［M］. 北京：北京联合出版公司，2017：2.

④ 扎克伯格：人工智能未来10年内将超越人类［EB/OL］. http：//money.163.com/16/0429/14/BLR1AHFA00253B0H.html，2017-07-26.

⑤ 侯长林，张新婷. 论大学之灵性［J］. 教育研究，2016（7）.

于精神层面而非技能、知识和智慧，并且是处于精神层面的高端。目前人工智能连人的精神和心灵世界都还没有进入，怎么可能抵达人的心灵深处呢？雨果在其小说《悲惨世界》中说："世界上最宽阔的是海洋，比海洋更宽阔的是天空，比天空更宽阔的是人的心灵。"① 灵性内含于比天空更广阔的心灵空间之中，且处于心灵内核深处，因此，人工智能要想抵达几乎没有可能，甚至永远也无法到达灵性的彼岸。

三、人工智能发展推动教育逐步回归到关注人的本真

人工智能的发展虽然不能进入人的精神和情感世界，更不能抵达人的灵性的彼岸，但是人工智能的发展可以帮助学生能够越来越轻松地学习技术、知识和智慧，从而将逐步占领技能教育、知识教育和智慧教育的空间和领地，迫使学校从传统技能教育、知识教育和智慧教育的空间和领地中撤离出来，把教育重心转移到人工智能不能进入的人的精神和情感世界中来。也就是说，人工智能时代将推动教育关注人，尤其是关注人的情感交流和精神成长。

关注人，尤其是关注人的情感交流和精神成长，其实是回归教育的本真。尽管对教育的本真有多种解读，比如马卡连柯认为教育的终极目的是使"人变成幸福的人",② 克里希那穆提认为"教育的真正意义是自我了解",③弗莱雷则认为"教育即解放"④ 等，但是实质是一致的，即"教育是人的灵魂的教育，而非理智知识和认识的堆集",⑤ 简言之，就是促进学生的精神成长。教育过程，对儿童来说，"首先是一个精神成长过程，然后才成为科学获知过程的一部分"。⑥ 这才是本真的教育。正因为教育的本真在此，才有克里希那

---

① 孙月冬．试论心灵和谐与大学生的全面发展——兼论庄子心灵和谐思想的德育价值［J］．黑龙江高教研究，2010（5）．

② 吴式颖，等．马卡连柯教育文集（上卷）［M］．北京：人民教育出版社，1985：16.

③ ［印度］克里希那穆提．一生的学习［M］．张南星，译．深圳：深圳报业集团出版社，2010：15.

④ 李贤智．论弗莱雷的解放教育学说［J］．湖北大学学报，2011（4）．

⑤ ［德］雅斯贝尔斯．什么是教育［M］．邹进，译．北京：生活·读书·新知三联书店，1991：4.

⑥ ［德］雅斯贝尔斯．什么是教育［M］．邹进，译．北京：生活·读书·新知三联书店，1991：30.

穆提的"一个知道如何分裂原子，而内心却没有爱的人，便成了一只恐怖的怪物",① 加塞特的只懂专业知识而"没有文化修养的新生的野蛮人",② 以及耶鲁大学理查德·莱文校长所认为的"如果一个学生从耶鲁大学毕业后，居然拥有了某种很专业的知识和技能，这是耶鲁教育最大的失败"③ 等对教育工具化倾向进行猛烈抨击和批判的观点与看法出现，并且得到很多有识之士的认同与肯定。但是，现实中确实还有很多非本真的教育现象存在。对教育本真的回归，也一直是我国教育理论家们的期盼和希望。客观地说，尽管教育理论界不断有学者批评教育的工具化，呼吁教育重视人，渴望教育回归本真，但是收效不大，其原因是多方面的，有教育惯性使然，过去干得好好的，凭什么要改变，不过，技术、知识和智慧的传授确确实实在当前还是教育所要肩负的重要职责和使命。如果人工智能能够帮助学生很快掌握其生存发展所需要的基本技术、知识和智慧，教育就可以不在这些方面花更多的精力，就有时间关注学生的精神成长，这"正是使人不断走向自由全面发展的必然选择"。④ 这种选择，有的人在情感上未必能够接受，但在策略上却是明智的选择。正如世界经济论坛总裁克劳斯·施瓦布所说："各国若想避免出现大规模失业等最坏的情况，比起向学生传授可能被机器人取代的单纯技术，更应该设法通过教育和训练提高学生的创造力和高度的问题解决能力。"⑤ 教育的重心由传授单纯技术转向培养学生高度的问题解决能力和创造力，这是教育本真的回归。所以，从这个意义上说，教育本真的回归是人工智能发展推动的结果。因此，笔者比较赞成这样的观点：随着机器人技术和人工智能的发展，"教育自身也将更接近于其本质，'人'在教育中的核心地位也将更加凸显"。⑥

教育重心由人工智能可以占据的领域向其现在不能到达的领域转移，不是一蹴而就的，需要一个过程，甚至是一个比较漫长的过程。这个过程是一个"敌进我退"的过程。这个过程的长短取决于人工智能发展速度的快慢，人工智能发展越快教育重心转移就越快，反之教育重心转移的速度就会放缓。因为

---

① ［印度］克里希那穆提．一生的学习［M］．张南星，译．深圳：深圳报业集团出版社，2010：17.

② ［西班牙］奥尔特加·加塞特．大学的使命［M］．徐小洲，陈军，译．杭州：浙江教育出版社，2001：56.

③ 王作冰．人工智能时代的教育革命［M］．北京：北京联合出版公司，2017：186.

④ 任鹏．人工智能时代，教育的变与不变［N］．光明日报，2017-07-22.

⑤ 王作冰．人工智能时代的教育革命［M］．北京：北京联合出版公司，2017：153.

⑥ 任鹏．人工智能时代，教育的变与不变［N］．光明日报，2017-07-22.

教育重心的转移不是教育本身想不想转移的问题。教育撤离早了，留下的阵地人工智能占据不了，出现空白点不行；只有人工智能发展到来了，并且受到挤压了，教育重心才可能开始转移，所以，教育是需要人工智能发展推动的。

四、灵性教育是促使人精神成长的教育

过去的20多年，由于我国经济快速发展，对技术型人才的需求比以往任何时候都迫切，这就给职业技术教育带来了很大的发展空间。最近几年，经济社会的转型升级，技术人才层次的需求也逐步上移，又促使重视知识教育的地方本科院校转向重视应用技术人才的培养。应该说，这些年对技能教育、知识教育包括智慧教育的重视，确实为国家经济的发展做出了巨大的贡献，但是对人的全面发展重视不够，尤其是在学生的精神成长方面关注不够。灵性教育的提出与实施，可以在一定程度上纠正我国高等教育尤其是高等职业技术教育和应用技术大学教育过度强调技术技能的倾向。

那么，何为灵性教育？其实，灵性教育就是指“传授使学生能够创新技能、知识，能够产生智慧的能力”① 的教育。灵性教育依附于技能教育、知识教育和智慧教育，但是高于这些教育，是“处于技能、知识和智慧教育之上的教育”。② 如果说现实中有的技能教育、知识教育和智慧教育由于过度强调了对技术、知识和智慧的学习与传授在一定程度上偏离了教育的本真，那么，灵性教育则通体都是本真的教育，无所谓偏离，只要实施就是本真的。在德国哲学家、教育家雅斯贝尔斯的眼里，“灵性”“灵魂”和“教育”是一体的，他说：“教育活动关注的是，人的潜能如何最大限度地调动起来并加以实施，以及人的内部灵性与可能性如何生成。”③ 在这里，雅斯贝尔斯虽然只提出了“灵性”一词而没有将“灵性”与“教育”合在一起提出，即没有直接提出“灵性教育”一词，但是他非常明确地将“灵性”如何生成看做教育最关注的问题。其实，雅斯贝尔斯在这里讨论的就已经是实实在在的灵性教育问题了。如果要对灵性教育进行追根溯源，雅斯贝尔斯的思想是不能回避的。归而言之，发掘人的潜能，拓展人的灵性，是教育的最大任务和特殊使命，是教育的本体所在，“按照灵性生长的逻辑开展教育实践，就能够生发出本真的教育样

---

① 侯长林，张新婷．论大学之灵性［J］．教育研究，2016（7）．

② 侯长林，张新婷．论大学之灵性［J］．教育研究，2016（7）．

③ ［德］雅斯贝尔斯．什么是教育［M］．邹进，译．北京：生活·读书·新知三联书店，1991：4．

态，引导人走向本真的生存”。①

技能教育、知识教育和智慧教育的内容均博大精深，灵性教育的内容也自然不会少，而且还比较模糊，但是根据理想的灵性人所具有的品格纯正、信念坚定等要求，就应该对应地开展品德等教育，并且不是一般的品德等教育，而是灵性的品德等教育。这些教育毫无疑问都是促进人的精神成长的教育。不过，需要说明的是，灵性教育只是促进人的精神成长教育的一部分，而不是精神成长教育的全部。

五、人工智能时代灵性教育大有可为

在人工智能时代，人对技术、知识和智慧的学习与掌握由于有机器人的帮助将会更轻松，相对于非人工智能时代就能够腾出更多的时间和精力从事精神生活，提升精神境界，发掘潜能，拓展灵性。因此，人工智能时代可能才是每一个人都真正能够全面而自由地发展，走向“全人”的时代。同时，也说明马克思在《资本论》中提出的“一个更高级的、以每个人的全面而自由的发展为基本原则的社会形式”是有可能变成现实的，即每个人全面而自由发展的理想不是海市蜃楼，而是可能实现的，尤其是人工智能今天的快速发展让我们看到了这种可能变成现实的希望。在过去乃至今天，虽然孔子、孟子、庄子、柏拉图、亚里士多德、裴斯泰洛齐、雅斯贝尔斯、杜威、克里希那穆提、蔡元培、陶行知等人都在呼吁全人教育，但为什么全人教育很难收到大的成效，理想的完美的全人难以成批出现，只有少数社会精英才可能走向“全人”？关键还是时代历史条件的局限。现今人类创造的技术、知识和智慧实现了几何级数增长，人靠自身的力量很难穷尽，这就严重挤压了人的精神成长的时间和空间，导致很多人难以成为“全人”。其中，我们的教育对其本真的偏离，也是不可忽视的重要原因。

人工智能时代对人的解放，既给人的精神成长带来了普遍的机遇，使人的无限的创意与想象可以尽情地发挥，尤其是人的创造力、沟通力和学习力将会得到前所未有的关注和重视，又为灵性教育提供了广阔的舞台。因为人的这些精神成长与潜能发掘，都与灵性教育的内容紧密相连，或者说，灵性的品德教育等，都是人的精神成长不可或缺的重要方面。灵性教育将大有可为！

此外，从人性的角度看，人工智能时代更需要灵性教育。王作冰在《人工智能时代的教育革命》一书中，认为人工智能存在“人性缺失”和“情商

① 朱新卓．教育的本体性功能：提升人的灵性［J］．教育研究，2008（9）．

是硬伤”等弱点，同时又认为“科技越是发达，人性越要绽放”。① 如何才能使人性在科技发达时代更加绽放？只有依靠教育，尤其是灵性教育。没有灵性教育的介入，要想使大多数人的人性更加绽放，更加美丽，可能很难实现。因而人工智能时代将呼唤灵性教育！

但是，灵性教育不可能包揽人的精神成长的所有方面，它只是关乎人的精神中的人性部分，尤其是人性中的“善端”“良知”“顿悟”“悟性”“德性”等与灵性紧密相关的内在品质和能力。同时，灵性教育的实施也不可能离开人类所创造的技术、知识和智慧而单独进行，所以，未来人工智能时代的教育还需要其他多种教育类型或教育形式的广泛参与。因此，人工智能时代的教育将是围绕人的发展尤其是人的精神成长而出现的多元化的教育，这也是更加理想的教育！

[本文原载《内蒙古师范大学学报（教育科学版）》2018 年第 6 期]

① 王作冰．人工智能时代的教育革命 [M]．北京：北京联合出版公司，2017：90.

职业教育应统筹发展

我国职业教育从无到有，尤其是近十余年来，从规模到质量都有长足的进步与发展。全国职业教育工作会议的召开，更是把职业教育的发展提高到国家战略的高度。我国职业教育如何提升，最重要的是统筹发展的问题，尤其是职业教育内部各层次之间的统筹发展问题。

一、统筹才能促进层次发展

全国职业教育工作会议已经明确提出，要采取试点推动、示范引领等方式，引导一批普通本科高等学校向应用技术类型高等学校转型，要形成适应具有中国特色、世界水平的现代职业教育体系。这就要求我们首先要更新职业教育观，现在的职业教育已经不仅仅指中职教育和高职专科教育，还包括应用本科教育，甚至还包括专业硕士教育、专业博士教育。也就是说，今天的高职教育已经不只是特指高职专科教育，它还包括应用本科教育、专业硕士教育和专业博士教育。这就内在地要求我们今天在推进职业教育包括高职教育发展的时候，不能只考虑中职教育和高职专科教育的发展，而应该同时考虑应用本科教育、专业硕士教育和专业博士教育的发展。遗憾的是，当前有的人在讨论职业教育或高职教育的时候，还是持老的过去的职业教育或高职教育观，把应用本科教育、专业硕士教育和专业博士教育排斥在职业教育或高职教育之外。这是不对的。

过去的职业教育或高职教育比较单一，现在包含的层级多了，内涵丰富了，要想使职业教育各层次之间，即中职教育与高职专科教育之间、高职专科教育与应用本科教育之间、应用本科教育与专业硕士教育和专业博士教育之间，能够相互衔接、协调发展，就必须进行统筹规划，否则，各发展各的，职业教育类型中各层次人才培养就会错位，无法衔接，中职—高职—本科的“立交桥”就难以建立。既然职业教育已经是一种类型，就应该有作为一种类型的基本要求和规范。在这种要求和规范还没有完全建立或正在建立的时期，统筹就显得更为重要。

二、职业教育如何加强统筹

第一，要统筹发展规划。我们对中职教育与高职专科教育的发展缺乏统一规划，有的地方高职专科教育做得比较大，一个省已经有七八十所高职院校了，而中职教育则严重萎缩，有的省正好相反，高职院校才十几所到二十所，中职则有几百所。中职教育与高职专科教育发展规模明显失调。现在地方本科高校向应用技术类型高等学校转型，进入职业教育“领地”，需要解决好应用本科教育与高职专科教育和中职教育的协调发展问题。因此，既要统筹中职教育与高职专科教育的发展，也要统筹高职专科教育与应用本科教育的发展。这些都需要统一规划。在职业教育的统筹规划中，各级政府应发挥主要作用，承担起“掌舵者”的角色，把职业教育纳入本地区经济和社会发展的总体规划之中。

第二，要统筹人才培养。职业教育各层级之间人才培养的规格需要政府和教育行政主管部门进行研究，划定边界。目前，中职教育和高职专科教育之间人才培养的规格，就存在边界不清的问题。现在职业教育层级增加了，更需要统一划清人才培养的边界，尤其是应用本科和高职专科人才培养的生态位问题。要厘清人才培养的生态位问题，就得厘清其课程体系和课程内容的生态位问题。否则，高职专科的课程内容就有可能抢占应用本科的课程内容，应用本科也有可能挤占高职专科的课程内容。这是一个相当复杂的过程，不统筹是不行的。

第三，要统筹资源配置。国家和省市的资源都是有限的，要把有限的资源合理地进行配置，就需要统筹。我国职业教育经费投入的保障机制还很不健全，全国职业教育工作会议已经明确提出要对普通本科高校转型发展进行资金引导。但是目前职业教育管理部门基本上还是沿袭过去的模式，在配置职业教育资源的时候，比如经费的投入，只考虑中职教育和高职专科教育，而没有考虑应用本科教育，更没有考虑专业硕士和专业博士教育。当然还不仅仅是经费投入问题，比如校区设施建设问题、师资队伍建设问题、企业合作问题等资源的整合，都需要统筹。

第四，要统筹评价体系。目前，我国职业教育的评价体系不健全，基本上只是职业教育各层级自身在自发地拟定一些内部管理标准或评价体系，没有考虑职业教育不同层级之间评价体系如何衔接的问题。评价体系，是一个风向标，它将引导职业教育各层级之间走向统一、走向协调。所以，应该尽快建立健全的职业教育评价体系。要建立健全的职业教育评价体系，就需要统筹，没有统筹，一个合理的评价体系是难以建立的。

总之，职业教育工作是一项十分复杂的系统工程，只靠职业教育各层级自身唱独角戏难以搞好，需要政府、社会各界的关心和支持，特别是各级领导的重视，政府的统筹，才能使职业教育各层级之间能够相互衔接、协调发展。

（本文与罗静、叶丹合著，原载《光明日报》2014 年 10 月 28 日。）

应用型本科高校社会服务的理性审视

社会服务是所有高校都关注的问题，就应用型本科高校而言，显得尤为重要，因为社会服务本身就是应用的一种体现。但遗憾的是，在地方本科高校应用转型已经形成共识并大规模向纵深推进的今天，关于应用型本科高校社会服务研究的文献仍很难找到，理论研究已明显落后于实践逻辑的演进。随着地方本科高校应用转型的进一步发展，对应用型本科高校社会服务理论研究的需求将更为强烈。因此，对应用型本科高校社会服务的基本问题进行理性审视，有着十分重要的现实意义。

一、政治论：应用型本科高校社会服务的哲学考察

对高等教育进行哲学考察，源于美国。《高等教育哲学》一书是西方第一本直接以高等教育哲学命名的著作，其作者是美国著名教育家约翰·S. 布鲁贝克。他在该书中认为：20 世纪美国的高等教育存在着以认识论为基础和以政治论为基础的高等教育哲学。以认识论为基础的高等教育哲学强调学术的客观性和价值自由，而以政治论为基础的高等教育哲学强调的则是政治目标和为国家服务。①

我国高等教育与美国高等教育虽然有国情方面的差异，但是也存在布鲁贝克所说的认识论哲学基础和政治论哲学基础，并且十分强调政治论哲学基础。习近平总书记就曾明确指出："我国高等教育发展方向要同我国发展的现实目标和未来方向紧密联系在一起，为人民服务，为中国共产党治国理政服务，为巩固和发展中国特色社会主义制度服务，为改革开放和社会主义现代化建设服务。"② 这就告诉我们，作为新时代的中国高等教育必须明确政治目标，强化

---

① ［美］约翰·S. 布鲁贝克．高等教育哲学［M］．王承绪，等，译．杭州：浙江教育出版社，2002：13.

② 习近平在全国高校思想政治工作会议上强调：把思想政治工作贯穿教育教学全过程 开创我国高等教育事业发展新局面［N］．人民日报，2016-12-09（1）.

为国家服务的功能，坚持“以政治论为基础的高等教育哲学观”。① 近年来，我国高等教育越来越重视社会服务，尤其是对国家重大战略的服务。西南交通大学党委书记王顺洪在人民日报撰文指出，高校的创新与发展“必须面向国家重大需求，对接国家战略、融入国家战略”，②致力于影响国家未来经济社会发展的根本性、核心问题研究，承担起关键核心技术研发的责任和使命。东北大学校长赵继在全国政协小组发言时表示：在人才培养和学科建设方面，“东北大学始终将‘服务经济社会发展’摆在首位，服务和引领经济社会发展”。③ 作为国家首批“211”大学与“985”大学重点建设的高校，以及经国务院批准进入世界一流大学建设行列的东北大学始终将服务经济社会发展摆在首位，是难能可贵的。

应用型本科高校的类型标签是“应用”二字，而应用就意味着广大师生不能蜗居在校园之内，将自己封闭起来，一心只读圣贤书，而要走出“象牙塔”，主动与社会对接，积极为社会服务。师生不与社会发生关系，不将理论与实践相结合，就无所谓应用。因此，应用型本科高校在认识论和政治论哲学基础的选择中就更加偏向政治论。目前，我国应用型本科高校主要有应用技术大学和教学服务型大学两大阵营。应用技术大学强调通过技术服务社会，而教学服务型大学则认为服务社会是全方位的，不仅包括技术服务，还包括人文艺术、经济管理等服务，并且其“教学和科学研究以服务地方为宗旨”。④ 在这里，社会服务的地位已经上升到办学宗旨的高度，而不仅仅是一般的大学职能。因此，“教学服务型大学是一种以服务为宗旨的应用型大学”。⑤ 其实，不仅仅是定位在教学服务型大学的地方高校要以服务地方为宗旨，就是定位在应用技术大学等其他应用型本科高校，也应该将服务地方作为自己的办学宗旨。按照《教育部关于“十三五”时期高等学校设置工作的意见》所指的应用型本科高校，在管理体制上基本实行的都是省管或省市（州）共管，相对中央，省或市（州）都是地方。作为地方人民政府举办的应用型本科高校理应为地方服务。更何况，应用型本科高校也只有扎根地方，才能从地方的土壤中吸取养料，办出高水平，走向卓越。不过，还需要进一步指出的是，应用型

① 侯长林．习近平高等教育理论解读［J］．贵州社会科学，2018（2）．

② 王顺洪．高校创新要对接国家战略［N］．人民日报，2016-05-16（5）．

③ 全国政协委员、东北大学校长赵继：教育重质量发展重内涵［EB/OL］．［2018-03-11］．http：//mini. eastday. com/a/180315090132631. html.

④ 刘献君．建设教学服务型大学——兼论高等学校分类［J］．教育研究，2007（7）．

⑤ 侯长林，张新婷．对教学服务型大学的理性探讨［J］．铜仁学院学报，2015（3）．

本科高校所服务的“地方”，对不同的应用型本科高校有不同的指向，有的可能是指省，有的可能是指市（州），有的可能是指省或市（州）的某一个或几个行业，有的是指省或市（州）经济社会文化等各方面。这里想特别强调的是，应用型本科高校服务地方的范围和层次不能凭主观意愿随意确定，服务地方半径的大小“决定于我们的服务能力和水平，服务能力和水平越高，所服务区域的半径越大”。① 由此可见，应用型本科高校社会服务的范围和层次确定，不是小事，它关乎社会服务的逻辑起点，是开展社会服务的基础和前提问题。对这些问题的审视就是对应用型本科高校的哲学审视。

二、统摄性：应用型本科高校社会服务的职能提升

当前，我国对大学职能的认识有一个误区，言必称人才培养、科学研究、社会服务三大职能，有的还包括文化传承与创新、国际教育等，似乎这些大学职能对每一所高校都是同等重要的，其实不然。这些大学职能只是就大学职能的普遍性而言的，就某一所高校来说，可以有所侧重，而且必须有所侧重，因为不同高校及同一所高校不同发展阶段的基本情况是不一样的，各大学职能在高校中所占的比重也是不一样的，有的偏重科学研究，有的偏重人才培养，有的偏重社会服务，有的偏重文化传承，有的偏重国际教育等职能，都是很正常的。如果每一所高校都把以上三大或四大或五大职能看得同等重要，那我们中国的高校也就千篇一律了。事实上，仅仅是偏重某一项大学职能还不够，成熟的特色鲜明的高校还应该将其上升到统摄性的地位。因为大学的统摄性与大学的特色紧密相连，学校如果没有统摄性概念，要想办成特色鲜明的大学，就会成为空谈。

大学的统摄性不是空中楼阁，只有大学哲学基础、大学定位和大学职能的统摄性形成了，大学的统摄性才算真正形成。大学哲学基础和大学定位的统摄性都将对大学特色的形成产生影响，但是大学职能的统摄性对大学特色的形成有着更为直接的作用和意义——“没有统摄性的大学职能，统摄性的大学特色就失去了源泉。”② 即对大学特色形成产生直接影响的是大学职能的统摄性，往前推才是大学定位的统摄性，再往前推才是大学哲学基础的统摄性。因为大学哲学基础、大学定位、大学职能和大学特色的内在逻辑链条是：大学哲学基

① 罗静．对铜仁学院“铜仁需求，国家标准”办学理念的解析［J］．铜仁学院学报，2016（6）．

② 侯长林．论大学的统摄性［J］．山东高等教育，2017（4）．

础决定大学定位，大学定位决定大学职能，大学职能决定大学特色。也就是说，应用型本科高校要想打造办学特色，在其统摄性哲学基础和统摄性办学定位确定的前提下，就需要努力推动其统摄性大学职能的形成。应用型本科高校的大学职能也同一般大学的职能一样，有人才培养、科学研究和社会服务，以及文化传承与创新、国际教育等。在这众多的大学职能中，人才培养是根本，但是不影响不同类型高校对其统摄性大学职能定位的不同选择。比如传统研究型大学的统摄性职能一般应该确定在科学研究上，而应用型本科高校的统摄性职能则应该选择社会服务，只有教学型本科高校的统摄性职能才应该定位在人才培养上。

应用型本科高校选择社会服务作为其统摄性职能进行建设，不是主观臆断，是缘于其为地方服务的政治论哲学基础。笔者曾对应用型本科高校中的教学服务型大学哲学基础进行过考察，发现“政治论统摄下的人本论、认识论和文化论的有机结合是教学服务型大学哲学基础的最佳选择”。① 既然应用型本科高校的统摄性哲学基础是政治论，那么，应用型本科高校哲学基础就主要体现在社会服务统摄性职能上。所以，我国正在进行应用转型的地方本科高校，就应该根据其以服务地方为主要内容的政治论统摄性哲学基础，将社会服务职能上升到统摄性的地位，并进而明确其统摄性社会服务的目标，建构统摄性社会服务的体系，尤其要建立和完善统摄性社会服务的制度和机制，以确保统摄性社会服务职能尽快形成，发挥其应有的作用。

三、学术性：应用型本科高校社会服务的特色指向

由于应用型本科高校大学职能的统摄性一般应该体现在社会服务方面，其学校总的办学特色自然也应该体现在社会服务方面。所以，厘清了社会服务方面的特色发展规律也就把握了应用型本科高校总的特色发展规律。

大学社会服务最明显的特色指向是学术性。这是大学社会服务与其他社会组织的社会服务相区别的本质所在。应用型本科高校是大学中的一种类型，其社会服务的最大特点也是学术性，具体体现在以下三个方面。

首先，应用型本科高校是学术共同体。雅思贝尔斯说：“大学是一个由学者与学生组成的、致力于寻求真理之事业的共同体。”② 应用型本科高校在名

① 侯长林，罗静．论教学服务型大学的哲学基础［J］．贵州社会科学，2017（1）．

② ［德］卡尔·雅思贝尔斯．大学之理念［M］．邱立波，译．上海：上海人民出版社，2007：19．

称上虽然绝大部分仍然是“学院”而不是“大学”，但是其本质属性是一致的，即都是由学者与学生组成的学术共同体，学术性是其根本属性。作为一个学术共同体，要服务于社会，其最大的资源是学术资源。美国哈佛大学校长德里克·博克认为大学服务社会的一条普遍性原则是：“大学凭常规的学术功能，通过教学项目、科学研究和技术援助等手段承担着满足社会需求的重要职责。”① 这些学术性社会服务是其他机构所不能或难以提供的。如果大学把其他社会组织或机构完全可以提供的服务项目纳入其社会服务的职能范围，就是本末倒置。因此，应用型本科高校在社会服务中强化学术性，是其应然之举。

其次，应用型本科高校是本科层次的学术共同体。我国新建本科高校在应用转型的过程中，有一种担忧，就是怕转到职业技能型高校即高职高专层次上去。这确实是应用转型的本科高校需要认真思考和处理的问题，不仅人才培养、科学研究要找准本科层次的生态位，社会服务同样需要找准本科层次的生态位。在同一个区域中，往往既有应用型本科高校在做社会服务，也有高职高专院校在做社会服务，难免会有交集和冲突，但如果各自都找准了生态位，做自己应该做也能够做的事，交集和冲突就会少很多。应用型本科高校社会服务具体生态位的确定牵涉到很多因素，很复杂，需要具体问题具体分析，但是强化学术性是其共同的选择。《教育部关于“十三五”时期高等学校设置工作的意见》中对应用型本科高校的定位是：主要从事服务经济社会发展的本科以上层次应用型人才培养，并从事社会发展与科技应用等方面的研究；对职业技能型高校的定位是：主要从事生产管理服务一线的专科层次技能型人才培养，并积极开展或参与技术服务及技能应用型改革与创新。从教育部对应用型本科高校与职业技能型高校的定位看，两者除通过培养不同层次的人才服务社会外，其不同之处在于：应用型本科高校强调的是“社会发展与科技应用等方面的研究”，是应用性学术；职业技能型高校强调的“技术服务”以及“技能应用型改革与创新”。由此可见，应用型本科高校强化其社会服务的学术性，也是符合国家的政策导向的。

再次，应用型本科高校是应用型的学术共同体。应用型本科高校与传统研究型大学虽然都是学术共同体，但是更加强调应用学术性，即学术成果的转化或应用。纯粹学理层面的基础研究与应用性研究历来是大学内部争论不休的问题。传统研究型大学更多地选择基础性和前沿性科学研究，强化学校知识创造

① ［美］德里克·博克．走出象牙塔——现代大学的社会责任［M］．徐小洲，等，译．杭州：浙江教育出版社，2001：342.

者的角色，学校成为一个知识创造的机构，而对其创造的知识如何应用于实践、服务于社会，重视不够。这就给应用型本科高校留下了很大的发展空间，即应用型本科高校重点建设的应该是应用性学科，强化应用研究，但是也不能忽视基础研究，在给应用研究开一扇门的同时，也要给基础研究开一扇窗。因为基础学科和应用学科的划分都是人为的，“基础学科中有应用学科的因素，应用学科中也有基础学科的因素，它们之间有着千丝万缕的联系”。① 因此，应用型本科高校的“学术性如何与应用性结合应该是大学服务职能得以突破的关键所在”。② 只有这样，应用型本科高校社会服务的应用学术性特征才能彰显，也才能持久并保持在其恰当的生态位上。

四、耦合型：应用型本科高校社会服务的模式选择

我国部分新建本科高校在应用转型的过程中开始关注社会服务模式的建构问题，并进行了积极的探索，积累了一定的经验。但是理想的耦合型的社会服务模式还未形成。我们知道，社会服务不是学校开的独家餐馆，牵涉到学校与企业或行业双方或多方利益，只有双方或多方在服务与被服务的过程中形成了利益共同体，才能可持续发展，否则将会昙花一现或中途夭折。而耦合型社会服务模式正好考虑了服务与被服务双方或多方的利益，强调双方或多方的紧密联系、深度融合与相互支持。所谓耦合是指两个或多个的电路元件或电网络的输入与输出之间存在紧密合作与相互影响的关系，并通过相互作用彼此互通有无、传输能量。应用型本科高校社会服务的耦合就是指服务与被服务的双方或多方紧密合作与相互支持。

目前，应用型本科高校耦合型社会服务模式的主要体现是校政企耦合型，具体包括应用型本科校政耦合社会服务模式、应用型本科校企耦合社会服务模式和应用型本科校政企耦合社会服务模式三种类型。每一种类型模式还可以进一步划分，比如应用型本科校政耦合社会服务模式可以划分为学校主导、政府参与的校政耦合社会服务模式和政府主导、学校参与的校政耦合社会服务模式两种类型；应用型本科校企耦合社会服务模式可以划分为学校主导、企业参与的校企耦合社会服务模式和企业主导、学校参与的校企耦合社会服务模式两种类型；应用型本科校政企耦合社会服务模式可以划分为学校主导、政府和企业

① 罗静．应用学科的内涵及发展方略［J］．贵州社会科学，2018（4）．

② 王晓华．大学服务职能拓展的世界性努力——美国和中国个案研究［J］．比较教育研究，2002（1）．

参与的校政企耦合社会服务模式和政府主导、学校和企业参与的校政企耦合社会服务模式，以及企业主导、学校和政府参与的校政企耦合社会服务模式三种类型。

耦合只是一个大的原则，至于每一种耦合型社会服务模式的机制如何建立、利益如何划分，没有统一的模板，需要服务与被服务的双方或多方参与讨论，求同存异，形成共识。应用型本科高校虽然只是社会服务双方或多方中的一方，但作为社会服务的实施主体，不能只考虑自己的利益，而要主动为被服务方着想，在自己核心利益不受损失的前提下，要努力使被服务方的利益最大化，比如在服务时间安排上，有的社会服务项目在完成时间方面有特殊要求，学校就应该调整自己的时间以适应服务方的需求。所以，应用型本科高校因社会服务方面的需求调整上课时间是十分正常的。不过，该补的课一定要补，不能因要进行社会服务而缺课。当然，如果能够把课堂与社会服务项目相结合，在项目实施的过程中完成课堂教学任务，那是再好不过的事。

五、高水平：应用型本科高校社会服务的价值追求

国务院办公厅印发的《关于深化产教融合的若干意见》明确提出“开展高水平应用型本科高校建设试点”。这是新时代党和国家对应用型本科高校的新要求。高水平应用型本科高校建设离不开应用型本科高校社会服务的高水平。因此，高水平也应该成为应用型本科高校社会服务的价值追求。

应用型本科高校坚持将高水平作为其社会服务的价值导向，需要在以下几个方面做出努力。

第一，社会服务项目的高水平。社会服务的高水平首先体现在社会服务项目中科学研究项目的高比例，以及科学研究项目的高层次和高难度。能够代表应用型本科高校社会服务中科学研究项目的高水平成果越多，其社会服务的水平就越高。

第二，社会服务项目要充分发挥反哺作用。首先，社会服务要反哺人才培养。应用型本科高校的社会服务不能仅仅是为社会服务而社会服务，社会服务的目的之一就是要反哺人才培养。这就要求在社会服务项目实施的过程中要尽可能让更多的学生参与，并在参与的过程中使其得到更好的锻炼。同时，要积极跟踪和对社会服务工作进行总结，选编社会服务项目案例。铜仁学院在2017年已经选编了社会服务经典案例第一辑，并公开出版。其次，要反哺科学研究。在社会服务科学研究项目中要努力产出高水平的科学研究成果，不仅仅是完成被服务方提出的科学研究任务。同时，社会服务所获得的项目经费，

不能全部用于个人收入或其他公共事业开支，要划拨一部分用于新的科学研究工作，以推动学校科学研究的提升和发展。最后，社会服务要反哺文化传承与创新和国际教育等工作。在社会服务过程中，要选择一定量的有关文化和国际服务的项目，通过这些项目的实施培育学校文化和国际服务方面的人才。每一所应用型本科高校都置身于一定的地域之中，其地域文化的研究与开发是其不可推卸的责任和使命，而对其地域文化进行研究与开发所获得的成果本身就是学校文化传承与创新的责任和使命。应用型本科高校要服务地方，但是不排除开放办学。高水平的社会服务要立足地方，但不能囿于地方，要有一定量的国际服务项目。美国哈佛大学校长德里克·博克在《走出象牙塔——现代大学的社会责任》一书中就倡导积极开展海外服务项目，他认为："如果组织和管理得当，海外援助项目不仅应该为发展中国家作出特殊贡献，而且在帮助大学自身提高教学和科研质量方面也应该有所收益。"①

第三，社会服务要走向体系化。学校开展社会服务的初期没有体系化的意识，是可以理解的，任何事物的发展都有一个过程，但是如果发展到一定的阶段，还不考虑体系建构的问题，就要影响社会服务水平的提升了。因为"一个事物能否实现体系化，是该事物是否成熟的重要标志之一"。② 应用型本科高校社会服务的体系化，也是其成熟的重要标志。体系化建设是一项十分繁杂的系统工程，不可能一蹴而就，需要一定时间的积累和积淀。美国大学的社会服务走过了200多年的历史，才逐步实现社会服务的体系化，我国高校的社会服务只有几十年的发展，还未实现体系化，是很正常的。所以，应用型本科高校社会服务的体系化建设，也不能急躁冒进，要循序渐进，但是不能没有体系化的发展目标和导向。

第四，社会服务要建立适合的制度和机制。著名教育家夸美纽斯说得好，学校的长处全在于制度，因为制度才是灵魂，"哪里制度稳定，那里便一切稳定；哪里制度动摇，那里便一切动摇；哪里制度松垮，那里便一切松垮和混乱"。③ 应用型本科高校的社会服务是一个开放的生态系统，不仅涉及学校的师生员工，而且要与政府、企业以及社会的方方面面打交道，制度和机制建设

① ［美］德里克·博克．走出象牙塔——现代大学的社会责任［M］．徐小洲，等，译．杭州：浙江教育出版社，2001：225.

② 刘献君．论高等学校社会服务的体系化［J］．高等教育研究，2014（12）.

③ 任仲印．夸美纽斯教育论著选［M］．任宝祥，等，译．北京：人民教育出版社，1990：243.

显得极为重要。由于应用型本科高校的社会服务涉及校内外，其制度和机制建设，不能只考虑如何调动师生员工的积极性，还要努力促使地方政府包括人大等相关机构出台有利于学校开展社会服务的各项制度和政策，优化社会服务的外部环境。

第五，社会服务要建设与之相适应的文化。应用型本科高校在社会服务过程中，需要形成一定的理念，建立一定的制度，尤其需要培育能够支撑社会服务的精神，而理念、精神本身就是文化，制度执行一段时间后也有可能转变成文化。因此，应用型本科高校的管理者要有建设独特社会服务文化的意识，并转化为广大师生员工的文化自觉，结合学校历史文化传统和地域文化资源，做好社会服务文化建设的规划，有序推进。只有这样，社会服务与之相适应的文化才能逐步形成。没有成熟的文化，很难说这样的社会服务是高水平的。

（本文原载《职教论坛》2018 年第 6 期）

附录：侯长林学术研究及文艺创作成果目录

一、论文

（一）期刊论文

1. 侯长林、罗静、陈昌芸：《乡村学校教育促进乡村扶贫与振兴的文化功能省思》，《铜仁学院学报》，2019年第3期。

2. 侯长林：《应用型高校打造“金课”要体现“七性”》，《职教论坛》，2019年第3期。

3. 侯长林：《论应用型本科高校课堂教学的研究性》，《铜仁学院学报》，2019年第1期；《教育文化论坛》，2019年第2期“论点摘编”；《新华文摘》，2019年第12期“论点摘编”。

4. 侯长林：《精致化发展：高水平应用型高校建设的策略——基于四所袖珍型世界名校的考察》，《教育学术月刊》，2019年第1期。

5. 侯长林：《应用转型是在坚守大学根本前提下的转型》，《教育发展研究》，2018年第17期。

6. 侯长林：《论教学服务型大学的实践逻辑》，《高校教育管理》，2018年第5期。

7. 侯长林：《创建梵净山学派 培育梵净山学》，《铜仁学院学报》，2018年第7期。

8. 侯长林：《应用型本科高校社会服务的理性审视》，《职教论坛》，2018年第6期。

9. 侯长林：《习近平高等教育理论体系的逻辑考察》，《国家教育行政学院学报》，2018年第6期。

10. 侯长林：《高校应始终坚持人才培养的中心地位》，《铜仁学院学报》，2018年第5期。

11. 侯长林：《管理好大学的前提是读懂大学》，《铜仁学院学报》，2018年第4期。

12. 侯长林：《习近平高等教育理论解读》，《贵州社会科学》，2018年第2期。

13. 侯长林：《人才培养模式的改革是提升人才培养质量的关键》，《铜仁学院学报》，2018年第2期。

14. 侯长林：《大学是涵养灵性的地方》，《铜仁学院学报》，2018年第1期。

15. 侯长林：《习近平高等教育观对本科高校应用转型的启示》，《铜仁学院学报》，2018年第1期。

16. 侯长林：《人全面发展途径的教育选择》，《宁波大学学报·教育科学版》，2018年第1期。

17. 侯长林：《应用学科：现代职业教育提升与发展的必然选择》，《铜仁学院学报》，2017年第11期。

18. 侯长林：《地方院校"双一流"建设的策略》，《高教发展与评估》，2017年第6期；《新华文摘》，2018年第7期"论点摘编"。

19. 侯长林：《大学灵性教育的理论探讨与实践策略》，《重庆高教研究》，2017年第6期。

20. 侯长林：《高等教育学也要重视领域研究》，《铜仁学院学报》，2017年第10期。

21. 侯长林：《大学是充满想象力的——对怀特海〈教育的目的〉的解读》，《铜仁学院学报》，2017年第9期。

22. 侯长林：《我的大学理想》，《铜仁学院学报》，2017年第9期。

23. 侯长林：《论大学的统摄性》，《山东高等教育》，2017年第4期。

24. 侯长林：《文化是大学校园的常青树》，《铜仁学院学报》，2017年第7期。

25. 侯长林：《高等教育研究更需要跨学科》，《铜仁学院学报》，2017年第5期。

26. 侯长林：《"康奈尔计划"对新型大学建设的启示》，《铜仁学院学报》，2017年第4期；中国人民大学复印资料《高等教育》，2017年第11期全文转载。

27. 侯长林：《走向新型大学需要不断学习和创新》，《铜仁学院学报》，2017年第4期。

28. 侯长林、罗静：《论教学服务型大学的哲学基础》，《贵州社会科学》，2017 年第 1 期。

29. 侯长林：《教学服务型大学是典型的新型大学》，《铜仁学院学报》，2017 年第 2 期。

30. 侯长林：《没有国际教育的大学算不上真正的大学》，《铜仁学院学报》，2017 年第 1 期。

31. 侯长林：《对教学服务型大学的解读》，载《中国院校研究案例（第五辑）》，华中科技大学出版社，2016 年。

32. 侯长林、张新婷：《论大学之灵性》，《教育研究》，2016 年第 7 期；中国人民大学复印资料《高等教育》，2016 年第 11 期全文转载。

33. 侯长林：《一流大学和一流学科须有一流的核心理念》，《铜仁学院学报》，2016 年第 6 期。

34. 侯长林：《大学的社会责任——对德里克·柯蒂斯·博克〈走出象牙塔——现代大学的社会责任〉的解读》，《铜仁学院学报》，2016 年第 5 期。

35. 侯长林：《走出象牙塔，担当社会责任》，《铜仁学院学报》，2016 年第 5 期。

36. 侯长林：《美国高等教育》，《铜仁学院学报》，2016 年第 3 期。

37. 侯长林：《大学的现代治理》，《铜仁学院学报》，2016 年第 2 期。

38. 侯长林：《大学是色彩缤纷的》，《铜仁学院学报》，2016 年第 1 期。

39. 侯长林、罗静、郑国桂：《雅斯贝尔斯大学整全人教育思想探讨》，《教育探索》，2016 年第 1 期。

40. 侯长林：《大学本身是值得探究的》，《铜仁学院学报》，2015 年第 6 期。

41. 侯长林：《大学是一个传授普遍知识的地方——对纽曼〈大学的理想〉的解读》，《铜仁学院学报》，2015 年第 6 期。

42. 侯长林、罗静、叶丹：《应用型大学视域下新建本科院校办学定位选择》，《教育研究》，2015 年第 4 期；《中国院校研究案例（第五辑）》（华中科技大学出版社，2016 年版）全文转收；《国内高等教育教学研究动态》，2015 年第 23 期转摘；《职教论坛》2015 年第 19 期转摘。

43. 侯长林：《深刻的思想探索成就了一部伟大的作品——〈爱弥儿〉的价值探究》，《贵州社会科学》，2015 年第 4 期。

44. 侯长林、张新婷：《对教学服务型大学的理性探讨》，《铜仁学院学报》，2015 年第 3 期；中国人民大学复印资料《高等教育》，2017 年第 8 期全文转载。

45. 侯长林、游明伦：《职业教育的多元化扶贫功能及其定位探讨》，《教育与职业》，2013 年第 36 期。

46. 侯长林：《高校校园文化的理论研究》，《中国高等教育》，2013 年第 23 期。

47. 侯长林：《利用山区优势资源 建设特色地方高校》，《中国高等教育》，2013 年第 9 期。

48. 侯长林、王锋、罗静：《探索建立党委领导下理事会法人治理结构》，《中国高等教育》，2013 年第 7 期。

49. 侯长林：《技术创新文化：高职院校核心竞争力培植的生态基础》，《中国高等教育》，2012 年第 12 期。

50. 侯长林：《论邓小平的生态发展观》，《铜仁职业技术学院学报》，2012 年第 3 期。

51. 侯长林：《论高校校园文化起源与变迁》，《学术探索》，2012 年第 7 期。

52. 侯长林：《新加坡高职院校培育和提升核心竞争力的经验》，《职业教育研究》，2011 年第 9 期。

53. 侯长林：《我国高职院校竞争状况的 SWOT 环境分析》，《高等职业教育》，2010 年第 12 期。

54. 侯长林：《高职院校核心竞争力就是人才培养力》，《中国高教研究》，2010 年第 12 期。

55. 侯长林：《关于高职特色课程建设的若干思考》，《中国职教》，2010 年第 8 期。

56. 侯长林：《高校校园文化的社会控制》，《社会科学家》，2010 年第 5 期；《高校思想政治工作》，2020 年第 5 期“论点摘编”。

57. 侯长林：《探索真理 学问人生》，《铜仁职业技术学院学报》，2010 年第 3 期。

58. 侯长林：《也谈高校核心竞争力》，《铜仁学院学报》，2010 年第 3 期。

59. 侯长林：《近年来我国高职院校核心竞争力理论研究综述》，《中国职教》，2010 年第 5 期。

60. 侯长林、周鸿、蒋波：《高职教育转型及其发展研究》，《教育与职业》，2009 年第 26 期；《职业教育研究》，2009 年第 11 期“论点摘编”。

61. 侯长林：《高职院校的大学精神与区域社会经济发展》，《高等教育研究》，2009 年第 9 期；中国高等教育学会主编的《中国高等职业教育研究精品文选》（科学出版社，2010 年版）全文转收；《职教论坛》，2009 年第 23 期转摘。

62. 侯长林：《对高职学生工作的思考》，《思想政治教育研究》，2009 年第 1 期。

63. 侯长林：《桃源在武陵，深处是铜仁——关于“桃花源”原型新说》，《铜仁职业技术学院学报》（内刊），2009 年第 2 期；《贵州日报》，2009 年 4 月 4 日第 4 版转发；《天下文摘》，2009 年 9 月 29 日转摘。

64. 侯长林：《对高职院校发展和教育改革的思考》，《铜仁职业技术学院学报》，2008 年第 6 期。

65. 侯长林：《大学精神》，《铜仁职业技术学院学报》，2007 年第 2 期；《教育》（高教观察），2008 年第 35 期全文转发（题目改为《大学是对人文和科学精神的追求》）。

66. 侯长林：《论孔子关于德育的方法和途径》，《铜仁学院学报》，2007 年第 3 期。

67. 侯长林：《论孔子的德育思想》（上），《铜仁学院学报》，2007 年第 1 期。

68. 侯长林：《论孔子的德育思想》（下），《铜仁学院学报》，2007 年第 2 期。

69. 侯长林：《略论孔子德育思想形成的背景和理论基础》，《铜仁师范高等专科学校学报》，2006 年第 6 期。

70. 侯长林：《为人民服务 做人民的公仆》，《铜仁职业技术学院学报》，2005 年第 3 期；中共贵州省委保持共产党员先进性教育领导小组《简报》全文转发。

71. 侯长林：《文化笔记一则》，《铜仁地委党校学报》，2005 年第 1 期。

72. 侯长林：《论学校的人本管理》，《铜仁职业技术学院学报》，2004 年第 3 期；《高职高专教育研究（论文集）》（湖北人民出版社，2005 年版）全文转收。

73. 侯长林：《铜仁地区文化发展现状分析》，《文化广角》，2003 年第 3 期。

74. 侯长林：《铜仁地区文化发展模式的选定》，《铜仁师范高等专科学校学报》，2003 年第 2 期。

75. 侯长林：《略论文化发展的原则》，《铜仁师范高等专科学校学报》，

2003 年第 1 期。

76. 侯长林：《铜仁地区文化发展战略构想》，《铜仁论坛》，2003 年第 1 期。

77. 侯长林：《繁荣校园文化 推进素质教育》，《思想教育研究》，2003 年第 1 期。

78. 侯长林：《〈老子〉的伦理学思考》，《铜仁师专学报》，2003 年第 1 期。

79. 侯长林：《文化全球化与中华民族文化的发展》，《社科与经济信息》，2002 年第 2 期。

80. 侯长林：《略论人的价值》，《怀化学院学报》，2002 年第 1 期。

81. 侯长林：《对文化价值分类的再认识》，《铜仁师专学报》，2002 年第 1 期。

82. 侯长林：《论邓小平的学习观》，《黔东南民族师专学报》，2001 年第 1 期。

83. 侯长林：《论邓小平的青年观》，《社会主义研究》，2000 年第 6 期增刊。

84. 侯长林：《论邓小平的民族观》，《铜仁师专学报》，2000 年第 4 期。

85. 侯长林：《贵州民族地区师专校园文化建设的研究与实践——来自铜仁师范专科学校的实践与经验》，《贵州民族研究》，2000 年增刊。

86. 侯长林：《论邓小平的课程观》，《铜仁师专学报》，2000 年第 1 期。

87. 侯长林：《尊重知识 尊重人才》，《铜仁论坛》，2000 年第 1 期。

88. 侯长林：《论邓小平的文化观》，《铜仁师专学报》，1999 年第 1、2 期合刊。

89. 侯长林：《建设有中国特色社会主义文化》，《铜仁论坛》，1997 年第 6 期。

90. 侯长林：《校园文化漫议》，《绵阳师专学报》，1996 年第 4 期。

91. 侯长林：《关于校园文化学科建设的探讨》，《贵州高教》，1995 年第 3 期。

92. 侯长林：《校园文化是一门亟待建立的新兴学科》，《铜仁师专学报》，1994 年第 2 期。

93. 侯长林：《关于人生观课堂教育的几点认识》，《思想政治教育》，1994 年第 1 期。

94. 侯长林：《校园文化与青年大学生的社会化》，《贵州高教》，1994 年第 1、2 期合刊。

95. 侯长林：《高校校园文化与市场经济》，《贵州高教》，1993 年第 1、2 期合刊；《高教文摘》，1994 年第 1 期全文转载。

96. 侯长林：《建立“校园文化学”议》，《黔东南师专学报》，1993 年第 2 期。

97. 侯长林：《书院文化的演变及动因》，《贵州文化》，1992 年第 1 期。

98. 侯长林：《校园文化溯源》，《贵州文化》，1991 年第 2 期。

99. 侯长林：《略论在师专开设学习学的必要性和可行性》，《贵州高教》，1991 年第 1 期。

100. 侯长林：《建设校园文化必须弘扬民族文化》，《贵州文化》，1990 年第 7 期。

101. 侯长林：《浅谈“知识爆炸”一词》，《贵图学刊》，1990 年第 3 期。

102. 侯长林：《校园文化与非智力因素的培养》，《贵州高教》，1990 年第 3 期。

103. 侯长林：《谈谈高校校园文化建设》，《贵州高师教育研究》，1989 年第 1 期。

104. 侯长林：《略谈师专学生的“狂热性”》，《贵州高师教育研究》，1988 年第 1 期。

（二）报纸（含访谈）文章

1. 侯长林：《办好本科职业教育要补哪些课》，《中国教育报》，2019 年 4 月 2 日第 9 版。

2. 侯长林：《人工智能推动教育关注人》，《光明日报》，2018 年 5 月 24 日第 14 版。

3. 侯长林：《应加强对铜仁文化的研究》，《铜仁日报》，2017 年 10 月 11 日第 2 版。

4. 侯长林、罗静、陈昌芸：《地方院校的“双一流”机会在哪儿》，《光明日报》，2017 年 8 月 15 日第 13 版；《新华文摘》，2017 年第 21 期“论点摘编”。

5. 侯长林：《应用转型应坚守大学根本》，《人民日报》，2017 年 3 月 30 日第 18 版；《中国高等教育》，2017 年第 8 期“论点摘编”。

6. 侯长林：《创建绿色发展先行示范区铜仁学院应该有作为》，《铜仁日报》，2017 年 1 月 4 日第 2 版。

7. 侯长林：《为职业教育理论研究增添一块砖石》，《贵州日报》，2016 年 5 月 19 日第 10 版。

8. 侯长林：《建设一流大学，听听雷丁斯的声音》，《光明日报》，2016 年 4 月 12 日第 13 版。

9. 侯长林：《新建本科转型应是“朵朵不同”》，《中国青年报》，2016 年 3 月 21 日第 11 版。

10. 侯长林：《中国有几个桃花源》，《中华读书报》，2015 年 12 月 2 日第 8 版。

11. 侯长林：《“用综合生态观引领发展”是治理铜仁的必然选择》，《铜仁日报》，2015 年 11 月 30 日第 2 版。

12. 侯长林：《高职教育也该充满想象力》，《光明日报》，2015 年 10 月 4 日第 7 版。

13. 侯长林：《应用型大学不等于应用技术大学》，《人民日报》，2015 年 8 月 13 日第 18 版。

14. 孙向阳：《侯长林访谈：文学就是一种表达方式》，《铜仁日报》，2015 年 6 月 13 日第 8 版。

15. 侯长林：《仁义美酒历久弥香》，《铜仁日报》，2015 年 3 月 29 日第 7 版。

16. 侯长林、罗静：《本科职业教育要不要搞科研》，《中国教育报》，2015 年 1 月 12 日第 6 版。

17. 侯长林：《坚持以人民为中心的文艺观》，《铜仁日报》，2014 年 11 月 4 日第 7 版。

18. 侯长林、罗静、叶丹：《职业教育应统筹发展》，《光明日报》，2014 年 10 月 28 日第 14 版。

19. 侯长林：《重视教育就是重视铜仁的未来》，《铜仁日报》，2014 年 9 月 10 日第 2 版。

20. 侯长林、罗静：《地方本科高校的转型与回归》，《中国青年报》，2014 年 9 月 1 日第 11 版；《职业教育改革动态》，2014 年第 24 期全文转载。

21. 侯长林：《捡拾佛教文化中的一颗星》，《贵州日报》，2014 年 4 月 27 日第 11 版。

22. 侯长林：《高校转型不能一哄而上》，《人民日报》，2014 年 8 月 8 日第 12 版。

23. 王婷婷：《侯长林访谈：利用地方资源 培养有特色的创新人才》，《光明日报》，2013 年 11 月 27 日第 16 版；《高教研究周报》，2013 年第 6 期“论点摘编”。

24. 侯长林：《培养创新型人才技术类高校不能缺位》，《中国教育报》，2013 年 10 月 29 日第 5 版；《职业教育改革动态》，2013 年第 24 期全文转载；《高教研究周报》，2013 年第 47 期“论点摘编”。

25. 侯长林：《地方院校如何赢得更多红利》，《人民日报》，2013 年 8 月 15 日第 18 版。

26. 侯长林、罗静：《高职与应用本科的趋同发展》，《光明日报》，2013 年 7 月 27 日第 10 版。

27. 侯长林：《没有创新的师傅哪来创新的徒弟》，《人民日报》，2013 年 3 月 21 日第 18 版；《职业技术教育》，2013 年第 12 期全文转发；《成才之路》，2014 年第 7 期全文转发。

28. 侯长林：《万紫千红总是春——评黔版新书〈千山寻梦〉》，《贵州日报》，2013 年 3 月 12 日第 8 版。

29. 侯长林、罗静、王锋：《着力抓好职教师资队伍建设》，《贵州日报》，2013 年 3 月 7 日第 11 版。

30. 侯长林：《高职教育应该坚持完整人的教育观》，《光明日报》，2012 年 12 月 8 日第 10 版；《职业技术》，2013 年第 3 期（作为卷首语）全文转发。

31. 侯长林、游明伦、罗静：《教育教学由科学管理走向文化管理》，《中国教育报》，2012 年 12 月 5 日第 5 版。

32. 侯长林：《新的角度 新的视野》，《铜仁职业技术学院报》，2012 年 10 月 21 日第 3 版。

33. 侯长林：《做一棵会思想的苇草》，《贵州日报》，2012 年 10 月 19 日第 11 版。

34. 侯长林：《捡拾佛教文化中的一颗星——评〈中国梵净山佛教文化文物研究〉》，《贵州日报》，2012 年 4 月 27 日第 11 版。

35. 侯长林、蒋金华：《揭开神秘的面纱——读〈铜仁 · 五溪生界古文化〉》，《贵州日报》，2009 年 12 月 11 日第 11 版。

36. 侯长林、游明伦：《贴农惠农凸显农职院校发展活力》，《中国教育报》，2009 年 3 月 16 日第 7 版。

37. 侯长林：《关注铜仁历史 繁荣地域文学》，《贵州日报》，2003 年 7 月 11 日第 11 版。

38. 侯长林：《浅谈高校政治文明建设》，《贵州日报》，2003 年 5 月 15 日第6版。

39. 侯长林：《与李燕杰“关于校园文化的通信”》，《铜仁日报》，2002年6月1日第2版。

40. 侯长林：《努力把握先进文化的前进方向》，《贵州日报》，2002年2月21日第6版。

41. 侯长林：《充分发扬民主 维护集中统一》，《铜仁日报》，2001年11月3日第2版。

42. 侯长林：《认真学习贯彻十五大精神，建设有中国特色社会主义文化》，《贵州日报》，1997年11月2日第2版。

43. 侯长林：《校园文化建设》，《贵州日报》，1996年8月1日第2版。

44. 侯长林：《全方位建设高校校园文化》，《贵州日报》，1992年8月5日第2版。

二、著作

（一）理论著作

1. 侯长林（主编）：《先进理念引领 助推应用转型——铜仁学院教学服务型大学的理论研究与实践探索》，湘潭大学出版社2017年版。

2. 侯长林、罗静、李博等：《少数民族地区高职教育与区域经济发展研究》，湘潭大学出版社2017年版。

3. 侯长林：《现代大学教育名著解读》，人民出版社2016年版。

4. 侯长林：《高校校园文化基本理论研究》，人民出版社2014年版，沈阳出版社2017年版（英文本，田兴斌译）。

5. 侯长林：《侯长林文集·文化探索》，北京理工大学出版社2012年版。

6. 侯长林：《侯长林文集·大学精神与高职院校跨越发展》，北京理工大学出版社2012年版。

7. 侯长林：《技术创新文化：高职院校核心竞争力培植的生态基础》，科学出版社2012年版，科学出版社2018年版（英文本，李谦译）。

8. 侯长林（主编）：《高职教育改革与区域经济发展》，科学出版社2011年版。

9. 侯长林（主编）：《桃源在武陵 深处是铜仁》，科学出版社2011年版。

10. 侯长林：《文化笔记》，河南文艺出版社2006年版。

11. 侯长林：《邓小平文化观研究》，中国文联出版社2001年版。

12. 侯长林：《校园文化学导论》，中国文联出版社 2000 年版，江西人民出版社 2018 年版（修订版）。

13. 侯长林：《校园文化略论》，贵州教育出版社 1991 年版，中国文化出版社 2018 年版（修订版）。

（二）文艺作品

1. 侯长林：《生命中的十年》，巴蜀书社 2015 年版。

2. 侯长林：《人生四十才开始》，岳麓书社 2015 年版。

3. 侯长林：《侯长林文集·即将辞去的旧楼》，北京理工大学出版社 2012 年版。

4. 侯长林：《过去的烟云》，作家出版社 2008 年版。

5. 侯长林：《风雨两板桥》，成都时代出版社 2005 年版。

三、课题

1. 全国教育科学“十三五”规划 2017 年度教育部规划课题：贵州省应用本科校政企耦合型社会服务模式建构研究（FIB170508）。

2. 贵州省 2017 年一流学科建设项目：贵州省区域内一流建设培育学科（教育学）（201785）。

3. 2013 年贵州省高等学校教学内容和课程体系改革招标项目：贵州省普通本科高校卓越人才培养模式研究（黔教高发〔2013〕446 号）。

4. “荣达教育资助基金”民族教育研究 2013 年度课题：“民族地区高职教育与区域经济发展研究——以武陵山区为例”获立项（RDZY13029）。

5. 2012 年贵州省优秀科技教育人才省长资金项目：教育扶贫——职业教育与扶贫开发研究（黔省专合字〔2012〕204 号）。

6. 2012 年贵州省优秀科技教育人才省长资金项目：高职引领中职教育发展模式研究（黔省专合字〔2012〕203 号）。

7. 2011 年教育部高职高专文化教育教学指导委员会重点课题：高职院校校园文化与企业文化的深度融合问题研究（WJ125ZD016）。

8. 2010 年贵州省教育厅人文社会科学研究重点课题：贵州高职高专院校发展模式研究（10ZD08）。

9. 2009 年贵州省高校人文社会科学研究课题：非物质文化遗产的旅游开发与保护研究——以贵州省为例。

10. 贵州省 2008 年度高层次人才科研条件特助项目：高职教育改革与地

方经济发展研究（项目合同号：TZJF-2008-80 号）。

11. 贵州省教育厅 2007 年度高校人文社科研究规划项目：高职教育与铜仁区域经济发展关系研究（项目编号：0703261 号）。

12. 贵州省 2001 年高等学校人文社会科学研究“十五”规划课题：铜仁地区文化发展战略研究。

四、获奖

（一）科研奖

著作：

1. 2017 年，侯长林、罗静、李博等主编的《少数民族地区高职教育与区域经济发展研究》一书获贵州省第三届教育科学研究优秀成果三等奖。

2. 2014 年，侯长林独著的《高校校园文化基本理论研究》一书获全国学校共青团优秀研究成果一等奖；2015 年获贵州省第十一次哲学社会科学科研成果二等奖。

3. 2012 年，侯长林独著的《技术创新：高职院校核心竞争力培植的生态基础》一书被评为“全国优秀社会科学普及作品”；2014 年，获首届贵州省教育科学研究优秀成果二等奖。

4. 2010 年，侯长林独著的《文化笔记》一书获铜仁地区第五次哲学社会科学优秀成果二等奖。

5. 2002 年，侯长林独著的《校园文化学导论》一书获铜仁地区第三次哲学社会科学优秀成果一等奖。

6. 1992 年，侯长林独著的《校园文化略论》一书获贵州省第二次哲学社会科学优秀成果三等奖。

论文：

1. 2018 年，侯长林、张新婷合著的论文《论大学之灵性》获贵州省第十二次哲学社会科学科研成果一等奖。

2. 2017 年，侯长林、张新婷合著的论文《对教学服务型大学的理性探讨》获铜仁市第八次哲学社会科学优秀成果一等奖。

3. 2016 年，侯长林、罗静、叶丹合著的论文《应用型大学视域下新建本科院校办学定位选择》获贵州省第二届教育科学研究优秀成果一等奖；2016 年，获第五届全国教育科学研究优秀成果奖三等奖。

4. 2014 年，侯长林独著的论文《高职教育应该坚持完整人的教育观》获铜仁市第七次哲学社会科学优秀成果三等奖。

5. 2012 年，侯长林、彭雨生、杨敏、罗静、代亚松联合申报的论文《桃源在武陵，深处是铜仁》获铜仁市第六次哲学社会科学优秀成果一等奖。

6. 2011 年，侯长林独著的论文《高职院校的大学精神与区域社会经济发展》获第三届贵州省高校人文社会科学研究优秀成果三等奖。

7. 1989 年，侯长林独著的论文《略谈师专学生的“狂热性”》获铜仁师专首届科研成果三等奖。

（二）教学成果奖

1. 2018 年，侯长林、罗静、叶丹、高雪春、张杰申报的“铜仁学院教学服务型大学理论研究与实践探索”的成果获贵州省第九届高等教育教学成果奖二等奖。

2. 1996 年，侯长林、牧帮哲、杨晞、汪缪联合申报的“校园文化建设理论研究与实践”的成果获贵州省第四届普通高等学校省级教学成果奖一等奖。

（三）文学创作奖

2014 年，侯长林创作的《即将辞去的旧楼》一书获贵州省第四届乌江文学奖。

（统计截至 2019 年 8 月）

后　记

完成这部自选论文集的编撰工作时，铜仁的天气依旧酷暑难熬，但我内心则如办公楼旁边的明德湖水，平静而充实。我曾经出版过两部自选论文集，一部是《文化探索》，主要收录了我早期研究文化方面的文章，另一部是《大学精神与高职院校跨越发展》，主要收录了我在铜仁职业技术学院期间发表的文章。在前两年我就产生过再选编一部论文集的念头，并在一年前就着手进行选编，断断续续直到最近才完成。所以，这部书稿的杀青，也算了却了我的一桩心愿。

没有想到的是，就在这部书稿编选完成的当天，小儿子侯乃祯在日本北海道大学攻读硕士学位暑期放假归来，我把已近八十岁的母亲也接来了，一家人聚在一起，谈人生谈文学，尤其是围绕大儿子侯乃铭前不久刚刚完成的 40 多万字的长篇小说《黔中砥柱》谈得更多，让我备感幸福与快乐！

尽管时事变迁，人生无常，需要感慨和惆怅的事很多，每个人都难以避免，但是只要有积极而乐观的心态，总会找到幸福和快乐。每个人的能力有大小，不是所有的人都能够做大事，也不是每一个人都能够把所有的事都做好，但是尽力了、努力了总会有收获。有收获的人生，就是幸福的人生！哪怕收获的只是一个贝壳、一朵浪花、一片树叶，只要是经过自己努力取得的，都是幸福的。因此，一个人既然来到了这个世界，就应该尽可能地做一点力所能及的事，并尽可能地做好。这是我的人生信条！所以，无论为人，还是为文，我都会努力地去做。我的这部自选论文集就是我努力做的结果。至于这部书的价值如何，我不作评价，也不能由我自己做出评价，相信读者诸君会有自己的判断。我需要做的就是尽可能地做好我该做的。

可能有的人会不理解我，长期这样努力地去做，难道不累吗？当然，说不累，那是假话，但是累得充实，累得快乐。

我愿意做这样累着，但快乐着的人！

侯长林

2019 年 8 月 16 日